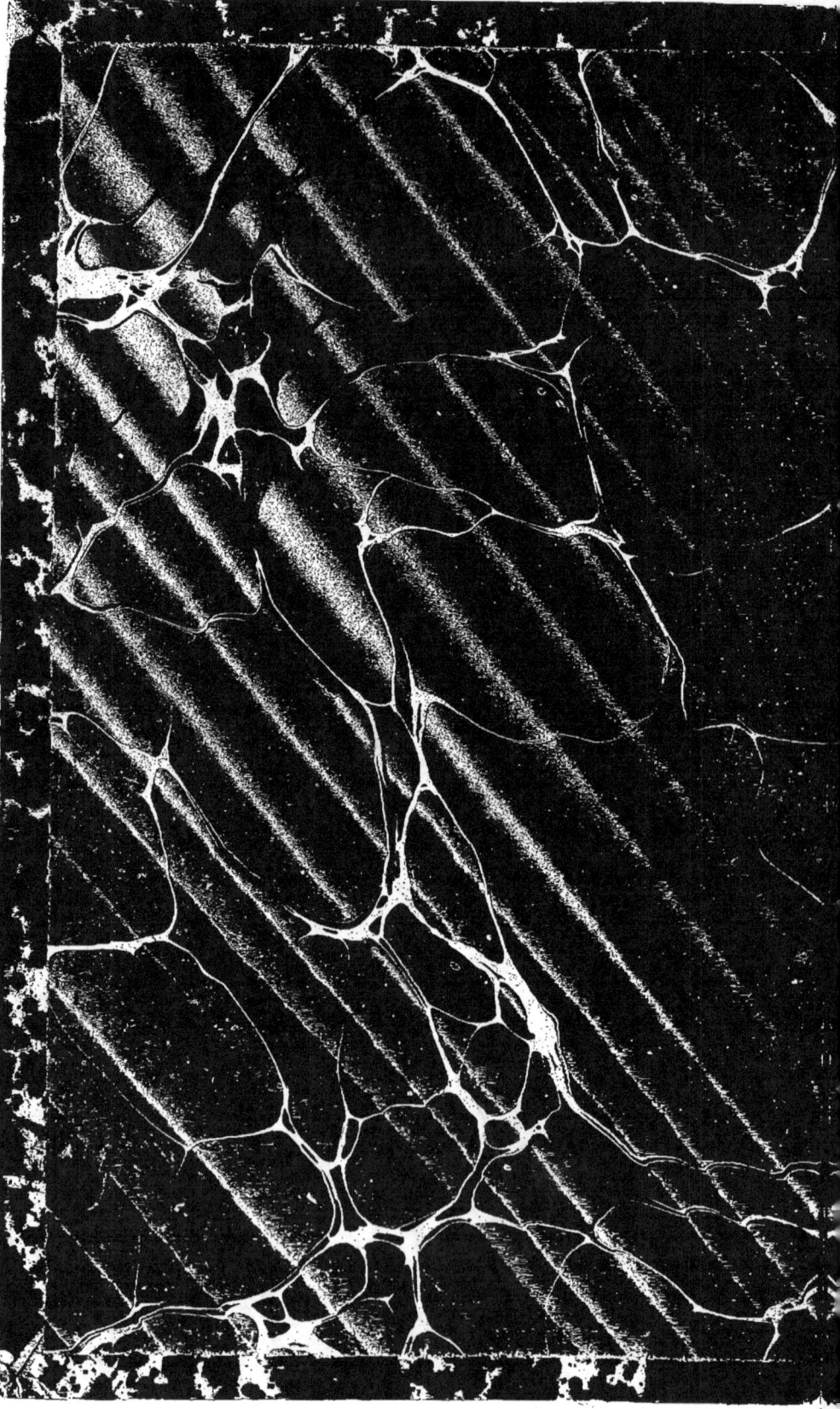

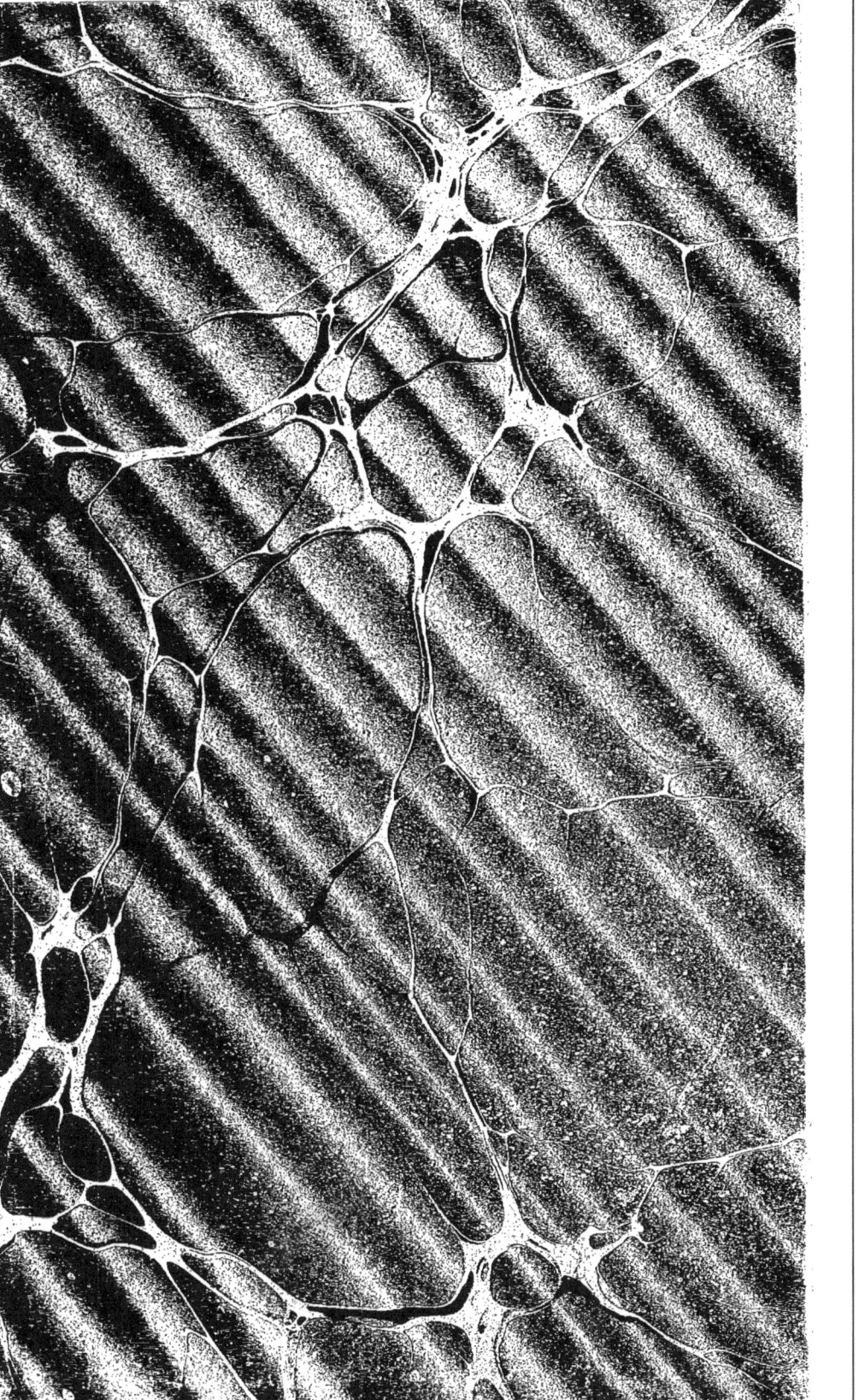

HISTOIRE
DE
L'ABBAYE DE PONTIGNY.

IMPRIMERIE DE GARET,
A AVALLON.

Tombeau de St Edme

HISTOIRE

DE

L'ABBAYE DE PONTIGNY,

ORDRE DE CITEAUX,

DÉPARTEMENT DE L'YONNE,

SUIVIE DE QUELQUES NOTICES HISTORIQUES SUR LES COMMUNES DES ENVIRONS
ET DES PRINCIPALES PIÈCES JUSTIFICATIVES ;

Ornée de deux plans de l'Abbaye, et d'une vue du tombeau
de saint Edme ;

PAR M. V.-B. HENRY,

CURÉ-DOYEN DE QUARRÉ-LES-TOMBES.

A AUXERRE,

CHEZ MAILLEFER, LIBRAIRE.

A AVALLON,

CHEZ GRÉE, LIBRAIRE.

1839.

EXPOSITION.

On est étonné que l'abbaye de Pontigny, qui renferma dans tous les temps des hommes instruits dans les lettres et versés dans l'étude des livres saints, n'en ait eu aucun qui se soit occupé de conserver le souvenir des vertus éminentes de tant d'abbés et de religieux qui ont fleuri dans son sein. Contens d'être en spectacle à Dieu et aux hommes, ces pieux cénobites oublièrent qu'ils se devaient aussi à la postérité. En 1720, lorsque l'abbé Pierre de Calvairac appela dom Robinet, religieux de Châlis, pour mettre en ordre les titres de l'abbaye, il n'avait en vue que de répondre aux attaques de la chicane.

Tous les ordres religieux sont presque réduits au même vide et au même silence. Par un vice déplorable de ces siècles d'ignorance, les historiens ont sacrifié exclusivement à l'histoire des papes et de la royauté croissante en pouvoir, toutes les existences, toutes les individualités. Comme les véritables annales de la France ainsi que de l'Europe, étaient renfermées alors dans les événemens des provinces, et surtout dans ceux de certaines localités, il est à peu près démontré, à part les temps modernes, que nous n'aurons jamais une bonne et complète histoire de France.

Dom Robinet, Georges Viol et les auteurs de la Gaule chrétienne, ont recueilli chacun une suite des abbés de Pontigny, sans avoir pu s'accorder sur leur nombre. J'ai collationné ces trois auteurs, en donnant la préférence à dom Robinet, qui avait sans doute trouvé dans le monastère une chronique des abbés, suivie de quelques traits de leur vie. Ce moine laborieux réunit trois volumes in-8°. de bulles, de chartes ou titres de l'abbaye de Pontigny : c'est de ces matériaux précieux que j'ai tiré en partie toute cette histoire (1).

Le plan de cet ouvrage n'est pas de donner des considérations philosophiques sur les insti-

---

(1) Les archives du département de l'Yonne renferment encore une vaste collection de chartes relatives à l'abbaye de Pontigny, que j'ai retrouvées la plupart dans les Cartulaires de dom Robinet.

tutions qui ont existé dans nos pays, ou qui y existent encore. Depuis cinquante ans, il s'est fait une telle révolution dans les esprits, que nous sommes devenus aussi étrangers au genre de vie des cénobites qui étaient établis dans nos contrées, que nous le sommes à celui des solitaires de la Thébaïde : de sorte qu'ils ne peuvent plus nous être connus que par l'histoire. Au lieu d'admirer le généreux sacrifice de ces hommes qui quittaient tout pour Dieu, qui furent de sublimes ornemens de la retraite, de saintes illustrations de la pénitence, on s'attache à relever quelques misères de l'humanité. De là viennent ces faux jugemens que les hommes de notre époque portent sur les anciens religieux. On ne considère pas qu'un grand nombre de fidèles, entraînés dans le tourbillon du monde, auraient été victimes du déréglement de leurs passions, s'ils n'avaient trouvé un asile assuré dans les monastères. Les uns y entraient, poussés uniquement par le désir d'obtenir une couronne plus brillante dans les cieux, et y vivaient pour l'édification des hommes et la joie des anges : placés dans une région plus voisine du ciel que celle où nous rampons, ils secouaient ce qui est de l'homme pour se faire esprits. D'autres, après avoir fait naufrage dans le monde, et être devenus à charge à la société et à eux-mêmes, trouvaient dans la solitude d'un monastère un refuge où la miséricorde de Dieu les consolait. S'ils cessaient de rendre des services à la société, l'exemple de leur pénitence n'en était pas moins propre à arrêter les méchans dans leurs désordres. Restés dans le monde, leur vie se fût éteinte dans l'opprobre, au lieu que, dans le cloître, leur âme flétrie se ravivait en prenant de nouvelles forces. Mais quoi! de nos jours encore, des souverains ont dans leurs états de ces maisons renfermant des familles spirituelles, où la matière est sacrifiée à l'esprit, où l'on surmonte les passions par la pensée de l'éternité, où l'on dompte la chair par la méditation, la prière et la pénitence, et ils retranchent un pareil exemple de la société. C'est un véritable suicide dans l'ordre moral. Je veux parler de la suppression récente des couvens de Portugal, d'Espagne, de Pologne, et d'une partie de ceux de la schismatique Russie.

Ne sommes-nous pas pleins de vénération pour ces frères des écoles chrétiennes, pour ces admirables filles de saint Vincent-de-Paul, et pour tant d'autres dévoués, ou à l'instruction de la jeunesse, ou au soulagement de l'humanité souffrante? On ne peut donc s'empêcher d'applaudir au zèle charitable et éclairé des pieux fondateurs de ces utiles institutions.

Le chrétien ne se rappellera pas, sans un regret amer, qu'elles ont cessé d'exister, ces retraites salutaires et laborieuses, d'où sont sortis tant de saints et savans prélats, qui ont édifié et éclairé l'Église; tant de missionnaires intrépides, qui ont franchi la vaste étendue des mers, pour porter aux nations lointaines le flambeau de la foi et de la civilisation; tant de savans et d'artistes auxquels les peuples policés sont redevables des plus beaux monumens de l'antiquité, et des principes de toutes les connaissances dont nos contemporains sont si fiers. Sans les manuscrits précieux des moines, que nous resterait-il des monumens de la religion, de l'histoire, des sciences, des arts et des lettres? On pourrait même défier les contempteurs des ordres religieux de citer une science, ou un genre de littérature qui n'ait pris naissance, ou qui n'ait fleuri dans quelque couvent. Les philosophes du dix-huitième siècle savaient que les cloîtres étaient, la plupart, comme des gymnases où les athlètes de la vérité se préparaient à combattre le mensonge et l'erreur ; c'est pourquoi leur premier retour vers la barbarie fut la suppression des ordres religieux. L'Eglise ne se consolera de leur destruction que lorsque de nouveaux cénobites seront venus réjouir son cœur.

Quel siècle aurait plus besoin de monastères que celui où nous vivons? On ne pourrait rien établir de plus vénérable, de plus consolant que ces saints asiles où l'on pût vivre, penser et mourir. Dans les siècles où la foi catholique était identifiée avec l'existence sociale, le cloître pouvait paraître comme une création sans motifs. Il n'en serait pas de même de nos jours, où l'on voit des âmes si désolées, des douleurs si profondes, des joies si stériles, des cœurs si découragés, si oppressés du présent, si gros de regrets et de mécomptes : ici des positions sociales déplacées par la cupidité et l'ambition; là, d'incroyables souffrances, surtout pour ceux qui ne rencontrent plus rien ici-bas de conforme à leur mélancolie, à leurs affections, à leur tendresse, à leur penchant pour l'infini. Quel remède pour ces cœurs souffrans et si nombreux dans un siècle comme le nôtre? Une demeure isolée où ils puissent vivre dans le recueillement et la prière : voilà l'arche de paix et de salut!

Malgré l'indifférence, le dédain peut-être, de la génération actuelle pour les hommes qui ont habité les vieux cloîtres, réveillons un peu ces moines endormis dans leurs tombes séculaires, ils nous diront avec quel succès ils ont rempli pour eux-mêmes et pour la société la grande tâche qui leur fut assignée par la Providence. Que nos contemporains rendent à ces moines le pieux tribut de leur hommage et de leur vénération; qu'ils cessent de prendre en pitié les institutions qui les ont précédés, s'imaginant follement que leur état social résistera au torrent des siècles, comme si un peuple destitué de ses anciennes croyances, sans mœurs arrêtées, agité par les idées d'une liberté vague et indéfinie, avait droit de compter sur l'avenir.

Les monastères ont duré près de quatorze cents ans dans nos pays; ils durent encore ailleurs : ce fait suffit pour qu'on accorde une grave attention aux institutions monastiques. Il faut quelque chose de surnaturel à un établissement pour qu'il compte autant de siècles. Qu'on cherche dans l'histoire des choses humaines des sociétés qui aient accompli une pareille destinée. Que sont devenues tant de dynasties royales? Combien dureront nos royaumes nouveaux? La pensée de l'écrivain, comme celle du lecteur, doit donc s'élever au-dessus des préjugés populaires, qu'une éducation philosophiste et un immense intervalle moral sépare aujourd'hui des habitudes monastiques.

HISTOIRE

DE

L'ABBAYE DE PONTIGNY.

SAINT ROBERT, religieux du monastère de Celle, de l'ordre de saint Benoît, fonda l'abbaye de Molesme, dont il fut le premier abbé. Comme il ne pouvait contenir l'indocilité de ses religieux, il consulta le Seigneur et se retira, avec vingt-un d'entre eux, dans la forêt de Cîteaux, à cinq lieues de Dijon, dans le diocèse de Châlons-sur-Saône, où il fonda le monastère de Cîteaux, sous la règle de saint Benoît, l'an 1098. Rappelé par un légat du pape dans son premier monastère de Molesme, le bienheureux Albéric lui succéda à Cîteaux. Ce saint abbé qui menait, avec ses religieux, une vie plus angélique qu'humaine, eut pour successeur saint Etienne Harding, noble Anglais, et un de ceux qui étaient sortis de Molesme. Il reçut dans son monastère saint Bernard, avec trente gentilshommes qui, désabusés des vanités du siècle, avaient résolu de se donner entièrement à Dieu. [Cart. de Pont., t. 1, p. 5.]

Pour faciliter la ferveur de ces nouveaux religieux, le saint abbé fonda l'abbaye de La Ferté.

Dieu continuant à donner sa bénédiction à cet ordre, un saint prêtre du diocèse d'Auxerre, nommé *Ansius* ou Hildebert, conçut le désir d'être le fondateur d'une maison de ce nouvel institut : il se transporta à Cîteaux et communiqua son dessein à saint Etienne. Le saint abbé ayant connu que c'était la volonté de Dieu, vint avec lui voir la terre qu'il voulait consacrer à cette bonne œuvre. C'était une plaine fertile et fort agréable, à quatre lieues d'Auxerre, et arrosée par le Serain. Cette plaine se nommait *Pontigny*. C'était aussi le nom de la métairie qui se trouvait dans la terre de Hildebert, que celui-ci possédait en franc alleu. Déjà un pieux hermite, nommé Etienne, y avait bâti une cellule dans laquelle il avait passé ses jours.

Saint Etienne, content de la terre et de sa position, se rendit à Auxerre pour avoir le consentement de l'évêque et du comte qui en était le principal seigneur. Humbault, alors évêque d'Auxerre, les reçut avec joie et les encouragea dans leur pieuse entreprise, ainsi que Guillaume III, comte d'Auxerre, de Nevers et de Tonnerre. Le chapitre donna aussi son consentement. Les choses étant ainsi réglées, saint Etienne revint à Cîteaux et choisit douze religieux parmi les vingt et un que saint Robert avait amenés de Molesme, et les trente que saint Bernard avait convertis et amenés à Cîteaux : il leur donna pour abbé Hugues de Macon, qu'il venait d'admettre à la profession religieuse, et, après leur avoir donné sa bénédiction, il les envoya où la Providence semblait les appeler.

HUGUES DE MACON.

Cette colonie, sortie de Cîteaux au commencement de l'année 1114, vint d'abord à Auxerre pour recevoir la bénédiction du saint évêque Humbault, qui allait partir pour la terre sainte. Il les reçut comme des Anges descendus du ciel, principalement Hugues, auquel il fit prêter serment de fidélité et d'obéissance à lui et à l'église d'Auxerre. L'abbé le fit, en ajoutant ces mots : *Salvo ordine nostro*, c'est-à-dire, sauf les priviléges de notre ordre. Le saint prélat voulut les conduire lui-même à Pontigny, et les mettre en possession du nouveau monastère. Il bénit en même temps leur église, qui fut dédiée à l'assomption de la sainte Vierge et à saint Thomas l'apôtre.

A peine Hugues et ses douze religieux furent-ils à Pontigny, que le bruit de leur sainteté attira de toutes parts un grand nombre de disciples qui demandaient à imiter leurs vertus dans ce nouveau paradis terrestre.

Hugues de Macon était un jeune seigneur, distingué par sa noblesse, ses grands biens, et plus encore par la pureté de ses mœurs. Lorsqu'il apprit la conversion de saint Bernard, son ami, il le pleura comme perdu pour le monde. La première fois qu'ils se rencontrèrent, ils versèrent des larmes l'un et l'autre par des motifs bien différens ; mais s'étant expliqués, l'esprit de vérité s'insinua avec les paroles de Bernard. La conversation changea de face : ils se promirent de se donner à Dieu ensemble et d'être plus unis qu'ils n'avaient été dans le monde. Peu de jours après, Bernard apprit que de mauvais amis avaient détourné Hugues de sa résolution ; il alla le chercher lui-même, le persuada de nouveau et l'emmena avec lui. Telle fut la conversion de Hugues de Macon ; il prit les sentimens de son ami Bernard, il devint actif, patient, ferme dans ses démarches : il était doué des vertus qui forment les hommes apostoliques, et digne, en un mot, d'être le fondateur de l'abbaye de Pontigny. Ses religieux devinrent des saints. Leur nombre croissant de jours en jours, le peu de terrain que lui avait donné Hildebert, ne pouvait plus suffire à tant de personnes que la Providence lui envoyait. C'est pourquoi les religieux se virent plusieurs fois réduits, comme ceux de Clairvaux, à une extrême pauvreté. Le saint abbé, peu touché de ces incommodités, ne songeait qu'à gagner des âmes. Cependant il s'adressa à Guillaume, comte d'Auxerre, et à quelques seigneurs du voisinage, qui fournirent abondamment aux besoins des frères.

Cart. de Pont., t. II, p. 8.

On remarque parmi ces premiers bienfaiteurs une veuve puissante et riche, nommée Gilla, avec ses deux filles Berthe et Isteberthe : elles donnèrent une terre au-delà de la rivière et un usage dans la forêt qui était auprès. Jean Dumoulin et Osile, son épouse, donnèrent ce qu'ils possédaient à Pontigny depuis le ruisseau de Seneçon ou de Buchin, jusqu'au sentier qui conduit de Sainte-Porcaire à

Venousse. Gosbert, ses fils Jean, Gaufride et Ebrard, donnèrent en 1118 leurs biens de Pontigny à Dieu et à la bienheureuse Marie, ce sont les expressions de la charte, pour les frères qui servent Dieu dans ce lieu. Gosbert prie les frères de célébrer l'anniversaire de son épouse et de faire mémoire d'elle dans leurs prières. Le don est adressé à la sainte Vierge, parce que l'église lui était dédiée. Saint Edme fut adopté dans la suite comme second patron.

On met encore au nombre de ces premiers bienfaiteurs, Etienne, trésorier du chapitre de saint Etienne d'Auxerre, qui donna à sainte Marie de Pontigny, à Hugues premier abbé, à ses successeurs et aux frères qui vivent dans le monastère sous une discipline régulière, toute sa terre de Roncenay, en y comprenant le bois. Le chapitre remit de son côté la mouvance de la terre; c'était l'année 1120. L'acte fut dressé en présence de Hugues, évêque d'Auxerre, d'Hilgerius, prevôt, de Roger, archidiacre, de Gaufride, chantre, de Joscelin, cellérier, de Lambert, sacristain, de Hatton, camerier, de Benoît, archiprêtre, et des autres chanoines. On voit ici les principaux dignitaires de la cathédrale d'Auxerre. Joceran, évêque de Langre, étant à Tonnerre dans l'abbaye de Saint-Michel, en 1123, déchargea l'abbaye de Pontigny de toute espèce de dîme dans toutes les terres qu'elle possédait dans son diocèse. C'est, dit-il, pour suivre les traces de nos pères, qui ont toujours pris soin de pourvoir aux besoins des serviteurs de Dieu.

Guillaume, comte d'Auxerre, avait donné à l'abbaye de Pontigny ce qu'il possédait dans la terre de Lorrant ; il avait aussi remis les terres qui environnaient le monastère, et avait pris en échange les biens que l'abbaye avait à Ligny-le-Châtel. Ce même comte permit de supprimer les chemins qui passaient trop près du monastère, et d'en tracer d'autres, afin que le passage des séculiers ne vînt pas troubler les moines jusque dans leur retraite. Etienne, abbé de Regny, Milo, doyen de Ligny, et plusieurs autres, furent témoins de cette concession.

Rien de plus frappant que le spectacle qu'offrait alors Pontigny : on y voyait des hommes qui, après avoir été riches et honorés dans le monde, se glorifiaient dans la pauvreté de Jésus-Christ. Souffrant la fatigue du travail, la faim, la soif, les persécutions, les affronts, comptant pour rien tout ce qui leur manquait, pourvu qu'ils avançassent dans le chemin de la perfection. Au premier aspect, on remarquait que Dieu habitait cette maison. Les bâtimens étaient simples et pauvres; on n'entendait d'autre bruit que celui du travail, ou celui des louanges de Dieu, lorsque les moines chantaient l'office. Ce silence imprimait un tel respect, même aux séculiers, qu'ils n'osaient tenir en ce lieu aucun discours qui ne respirât la religion. Les moines ne laissaient pas d'être solitaires dans leur multitude, parce que l'unité d'esprit et la loi du silence conservaient à chacun la solitude du cœur.

Bientôt l'abbaye ne put plus contenir le nombre de ses moines. Alors, comme des essaims d'abeilles, ils commencèrent à se répandre en différentes contrées, pour fonder de nouveaux monastères dans lesquels on vit fleurir la piété avec la règle de Pontigny. Hugues de Macon fonda ainsi dix monastères, où il mit des religieux et des abbés formés à son école. Ces filiations ou ces filles de Pontigny (car c'est ainsi qu'on les appelait) sont : Bouras, les Roches, Cadoüin, Dalon, Fontaine-Jean, Jouy, Saint-Sulpice, Quincy, Loc-Dieu et Châlis. Ces pieuses colonies étant chacune de douze personnes, c'est cent vingt religieux qui sortirent de Pontigny dans l'espace de vingt-deux ans, non compris un pareil nombre qui demeurait dans l'abbaye. Tous ces moines étant venus des environs, comme il est à croire, on peut juger du mouvement religieux que cette maison avait déjà imprimé dans toute la contrée.

T. I, p. 13.

Les nouveaux monastères demeuraient soumis à l'abbé de Pontigny, qui les dirigeait. Partout on voyait unité de régime, de statuts, de discipline; partout on se proposait d'avancer dans la perfection chrétienne. Par là l'unité de l'ordre se maintenait intact.

Que la Providence est admirable! Lorsque le peuple semble enseveli dans l'ignorance et asservi par l'esclavage, de saintes milices composées d'hommes animés d'un dévouement surhumain, s'organisent comme d'elles-mêmes et vont consacrer leurs travaux, leurs veilles, leur vie toute entière à l'édification et à l'instruction du peuple. La France se couvre de maisons religieuses dont les pieux habitans ont reçu du ciel la douce mission de répandre autour d'eux les consolations de l'espérance et les dons de la charité. Elles se présentent pour consoler tout ce qui pleure, pour recueillir tout ce qui est repoussé du monde, et pour guérir tout ce qui souffre.

Au milieu de ses travaux apostoliques, Hugues fut élu évêque d'Auxerre : le désir de servir l'église l'emporta sur celui de la solitude. Il avait été vingt-deux ans abbé de Pontigny. Aussi zélé sur le siège d'Auxerre qu'il l'avait été dans son abbaye, il employa son crédit à étendre le règne de Dieu et à affermir son ancienne abbaye. Il eut toujours près de sa personne deux religieux et un frère convers pour donner l'hospitalité aux étrangers. Sa mort arriva en 1151. L'Eglise lui a donné le titre de bien-heureux. Son corps fut déposé dans un cercueil de pierre, et inhumé plus tard dans le sanctuaire de la grande église de Pontigny. Il se conserva sans corruption jusqu'en 1567, lorsque les Calvinistes ou Huguenots le tirèrent de son tombeau et le brûlèrent, croyant que c'était le corps de saint Edme.

Saint Bernard employa souvent l'abbé Hugues dans des négociations importantes. Ils se joignirent ensemble pour écrire au pape Honoré II en faveur d'Etienne, évêque de Paris, et de Henri, archevêque de Sens, persécutés injustement par le roi Louis-le-Gros. Le chapitre général de l'ordre, tenu en 1127, envoya Hugues en députation vers le même roi Louis-le-Gros pour des affaires de l'ordre.

Saint Etienne, saint Bernard, Hugues et d'autres abbés composèrent alors la Carte de charité ou réglement de l'ordre : c'est sur cette base que furent appuyés ces édifices religieux qui firent, pendant plusieurs siècles, l'admiration de la chrétienté. La règle de saint Benoît y fut adoptée comme le code des devoirs à remplir par tous les religieux, et des principes d'après lesquels chaque abbaye, prise isolément, devait être gouvernée. Pour l'administration générale, ils sentirent le danger de laisser à un seul supérieur le pouvoir sur une corporation qui allait devenir nombreuse. Il eût fallu dans le chef, vertus, lumières, talens, l'absence des passions: l'humanité n'est pas toujours aussi parfaite.

Tous les abbés réunis convinrent que chacun d'eux, selon la règle de saint Benoît, resterait chef de sa maison, mais qu'il serait surveillé, repris et corrigé par son père immédiat, c'est-à-dire par l'abbé du monastère qui avait produit le sien. L'abbé de Cîteaux, qui était le premier supérieur, puisque son abbaye avait produit toutes les autres, eut pour visiteurs les abbés de ses quatre premières filles: la Ferté, Pontigny, Clairvaux et Morimon (1). Enfin, les visiteurs et les visités furent soumis au conseil-général, composé de tous les abbés de l'ordre; ainsi personne ne fut au-dessus des lois. Comme les ordonnances des évêques, dans les différens diocèses, pouvaient troubler les exercices de la discipline et le régime des maisons, il fut convenu qu'il ne serait établi aucun nouveau monastère, si l'évêque du lieu ne consentait expressément à ce que l'ordre y eût une juridiction pleine et entière. Cette constitution fut approuvée et confirmée par le pape Calixte II, en 1119 (2).

---

(1) Le monastère de la Ferté fut fondé en 1113, celui de Pontigny en 1114, et ceux de Clairvaux et de Morimon en 1115.

(2) Saint Etienne fit faire ensuite un recueil des cérémonies

Ce serait ici l'occasion de parler de la règle de Cîteaux. Comme elle se trouve ailleurs, et qu'elle nous entraînerait trop loin, nous ne nous y arrêterons point. Ces lois religieuses, tirées en partie de la règle de saint Benoît et élaborées avec la plus grande maturité, sont un chef-d'œuvre de civilisation pour les siècles où elles parurent : car à une époque où le pouvoir se morcelait en fractions mal définies, sans lien, sans unité, ce fut un grand événement que la constitution claire et forte de l'ordre monastique, sous une dictature élective.

La pauvreté, l'obéissance et la chasteté, sous la sauve-garde de l'humilité, étaient les grandes vertus pratiquées par les moines. Voici comment l'obéissance était recommandée : « Si par hasard quelque

---

et des coutumes qui s'observaient à Cîteaux, pour les conserver à la postérité. C'est ce qu'on appelle *les us de Cîteaux*. Il fit aussi écrire une histoire abrégée du commencement de l'ordre, qui est connue sous le nom d'*Exordium de Cîteaux*.

Le *liber ad usum*, ou *le livre des us de Cîteaux*, est attribué tantôt à saint Etienne, tantôt à saint Bernard. C'est un recueil de toutes les observances régulières de Cîteaux, divisé en cinq parties qui comprennent cent quatre-vingts chapitres. La meilleure édition que nous en ayons, est celle que le père Julien Pâris en a donnée dans le *Nomasticon Cistercience*, Paris 1664.

L'*Exordium parvum*, ou histoire abrégée des commencemens de Cîteaux, fut écrite par l'ordre de saint Etienne. C'est un livre fort édifiant, que l'annaliste de l'ordre appelle, avec raison, *un livre d'or*. Il a été inséré dans le *Bibliotheca patrum Cisterciensium*, publié par Tissier, en 1660, en trois vol. in-folio.

L'*Exordium magnum Cisterciense* est une histoire plus étendue des commencemens de l'ordre de Cîteaux, écrite dans le treizième siècle. On la trouve aussi dans le *Bibliot. patr. Cisterc.*

chose de difficile ou d'impossible est ordonné à un frère, qu'il reçoive, en toute douceur et obéissance, le commandement qui le lui ordonne; s'il voit que la chose passe tout-à-fait la mesure de ses forces, qu'il expose convenablement et patiemment la raison de l'impossibilité à celui qui est au-dessus de lui, ne s'enflant pas d'orgueil, ne résistant pas, ne contredisant pas. Que si après son observation, le premier persiste dans son avis et dans son commandement, que le disciple sache qu'il en doit être ainsi, et que se confiant en l'aide de Dieu, il obéisse ».

<small>Nomastic. Cisterc., p. 58.</small>

Les cérémonies de l'Église, les prières, les chants, la psalmodie, recommençaient presque à toutes les heures du jour et de la nuit. Au dortoir, au réfectoire, à la cuisine, la règle commandait un silence absolu, en sorte que dans les occasions nécessaires, les moines s'étaient accoutumés à s'entendre par signes. Les heures où il était permis de parler étaient soigneusement réglées. La nourriture quotidienne, dans ces premiers temps, était des fèves et des herbes; les œufs et le fromage étaient permis seulement à certaines époques de l'année; on ajoutait quelquefois du poisson et des fruits.

De graves pénitences étaient infligées aux plus coupables par l'abbé. Une surveillance continuelle, exercée à toutes les heures, dans tous les lieux de la maison, par des moines qu'on nommait *circateurs*, ne laissait pas à la moindre faute le temps de se commettre sans témoins. Les enfans qu'on avait coutume d'offrir alors aux couvens dès leurs premières années, recevaient à Pontigny l'éducation la plus chaste et la plus attentive. Ils étaient élevés à part. Séparé dans ses études, dans le dortoir, dans toutes ses actions, l'enfant ne faisait pas un pas sans être accompagné d'un maître. Les novices et les jeunes profès avaient aussi leurs custodes, et devenaient l'objet de précautions presque égales. Une éducation aussi soignée et aussi suivie, soutenue par tant de beaux exemples, ne pouvait manquer d'enfanter des saints.

GUICHARD DE BEAUJEU.

Guichard, élu par les moines de Pontigny, ses confrères, succéda au bienheureux Hugues en 1136. Il avait été élevé dans le cloître et formé de bonne heure à l'exercice des vertus religieuses; le jeûne, la prière, la méditation des livres saints, partageaient le temps que lui laissait le gouvernement de son monastère. Sous un tel homme, l'abbaye de Pontigny continua de prospérer et de grandir. Le nombre des fidèles qui y accouraient pour se mettre à l'abri de la contagion du siècle allait toujours croissant. L'abbé Guichard les recevait tous, et envoyait les plus parfaits habiter ailleurs en fondant de nouveaux monastères.

Le chapitre général donna alors à l'abbaye de Pontigny la paternité de Chalisvois, qu'il ôta à l'abbaye de Bouras, parce qu'elle n'avait pas corrigé certains désordres qui y étaient arrivés.

Guichard reçut plusieurs bulles du pape Innocent II, d'Adrien IV et d'Alexandre III. Innocent II, dans une bulle de l'année 1138, commence par remercier le Dieu tout-puissant des grâces dont il a comblé l'abbaye de Pontigny, où les vertus chrétiennes brillent dans tout leur éclat. « J'apprends, dit-il, que ce ne sont pas seulement les pays voisins qui s'excitent au bien par de si beaux exemples, mais que vos religieux portent le baume de votre charité jusque dans les contrées les plus éloignées. C'est pourquoi, notre très-cher fils en Dieu, l'abbé Guichard, nous vous pressons sur notre cœur, en vous accordant toutes vos demandes; nous mettons, avec joie, sous la protection du Saint-Siége votre abbaye, que vous savez si bien gouverner avec l'aide de Dieu. Nous voulons que ce lieu chéri de Dieu et des hommes, possède en propre tout ce que la divine Providence voudra bien lui donner, par la concession des souverains pontifes, les largesses des rois et des princes, l'offrande des fidèles et toute autre voie juste. » Le pape cite la terre de Duchy et celle de Crécy, données en partie l'une et l'autre par les chanoines de Saint-Florentin.

Dans une autre bulle, le pape exhorte ceux qui habitent cette maison de Dieu à n'avoir qu'un cœur et qu'une âme, à conserver l'union de l'esprit par le lien de la paix; « Car, dit-il, la religion d'une âme droite, affermie par le lien indissoluble de l'amour divin, nous rend favorable l'esprit très-clément du Créateur, par la ferveur de ses continuelles prières, et unit le ciel à la terre. Comme nous savons que les frères du monastère de Pontigny sont

Voyez pièces justificatives.

libres de toute affaire du siècle, qu'ils vivent avec piété, uniquement occupés à vaquer à la contemplation, nous nous faisons un devoir de satisfaire à toutes les justes demandes de notre cher fils en Jésus-Christ, l'abbé Guichard ; nous lui confirmons la possession de tous les biens qu'il possède selon les lois de l'Église, et en particulier l'usage dans toute la forêt d'Othe, droit qui lui a été accordé par Henri, archevêque de Sens, et par Atton, évêque de Troyes. » Ensuite le pape ajoute : « Afin que vous puissiez vous abandonner librement à l'esprit de Dieu, car cet esprit veut être libre, et satisfaire uniquement aux devoirs de la vie religieuse, qu'aucun évêque ou archevêque ne se permette de faire de la peine, soit à vous, soit à vos successeurs, à l'occasion de votre règle, ou pour tout autre motif injuste ; qu'aucun évêque ou abbé ne se permette également d'ouvrir, sans votre permission, l'entrée d'un monastère à un religieux qui aurait fait profession dans le vôtre, lors même que ce ne serait qu'un frère convers ».

Le pape, parlant ensuite de l'hospitalité que l'on exerçait dans l'abbaye, cite le bienheureux pape Grégoire, qui dit en établissant Augustin évêque d'Angleterre, que ceux qui vivaient en communauté faisaient déjà des portions d'aumônes pour les pauvres, logeaient les étrangers, et exerçaient d'autres œuvres de miséricorde ; car, ajoute-t-il, dans les établissemens religieux, tout le superflu doit être distribué en bonnes œuvres, selon ces paroles du divin Maître : Donnez votre superflu aux pauvres, et vos péchés vous seront remis.

Nous voulons aussi, continue le pape, que personne ne réclame la dîme des champs que vous et toute votre communauté cultivez de vos propres mains, ni sur le bétail que vous nourrissez, ni sur tout autre travail que vous pourriez faire. Cette bulle est datée de Latran, le dix des calendes de janvier de l'année 1142. Les évêques voisins avaient prévenu l'intention du pape, en exemptant de la dîme les biens de l'abbaye. Henri, archevêque de Sens, cite en particulier les moissons, les légumes, les fruits, et en général tout ce que l'on confie au sein de la terre.

En 1139, l'archevêque de Sens, cédant un droit d'usage dans la forêt d'Othe, dit : « Le vénérable Hugues, évêque d'Auxerre, Bernard, abbé de Clairvaux, et Guichard, abbé de Pontigny, personnages saints et pieux, nous ont prié d'accorder aux moines qui servent Dieu dans l'abbaye de Pontigny l'usage de nos bois dans la forêt d'Othe : ne pouvant rien refuser à des hommes d'une vie aussi sainte, et dans un but aussi louable, nous accédons à leur demande, car on ne remplit pas seulement le précepte de l'écriture en faisant du bien à ceux qui nous ont fait du mal, mais principalement en répandant des bienfaits sur ceux qui affligent, chaque jour, leur chair pour expier leurs propres fautes, et pour obtenir la conversion de leurs frères égarés. Enfin, on doit venir au secours de ces hommes généreux, qui font sans cesse à Dieu le sacrifice de tout eux-mêmes avec un cœur contrit et humilié ».

<small>Cart. de Pont., t. II, p. 55.</small>

Le roi Louis-le-Gros, sous le règne duquel l'abbaye de Pontigny fut fondée, déclare qu'en se

<small>p. 254.</small>

prêtant aux prières des ecclésiastiques, soit qu'ils demandent pour soulager les membres souffrans de Jésus-Christ, soit qu'ils veuillent venir au secours de quelque établissement religieux, non-seulement il s'acquitte d'une fonction royale, mais encore qu'il attire sur lui les bénédictions de l'époux de la sainte Église notre mère. En conséquence, il défend à tous juges, prevôts et autres officiers de son royaume, d'exiger aucun tribut des moines de Pontigny (1). Son fils Louis VII confirma et étendit ce privilége. Philippe-Auguste, dans une charte de 1181, dictée par le même esprit de piété, étend l'exemption des tributs sur toutes les maisons de la filiation de Pontigny. C'est en vue de Dieu, dit-il, pour le repos de l'âme de mon père et de celles de mes ancêtres, que je fais avec joie ces pieuses munificences.

En 1158, Garnier de Ligny et son épouse Ermengarde, firent plusieurs donations et échanges de biens. L'acte fut passé à la grange du Beugnon, en présence de Hugues, évêque d'Auxerre et premier abbé de Pontigny, de Milon, doyen, et de plusieurs autres témoins. Garnier accorda encore quelques gratifications dans une charte passée à Chablis par devant l'évêque de Langre, Ponce, archidiacre, Pierre, abbé de Saint-Jean, Guillaume, moine et médecin, et Constance de Ligny-la-Ville.

Comme les établissemens trop rapprochés les uns des autres, pouvaient fatiguer la charité des

---

(1) La charte distingue les trois cas ordinaires : le péage, l'exportation et l'importation des denrées. *Pedagium*, *Rotagium* ou *Rotaticum*, et *Teloneum*.

fidèles, ou occasionner des différens à l'occasion des propriétés, les abbés voisins se réunissaient pour dresser des réglemens sur la conduite qu'ils devaient tenir à cet égard. C'est pourquoi, en 1142, Guichard, abbé de Pontigny, saint Bernard, abbé de Clairvaux, et quatre abbés de Prémontré, convinrent ensemble que pour le bien de la religion, l'ordre de Cîteaux et celui de Prémontré ne feraient point d'établissemens plus près de quatre lieues les uns des autres; que les granges seraient à une lieue de distance, et que les maisons des religieuses seraient éloignées au moins de deux lieues de celles des religieux.

Un accord passé à Belle-Cire en 1146, entre les moines de Pontigny et les chanoines de Dilo, nous apprend les vastes possessions de ces deux maisons au-delà des rives de l'Armançon. On y voit aussi que les riches prairies de cette contrée étaient en vaine pâture, sans valeur, dédaignées même des serfs et abandonnées gratuitement aux moines, qui y faisaient paître des troupeaux de gros et de menu bétail. Les frères de Dilo ne devaient pas construire de granges, ni conduire de bétail dans la vallée qui s'étend de *Cancicuria* (c'est le nom latin de la charte) vers la Vanne par la Brétonnerie, et depuis la Vanne en revenant vers Chailley et retournant vers le ruisseau qui coule de Cérilly dans la même rivière. Ils n'avaient également pas de droits dans les pâturages qui s'étendaient de *Cancicuria* vers l'Auson, de là vers Coursan, et de Coursan à Neuvy et à Soumaintrain, en revenant par Germigny, et de là en suivant l'Armançon jusque à Brienon. De

T. II, p. 145.

cette ville, la limite suit le chemin public jusqu'au pont d'Avrolles, en passant devant une croix; elle se dirige ensuite le long du Créanton jusqu'au ruisseau de Lonvas, et de là elle suit le cours de l'eau jusqu'à la fontaine de Becherel. Cependant les frères de Dilo, dit la charte, pourront conduire leurs porcs dans les bois compris dans cette étendue, lorsqu'il y aura du gland ; et s'ils veulent construire une grange à *Putéolot*, ils pourront y entretenir du bétail et le conduire dans les pâturages, pourvu qu'il puisse rentrer le même jour dans les étables et y passer la nuit. Ils pourront aussi faire paître leurs veaux et leurs poulains dans les pâturages de Saint-Florentin, depuis la Saint-Martin jusqu'à Pâques. Les pâturages de Crécy et de Mercy demeurèrent communs pour les bœufs des deux maisons.

La plaine de Jongete, qui s'étend entre le Créanton, les champs de Champlost et le pont d'Avrolles jusqu'au ruisseau de Lonvas, était commune au bétail des deux monastères. Depuis ces limites jusqu'à Joigny, les frères de Pontigny n'avaient aucun droit de vaine pâture, si ce n'est pour les porcs, lorsqu'il y avait du gland. Ils n'avaient également aucun droit depuis Villemaure jusqu'à l'Auson et la Seine. Norpaud, abbé de Vauluisant, et Landry, abbé des Escharlis, signèrent cet accord comme arbitres. Guichard, abbé de Pontigny, ne put s'y trouver à cause de ses infirmités; mais deux moines, Guy de Seignelay et Gaultier, dit Botte-Sacrée, l'un et l'autre de la famille des barons de Seignelay, et Gaultier, dit le Berger, frère convers, s'y trouvèrent à sa place. Garnier, abbé de Dilo, s'y était rendu avec Etienne, prieur, trois chanoines et trois frères convers. Ces deux maisons, les plus puissantes de la contrée, divisent entre elles, sans opposition, des pâturages qui s'étendent à plus de dix lieues du midi au nord, sur une pareille étendue du levant au couchant.

Dans un accord passé en 1155 entre Norpaud, abbé de Vauluisant, et Guichard, abbé de Pontigny, il fut convenu que les maisons bâties entre Sevie et Cérilly seraient démolies; qu'il ne serait permis à personne d'en construire de nouvelles; qu'on pourrait édifier, pour un an seulement, des cabanes pour les bergers. Après avoir indiqué les pâturages respectifs des deux maisons, ils ajoutent que si un frère convers enfreint leur convention, c'est-à-dire s'il conduit son bétail dans les pâturages de l'autre monastère, il jeûnera trois jours au pain et à l'eau. Si le prévaricateur est séculier, il sera frappé ou chassé. Si le maître d'une grange a connaissance d'un pareil délit, et qu'il n'y apporte pas de remède, il subira la même peine.

T. II, p. 159.

Les abbés des différens monastères avaient coutume alors de construire des bergeries, dans les prairies éloignées de leur maison, et d'y envoyer des frères convers pour avoir soin du bétail. Si les paroisses voisines étaient à une trop grande distance, ils bâtissaient des chapelles où ces frères allaient entendre la messe. Plusieurs paroisses ont dû leur origine à ces circonstances. L'exemple des religieux stimula la cupidité des seigneurs et l'indolence des serfs; ils voulurent aussi avoir quelques troupeaux de bétail, et reprirent la jouissance d'une partie de ces prairies qu'ils avaient dédaignées.

En 1146, Gilbert, vicomte de Ligny, remit aux habitans plusieurs droits de main-morte, et laissa entrevoir à ses serfs un avenir plus heureux. L'année suivante, Milès, dit cou-gelé, remit à l'abbaye de Pontigny plusieurs droits de cens qu'elle lui payait, à Soumaintrain, à Germigny et dans l'Isle de Duchy. Deimbert de Seignelay et Alpace, son épouse, seigneurs suserains de Duchy, approuvèrent cette dernière donation. Milès accorda la même grâce pour les bois de la forêt d'Othe, qu'il tenait d'Herbert-le-Gros. L'acte fut passé à Brienon par l'archevêque de Sens, en présence de Guillaume, son archidiacre, de Mathieu, préchantre, de Bovo, doyen, de Gérard de Champlost et de Bochard.

Guillaume, comte d'Auxerre, de Nevers et de Tonnerre, fit donation, en 1153, de tout ce qu'il possédait à Sainte-Porcaire, en bois, en terre et en eau. Gaufride, évêque de Langre, duquel relevait le fief, donna main-levée de tous les droits qu'il pouvait avoir sur ces biens. Deux ans après, le même comte fit don de tout ce que Guyard-le-Rusé et Barthélémi, alors vicomte de Ligny, tenaient de lui dans cette contrée, en bois, en terre, en prés ou en eau. Guyard retint cinq sous de cens pour la concession de l'eau. Il fut encore convenu que les moines n'auraient pas le droit d'arracher le bois de Revisy, celui de la vallée païenne, celui de Saint-Etienne et celui de Contest pour les livrer à l'agriculture. Ce passage révèle une des plaies sociales de cette époque. Les religieux, plus éclairés sur le bien de l'humanité, mettaient en culture les friches et les broussailles qui leur tombaient entre les mains, et occupaient ainsi les bras des serfs qu'ils tiraient de la misère. Les seigneurs, au contraire, voulaient conserver les bois pour y prendre le plaisir de la chasse, passion dominante de la noblesse de ce siècle.

Cependant les moines trouvant quelque chose de barbare à chasser les habitans de Sainte-Porcaire de leurs maisons pour en prendre possession, selon le don qui venait de leur en être fait, le comte Guillaume vint au secours de leur charité en dédommageant tous les habitans, de sorte qu'ils sortirent de leur plein gré, et furent remplacés par des frères convers, ou de simples métayers des religieux. Le village de Sainte-Porcaire fut ainsi détruit. (1). La [T. II, p. 347.]

---

(1) Sainte-Porcaire, *Sancta Porcaria*, *Sancta Porcharia*, est présentement une ferme entre les Baudières et Pontigny, sur le penchant d'un côteau. Elle tire son nom et son origine d'une vierge d'Italie, nommée *Porcaire*, qui vint jusqu'à Auxerre à la suite du corps de saint Germain, mort à Ravenne. Aussitôt qu'il fut déposé dans le tombeau, elle se retira dans un lieu solitaire au-delà du Serain, et y bâtit un hermitage, où elle passa ses jours dans l'exercice de toutes les vertus. Après sa mort, les fidèles du voisinage élevèrent une chapelle sur son tombeau. On croit encore en remarquer les ruines dans une grange. Sa fête se célèbre le 8 octobre. Héric écrivait au neuvième siècle que le corps de sainte Porcaire reposait à environ neuf milles d'Auxerre dans une chapelle célèbre par les miracles dus à son intercession. [Heric de mirac. apud lab. t. 1, p. 540.] Ainsi le corps de cette sainte doit reposer encore sous les ruines de cette chapelle, dans un tombeau de pierre. Une charte de 1119 donne à cette chapelle le titre d'église. *Ecclesia sanctæ Porcariæ*.

Au douzième siècle, un village s'était formé autour de la chapelle de sainte Porcaire. On y voyait une garenue, des vignes, des jardins et des terres labourables. En 1119, Geoffroy du Moulin, Jean et Milon, ses frères, donnèrent à l'abbaye de Pontigny les terres qu'ils possédaient en alleu à Sainte-Porcaire, et emme- [Cart. de Pont., t. II, p. 368 et 186. T. III, p. 230 et 50.]

route qui passait près de l'abbaye, en cotoyant la rivière, fut aussi reportée plus haut où nous la voyons aujourd'hui.

<small>Voyez pièces justificatives.</small>

Le pape Adrien IV confirma les principales possessions de l'abbaye par une bulle de 1156 : il cite les granges de Sainte-Porcaire, du Beugnon, de Crécy, de Chailley, de Burs, de Villers, d'Aigremont, de Champtrouvé, de Fouchère et d'Egriselle. Il défend expressément de bâtir plus près d'une demi-lieue de ces granges sans la permission de l'abbé de Pontigny. Il leur confirme aussi la possession des plaines, des prés, des eaux dont ils

---

nèrent les habitans ailleurs. Le comte Guillaume en fit autant, de sorte que le village de Sainte-Porcaire ne fut plus qu'une grange de l'abbaye de Pontigny, dont le domaine de Revisy faisait partie. En 1288, Marguerite, reine de Jérusalem et comtesse de Tonnerre, défendit aux moines de Pontigny de construire de nouveau une *maison-forte* dans leur vigne de Sainte-Porcaire, où elle avait une garenne et la haute justice. La même charte dit cependant que la terre relevait en premier lieu de l'évêque de Langre.

Les carrières de Sainte-Porcaire, aujourd'hui oubliées, étaient connues au treizième siècle : c'est près de là que l'on tira la belle pierre de grès dont on se servit pour bâtir le château de Seignelay.

A six cents pas de Sainte-Porcaire, au levant, sur le même coteau et dans une pareille position, on voit la chapelle de sainte Radegonde. Jusqu'en 1789, cette chapelle était le but d'un pélerinage renommé, surtout le jour de la fête ; les friches environnantes étaient pleines de voitures couvertes, dans lesquelles on avait amené des infirmes qui venaient demander leur guérison. Aujourd'hui cette chapelle sert de grange, et la fête passe inaperçue parmi les enfans de ceux qui accouraient pour implorer le secours de la sainte. On trouve cette chapelle pour la première <small>Cart. de Pont.</small> fois en 1543. Une ferme a été bâtie au-dessous ; elle dépend de la commune de Pontigny, ainsi que Sainte-Porcaire. Le cimetière de Saint-Florentin renferme une chapelle de sainte Radegonde.

jouissaient, ainsi que l'usage dans toute la forêt d'Othe, dans les bois qui appartiennent à l'archevêque de Sens et à l'évêque de Troyes.

La vaste forêt d'Othe, dont il a déjà été parlé plusieurs fois, s'étendait depuis Joigny jusqu'à Troyes; elle rappelle ces époques où les Gaules, peu habitées, étaient couvertes de bois. Chaque contrée avait un nom particulier, comme Franquil ou Francœur, vers Sormery; Valgomer ou Vaugomer (1), du côté de Joigny; le bois du chasseur, du château Witton, de Saint-Etienne, de Saint-Pierre, de Saint-Loup. Elle prit aussi le nom des villages qui l'avoisinaient; plusieurs même se sont formés en reculant les limites de cette forêt, et en ont tiré leurs surnoms, comme : Aix-en-Othe, Bercenay, Bligny, Bussy, Nogent, Paroy et Séant-en-Othe. L'archevêque de Sens, l'évêque de Troyes, les établissemens religieux de ces deux villes, les comtes, les seigneurs voisins, l'abbaye de Pontigny et celle de Dilo, possédaient cette forêt dans toute son étendue (2). Le peu de parti que l'on tirait de

---

(1) *Vallis Gomeri.*

(2) Léothéric, archevêque de Sens, donna la partie vers Arces à l'abbaye de Saint-Pierre de Sens en 1006. Hugues-le-Chasseur permit, en 1140, aux habitans de Bœurs, de mettre en culture ce qu'ils voudraient de la forêt d'Othe, les tenant quittes de toute rétribution. Henri, dit le Sanglier, archevêque de Sens, avait accordé la même permission à l'abbaye de Dilo en 1127. Erard de Brene vendit deux mille arpens de cette forêt à Gaulthier Cornut, archevêque de Sens (1241); celui-ci, en mourant, en laissa les trois quarts aux archevêques ses successeurs, et le reste aux chanoines de sa cathédrale. Seguin de Saint-Florentin et Reine, son épouse, possédaient dans cette

ces grandes propriétés, a fait dire à un de nos historiens que les grands de ce temps-là fondaient des abbayes sans qu'il leur en coûtât beaucoup : ils cédaient à des moines autant de terres incultes qu'ils pouvaient en mettre en valeur. Ces troupes pénitentes ne s'étant point données à Dieu pour mener une vie oisive, travaillaient de toutes leurs forces

<small>Legendre, Hist. de France.</small>

---

forêt, vers Chailley, du fer, c'est-à-dire des forges, des abeilles, du bois et des plaines. Ils accordèrent à l'abbaye de Pontigny la permission d'arracher le bois et de mettre en culture tout ce qui lui conviendrait. Alpace, mère de Seguin, et Garmon son frère, avaient déjà accordé de semblables permissions. Thibault V, comte de Champagne, seigneur suserain d'une vaste contrée de la forêt d'Othe, permit aux moines de Pontigny, pour le salut de son âme et pour le salut de celles de ses prédécesseurs, de disposer à leur volonté de ce qui lui appartenait dans cette forêt; de couper du bois, d'en vendre ou d'en donner à qui ils voudraient; de mettre du terrain en culture, d'y bâtir, d'y faire des cendres et d'y prendre de l'écorce pour faire du tan. Si les chiens de ceux qui gardent le bétail des religieux, dit le comte, prennent du gibier, ou s'il s'en trouve que personne ne réclame, ils pourront l'emporter pour ceux des frères qui seront malades (1199 et 1220).

A la suite de tant de concessions, cette immense forêt se trouva réduite insensiblement et resserrée entre les villages qui se formèrent autour d'elle. En 1789, les chapitres et les couvens la possédaient presque en entier par suite d'achats, d'échange et de donations. L'abbaye de Pontigny y possédait peu de bois. Ces établissemens ayant alors été supprimés, la forêt passa dans le domaine de l'état.

Plusieurs de nos historiens ont fait mention de la forêt d'Othe: Froissard, t. 1; Loup de Ferrière, épît. 25; Nitard, liv. II; Camusat, Prompt., p. 35; les Cartulaires de Pont. en vingt endroits différens, et le Gall. chr., t. XII, p. 35. Quelques antiquaires en ont fait une retraite de Druides, en leur assignant Aix-en-Othe pour château-fort, avec un vaste domaine. On en fait aussi un canton appelé *Pagus Uttensis*. Cette forêt est appelée dans les chartes latines *Otta*, *Ota*, *Hota*, *Horta*, *Utta*, *Otha*.

à dessécher, à défricher, à bâtir, à planter, moins pour être plus à leur aise que pour soulager les pauvres, car ils vivaient dans une grande frugalité. <small>Voyez pièces justificatives.</small>

En 1159, l'abbé Guichard écrivit au pape Alexandre III, pour le supplier de prendre sous sa protection l'abbaye de Pontigny, dont les biens temporels commençaient à exciter l'envie des seigneurs voisins. Il le pria, en même temps, d'employer son autorité pour arrêter la légèreté de certains moines, qui ne pouvaient se fixer nulle part. Le pape lui répondit qu'il se faisait une joie d'accéder à toutes les demandes qui lui étaient adressées pour le bien de la religion, et que, se rendant à ses désirs, il prenait sous sa protection et sous celle de saint Pierre le monastère de Pontigny, en souhaitant que l'ordre qui y a été établi, fleurisse à perpétuité dans la crainte de Dieu et l'observance de la règle de saint Benoît.

Le pape approuve ensuite les possessions de l'abbaye; il cite en particulier les granges dont il a déjà été parlé; il défend à qui que ce soit d'exiger des dîmes des biens que les moines cultivent de leurs propres mains, ou qu'ils font cultiver, ainsi que du bétail qu'ils nourrissent. Il termine en disant qu'aucun religieux ne se permette de sortir du monastère par légèreté ou sans en avoir auparavant obtenu la permission du prieur ou de l'abbé. Si cependant il quitte l'abbaye, il défend à toute autre maison religieuse de le recevoir, à moins qu'il ne soit muni de certificats en bonne forme. Dans le nombre de ceux qui accouraient à Pontigny pour se ranger sous la bannière des moines, il s'en trouvait dont la vocation n'était pas assez éprouvée, et qui, pour s'affranchir de l'observance, quittaient le monastère et allaient se présenter à d'autres maisons.

Lorsque le Pape parle des moines qui cultivaient leur champs de leurs propres mains, on doit l'entendre des frères convers que l'on envoyait dans les fermes. La règle de saint Benoît commandait le travail des mains : il eut lieu en effet tant que les moines ne firent point partie du clergé proprement dit ; mais aussitôt qu'ils furent admis aux ordres sacrés, il devint sinon impossible, au moins difficile que le travail manuel ne souffrît pas de notables modifications. On attachait trop de respect aux sciences et aux occupations cléricales, pour que l'opinion des peuples souffrît que les hommes du sacerdoce remplissent leur vie de travaux matériels, qui n'étaient alors que le partage des serfs.

Ces vastes travaux, qui avaient signalé les commencemens de la vie cénobitique, lorsque les moines défrichaient les forêts, cultivaient leurs déserts et leurs solitudes, ne pouvaient continuer long-temps. Des villages, des bourgs, des villes, remplis de serfs, de cultivateurs, s'étant formés successivement autour des monastères, les abbés abandonnèrent à ces agglomérations croissantes le soin de cultiver le patrimoine monastique. Bientôt les princes et les rois s'arrêtent dans les monastères avec leur suite ; et au moyen-âge, ces demeures hospitalières accueillent les pélerins, les voyageurs, et leur rendent tous les services que nous trouvons dans nos hôtelleries modernes. Comment pourraient-elles encore s'accommoder des occupations rustiques des premiers solitaires? Les moines ne travaillent plus que dans l'enclos du monastère; ils se partagent tour-à-tour les soins du jardin, de la cuisine, du pain, de l'infirmerie, de l'église et de toutes les nécessités domestiques de leur habitation. Le soin de copier des livres, les prières, les chants de l'église, les lectures, les méditations, remplaçaient efficacement le travail des mains.

On compte douze établissemens fondés du temps de l'abbé Guichard, parmi lesquels on cite Cercamp, le Pin, l'Estrée, l'Etoile, Trisay, Saint-Martin-de-Viterbe et Notre-Dame de l'Isle de Rhé. Ainsi c'est encore cent quarante-quatre religieux qui sortirent successivement de Pontigny pour aller porter au loin la bonne odeur de Jésus-Christ. Ebro de Macoléon écrivit à l'abbé Guichard des lettres pleines de sentiment au sujet de la fondation du monastère de Notre-Dame de l'Isle de Rhé. Il promit tout ce qu'on pourrait désirer pour l'établissement des moines. « C'est le vœu général, dit-il, que vous fondiez ici une maison selon les statuts de votre ordre; c'est pourquoi nous vous conjurons affectueusement de nous envoyer, le plus tôt possible, des religieux qui puissent honorer notre pays et inspirer l'amour de la retraite et de la vertu ».

Le temps était déjà venu que la petite église, bâtie dès l'origine, ne suffisait plus au nombre des moines et à la splendeur du monastère. Thibault-le-Grand, comte de Champagne, de Blois et de Chartre, père de la reine Adèle, épouse de Louis VII, dit le Jeune, se chargea d'en construire une autre plus appropriée à l'état présent de l'abbaye et à la majesté de nos saints mystères. Il exécuta ce projet avec une magnificence vraiment royale. Ce bel édifice, construit vers l'an 1150, a toute la majesté des basiliques de Sens et d'Auxerre. Sa conception hardie est l'ouvrage du christianisme, qui a produit tant de chefs-d'œuvre. Car cette église laisse loin derrière elle toutes nos constructions modernes, si peu en rapport avec la grandeur de la religion catholique, avec nos idées et avec notre climat. Une flèche remarquable par son élévation, et placée sur le milieu de l'édifice, semblait porter jusque dans les cieux le triomphe de la croix. Elle a été détruite en 1793, après qu'on eut enlevé les cloches qu'elle renfermait. La longueur de l'édifice est de trois cent vingt-quatre pieds, la largeur est de cent cinquante pieds à la croisée et de soixante-six dans la nef; la hauteur des voûtes, prise sous clef, est de soixante-trois pieds.

En entrant dans ce temple grandiose, on jouit d'un ravissant coup-d'œil : devant soi, on voit se développer, dans un ordre harmonieux, vingt-six piliers, huit dans la nef, quatre au chœur, et quatorze dans le sanctuaire. Les huit piliers qui environnent l'autel sont d'une seule pierre, qui a quatorze pieds de hauteur entre la base et le chapiteau, et six pieds de circonférence (1). Le chœur a

---

(1) Le chœur de l'église de Vézelay est porté par dix colonnes, dont le fût est également d'une seule pierre de quatorze pieds de portée. Des artistes avaient prétendu que ces colonnes étaient en pierre enduite de stuc, espèce de mortier fait de marbre pulvérisé et mêlé avec la chaux. En 1818, deux membres de l'Académie française, visitant l'église de Vézelay, obtinrent la permission d'entamer un de ces piliers, et reconnurent qu'il était d'une seule pierre.

quatre-vingt-cinq pieds de longueur et le sanctuaire soixante et quinze. La largeur de cette belle nef est de quarante pieds. La nef n'a point de chapelles latérales, mais il y en a vingt-quatre dans la croisée et le pourtour du chœur et du sanctuaire. Enfin, par une magnificence qui n'était pas alors sans exemple, tout ce vaste édifice fut couvert en plomb. Voici un rapprochement de ses principales dimensions, comparées à celles des trois premières églises du diocèse, qui sont comptées elles-mêmes parmi les plus beaux monumens religieux de la France :

	Église de Pontigny.	Cathédrale d'Auxerre.	Cathédrale de Sens.	Église de Vézelay.
Longueur intérieure	324 pieds	294	352	378
Largeur de la croisée	150	120	114	70
Hauteur des voûtes	63	100	90	66

La basilique de Pontigny était une des plus remarquables de son temps : c'était un rare monument entre ceux qui précédèrent l'âge des cathédrales. L'art semblait dès-lors préluder au règne plus pompeux des monumens gothiques. C'est pourquoi l'église de Pontigny, qui égale et surpasse même en grandeur la plupart des cathédrales, est moins remarquable par l'élégance des proportions ou la richesse des ornemens, que par l'austérité de ses formes simples et de ses étonnantes dimensions. Les fenêtres sont cintrées, étroites et élevées ; elles laissent tomber dans l'église une lumière douteuse, qui n'empêche point cette religieuse obscurité, qu'on demanda plus tard aux vitraux de couleur dans les cathédrales.

Elle est bâtie, selon l'usage des temples chrétiens,

de l'occident à l'orient, sur une surface unie. De la route actuelle d'Auxerre à Saint-Florentin, on aperçoit, à une distance de soixante pas, un beau portail à une arche, surmonté d'une balustrade en pierre taillée à petits cintres, et placé en face de la porte de la basilique, dont il forme comme la première et noble entrée. C'est sur le côté gauche que se trouvait autrefois le palais des comtes de Champagne. A deux cents pas au-delà de ce portique, on trouve le portail de l'église, dérobé à la vue par un autre portique ancien (1), supporté par des colonnes. Le portail est à plein cintre, et ses jambages, ornés de colonnes, n'offrent rien de cette architecture arabesque si en usage le siècle suivant; car la cathédrale d'Auxerre, remarquable sous ce rapport, ne fut commencée que soixante ans après l'église de Pontigny.

Après avoir franchi le portail, on descend cinq degrés, et bientôt on arrive vers le chœur, qui est fermé par une boiserie en forme de jubé jusqu'à la hauteur de quinze à vingt pieds. La porte en bois doré et sculpté à jour a cinq pieds de largeur. Aux deux côtés de cette porte, en dehors du chœur, sont deux autels entre quatre colonnes, et au-dessus des statues représentant la religion. Tout le chœur est environné d'une boiserie haute comme celle de l'entrée. Les stalles, bien postérieures à la fondation de l'église, y sont adossées; elles sont au nombre

---

(1) Ces portiques, que l'on trouve à l'entrée des églises fréquentées autrefois par les pèlerins, servaient à mettre ceux-ci à couvert lorsqu'ils voulaient prier durant la nuit, ou lorsque l'église se trouvait fermée.

de cent, sur quatre lignes ; elles sont surtout remarquables par la richesse du travail. La stalle de l'abbé et celle du prieur ont au-dessus d'elles une draperie sculptée, soutenue par deux anges, et sur le devant un lutrin appuyé sur une colonne. On est surtout frappé par la vue de quatre tableaux de grande dimension, placés aux deux côtés, au-dessus des boiseries ; chacun d'eux contient vingt-quatre personnages de grandeur naturelle ; ils représentent saint Jean prêchant dans le désert, la visitation de la sainte Vierge, la piscine de Siloë et la présentation au Temple.

Le sanctuaire, élevé de trois degrés, est fermé alentour par des grilles en fer. Au milieu se trouve le grand autel en marbre rouge, et derrière, entre les deux derniers piliers, on voit la châsse de saint Edme, portée par quatre anges en adoration. De grandes dalles carrées forment le pavement de l'église. Le chœur et le sanctuaire ont pour carrelage une pierre blanche octogone et allongée, mêlée à de petits carreaux de marbre noir. On voit encore des cloîtres au nord, le long de la nef, en dehors, et couverts par un prolongement du toit de l'église. Le chapitre était de ce côté, attenant à cet édifice. Les cloîtres du midi sont détruits.

Ces détails sont trop incomplets pour retracer un grand monument. D'ailleurs, il serait difficile d'écrire à leur date le détail des constructions ou des ornemens qui furent ajoutés dans la suite des siècles.

L'édifice majestueux que le comte Thibault venait d'élever à la gloire du Très-Haut, n'épuisa point ses largesses. Il voulut encore donner à l'abbaye toute la régularité et toute la grandeur que demandait son état présent. Il éleva une enceinte de murs qui renfermait quarante-deux arpens, dans laquelle se trouvaient l'église, les bâtimens de l'abbaye et le jardin : cette vaste clôture se voit encore aujourd'hui. Ensuite il rebâtit le logis abbatial, le noviciat, le réfectoire, l'infirmerie, le logis des hôtes, c'est-à-dire les appartemens où l'on recevait les étrangers auxquels on donnait l'hospitalité : car la maison devait être ouverte aux pauvres, aux nécessiteux, aux étrangers et aux pélerins. Il ajouta encore un chapitre, un parloir, qui fut dédié dans la suite à saint Guillaume, prieur de l'abbaye ; des cloîtres, un dortoir de cent sept pieds de longueur sur douze de largeur. Enfin il construisit à l'entrée de la cour, sur le grand chemin, un palais pour sa maison, lorsqu'il voudrait passer quelque temps à l'abbaye. C'était l'usage alors dans les grands monastères d'avoir des appartemens pour recevoir les insignes bienfaiteurs, même les princes et les rois. Souvent ces appartemens ne le cédaient pas en grandeur à ceux du monastère. Quoique l'histoire attribue toutes ces constructions au comte Thibault, on peut croire que les seigneurs voisins, et même les simples chrétiens concouraient à la création de ces pieuses merveilles. Tous voulaient contribuer à la construction des édifices ; les ouvriers eux-mêmes, chacun selon son art, offraient une part de leur travail ; l'édifice terminé était cher à tous, car il était l'œuvre de tous ; et l'on aurait peine à comprendre l'exécution rapide d'une si vaste église et de tant de bâtimens, sans les efforts combinés d'un zèle unanime et d'un concours universel.

A tous ces bienfaits, Thibault ajouta une exemption de tributs pour les denrées de l'abbaye, lorsqu'elles passeraient sur ses terres. La charte datée de l'an 1149 est signée de Mathilde son épouse, de ses enfans Henri, Thibault et Etienne, de Radulfe son chapelain, de Rayère, vicomte de Saint-Florentin, de Seguin, dit Chasse-Chien, de Robert, dit le Roi, d'Ansel-le-Sourd, de Guyard-le-Mangeur, prévôt de Saint-Florentin, et de plusieurs autres. Le roi Louis, dit la charte, était alors en pélerinage à Jérusalem. L'immunité accordée par le comte Thibault était d'une grande importance, car le commerce et l'industrie rencontraient alors des entraves sur les rivières, sur les cours d'eau, sur les routes, et jusque sur les sentiers domaniaux.

Henri, fils aîné de Thibault et son successeur, Henri II, son petit-fils, comblèrent aussi l'abbaye de bienfaits. Ce dernier allant prendre possession du royaume de Jérusalem, qui lui était échu du côté de sa femme Isabelle, donna dix livres de rente sur les foires de Troyes (1), et permit aux moines de faire conduire deux cents muids de vin dans cette ville, sans payer de droits. La charte est de 1190. Marie, mère de ce prince, pleine de sollicitude pour ce cher fils, dont elle allait se séparer, pria les moines de célébrer, chaque jour, pour lui une messe du Saint-Esprit, et de continuer après sa mort à offrir le saint sacrifice pour le repos de son âme.

---

(1) Ces foires sont celles de la Saint-Remi et de la Saint-Jean, qui duraient plusieurs jours, et auxquelles on accourait de toute la Champagne et des provinces voisines. La comtesse Marie légua aussi dix livres sur ces mêmes foires.

Je passe sous silence d'autres priviléges accordés par les comtes de Champagne, surtout par Thibault III, devenu roi de Navarre.

T. II, p. 442.   En 1147, Itier III, baron de Toucy, et Nariot de Crux, le jour même de leur départ pour la Terre-Sainte, réunirent, dans le château de Toucy plusieurs abbés, pour faire en leur faveur des legs pieux. On y remarque Gaufride, abbé des Roches, Richard, abbé de Challuel, Rainaud, archidiacre d'Auxerre, Gaufride-Capelle, chantre, Etienne, trésorier, Bernard, archiprêtre, Boniface, Guérin et Germain, moines. On remarque parmi les legs de ces seigneurs une permission donnée aux religieux de Pontigny de conduire leurs porcs dans tous leurs bois. En 1218, Itier V, autre baron de Toucy, leur accorda la permission de pêcher dans la partie de l'Yonne qui lui appartenait auprès d'Auxerre. C'étaient alors les croisades, ces impulsions religieuses et guerrières qui soulevaient l'Europe contre l'Orient pour délivrer la Terre-Sainte des mains des infidèles.

A la même époque, on trouve plusieurs donations importantes : Jobert de Chailley, Guibert du château Guitton et Itier, ses frères, donnèrent un usage dans leurs bois et leurs prairies. Guibert donna une partie du bois de Saint-Pierre (1146). Henri, évêque de Troyes, Pierre, abbé de Saint-Pierre d'Alnay, Guillaume, abbé de Saint-Martin de Troyes, Evrard, abbé de Saint-Loup, aussi de Troyes, Manassès, archidiacre, Otran et Gauthier, dit Botte-Sacrée, assistèrent à cette donation.

T. III, p. 9.   La même année, Guillaume d'Anière, fils d'Ulric de Ligny, se transporta à Régennes, auprès de l'évêque d'Auxerre, pour approuver les donations de son père et de sa mère dans la terre de Roncenay, auprès de Sainte-Porcaire, vers le champ de Saint-Martin (1) en-deçà de l'eau, et dans tout ce qui relevait de Hugues, dit la Main-au-Sac. L'abbé Guichard, Gaultier-le-Chauve, Gaultier de Saint-Sidroine et Garnier, tous moines de Pontigny, Etienne d'Appoigny et autres, furent témoins de la ratification de Guillaume.

Jean, dit Macaire, gentilhomme (2) de Ligny, pria l'abbé de Pontigny de recevoir son fils au nombre des moines, et de l'admettre aux saints ordres aussitôt qu'il aurait atteint l'âge prescrit par les canons. Il donna, à cet effet, tout son patrimoine, tant en bois qu'en prés, en terres cultivées et en terres incultes. Il abandonna également tout ce qui était de sa mouvance. Cette donation eut lieu en 1150 à la grange du Beugnon, avec l'approbation de Agnès, épouse de Jean, et en présence d'Etienne, abbé de Regny, d'Etienne, prieur, d'Arnauld, moine, de Hunbault, curé de Montigny, d'Itier, prévôt de Ligny, et d'Etienne de Lindry.

---

(1) On nommait ainsi la plaine qu'arrose le Serain, près des Baudières. Aujourd'hui on appelle cette même contrée *les prés de la Chapelle*, d'une chapelle de saint Martin, qui paraît remonter au temps où les reliques de ce saint furent portées à Chablis, vers l'an 877.

Saint Martin fut le premier patron de Saint-Florentin. Il était représenté à cheval, sur l'une des portes de la ville. Il est aussi le patron de Chichy et de Bonnart. Le long séjour de ses reliques dans nos pays avait inspiré à nos pères une dévotion particulière pour ce grand saint, dont ils célébraient la fête par des veilles et des réjouissances, qui dégénéraient souvent en désordre.

(2) *Domicellus de Lenniaco.*

En 1177, Lescelin de Molomme donna ses biens de Chailley à Dieu et à la bienheureuse vierge Marie de Pontigny, pour le salut de son âme. Girard Berenger et Richer, dit le Veau, abandonnèrent ce qu'ils possédaient dans la forêt d'Othe, depuis Cérilly jusqu'à Séant. Thibault Plie-le-Pied donna aussi ses biens de Chailley ; Gosbert-le-Grand donna un usage dans ses bois de Sainte-Marie en 1161.

L'abbaye de Pontigny donna alors des preuves de sa charité en recevant généreusement ceux qui étaient persécutés pour la foi. Saint Thomas, archevêque de Cantorbéry et primat d'Angleterre, exilé pour la cause de la religion, s'y retira en 1164. L'abbé Guichard alla le recevoir à Sens, où était le pape Alexandre III. Le saint archevêque ne voulut point quitter Sens qu'il n'eût un habit de moine, béni de la main du pape. Pour satisfaire son humilité, on lui en remit un de grosse étoffe de laine crue, pareille à celle dont se servaient les moines de Pontigny.

Le roi d'Angleterre, irrité de la bonne réception que l'on avait faite à saint Thomas, bannit de ses états tous ceux qui avaient quelques liaisons avec lui, et fit promettre, avec serment, à tous ceux qui avaient atteint l'âge de raison, d'aller rejoindre l'archevêque, afin que la vue et les larmes de tant de malheureux l'accablassent de douleur. Les exilés arrivèrent par troupes à Pontigny ; tous furent accueillis avec un égal empressement, en sorte que plusieurs se trouvèrent mieux dans le lieu de leur exil que dans leur patrie. Cette persécution fut pour eux une sorte de triomphe. Heureuse la vie de ceux dans la personne desquels tout homme de bien se croit atteint, et des actions desquels les saints de la terre se rendent solidaires !

Saint Thomas regarda le monastère de Pontigny, où l'on suivait la règle austère de Cîteaux, non comme un lieu d'exil, mais comme une retraite délicieuse et une école de pénitence, où il trouvait les moyens d'expier ses péchés. Il se soumit à toutes les observances de la communauté, s'assujettit même avec joie à remplir les fonctions les plus abjectes et les plus humiliantes. Il portait continuellement le cilice, prenait de fréquentes disciplines : comme on le servait à table selon son rang, il commanda au religieux qui avait soin de lui, d'apporter secrètement une portion de la communauté, dont il faisait son repas : c'était le plus souvent des légumes secs et insipides. Sa santé ne put tenir avec un régime aussi sévère, il tomba malade et fut obligé de revenir à des alimens plus convenables.

Tandis que saint Thomas donnait à Pontigny l'exemple de toutes les vertus, le roi d'Angleterre menaça de chasser de ses états tous les religieux de l'ordre de Cîteaux, si l'abbaye de Pontigny ne renvoyait saint Thomas. Ce saint archevêque dit en apprenant cette nouvelle : Je serais bien fâché que l'ordre qui m'a reçu avec tant de charité souffrît quelque préjudice à mon occasion ; celui qui nourrit les oiseaux du ciel aura soin de moi et des compagnons de mon exil. Alors il se retira à Sens, dans le monastère de Sainte-Colombe, où il demeura quatre ans. Il sortit de Pontigny vers la Saint-Martin, en 1166, après y avoir demeuré deux ans. Comme il prenait congé de la communauté, touchée jusqu'aux larmes, il ne put s'empêcher d'en verser lui-même, surtout en voyant ceux qui l'avaient suivi dispersés comme un troupeau sans pasteur. Prenant l'abbé en particulier, il lui raconta ainsi la révélation qu'il avait eue de son futur martyre : « Une nuit que, prosterné devant un autel de l'église de Pontigny, je priais avec larmes, j'entendis une voix qui disait distinctement : Thomas, Thomas, mon Eglise sera glorifiée par votre sang. Qui êtes-vous, Seigneur ? ai-je demandé. La même voix répondit : Je suis Jésus-Christ, fils du Dieu vivant votre frère. » En effet, se croyant réconcilié avec le roi d'Angleterre, il rentra dans son église de Cantorbéry, et fut assassiné, dans le chœur même de cette église, par quatre gentilshommes, le 29 décembre 1170.

T. I, p. 11. Guichard, après avoir gouverné l'abbaye de Pontigny pendant vingt-neuf ans, fut élu archevêque de Lyon, en 1165. Cette nouvelle dignité ne diminua rien de son attachement pour l'ordre de Cîteaux : il assista au chapitre général tenu en 1170 ; il fit recevoir parmi les frères Hugues, duc de Bourgogne, principal fondateur de Cîteaux ; il se rendit dans cette abbaye lorsqu'on travailla à la canonisation de saint Bernard. Il mourut en 1189, après avoir travaillé dans son diocèse, comme dans l'abbaye de Pontigny, à établir le règne de Dieu. Son corps fut transporté à Pontigny et inhumé dans le chœur, avec une épitaphe latine (1) aussi simple que modeste : « *Dom Guichard, archevêque de Lyon, second*

---

(1) Dominus : Guichardus : archiepiscopus : Lugdunensis : secundus : abbas : hujus : monasterii.

abbé de ce monastère. » Le livre des obits de Pontigny met sa mort au 14 de juillet, et le ménologe de Citeaux place sa fête au 28 du même mois.

GUILLAUME Ier.

Guillaume, premier du nom, élu en 1166, ne tint le siége abbatial qu'une année. Les auteurs de la Gaule chrétienne ne font pas mention de lui.

GUÉRIN.

De tous les auteurs qui ont parlé de Guerin (2), T. I, p. 15. il n'en est aucun qui ne se plaise à s'étendre sur les mérites du saint abbé. Son humilité, son onction, ses lumières, la gravité de ses mœurs, tout en lui annonçait une sagesse consommée. Il était d'une haute naissance et très-libéral envers les pauvres. Sa charité ne se lassait jamais ; il faisait préparer d'avance pour eux des vêtemens et des vivres, parce que, disait-il, la miséricorde ne doit pas se faire attendre. Il avait lié une étroite amitié avec saint Thomas, pendant son séjour à Pontigny. N'ayant pu le retenir, malgré les menaces du roi, il l'accompagna, avec son abbé, jusqu'à Sens, et

---

(2) Robert d'Auxerre, Berthaud-le-Célestin, le livre des obits de Pontigny, et le ménologe de Citeaux.

après sa canonisation, il ordonna que sa fête serait célébrée tous les ans à Pontigny.

L'abbaye conservait toujours sa première ferveur. De toutes parts on se détachait du monde pour s'engager dans cette assemblée de religieux que l'on vénérait. Ce n'était pas seulement le simple peuple, mais des hommes recommandables par leur naissance et leurs vertus, qui postulaient l'entrée de la maison. L'idée que l'on avait de l'observance religieuse pratiquée à Pontigny était telle, que les plus parfaits religieux de divers ordres quittaient leur maison de profession, ou leur noviciat, pour embrasser à Pontigny une vie plus parfaite. Tel fut saint Guillaume, religieux de Grandmont en Limousin, et plusieurs novices de la même abbaye, qui vinrent prendre l'habit de l'ordre en 1167.

P. 16.

Saint Guillaume devint, en peu de temps, un modèle accompli de la vie monastique. Il vivait dans une mortification absolue de ses sens; aussi mérita-t-il d'obtenir de Dieu une admirable pureté de cœur, et le don de prière dans le degré le plus éminent. Il joignait à une merveilleuse simplicité de grandes lumières, qu'il puisait dans la plus sublime oraison. On découvrait à la sérénité de son visage le calme intérieur de son âme, et malgré toutes ses austérités, il ne perdit jamais cette gaîté qui prête tant de charmes à la vertu. Il était prieur de l'abbaye, lorsque les religieux de Fontaine-Jean l'élurent pour leur abbé. Peu après, il fut obligé de passer dans l'abbaye de Châlis. Enfin, on l'élut archevêque de Bourges. L'obéissance qu'il devait au pape et à ses supérieurs lui firent quitter sa chère solitude en versant des torrents de larmes.

Ce fut pour les religieux de Grandmont que Pierre de Tournay écrivit sa belle épître adressée à Pierre, alors prieur, et depuis abbé de Pontigny, qui commence ainsi : « A Pierre, moine de Pontigny, chéri de Dieu et des hommes, moins grand par sa naissance que par la régularité de sa vie. » Ce fut pour imiter cette grande ferveur des moines de Pontigny, que Drogon quitta l'abbaye de Saint-Nicaise de Rheims pour venir embrasser tout de nouveau la règle et les statuts de Pontigny. L'abbé Hugues de Macon, l'ayant reçu sans la permission de son abbé, en fut fortement repris par saint Bernard, qui cependant avait une haute idée de la sainteté de Drogon, car il lui écrivit une lettre admirable, dans laquelle il loue son courage à se soumettre à une nouvelle observance. « Le bruit de vos vertus religieuses, et même de votre sainteté, lui dit-il, remplissait toute la ville ; on ne croyait pas qu'il fût possible d'arriver plus haut dans la perfection chrétienne, et cependant vous quittez un monastère, seul, comme si vous abandonniez le siècle. Quoique vous soyez déjà épuisé par les œuvres de la pénitence, vous ne rougissez point de vous soumettre tout de nouveau à une observance plus rigoureuse. Nous voyons maintenant en vous, mon cher frère, la vérité de cette parole de l'écriture : L'homme déjà consommé dans la vertu, commence tout de nouveau à travailler à sa sanctification (1). »

T. I, p. 9.

---

(1) *Sanctum te ac religiosissimum tota civitas personabat, ita ut nihil tibi addi posse crederetur ex omnibus bonis, et tu velut è secularibus unus monasterium tanquam sæculum deserens, jam attritum Christi sarcinâ collum, novæ rur-*

Tels étaient les exemples de sainteté qui brillaient à Pontigny.

T. II, p. 93. Ce fut encore sur l'abbaye de Pontigny que l'évêque de Poitiers jeta les yeux pour mettre la réforme dans l'abbaye du Pin, que son extrême pauvreté avait pour ainsi dire dissoute. Après avoir pris l'avis de son chapitre et celui du pape Alexandre, qui lui avait écrit plusieurs fois à ce sujet, l'évêque de Poitiers remit cette maison à l'abbé de Pontigny, ne croyant pas pouvoir trouver en France un monastère plus capable de relever celui du Pin et d'y faire fleurir la piété. En effet, l'abbé de Pontigny envoya au Pin un prieur et des moines de son abbaye. Cette maison, qui touchait à sa ruine, reprit toute sa régularité, et devint un sujet d'édification pour la ville de Poitiers, dont elle était proche. C'était l'année 1163.

Voyez pièces justificatives. Le pape Alexandre III adressa deux bulles à Guérin et aux moines de Pontigny, pour les consoler en les prenant sous sa protection : car nos pays en étaient venus à un tel point de barbarie, que des religieux, qui n'avaient pour armes que la prière, qui élevaient sans cesse les mains au ciel pour la conversion de leurs persécuteurs, n'étaient pas sans craintes pour leurs fermes et pour la vie de ceux qui les cultivaient. « Il est juste, dit le pape, que le Saint-Siège couvre de sa protection ceux qui embrassent la vie religieuse, de peur que des conseils téméraires ne les détournent de leur

---

sum observantiis disciplinæ submittere non erubescis! In te nunc, frater, veram probamus illam esse sententiam quâ dicitur : cum consummatus fuerit homo tunc incipit.

résolution, ou que la vigueur de l'observance (nous n'osons le penser) ne vienne à éprouver des atteintes considérables; c'est pourquoi, mes chers fils en Dieu, nous prêtant avec joie à vos justes réclamations, à l'exemple de notre père et prédécesseur de sainte mémoire, le pape Eugène, nous vous prenons aussi sous notre protection et sous celle de saint Pierre; nous voulons que l'ordre monastique établi, par la grâce de Dieu, sous la règle de saint Benoît et de l'ordre de Cîteaux, fleurisse à perpétuité au milieu de vous. Nous voulons, en outre, que tous les biens que vous possédez et que vous pourrez posséder dans la suite, selon les lois divines et humaines, soient votre propriété inviolable. » Alors le pape entre dans le détail des biens que possédait alors l'abbaye. Outre les onze terres déjà mentionnées, on trouve celle de Roncenay, le fief de Revisy, la forêt de Contest, les vignes, les terres et les prés de Chablis, l'île du Moulin-Neuf, l'usage des bois et des terres de ces parties de la forêt d'Othe qu'on appelait le bois de Saint-Loup, du Chasseur, du château Witon, provenant des donations d'Atton, évêque de Troyes, et d'autres biens.

Enfin le pape, désirant donner à l'abbaye toute la protection de son autorité apostolique, défend, sous les peines les plus graves, de pénétrer dans l'enceinte des granges qui lui appartiennent, d'y commettre des vols, d'y exercer des violences, d'y mettre le feu, d'enlever ou de tuer les serfs (1); et

---

(1) Pour exprimer le nom de *serf*, les bulles se servent toujours du mot latin *homo*, qui veut dire *homme*, et non serf. Le père commun des fidèles regardait tous les hommes comme

si jamais des ecclésiastiques ou des laïques se rendaient coupables de pareils crimes, et qu'après avoir été avertis deux ou trois fois, ils ne donnassent pas une satisfaction convenable, il veut qu'ils soient dégradés de leur rang, excommuniés, privés de la participation au corps et au sang de Jésus-Christ notre Rédempteur. Quant à ceux qui respecteront ce qui appartient à l'abbaye, il appelle sur eux les grâces de Dieu et la protection de saint Pierre et de saint Paul. Il termine en répétant trois fois *amen*. La bulle est datée du palais de Latran, le trois des ides de novembre de l'année 1166. Suivent les signatures de douze cardinaux. L'abbaye eut dèslors à se défendre de cet esprit de guerre, d'indépendance, de rapines, qui était comme l'esprit national de cette singulière époque.

On est étonné, avec nos lois et nos mœurs, qu'une abbaye aille chercher un appui temporel à trois cents lieues : c'est qu'alors les campagnes étaient entre les mains d'un petit nombre de seigneurs qui gouvernaient en despotes. S'emparer des biens de religieux sans défense, s'introduire dans leurs fermes, enlever le bétail, maltraiter les serfs, étaient des crimes sur lesquels les lois féodales étaient muettes ou impuissantes, surtout lorsque le malfaiteur était assez fort pour imposer au comte, ou pour faire valoir les détours de la chicane. Comme la foi était grande, le pape, chef de l'Eglise, en appelait à la conscience ; s'il n'était pas toujours écouté, au moins est-il certain que sa voix puissante était entendue, et qu'elle arrêtait bien des maux.

égaux devant Dieu. Sans approuver l'esclavage, il le tolérait comme un désordre que la religion devait détruire avec le temps.

La faiblesse des lois était telle, que si un père faisait un don à une église ou à un monastère, son fils, son petit-fils ou tout autre héritier, reprenait impunément ce don. C'est pourquoi on faisait ratifier les donations par le pape, par le roi, par les évêques ou par les plus puissans seigneurs de la contrée. Les donateurs mêmes en appelaient à l'épée des chevaliers voisins pour maintenir leurs dernières volontés, ou bien ils invoquaient sur eux les malédictions du ciel. « Par Dieu, en Dieu et tous ses saints, disait Guillaume, fondateur de l'abbaye de Cluny, et sous la menace redoutable du jugement dernier, je prie, je supplie que ni prince séculier, ni comte, ni évêque, n'envahisse les possessions que je donne aux serviteurs de Dieu. » Guillaume III, comte d'Auxerre, ayant fait une donation importante à l'abbaye de Pontigny, en 1156, et craignant qu'après sa mort on ne renversât ses intentions, pria l'évêque d'Auxerre d'apposer le sceau de ses armes à côté du sien, sur l'acte de donation, et il prie ses successeurs de maintenir la bonne œuvre qu'il a faite, contre toutes les attaques de l'ambition ou de la mauvaise foi. Je veux, dit-il, que ce don passe à la postérité dans toute son intégrité; si quelqu'un voulait l'enlever aux moines, moi-même, ou mes héritiers après moi, nous prendrons leur défense et nous le leur conserverons envers et contre tous les ravisseurs de bien d'autrui. Toutes ces précautions indiquent le peu de fond qu'il y avait à faire sur la bonne foi publique.

Voici un exemple de ces spoliations si communes alors : En 1139, le chevalier Gaufride de Bouilly

<small>Hist. de l'ab. de Cluny, p. 29.</small>

<small>T. II, p. 348.</small>

<small>T. III, p. 57.</small>

et l'écuyer Salet de Boisjardin s'emparèrent d'une partie du bois de Revisy, y firent des coupes, en vendirent pour cent livres et en firent enlever une quantité considérable. L'abbé de Pontigny les cita à comparaître pardevant l'official de Sens; ils répondirent que le bois leur appartenait, qu'ils usaient de leur droit. L'official obligea les deux parties à prouver par témoins leur droit de possession. Les témoins de Gaufride et de son complice, la plupart attachés à la maison de chacun d'eux, dirent que Gaufride et de Boisjardin avaient joui d'un droit d'usage dans ce bois. Les témoins de l'abbaye produisirent des preuves irrécusables du droit de propriété qu'avait cette maison. Comme Gaufride et de Boisjardin persistaient à dire que le bois leur appartenait, l'official cita les deux parties à comparaître le jeudi d'après la Saint-Vincent, pour entendre prononcer son jugement. Le procureur de l'abbaye s'y rendit, mais les deux autres parties refusèrent de comparaître. L'official les attendit jusqu'au lendemain. Enfin, dit le jugement, la présence de Dieu suppléant à l'absence des contumaces, ils furent déclarés convaincus de mauvaise foi, condamnés à se désister de toute espèce de prétentions sur le bois de Revisy, à restituer tous les dommages qu'ils avaient causés, et à dix livres d'amende pour les frais et les dépens. L'histoire ne dit pas s'ils se sont conformés au jugement, surtout s'ils ont réparé les dommages qu'ils avaient causés et payé l'amende.

Tandis que l'abbé Guérin s'occupait à défendre les biens de son abbaye au-dehors, et à faire régner la régularité au-dedans, il fut enlevé à sa communauté et porté sur le siége archiépiscopal et primatial de Bourges. L'hérésie des Albigeois avait déjà pénétré dans ce diocèse et dans la province d'Aquitaine. Le nouvel archevêque la parcourut comme primat, afin de poursuivre l'hérésie jusque dans ses derniers retranchemens. Il encouragea les sciences en donnant les prébendes à des hommes instruits. Pour qu'on y attachât plus d'importance, il en diminua le nombre. Il assista au concile de Latran, et depuis, au couronnement de Philippe-Auguste, roi de France. Sa mort arriva le 16 avril 1181. Il demanda à être inhumé à Pontigny, vers les abbés ses prédécesseurs. Son tombeau est près du grand autel, du côté de l'évangile. On lisait autrefois sur sa tombe cette inscription en latin : *Ci-gît dom Guérin, archevêque de Bourges et troisième abbé de ce monastère.* Il avait été abbé pendant neuf ans (1).

PIERRE Ier.

Son élection eut lieu lorsqu'il était prieur : c'est à lui qu'Etienne de Tournay adressa son épître à l'occasion de la prise d'habit de saint Guillaume et de quelques novices de Grandmont. A peine fut-il abbé, qu'on l'élut évêque d'Arras, en 1180. Il vécut jusqu'en 1203. Son corps fut rapporté à Pon-

T. I, p. 17.

---

(1) Les auteurs de la Gaule chrétienne ajoutent après lui deux abbés, Guillaume et Pierre. Ces deux abbés ne sont point cités dans Viole; les Cartulaires de Pontigny, que nous suivons de préférence, parlent seulement du second.

tigny, où il repose dans le sanctuaire, entre celui de l'abbé Hugues et celui de l'abbé Garmont, son successeur. Son épitaphe le faisait cinquième abbé de Pontigny et évêque d'Arras. C'est de son temps que Gaultier, archevêque de Rouen, s'obligea de donner, chaque année, à l'abbaye de Pontigny, dix milliers de harengs.

T. II, p. 256. Nos rois, non-contens d'apprendre ce que la renommée publiait de l'abbaye de Pontigny, voulurent en être témoins eux-mêmes. Louis VII, dit le Jeune, y vint en 1177. Philippe-Auguste vint aussi, peu après, s'agenouiller dans la basilique de Pontigny, et réclamer le secours des prières des moines. L'histoire ne nous a pas conservé l'effet que durent produire ces visites royales, non-seulement dans l'abbaye, mais surtout parmi les seigneurs du pays : car les princes ont dû accueillir les plaintes des religieux contre des voisins ambitieux, faire droit aux réclamations des petits vassaux, plaider la cause des malheureux. Leur présence dut influer puissamment pour tempérer le régime féodal. Tous les seigneurs du voisinage, attirés aux pieds de la majesté royale, étaient obligés de lui faire hommage de leurs fiefs, comme au premier seigneur suzerain.

On voit, en effet, que le roi Louis VII fit droit aux plaintes des religieux. « Voulant, dit-il, pourvoir à la paix de ceux qui se sont donnés totalement au service de Dieu, notre sollicitude royale, en les couvrant de sa protection, a voulu mériter d'avoir part aux ferventes prières qu'ils répandent sans cesse en la présence du Seigneur. C'est pourquoi nous voulons que l'abbé Pierre et les religieux qui servent Dieu sous sa direction, jouissent en paix des biens qu'ils possèdent présentement, et qu'aucun de leurs voisins ne se permette de les inquiéter. » Déjà, en 1151, ce même prince avait été témoin d'une donation d'Anceau de Traînel, ainsi que Bochard de Montmorency, Eudes, doyen de Sens, Simon, trésorier de la même église, et Manassès, archidiacre de Troyes. T. III, p. 223.

Mahault, comtesse d'Auxerre, de Nevers et de Tonnerre, dans une donation de 1176, rappelle les droits que les maîtres avaient sur leurs serfs. Elle donna à l'abbaye de Pontigny, pour fonder à perpétuité l'anniversaire de Gui, son mari, trois personnes ou trois serfs : Bossel de Tonnerre, son mari, Etienne leur fils et leurs biens. S'ils commettent quelques crimes, la comtesse ne veut pas qu'ils puissent se justifier par le prévôt ou par quelqu'autre personne : elle veut parler des combats en champ clos, pour lesquels on pouvait choisir un champion ; mais ils doivent être directement justiciables des religieux, et leur obéir en toutes leurs volontés. Pierre de Courtenay II donna également, en 1210, une famille, ne réservant sur elle ni droit de justice, ni aucune espèce de coutume. Il ajouta à cette donation cent arpens de bois dans la forêt de Bar (1204), pour le salut de son âme, de celle d'Yolande, son épouse, de celles de ses enfans, et pour l'âme de sa très-chère épouse Agnès, autrefois très-illustre comtesse de Nevers (c'était sa première femme). Il ajoute que son épouse Yolande et lui ont choisi l'abbaye de Pontigny pour le lieu de leur sépulture. Dans un autre endroit, il appelle l'abbé de Pontigny T. II, p. 352. P. 366.

et ses religieux ses très-chers amis en Jésus-Christ.

Les seigneurs d'Ervy ne voulurent point être redevables à une maison que tous les grands du pays comblaient de bienfaits. En 1142, Milès ou Mile I, étant à Sens, dans le palais de Hugues, archevêque de cette ville, renouvela toutes les donations qu'il avait déjà faites. Les témoins furent Hugues, évêque d'Auxerre, Etienne, abbé de Regny, Herbert, abbé de Saint-Pierre-le-Vif, Manassès, archidiacre de Sens, Simon, trésorier, Simon, célérier, Symond, archidiacre du Gâtinois, Rainaud, archidiacre de Provins, Guillaume, archidiacre de Meaux, Rainaud, archidiacre d'Auxerre, Boson, doyen de Saint-Florentin, Hildueric d'Ervy et autres. Milès III, Elisabeth son épouse, Milès leur fils, et Marguerite, épouse de ce dernier, donnèrent un moulin et des pâturages. En 1213, Milès III était remarié avec Alienor. Blanche, comtesse de Champagne, et Thibault, son fils, avaient donné à Alienor trois cents livres en mariage; elle en donna cent à l'abbaye de Pontigny pour le remède de son âme et de celles de ses ancêtres. Elle voulut aussi que l'on distribuât une pitance générale dans le couvent le jour de son anniversaire. Cette pitance était un repas que l'on donnait ordinairement à ceux qui venaient de célébrer un service. Milès III fit encore don de soixante sous de rente pour fonder l'anniversaire de sa première épouse, et quarante sous pour fonder le sien. Ces sommes devaient être perçues sur le péage d'Ervy, aux foires de saint Jean-Baptiste et de saint Remi. Il veut aussi que l'on donne une pitance au couvent, le jour de chaque

[T. III, 109.]

anniversaire. Milès IV et Marguerite, son épouse, obtinrent d'être inhumés à Pontigny, avec l'approbation de Pierre et d'Isabel, leurs enfans.

Haganon, seigneur d'Ervy, voulut aussi avoir sa sépulture à Pontigny. Il fit un testament remarquable, vers l'an 1200 : il donna la moitié de son mobilier aux pauvres, son cheval, estimé dix livres, monnaie de Provins, à l'abbaye de Pontigny. Il donna encore cent sous au procureur de cette maison, cent sous au portier, pour faire des triennats, c'est-à-dire des services qu'on célébrait tous les trois ans; vingt sous pour acheter du pain pour distribuer aux pauvres, vingt sous à l'infirmerie des moines, pour la pitance des malades. Il ajouta une vigne située à Dannemoine, et trois serfs, avec leur famille, pour faire célébrer son anniversaire. Ces serfs doivent payer à l'abbaye chacun dix sous par an. Le doyen de Saint-Florentin eut soixante sous, maître Canone d'Ervy son lit de soie verte, sa couverture, deux draps, un oreiller et vingt sous. Son chapelain eut vingt sous, le clerc Odin dix sous, les lépreux d'Ervy dix sous, saint Etienne et saint Pierre de Troyes, chacun vingt sous, les religieuses de Sainte-Marie de la même ville et *de Fusse*, chacune vingt sous; la Maison-Dieu, qui appartient au comte, vingt sous; les autres Maisons-Dieu qui sont à Troyes, chacune dix sous ; le frère Hubert de Troyes, dix sous, et les vingt prêtres qui sont avec lui, chacun vingt sous. Il donna vingt sous à la dame Mahot, à toutes ses nièces qui sont religieuses, chacune dix sous; à ses deux neveux de Celle et de Molesme, chacun dix sous; à Parrenot de la Celle, dix sous; aux vingt léproseries qui sont entre Troyes et Pontigny, chacune vingt sous; au curé de Sommevalle, sa chappe pluviale; à Milon d'Ervy, son petit-fils, vingt sous; au doyen de Saint-Etienne d'Auxerre, vingt sous; aux couvens de Saint-Germain et de Saint-Etienne d'Auxerre, chacun quarante sous, et aux quarante églises de la châtellenie d'Ervy et de Saint-Florentin, qui sont les plus proches, chacune dix sous; autant de rente aux lépreux, à prendre sur les revenus du four.

Après avoir réglé ces dons, Haganon établit des rentes à perpétuité dans les paroisses où il veut qu'on célèbre son anniversaire. Ainsi il légua à cette intention dix sous à l'église d'Ervy, un setier d'avoine à celle de Sommevalle, le quart d'un muid de vin à celle de Dannemoine, trois quartiers de pré à la maison de Chancicur, quarante sous à l'église de Saint-Etienne de Troyes; à la Maison-Dieu de Troyes qui appartient au comte, dix sous; à l'église de Saint-Pierre d'Auxon, un arpent de pré et un arpent de bois, s'ils veulent le défricher. Il termine en apposant son sceau à ce testament, et en priant l'abbé de Pontigny, celui de Saint-Michel de Tonnerre et le doyen de Saint-Florentin d'y mettre aussi leur sceau. Dans toutes les familles, dans toutes les paroisses, on rencontrait des donations aussi éclatantes. Elles peignent mieux que tous les discours la foi vive des seigneurs et des peuples. C'est le riche qui partage sa fortune entre sa famille, l'Eglise et les pauvres. L'égoïsme de notre siècle industriel fait ressortir admirablement ce qu'il y a de grave et d'élevé dans ce désintéressement que la foi seule pouvait inspirer.

GARMONT.

GARMONT était abbé de Quincy, lorsque les moi- T. I, p. 17. nes de Pontigny l'élurent pour leur abbé, en 1181. Il était connu dans l'ordre à cause de sa science et de sa vertu. Son éducation avait été grande : ses parens, qui occupaient un rang à la cour, l'avaient fait élever avec soin dans les lettres humaines; mais Garmont ne tarda point à préférer aux sciences du siècle la méditation des livres saints. Sous sa direction, la maison de Pontigny devait prospérer. Pendant les deux ans qu'il la gouverna, il fit beaucoup de bien, et mit en ordre toutes les affaires temporelles.

Anseric II, seigneur de Montréal, sénéchal de T. II, p. 434. Bourgogne, et Sybille, son épouse, firent plusieurs donations importantes. On remarque une vigne qu'ils avaient à Chablis : ils demandèrent que le vin qu'elle produirait fût employé aux messes qui se célébraient dans l'abbaye. C'est, disent-ils, du vin blanc que l'on peut garder long-temps; pour prix de cette donation, nous ne demandons, mon épouse et moi, qu'une part aux biens spirituels de l'abbaye; car c'est uniquement pour l'amour de Dieu et pour satisfaire notre dévotion, que nous l'avons faite. Cet acte est revêtu du sceau d'Anseric et de celui de Jean, leurs fils. On remarque parmi les témoins Hugues, doyen de Saulieu, Guarric, chanoine d'Avallon, Renier de Chastellux, Guillaume de l'Isle (1), et Manassès d'Arcy (1186). Une charte du même Anseric, de 1180, est soussignée par huit chanoines du chapitre de Montréal. Les fils d'Anseric sont appelés à approuver la donation de leur père, pour leur ôter tout prétexte de la reprendre après sa mort ; car on a vu que les fils ou petits-fils rentraient dans les biens donnés par leurs parens. C'est pourquoi nous voyons les donations sanctionnées par ceux qui étaient les plus vénérés dans l'Eglise et les plus puissans dans le monde.

La veuve d'Anseric II fit d'autres dons à l'abbaye de Pontigny en 1197. Anseric I lui avait aussi fait du bien en 1145. Anseric III, son petit-fils, voulut être inhumé à Pontigny (1203). Son épouse Agnès, dame de l'Isle (2), fille de Guy, seigneur de Til, demanda aussi, en 1235, a être inhumée auprès du tombeau de son mari, de bonne mémoire, disent les chartes du temps ; elle donna un muid de vin et un muid d'avoine à prendre, chaque année, sur ses tierces d'Aisy. Elle veut aussi que l'on prie pour son bien-aimé père, de pieuse mémoire.

Saint Guillaume, archevêque de Bourges, n'ou-

---

(1) Les chartes latines nomment Saulieu *Sedulocus*, Montréal, *Mons Regalis*, Avallon, *Avalo*, Chastellux, *Castrolucus*, l'Isle, *Isula* ; le siècle suivant l'Isle est appelé l'*Ile-soubz-Montréaul*, Arcy, *Arceium*.

(2) On trouve dans une charte de 1374, que l'abbaye de Pontigny avait coutume, depuis long-temps, de donner chaque année douze fromages aux sergens ou gardes de la chatellenie de l'Isle-sous-Montréal, *tant pour ce qu'ils ayent plux grant cure de garder annuelement les fruz de leurs diz héritaiges, comme par ce qu'ils fussient plux courtois à leurs maignies* (manières) *quant il amenait leurs bestes pasturer.*

blia pas en mourant (1208) l'abbaye de Pontigny, dont il avait été prieur; il lui légua sa vigne de Saint-Bris, le seul bien qui lui restât, ayant tout distribué aux pauvres. L'abbé, dit-il, pourra employer le revenu de cette vigne à faire une petite pitance pour le couvent, le jour de mon anniversaire.

Le bruit des vertus religieuses qui brillaient dans l'ordre de Cîteaux s'était répandu dans toute l'Europe. Bela, roi de Hongrie, écrivit à l'abbé de Pontigny pour le supplier d'envoyer une colonie de ses religieux dans ses états. Garmont se rendit à sa demande, et fonda le monastère de Hégre. La vue de ces envoyés de Dieu excita parmi ces peuples un pieux désir de la vie monastique. La Hongrie réclama de nouveaux religieux à Pontigny, et fournit elle-même un grand nombre de novices. En Angleterre, le nombre des monastères de la filiation de Pontigny allait toujours croissant, soit qu'on envoyât de France des colonies de religieux, soit que les évêques du pays rangeassent sous la conduite de l'abbé de Pontigny les monastères de leur diocèse qui avaient besoin de réforme. Chaque année était signalée par de nouvelles conquêtes.

T. 1, p. 17.

La haute naissance de l'abbé Garmont lui donnait beaucoup de crédit à la cour. Ses deux frères, Robert Clément et Giles Clément, furent successivement ministres d'état sous le règne de Philippe-Auguste. Henri Clément, maréchal de France, et Gaulthier Cornut, archevêque de Sens, étaient ses neveux.

Le chapitre d'Auxerre avait jeté les yeux sur lui pour l'élever sur le siége épiscopal de cette ville; mais les suffrages s'étant trouvés partagés, il fut obligé de faire le voyage de Rome pour consulter le pape. A peine fut-il arrivé dans cette grande ville, qu'il fut atteint de la peste, et qu'il y mourut, en 1184, avant que d'avoir obtenu un jugement du pape. Son corps, rapporté à Pontigny, fut inhumé dans le sanctuaire, sous une tombe de porphyre, à gauche en allant à l'autel. Il serait plus honorable pour sa mémoire d'avoir repris humblement le gouvernement de son monastère, que d'avoir été en cour de Rome. Il eut laissé à ses successeurs un nouveau sujet d'édification. Il fut poussé à cette démarche par les sollicitations de son frère Gile. Cela ne diminua rien de l'estime que l'on avait eue pour lui. Sa mémoire demeura en vénération. Il est compté parmi les saints de l'ordre de Cîteaux.

MÉNARD.

T. I, p. 48.

MÉNARD ou Mainard était abbé de Fontaine-Jean, lorsqu'il fut élu abbé de Pontigny en 1184. Il occupe une place distinguée parmi les abbés qui se sont le plus signalés par leur zèle. Il se trouva à Cîteaux pour aider les pères à composer, pour les chevaliers de Calatrava, une règle et des constitutions que le grand-maître accepta, en se soumettant à l'abbé de Morimon et à ses successeurs. Le pape Clément III le prit pour arbitre de quelques différens entre Maurice, évêque de Paris, et les chanoines de Saint-Exupère. Enfin, le pape conçut pour lui une telle estime, qu'il le promut au cardinalat le 12 mars, environ l'an 1191. Les abbés que nous avons rencontrés jusqu'ici, tous très-remarquables par leur savoir, leurs vertus éminentes, auraient élevé l'abbaye à une splendeur sans pareille sous leur longue autorité, si le bien de l'Eglise ne les eût rappelés presque aussitôt à des fonctions plus importantes.

Vers ce même temps, Guillaume, comte de Joigny, donna à l'abbaye de Pontigny, pour le salut de son âme et le salut de celles de ses parens, la permission de pêcher dans ses rivières pendant dix jours et dix nuits, chaque année. Il ajouta une exemption de toute espèce de droits, soit qu'ils voyageassent, soit qu'ils achetassent ou qu'ils vendissent. Cette donation eut lieu à Pontigny, en 1180, en présence de Guichard, archevêque de Lyon, de Hugues, archidiacre de Sens, et de plusieurs seigneurs. Neuf ans après, Guillaume donna encore quatre livres de rente sur le péage de Joigny : vingt sous devaient être employés à l'entretien de la lampe du grand-autel, et soixante pour faire célébrer, chaque année, son anniversaire. Enfin, en 1199, il fit don à l'église de Cîteaux de dix livres de rente sur le péage de Joigny, pour subvenir aux besoins des abbés pendant le chapitre-général. Il prie l'archevêque de Sens, quel qu'il soit, de veiller à ce que son don soit acquitté exactement, et de ne pas craindre d'excommunier celui de ses successeurs qui oserait en contester la validité. Il possédait les censives de Coulange-la-Vineuse et d'Accolay, dont il disposa aussi en legs pieux.

T. II, p. 403.

Peu auparavant (1181), Milès I, seigneur de Noyers, avait donné la grange de Villers. Milès II, son fils, y ajouta des pâturages pour les brebis. Odeline son épouse, ses fils, Hugues, trésorier de l'église d'Auxerre, Guy et Clarembault, applaudirent à cet acte de bienfaisance. Trois ans après, ce même Clarembault déclare, avec la loyauté des chevaliers de son temps, qu'il a résolu, pour la gloire de Dieu, de protéger de son bras, et de soutenir de sa fortune l'abbaye de Pontigny, à l'exemple de son père et de son aïeul. En même temps, il prend l'engagement de lui faire compter quatre-vingt livres, monnaie de Provins. Il ajouta dans la suite ses prés de la noue de Montet. Il avait épousé Ada, et avait deux filles, Odeline et Sibille. Il se croisa en 1189; en 1192 il était à Noyers.

T. II, p. 420.

Milès III suscita bien des peines aux religieux, à l'occasion des biens qu'ils possédaient à Noyers. Cependant il ne tarda pas à reconnaître ses torts. Il dit dans une charte de 1231 : « Si j'ai enlevé quelque chose dans les bois de l'abbaye de Pontigny; si j'ai exigé d'elle des droits de coutume, je reconnais l'avoir fait injustement. Je remercie les frères de cette maison de m'avoir pardonné de bonne foi les torts et les vexations que je leur ai causés. C'est pourquoi je confirme aujourd'hui les donations de mes prédécesseurs dans toute leur étendue. » Milès IV remit à la même abbaye plusieurs droits de mouvance et de justice sur la terre de Venousse, qui lui appartenait en partie, ainsi qu'un droit de péage à Chablis. Les moines, par reconnaissance, s'obligèrent à lui donner un poulain chaque année;

P. 423.

mais il voulut que ce don cessât à sa mort. Il vivait encore en 1264.

Angalon de Seignelay donna alors tous les droits de fief dont il jouissait sur la rivière d'Armançon.

André de Brienne, seigneur de Venisy, après avoir été long-temps en guerre avec l'abbaye de Pontigny, opéra, en 1184, une réconciliation pleine et entière. « Désirant, dit-il, pour l'amour de Dieu, revenir de mes égaremens, je déclare me désister entièrement de toutes les prétentions que j'avais soulevées contre les frères de Pontigny, et en particulier contre dom Ménars, leur abbé; car je m'étais emparé, pour moi et pour mon fils Gaultier, de la justice du bois de Saint-Étienne, quoique je n'y eusse aucun droit. Je reconnais que les habitans de Séant ont un droit d'usage dans ce bois, et que ceux de Venisy n'en ont aucun. J'avais déjà eu des contestations avec l'abbé Pierre pour un étang que je voulais creuser; je renonce à ce projet, pour ne point nuire aux propriétés des frères. » Ensuite le seigneur de Venisy promet que lui et ses héritiers s'en rapporteront dorénavant à l'archevêque de Sens dans tous les différens qui pourront s'élever entre l'abbaye de Pontigny et eux-mêmes.

T. III, p. 149.

JEAN Ier.

Jean ne fit que paraître; il mourut peu de mois après son élection, emportant les regrets de la communauté. La règle était toujours suivie avec zèle : les jeûnes, les abstinences, la psalmodie, le silence presque absolu, le travail, remplissaient les journées des frères. Les restes du pain et du vin, distribués au réfectoire, étaient donnés aux pauvres pélerins. On nourrissait tous les pauvres des environs. En carême, la charité plus abondante s'appliquait encore à soulager les familles indigentes.

GÉRARD.

Le zèle religieux des fidèles prend une direction nouvelle, en s'alliant aux passions belliqueuses qui poussent les générations armées contre l'Asie. Cet amour de la guerre et de la religion, qui aspire, par sa double énergie, à la conquête de la Terre-Sainte, fait naître les ordres militaires plus appropriés aux besoins de l'Europe chrétienne et croisée. C'est à Cîteaux que les chevaliers empruntent leur règle austère. Le chapitre général, tenu en 1193, nomma Gérard avec l'abbé de Cîteaux et les trois autres premiers pères, pour composer ensemble une règle plus exacte que la première pour les chevaliers de Calatrava. Onze ordres de chevaliers suivaient la règle de Cîteaux : c'étaient l'ordre des Templiers, celui de Calatrava, d'Alcantara, d'Avis, de Montesa, de Christ, de Saint-Maurice et de Saint-Lazare, de Saint-Michel, de Montjoie, de Saint-Bernard et de Trugillo (1). Gérard écrivit au pape Innocent III

T. 1, p. 19.

P. 85 et suiv.

---

(1) L'abbé de Morimond était supérieur immédiat de l'ordre de Calatrava, d'Alcantara, de Montesa, d'Avis et de Christ. Un arrêt du Conseil d'état, du 19 septembre 1681, le maintint dans le droit de prendre cette qualité.

pour l'abbé de Morimond et les religieux de cette maison, inquiétés par l'abbé de l'Echelle-Dieu.

L'abbé Gérard employa tous les moyens qui étaient en son pouvoir pour protéger son abbaye contre les prétentions de la puissance seigneuriale. Il avait adressé plusieurs lettres au pape Innocent III pour réclamer sa protection, au milieu des vexations dont son abbaye était la victime. Pour remédier à ces maux, le 19 mai de l'an 1200, le pape adressa une bulle aux archevêques, aux évêques, aux abbés, aux prieurs, aux doyens, aux archidiacres et aux curés des églises, pour leur recommander de protéger l'abbaye de Pontigny. On va voir, par l'exposé du pape, dans quel état déplorable se trouvaient nos contrées. Elles étaient en proie à la rapacité de seigneurs violens et de serfs avides et cruels. *Voyez pièces justificatives.*

« Notre cœur, dit-il, a été profondément ému en apprenant combien la censure ecclésiastique et la sévérité des lois sont énervées, en beaucoup d'endroits, au point que des religieux, que le Saint-Siége avait pris sous sa protection, et qui jouissaient en paix de la liberté des enfans de Dieu, sont pillés et insultés par des malfaiteurs. A peine si quelqu'un daigne leur tendre une main secourable, et se présenter, comme un mur d'airain, pour prendre la défense des pauvres qui sont abandonnés : je veux surtout parler, nos chers fils, des frères de Pontigny, de l'ordre de Cîteaux, qui se plaignent des mauvais traitemens qu'ils reçoivent chaque jour, et de ce qu'on ne leur rend jamais justice. Ils vous ont fait part de nos lettres apostoliques, pour vous engager à prendre promptement et généreusement leur défense contre leurs ennemis, afin qu'avec votre appui ils puissent au moins respirer, au milieu des angoisses et des tribulations auxquelles ils sont en proie. C'est pourquoi nous vous enjoignons sérieusement à tous, par nos lettres apostoliques, et en vertu de l'obéissance que vous nous devez, de rechercher ceux qui auraient frappé quelqu'un des frères, ou qui se seraient emparés, par violence, de leurs biens, de leurs fermes, de leurs serfs ; qui retiendraient injustement ce qui leur aurait été légué par testament, ou qui exigeraient des dîmes de leurs travaux, au mépris de nos lettres apostoliques. Si ces malfaiteurs sont laïques, allumez les cierges et excommuniez-les avec leurs fauteurs ; s'ils sont clercs, chanoines ou moines, qu'ils soient suspendus de leurs fonctions, privés de leurs bénéfices, et qu'ils ne puissent en appeler nulle part. Ne retirez pas votre sentence avant qu'on ait fait aux frères une satisfaction pleine et entière. Quant à ceux qui auraient maltraité les frères, l'excommunication ne pourra être levée que lorsqu'ils seront venus eux-mêmes se présenter à Rome, avec des lettres favorables de leur évêque diocésain. Vous frapperez aussi d'interdit les fermes dont les biens et les serfs sont détenus injustement, et dont les déprédateurs font cause commune avec des frères fugitifs, qui sont des moines ou des frères convers. Ceux qui occupent ces fermes ne seront déliés de l'interdit qu'autant qu'ils se seront séparés des malfaiteurs, en les chassant de leur habitation ».

Cet exposé nous donne une idée de l'anarchie qui régnait dans nos pays sur la fin du douzième siècle et au commencement du treizième. On voit les dangers violens qui entouraient sans cesse les possessions des monastères et leurs immunités ecclésiastiques ; car le pape n'écrit que sur les plaintes qui lui avaient été portées. Alors chacun se faisait justice soi-même. On coupait les arbres, on brûlait, on abattait la maison de son ennemi, ou on le laissait à demi-mort sur un chemin. Le pouvoir religieux et la barbarie du siècle, dans leurs inexprimables conflits, sont livrés à toutes les angoisses et à toutes les péripéties d'une lutte violente, pour engendrer, non sans douleurs, l'ordre social moderne.

L'ignorance dans laquelle le peuple était plongé ne contribuait pas peu à entretenir ces désordres. On ne connaissait pas l'imprimerie ; les livres étaient rares ; très-peu de personnes savaient lire : les écoles semblaient s'être réfugiées dans les cathédrales et dans les monastères. Les enfans étaient, dans ces écoles, l'objet d'une prédilection particulière ; on veillait avec un soin étonnant, une douceur de mère, à leurs mœurs, à leurs études, et jusqu'à leur sommeil. Les écoles de l'abbaye de Saint Germain d'Auxerre avaient déjà eu une grande célébrité. Aussi, les papes firent-ils tous leurs efforts pour rallumer le flambeau des études ; ils firent cultiver les lettres dans les monastères, fondèrent des écoles, des universités, honorèrent et protégèrent les sciences, et dirigèrent le monde chrétien dans ces voies de progrès qui lui assurent une supériorité incontestable sur tous les peuples non-chrétiens. L'ignorance était telle au douzième siècle, que certains seigneurs croyaient avoir tout fait pour

Dieu, et réparé leurs injustices, en bâtissant une église ou en dotant un monastère. Le bonheur des peuples, l'amour de la justice, l'éloignement des vices grossiers, étaient presque comptés pour rien. Par une bizarrerie inconcevable, un père dotait une église, son fils la dépouillait; ou bien, après avoir causé des peines inouïes à un monastère, le coupable, amené par la foi, tombait aux pieds de l'abbé pour lui demander pardon. Nos historiens ont fait la même remarque à l'égard des croisés, qui alliaient une foi vive à une vie dissolue. Tel était le peuple que l'abbaye de Pontigny avait à régénérer par la force de l'exemple, l'instruction et l'efficacité de ses prières. Ses efforts ne tardèrent pas à être couronnés du succès. Peu à peu la foi éclaira les esprits, polit les mœurs, établit la justice et enfanta des chefs-d'œuvre de civilisation dans les siècles suivans. Il fallait qu'alors les abbés fussent de saints et de grands hommes, pour dominer de leur autorité morale les désordres des siècles grossiers, et enchaîner par le respect de la religion, par leur science et par leurs vertus, les seigneurs, les peuples, les évêques, et jusqu'aux souverains pontifes eux-mêmes.

On croirait que les moines étaient agités sans cesse par ces provocations du dehors; il paraît qu'il en était tout autrement : persuadés que le lieu du repos n'est pas sur la terre, que le royaume des cieux appartient à ceux qui souffrent, ils demeuraient en paix. De même que dans la primitive Eglise, les persécutions ne faisaient qu'accroître la foi des fidèles, les vexations qu'on faisait éprouver aux moines leur fournissaient de nouveaux motifs de redoubler la ferveur de leurs prières, et d'exercer la charité dans toute sa perfection, en priant pour leurs persécuteurs. Cela même ne diminuait rien de la vénération que l'on avait pour eux. Au milieu de leurs tribulations, ils étaient comme inondés de bienfaits. On ambitionnait, comme la plus insigne faveur, d'être enterré dans leur abbaye, ou d'avoir une part à leurs prières. Si l'abbaye eût pu être à l'abri des persécutions, les siècles que nous parcourons n'auraient été remplis que du récit de sa grandeur. Peut-être aussi aurait-on eu à déplorer le relâchement et l'oubli de la croix, qu'amènent naturellement les prospérités temporelles.

Parmi les seigneurs qui ont suscité des peines à l'abbaye de Pontigny, on remarque un Jobert de Maligny, un Etienne de Venousse, un Jean de Ligny, un Milès de Noyers. D'ailleurs, tous ceux qui sont cités dans les Cartulaires de Pontigny, sont revenus à de meilleurs sentimens, et ont fait à l'abbaye une amende honorable avant leur mort. Quant à ceux qui n'ont vécu que pour exercer la patience des abbés et des religieux, leurs noms sont mis dans l'oubli. Jobert de Maligny était un riche seigneur, qui possédait des biens à Fouchère, à Montigny, à Poinchy et à Chablis. En 1187, il reconnut ses torts, en présence de Manassès, évêque de Langre; il confessa avoir persécuté injustement la maison de Pontigny, par ses procès, ses violences, tantôt s'armant lui-même contre elle, tantôt soulevant ses serfs pour l'opprimer; il répara ses injustices et déclara qu'il voulait vivre désormais en bonne intelligence avec l'abbé et les religieux. Son

T. II, p. 478.

épouse Ermengarde, Guy son fils, Milo et Burs, ses frères, se réconcilièrent en même temps.

T. III, p. 27. Etienne de Venousse, écuyer, fils de Itier de Venousse, s'était mis en possession du bois de Revisy, l'avait fait couper, après en avoir chassé les gardes forestiers de l'abbaye. Il reconnut aussi ses torts en 1235; il avoua qu'il n'avait aucun droit dans ces bois, demanda pardon des violences qu'il avait exercées envers les moines, et s'offrit de réparer tous les dommages qu'il avait causés.

Le chapitre de Saint-Martin de Tours, effrayé du rapide accroissement de l'abbaye de Pontigny, craignit que bientôt elle n'effaçât son petit monastère de Chablis. C'est pourquoi, par une délibération de 1198, le chapitre arrêta que l'abbaye de Pontigny ne posséderait pas plus de trente-six arpens de vigne à Chablis; qu'elle continuerait d'en payer dix muids de vin de rente; qu'elle n'y pourrait acheter aucune propriété; qu'elle conserverait seulement ses possessions actuelles. Cette défense de s'agrandir dans une autre contrée était un effet des petites rivalités féodales. Pour conserver la prééminence dans un pays, il fallait veiller à ce qu'aucun voisin puissant n'y fît des acquisitions importantes. En 1188, le chapitre de Saint-Etienne de Sens fit à l'abbaye de Pontigny la remise des dîmes sur ses biens d'A-

T. II, p. 56 et 59. vrolles; mais on fit promettre auparavant à l'abbé et aux moines, qu'ils ne feraient aucune nouvelle acquisition sur cette commune, soit en terres ou en prés, soit en bois ou en vignes. Milès de Bouilly était convenu, avec cette même abbaye, qu'elle

T. III, p. 53. n'achèterait aucun bien au-delà de l'Armançon, sans sa permission.

Les abbés de Pontigny tiraient un grand produit de leurs vins. On en peut juger par la faculté que leur accorda Henri II, comte de Champagne, en 1190, de conduire, chaque année, dans la ville de Troyes, jusqu'à deux cents muids de vin de leur crû, sans payer de droits d'entrée. Il était à Vézelay, partant pour la Terre-Sainte, lorsqu'il accorda cette faveur. On voit que nos pays avaient alors dans la Champagne un débouché important pour leurs vins. Auxerre faisait des envois au-delà de Paris : on s'occupait peu de cette capitale, qui absorbe aujourd'hui tous nos produits. En 1312, les douaniers de Louis-le-Hutin, roi de France, comte palatin de Champagne et de Brie, prétendirent que le vin de l'abbaye devait payer un droit, parce que le muid de 1312 était plus grand que celui de 1190, époque où la franchise des droits avait été accordée. L'affaire fut portée devant le roi, qui déclara que puisqu'on ne pouvait préciser quelle était la capacité du muid (1) de 1190, on devait se conformer à celui qui avait cours présentement à Troyes et aux environs, et ne point exiger de droits. En 1260, les abbés de Pontigny recevaient du comte d'Auxerre cent muids de vin, sur la dîme de Junay, pour la rente du bois de Bar, qu'ils lui avaient cédé.

---

(1) Le muid de cette époque devait être bien inférieur au nôtre; car alors on ne connaissait ni le gamé, ni le tresseau, qui donnent du vin en abondance. Les vignes étaient ordinairement très-vieilles, et plantées en pinot; elles donnaient de bons vins, mais en petite quantité. On pourrait croire, sans s'éloigner de la vérité, que ce muid ancien ne contenait pas deux feuillettes comme le nôtre, mais une seule, un peu plus grande que celles dont nous nous servons.

En 1291, cette dîme fut échangée pour une rente de cinquante livres tournois.

Tandis que Gérard était occupé du soin de son monastère, le pape Innocent III le nomma cardinal et évêque de Préneste. Il ne jouit pas long-temps de cette éminente dignité. Manrique rapporte qu'il mourut cette même année, le 14 juin 1202. On voit de quelle considération les abbés de Pontigny jouissaient dans l'Eglise. En mourant, Gérard demanda à être inhumé auprès des abbés ses prédécesseurs. Pontigny est désormais la terre sacrée où veulent reposer non-seulement les abbés, en quelque pays et en quelque dignité qu'ils meurent, mais encore tout ce qu'il y a de plus distingué parmi la noblesse du pays.

JEAN II.

Après la mort de Gérard, Jean fut élevé au gouvernement de l'abbaye par le suffrage unanime de ses confrères. Son humilité, ses lumières, sa tendre charité, le rendaient propre à continuer l'œuvre de ses illustres prédécesseurs pour la prospérité de l'abbaye de Pontigny. Au mois de juillet 1202, le pape Innocent III lui écrivit pour l'engager à mettre la paix dans son ordre. C'était l'abbé de Cîteaux, qui voulait avoir une primauté trop étendue sur les quatre premiers pères, qui se piquaient d'être ses égaux. La Carte de charité, sur laquelle les deux parties basaient leurs réclamations, disait que l'abbé

T. III, 401.

de Cîteaux serait regardé comme le supérieur des abbés mêmes; qu'il ferait la visite de tous les monastères de l'ordre, et qu'il prendrait, de concert avec les abbés de chaque maison, des mesures pour réformer les abus. Il était dit aussi que chaque abbé ferait tous les ans la visite des maisons de sa dépendance; que les quatre premiers abbés, qui sont ceux de La Ferté, de Pontigny, de Clairvaux et de Morimond, visiteraient aussi tous les ans, en personne, le monastère de Cîteaux; qu'ils en auraient l'administration après la mort de l'abbé, et qu'ils assembleraient les abbés des filiations de Cîteaux pour lui donner un successeur. Si un abbé transgressait la règle, il devait être repris par celui de Cîteaux, qui le déposait s'il ne voulait pas se corriger; et si l'abbé de Cîteaux vivait d'une manière opposée à son état, il devait être averti de ses fautes, puis déposé par les quatre premiers pères, à moins qu'il ne rentrât en lui-même, et qu'il ne changeât de conduite.

<small>Nomastic. Cist., p. 67.</small>

<small>P. 70.</small>

Le pape, sans entrer dans leur discussion et sans porter de jugement, se contente de leur rappeler que si la bonne renommée de l'ordre s'est étendue d'une mer à l'autre, c'est qu'ils ont tenu une conduite droite, simple et irréprochable, et que les supérieurs, loin de dominer sur leurs subordonnés, en sont devenus les modèles. « On ne les a point vus, dit-il, se disputer le premier rang, ni parler de démissions sous prétexte de soutenir leurs priviléges. Ils ont compris ces paroles de l'Écriture, que les princes dominent sur les nations, mais qu'il n'en est pas de même des disciples du Seigneur. Le premier doit être le serviteur des autres ; commander et obéir sont deux conditions égales. Les premiers abbés qui ont honoré votre ordre ne se regardaient pas les supérieurs, mais les frères de leurs religieux, mais leurs inférieurs, puisqu'ils étaient obligés, par leur place, à pourvoir à la nourriture de leur âme et de leur corps. Tout récemment, ajoute le pape, des bruits désavantageux sont parvenus jusqu'à nous ; l'or a perdu sa belle couleur et s'est couvert de rouille ; il y en a qui cherchent la prééminence, leurs intérêts, et non ceux de Jésus-Christ ; ils paraissent s'éloigner du chemin de la justice, et de cette simplicité qui a jusqu'ici distingué votre ordre. Nous vous en conjurons avec ce zèle dont nous brûlons pour l'ordre de Cîteaux, que notre siècle n'ait pas à vous reprocher la plus légère insubordination, et qu'il ne voie pas ternir votre bonne renommée. C'est pourquoi nous vous avertissons, nous vous exhortons charitablement par nos lettres apostoliques, de marcher avec courage dans la carrière que vous avez embrassée si généreusement, afin de ne donner aucun sujet de scandale ; car si quelqu'un troublait votre ordre, soit en usurpant une autorité arbitraire, soit en refusant l'obéissance, nous le livrerions à la puissance de Satan, pour le salut de l'ordre. » Ces paroles du pape furent accueillies avec respect ; on garda le silence de part et d'autre, mais on ne demeura pas convaincu de la subordination réciproque qui devait exister entre les quatre premiers pères et l'abbé de Cîteaux. Nous ne comprenons plus tout l'intérêt et toute l'importance de ces discussions, qui ont agité l'ordre de

Cîteaux pendant si long-temps. Mais quand les premiers abbés de l'ordre, hommes pleins de mérites et de vertus, quand les papes eux-mêmes y prenaient tant de part, il fallait bien que l'ordre en fût vivement préoccupé.

L'abbé Jean reçut cinq bulles du pape Innocent III. Rien de plus admirable que les rapports directs que l'abbaye de Pontigny entretenait avec les souverains pontifes : leurs bulles sont un témoignage bien honorable en sa faveur. Innocent II avait adressé deux bulles à l'abbaye de Pontigny, Adrien IV deux également, trois furent envoyées par Alexandre III, une par Célestin III, huit par Innocent III, sept par le pape Honoré, depuis 1216 jusqu'en 1225; Grégoire IX lui en expédia six dans l'espace de huit ans; Innocent IV lui en adressa dix, Alexandre IV trois seulement, en 1255 et en 1260. On possède encore une bulle envoyée par Urbain IV, deux autres envoyées par Clément IV, et deux par Grégoire X. Martin IV, Boniface VIII, Clément V, Jean XXII, Benoît XII, Martin V, Innocent VIII, adressèrent chacun une bulle à l'abbaye de Pontigny; Pie IV en envoya une en 1561; la bulle de Clément V est datée de Poitiers en 1306; celles de Jean XXII et de Benoît XII furent expédiées d'Avignon en 1319 et en 1336.

Les originaux de ces bulles, au nombre de plus de cinquante, étaient conservés à Pontigny avec un soin religieux. Depuis 1790, ils sont déposés à la préfecture d'Auxerre, parmi les archives du département. On ne peut voir sans un vif sentiment d'intérêt ces vieux parchemins, expédiés de Rome, que nos pères environnaient de tant de respect, et dont la publication faisait faire une halte à la barbarie dans la contrée.

Dom Robinet parle de plusieurs autres bulles intéressantes qui sont perdues; celles qui sont adressées à l'ordre en général, sont réunies dans un recueil imprimé à Liége en 1714. Lorsque la communauté était plongée dans quelque tribulation, elle exhalait sa douleur au pied des saints autels; ensuite elle portait ses plaintes au chef de l'Eglise, qui se hâtait de les consoler, en prenant leur défense, avec toute la tendresse d'un bon père pour ses enfans.

Les religieux de Pontigny offraient toujours le spectacle le plus édifiant : leur silence, leur humilité, leur recueillement, fixaient l'admiration de tous ceux qui visitaient le monastère. Les exercices spirituels étaient partagés par les heures que l'on donnait, chaque jour, au travail des mains. Tandis que les plus habiles copiaient des livres, les autres se partageaient, à tour de rôle, tous les travaux domestiques de leur habitation.

T. III, p. 33   Deimbert, baron de Seignelay, donna alors à l'abbaye de Pontigny tout son clos de vigne du Mont-Saint-Sulpice, en reconnaissance de ce que l'abbé Jean et ses religieux lui avaient accordé, ainsi qu'à Marguerite, son épouse, une part aux prières et aux autres biens spirituels de l'abbaye, un droit de sépulture dans leur maison, et à leur inhumation les mêmes honneurs qu'à un des frères. Ce qui montre qu'on apportait beaucoup de solennité à ces inhumations, auxquelles la communauté entière prenait part. Etienne, fils de Deimbert, et Pierre, évêque d'Arras, furent témoins de cette concession, à laquelle Deimbert apposa son sceau (1202).

Dans le même temps, Thibault de Bar, seigneur de Champlost, choisit Pontigny pour le lieu de sa sépulture, et fit don d'une rente d'un muid de froment et d'un muid d'avoine, à prendre, le jour de son anniversaire, sur sa grange de Champlost, et à son défaut, sur sa grange de Mercy, pour le salut de son âme, et pour que Dieu fasse miséricorde à ceux de ses parens qu'il a déjà appelés à lui. Marguerite son épouse, Agnès et Pétronille, ses filles, applaudirent à cette donation (1204).

Pétronille épousa Guy de Chappe, seigneur de Juilly ; elle menait une vie sainte, et répandait beaucoup d'aumônes. Sa mort arriva en 1237. Elle laissa à l'abbaye de Pontigny une rente en froment et en avoine. Elle approuva, comme dame féodale, le don d'Etienne de Sormery, consistant en une rente de cent sous sur ses péages d'Avrolles, de Champlost et de Bellechaume ; il voulut que, pendant sa vie, quatre livres fussent employées à faire la pitance du couvent, le jeudi d'après *lœtare Jerusalem*, c'est-à-dire le jeudi d'après le quatrième dimanche de carême, et qu'après sa mort, cette même pitance fût transportée au jour de son anniversaire. Les vingt autres sous étaient destinés à l'entretien d'une lampe, le jour et la nuit, dans la chapelle de saint Thomas l'apôtre. Técline, épouse d'Etienne, et Milon, son fils, souscrivirent à ces pieuses libéralités.

P. 132.

Louis VII, dit le Jeune, vint plusieurs fois à Pontigny avec sa cour. La reine Adèle, son épouse, fille de Thibault, comte de Champagne, et mère du roi Philippe-Auguste, affectionnait particulièrement cette abbaye, qu'elle choisit pour le lieu de sa sépulture. Étant décédée le 4 juin 1206, son corps y fut apporté et inhumé devant le grand autel, dans un tombeau élevé de terre. La cérémonie eut lieu avec une grande pompe et un concours remarquable. Cette reine désirait tellement qu'on déposât ses restes mortels dans cette basilique, que son père avait bâtie, qu'elle avait obtenu une bulle du pape Innocent III, pour qu'on ne s'opposât pas à ses dernières volontés. L'opinion commune est que Thibault-le-Grand, son père, un des principaux fondateurs de l'abbaye de Pontigny, a reçu la sépulture dans cette maison, qui lui coûta tant de sacrifices, et pour laquelle il professait une vénération singulière. Un grand personnage de la cour avait déjà été inhumé à Pontigny vers l'an 1139 : c'était le chancelier Algrin ou Algerin, chapelain de Louis VII et chanoine d'Estampe. Il avait été déposé dans le chapitre, sous une tombe de porphyre, avec cette inscription en latin : « Ici repose dom Algrin, chancelier. » (1).

On comptait déjà bien des personnes illustres qui avaient reçu les honneurs de la sépulture dans l'abbaye de Pontigny. Le pieux empressement que les grands de la province apportaient à y faire transporter leurs dépouilles mortelles, est l'éloge le plus éclatant qu'ils aient pu faire de cette maison. Leurs dernières volontés, écrites long-temps d'avance sur

---

(1) *Hic jacet dominus* ALIGN⁹ *cancellarius.*

un testament, montrent l'idée permanente d'estime et de vénération qu'ils conservaient pour les frères. Mêler ses cendres à celles des saints de la terre, semblait à ces hommes de foi un gage assuré de l'immortalité glorieuse. Heureux si leur vie eût toujours répondu à d'aussi louables dispositions! Ces mêmes seigneurs voulaient encore qu'au jour anniversaire de leur décès, on célébrât un service solennel; et pour que l'allégresse régnât dans la communauté, ils suppliaient l'abbé d'affranchir, ce jour-là, la table des religieux de sa sévérité accoutumée. C'est cette pitance dont il est souvent parlé dans les donations des seigneurs. Ceux qui ne pouvaient se faire inhumer dans l'abbaye, voulaient au moins avoir une part aux prières des moines : c'est ce qu'on appelait fonder son obit. Il était rare que l'on mourût sans avoir soigneusement pourvu à cette dernière disposition.

Dans une bulle du 8 mai 1210, le pape Innocent III confirme les donations de Guillaume, archevêque de Bourges, de Pierre, évêque d'Arras, de *nobles hommes* Jean, vicomte de Ligny, Jean vicomte de Saint-Florentin, et Deimbert, baron de Seignelay. Deux ans après, le pape appuya aussi de son autorité l'accord que l'abbaye avait passé avec Gaucher de Joigny et Aalis, son épouse, touchant le bois de Saint-Etienne, le bois du Chasseur, celui de Franquil, celui de Valgomer et d'autres parties de la forêt d'Othe. *Voyez pièces justificatives.*

L'abbaye de Pontigny trouva de nouveau l'occasion d'exercer sa charité envers d'illustres proscrits. Etienne de Langhton, né en Angleterre, chanoine de l'église de Notre-Dame de Paris, fut élu archevêque de Cantorbéry, et sacré à Viterbe, par le pape, en 1208. Jean, roi d'Angleterre, rejeta cette élection. Les choses allèrent si loin, que le pape lança un interdit sur le royaume d'Angleterre et excommunia le roi. Alors, non-seulement le roi ne voulut pas recevoir l'archevêque, mais encore il chassa de ses états, tous ceux qui tenaient à lui particulièrement les évêques ses suffragans et les prêtres de son diocèse. Langhton se réfugia à Pontigny, où il accueillit une partie des évêques ses suffragans, ainsi que les prêtres et les moines de son église de Cantorbéry. Ils demeurèrent cinq ans dans cette retraite, jusqu'à ce que le roi les rappelât, ce qu'il fit en 1213. Mauger, évêque de Wigorme, ou plutôt de Worcester, un des trois qui avaient prononcé l'interdit sur l'Angleterre, mourut pendant son séjour à Pontigny, et fut enterré dans le chœur (1). Par reconnaissance pour les services que l'abbaye de Pontigny avait rendus à son église, Etienne de Longhton assigna, avant de mourir, cinquante marcs sterling à prendre, chaque année, sur son église de Rumenal. Sa canonisation, commencée après sa mort, n'a pas été terminée.

C'est durant cet exil que fut composé ce distique, qui peint si bien la charité de l'abbaye :

    Est Pontiniacum pons exulis, hortus, asilum,
    Hic graditur, spatiatur in hoc, requiescit in illo.

---

(1) Son épitaphe était ainsi conçue : *Hic jacet dominus Malgerus, Wigormensis episcopus*

Pontigny, tu n'es pas une terre d'exil ;
Le proscrit dans ton sein ne ressent plus sa peine ;
Il brave des tyrans la poursuite et la haine ;
Son cœur est dans la paix à l'abri du péril.

Le pape Alexandre écrivit à l'abbé et aux moines de Pontigny une lettre pleine de reconnaissance, à cause de la charité qu'ils montraient envers l'archevêque de Cantorbéry et envers tous ceux de son église qui s'étaient réfugiés auprès d'eux. « Nous avons reconnu, leur dit-il, la fermeté de votre foi et la ferveur de votre dévotion, aux marques de bonté, d'humanité et d'honneur que vous avez manifestées envers notre vénérable frère, l'archevêque de Cantorbery. Vous n'avez pas redouté les menaces d'un prince de la terre, ni succombé devant ses flatteries. Ce que vous avez fait pour lui, nous le regardons comme fait à notre personne. Nous vous prions donc d'agréer nos très-humbles remercîmens pour cet acte de charité, et nous ne cessons de rendre grâces au Seigneur de ce qu'il a répandu dans votre maison d'aussi abondantes bénédictions. Mais, comme Dieu regarde plutôt la fin des bonnes œuvres que le commencement, nous vous exhortons, nous vous supplions dans le Seigneur, par nos lettres apostoliques, de continuer à exercer la charité fraternelle, surtout envers l'archevêque de Cantorbery, en allant au-devant de tous ses besoins, et en lui rendant les honneurs dus à son rang, sans vous laisser effrayer par les menaces. Nous reconnaîtrons à ces marques que vous avancez toujours dans le chemin de la perfection. »

Voyez pièces justificatives.

L'Eglise d'Angleterre conserva long-temps le

souvenir de l'accueil généreux que ses enfans avaient trouvé à Pontigny. Plus de cinquante ans après (1264), Boniface, archevêque de Cantorbery, disait : « Ce qui nous a le plus frappé dans ces temps modernes, ce sont les services qui ont été rendus à nous et à nos prédécesseurs, dont la mémoire est demeurée en vénération. Allons donc offrir des remercîmens, et rendre aussi des bienfaits temporels, à ceux qui nous en ont prodigué les premiers ; que notre siècle ne nous accuse pas d'ingratitude, nous qui avons d'ailleurs un si grand besoin de secours temporels et de prières. Que notre exemple et nos exhortations excitent les fidèles à soulager aussi les malheureux de leurs biens. Rappelons à notre mémoire les prodiges de charité que le proviseur du monastère de Pontigny et les frères ont exercés envers le glorieux martyr, le bienheureux Thomas, le célèbre confesseur, le bienheureux Edme et Etienne, d'heureuse mémoire, autrefois archevêques de Cantorbery, lorsque, exilés de leur patrie, ils se présentèrent à Pontigny. Comment peindrai-je avec quelles marques d'honneur, avec quelle cordialité nous y avons tous été reçus ? C'est donc avec raison que nous nous reconnaissons redevables envers les frères qui servent Dieu dans cette abbaye. C'est pourquoi nous leur confirmons toutes les donations de nos prédécesseurs, nous leur restituons ce que le malheur des temps leur avait en partie enlevé, et nous voulons que l'église de Rumenal, sur laquelle ils ont déjà soixante marcs sterling, donnés en partie par l'archevêque Etienne, soit entièrement entre leurs mains. »

T. II, p. 65.

Robert de Meun, évêque du Puy, chassé de son siége et de son église par des seigneurs qui s'étaient érigés en souverains, se réfugia aussi à Pontigny, en 1217, et y demeura trois ans.

Pierre, évêque d'Arras, vint visiter les religieux en 1202, et demeura quelque temps parmi eux.

Dans le chapitre-général (1) tenu en 1205, l'abbé Jean fut repris sévèrement pour avoir introduit des femmes dans l'intérieur du monastère pour entendre un sermon dans le chapitre, et pour assister à une procession dans le cloître. De ce nombre étaient la reine Adèle et d'autres dames de qualité. Pour être introduites, elles avaient allégué une permission du pape, et une autre de l'abbé de Cîteaux. Le chapitre-général dit hautement que ni le pape, ni l'abbé de Cîteaux, n'avaient jamais accordé de semblables permissions. Comme on allait déposer l'abbé pour punir une faute qui retombait sur l'ordre entier, les évêques réclamèrent en sa faveur; il fut seulement interdit jusqu'à Pâques, et condamné à six jours de pénitence. Il devait en faire trois à Cîteaux et trois à Pontigny, et jeûner au pain et à l'eau alternativement pendant trois de ces six jours. On le blâma aussi d'avoir paré l'église d'une manière trop élégante. On voulait que la pauvreté dont les religieux avaient fait vœu, parût jusque dans le sanc-

T. III, p. 417.

---

(1) L'annaliste de Cîteaux dit que c'est saint Etienne, abbé de Cîteaux, qui institua les chapitres-généraux ; que les assemblées d'abbés, qui se tinrent quelquefois avant lui, sous le règne de Charlemagne, sous celui de Louis le Débonnaire, etc., étaient des espèces de synodes extraordinaires, et non des chapitres réguliers.

tuaire. Du temps de saint Bernard, l'église de Clairvaux avait une croix de bois, des chandeliers aussi de bois, et des ornemens de l'étoffe la plus commune.

Apol. c. II, n. 31 « Je n'ai garde, disait le même saint Bernard, de condamner les richesses et les embellissemens dans les églises ; les premiers pasteurs se proposent par-là d'exciter la dévotion d'un peuple grossier et charnel ; mais qu'est-ce que toutes ces superfluités ont de commun avec des personnes qui ont fait vœu de pauvreté, avec des religieux, avec des hommes spirituels ? »

Nomastic. Cist., p. 279. Il était expressément défendu de laisser pénétrer les femmes dans la clôture des monastères, excepté pendant neuf jours, lors de la dédicace d'une église. Les femmes étaient également exclues des granges gouvernées par des frères convers ; ils devaient se Ibid. p. 343. suffire dans toutes les nécessités de leur maison. Un abbé qui avait permis l'entrée du monastère à des femmes, devait jeûner au pain et à l'eau, tous les vendredis, jusqu'au chapitre-général, où il devait être jugé. Un prieur ou un célérier, qui était tombé dans une pareille faute, était cassé de sa charge et condamné à trois jours de jeûne. Si c'était un moine ou un frère convers, on le changeait de maison, et il ne pouvait rentrer dans la première qu'avec la Cart. de Pont., t. III, p. 159. permission du chapitre-général. Comme les seigneurs de Venisy rendaient, chaque année, un hommage à l'abbaye de Pontigny dans le chapitre même, il fut convenu, en 1241, que si la terre de Venisy tombait entre les mains d'une femme, ce même hommage serait rendu, par elle, à la porte du monastère. On voit quelle était la sévérité de la discipline.

Jean II assista au chapitre tenu en 1214, et mourut le 20 mars de la même année. Il a laissé à Pontigny l'exemple d'une charité rare. Les soins et les égards qu'il avait constamment déployés envers les exilés d'Angleterre, lui méritèrent la grâce de mourir, de la mort des justes. Il n'avait pas cru faire une grande faute en introduisant dans le monastère des dames du premier rang, parmi lesquelles se trouvait une reine de France. En cédant à leur pieux désir, il avait cru servir la cause de la religion, et mériter leur haute protection pour le monastère qu'il dirigeait. Cependant le chapitre-général se trouva dans la nécessité de punir une faute qui touchait de si près à la discipline de l'ordre.

En dehors des ordres religieux déjà établis, on vit s'élever, au douzième siècle, d'autres ordres brûlant du désir de procurer la gloire de Dieu. Car l'Église, selon les temps, a toujours eu recours à divers moyens pour procurer le salut de ses enfans. A la voix de saint Dominique et de saint François d'Assises, les ordres mendians couvrent l'Europe. Ils raniment la ferveur des peuples, envoient des missions dans les pays étrangers, purifient le clergé monastique, donnent de sévères exemples au clergé séculier, et à l'un et à l'autre de grands modèles de désintéressement. La création des ordres des Frères Prêcheurs et des Frères Mineurs devient aussi comme une sorte de protestation sublime contre les grandes richesses des vieux monastères.

GAULTIER.

<small>Cart. de Pont., t. 1, p. 20.</small>

Il était abbé de Preuilly lorsqu'il fut élu abbé de Pontigny. La primauté du père de Cîteaux sur les quatre premiers pères était toujours contestée. Ce différend semblait se renouveler à l'élection de chaque abbé. Gaultier se joignit à l'abbé de Morimond pour réveiller cette querelle, qui fut enfin réglée au concile de Latran, tenu en 1215, et auquel Gaultier assista. L'année suivante, comme quelques esprits inquiets voulaient revenir sur ce sujet, le pape Honoré III se hâta de leur écrire en ces termes : « L'affection sincère que nous avons portée à votre ordre, même avant que nous ne fussions élevé sur la chaire de saint Pierre, n'a fait que s'accroître depuis que, malgré notre indignité, nous avons été chargé de la sollicitude pastorale de toutes les églises. Nous avons voulu savoir si vous marchiez toujours dans la simplicité et la pureté de votre première institution. Nous avons craint que l'homme ennemi n'eût trouvé entrée au milieu de vous, pour y semer la zizanie, lui qui ne se réjouit qu'à la vue du mal. C'est pourquoi nous vous prions, nous vous exhortons, par nos lettres apostoliques, de considérer, en la présence du Seigneur, que notre Dieu est le Dieu de la paix et non le Dieu de la dissention. C'est lui qui fait habiter dans la même maison les serviteurs unis dans le même esprit par le lien de la paix. Faites le bien non-seulement de-

<small>Voyez pièces justificatives.</small>

vant Dieu, mais encore devant les hommes, comme dit l'Apôtre. Gardez-vous de rappeler dans votre chapitre-général ou ailleurs, ce que quelques-uns des vôtres ont proposé au pape Innocent, notre prédécesseur, au temps du concile-général : cela pourrait occasionner du scandale dans votre ordre, que vous devez vous efforcer de conserver dans toute sa pureté, avec la grâce de Dieu. Elevez, dans la prière, vos mains pures vers le Seigneur, afin que la paix de Dieu, qui surpasse tout sentiment, garde vos cœurs et vos intelligences dans l'esprit de notre Seigneur Jésus-Christ, qui pour nous donner un exemple d'humilité, est venu, non pour être servi, mais pour servir. J'espère que vous vous rendrez à cette première exhortation que nous vous adressons; que vous ferez tous vos efforts pour être agréables à Dieu, afin que vous puissiez vous concilier notre estime et la faveur du Saint-Siége. »

Trois ans après, Gaultier fut élu évêque de Chartre. Il fonda dans cette ville une maison de l'ordre de saint Dominique, et bâtit pour ces religieux une église qu'il pourvut de tous les ornemens nécessaires (1221). Il avait demandé, par son testament, d'être inhumé à Pontigny; mais les religieux qu'il avait établis près de lui firent changer cette disposition, et obtinrent que son corps serait déposé dans leur église. Il mourut en 1234.

L'abbaye de Pontigny se conciliait toujours, de plus en plus, la faveur et l'affection des seigneurs du pays. Il se passait peu d'années qu'elle n'eut à recueillir quelques donations, ou à faire dans son enceinte quelque sépulture honorable. C'est un devoir pour l'historien, de transmettre à la postérité les noms de ces hommes de bien qui se sont distingués de la foule par leurs pieuses largesses et par leur généreux attachement à la religion. En 1199, Guillaume de Brene, étant à l'extrémité, donna à l'abbaye de Pontigny, de concert avec Eustachie de Pacy, son épouse, cinquante livres, monnaie de Provins, et une rente de cinq muids d'avoine, et autant à l'abbaye de Quincy. La famille de Pacy avait des biens à Vergigny, et surtout à Jaulges. En 1218, Itier, seigneur de la Brosse, et Agnès, son épouse, donnèrent, pour le salut de leur âme et de celles de leurs ancêtres, tous leurs droits dans les pâturages de Tormency.

Guy, seigneur de Maligny, et Ermengarde, sa mère, choisirent Pontigny pour le lieu de leur sépulture, en demandant qu'on leur accordât pendant leur vie, et après leur mort, les suffrages spirituels, comme à un des religieux de l'abbaye. C'est uniquement, disent-ils, en vue de Dieu, et pour le bien de nos âmes et de celles de nos ancêtres, que nous faisons un don à l'abbaye de Pontigny. Narbonne, épouse de Guy, son fils Jobert, appelé aussi Gaucher, et sa fille Ermengarde, mariée au seigneur de Champlost, approuvèrent cette donation, qui fut passée au Saulce en 1209. L'épouse du seigneur de Champlost étant morte en 1219, Guy, son père, donna cent sous de rente sur son cens de *Ponchi* (Poinchy), pour fonder son anniversaire. Les seigneurs de Venisy, dont il a été parlé ailleurs; ceux de Turny, comme Mainard et Isabelle, son épouse, leurs fils Mainard, Solduin, son épouse

Ermeniarde, Manassès et Pierre (1148), sont aussi des bienfaiteurs. Miles, dit Maupont ou du Mauvais Pont, son épouse Agnès, firent des dons en 1260. Etienne de Sormery donna, vers l'an 1200, tous ses biens d'Avrolles pour le luminaire de l'église. Manassès de Villemaure, son épouse Ermensande, Eudes et Manassès leurs fils, donnèrent leurs biens de Chailley et un usage dans leurs bois de la forêt d'Othe. Guy, comte de Bar, approuva ces dons, situés sur les terres de sa mouvance. C'était environ l'an 1120. Anseau de Trainel, Garnier et Guerin, ses frères, et Elisandre leur mère, se transportèrent à Sens en 1151, et là, en présence de Hugues, archevêque de cette ville, de Louis, roi de France, et de plusieurs grands seigneurs, ils abandonnèrent à l'abbaye de Pontigny tous leurs droits dans la forêt d'Othe, dans leur grange de Burs et dans celle de Chailley.

On remarque encore les donations de Guy et d'Itier de Venousse, chevaliers, fils de Jean de Venousse; de Bertrand de Seignelay, de Gaultier son fils, de Deimbert et de Seguin, l'un et l'autre de Seignelay (1138). Alwalon, baron de Seignelay, dit qu'il approuve toutes les donations qui ont été faites à l'abbaye sur les terres de sa mouvance, à cause de l'affection qu'il porte à l'abbaye, pour la rémission de ses péchés et pour le repos de l'âme de son père. Fromont, chapelain et notaire de l'évêque d'Auxerre, écrivit cette concession. Angalon de Seignelay, Deimbert, Etienne, Jean et autres barons de Seignelay (1), sont aussi connus par leurs

---

(1) On peut voir dans l'histoire de Seignelay les donations particulières de chacun de ces seigneurs.

bienfaits envers l'abbaye de Pontigny. Parmi les seigneurs de Bassou, on distingue Ermensande, veuve d'Etienne de Pierre-Perthuis, qui se croisa. Jean de Bouilly, qui entreprit aussi le voyage de la Terre-Sainte en 1219, donna la moitié de son cens de Crécy, et ajouta que s'il ne revenait pas en France, il abandonnait le reste à la même abbaye. Son frère abbé du monastère d'Héry (1), apposa avec lui son sceau à cette donation.

T. III, p. 48.

P. 55.

PIERRE II.

T. I, p. 24.

Pierre succéda à Gaultier, élu évêque de Chartre en 1218. Dans ces temps où l'administration temporelle était si difficile, Pierre fit voir par sa prudence et sa fermeté, qu'il savait porter le fardeau de la dignité abbatiale. Le pape Honoré III se reposa sur lui pour pacifier les troubles de l'abbaye de Grandmont (2) entre les frères convers et les reli-

---

Leb. Mém., t. I, p. 234.

(1) Le monastère d'Héry était une dépendance de l'abbaye de Saint-Germain d'Auxerre. En 1015, on y tint un concile, auquel assistèrent le roi Robert avec sa cour, les évêques et les grands de la province. Une foule innombrable de peuple y était accourue dans l'espoir d'y voir des guérisons miraculeuses; car on y avait apporté des reliques de Sens, d'Auxerre, de Montier-en-Der et de Châtillon-sur-Seine. On ne sait rien touchant la fondation de ce monastère, ni sur le temps que les religieux l'ont occupé. Il n'existait plus au quinzième siècle.

Cart. de Pont.;
Leb., Mém., t. II, p. 285, pr.

(2) En 1167, lorsque saint Guillaume et plusieurs novices vinrent de Grandmont en Limousin, pour embrasser à Pontigny une vie plus parfaite, une colonie de ces religieux s'établit au nord de Varennes qui était une dépendance de Ligny-le-Châtel. Guillaume IV, comte d'Auxerre, leur donna la partie du bois de Contest,

gieux du chœur. Saint Guillaume, qui fut archevêque de Bourges, avait choisi cette abbaye pour vivre dans la retraite et la solitude ; mais lorsqu'il vit que la charité y était ainsi troublée, il s'était retiré dans celle de Pontigny, qu'il avait édifiée par ses vertus, comme on l'a vu plus haut.

Pierre fit un voyage en Berry avec six religieux, pour aller chercher le corps d'Hervé, comte d'Auxerre, de Nevers et de Tonnerre, qui mourut dans son château de Saint-Agnan en 1222. Une troupe de menu peuple, infectée de l'hérésie des Albigeois, fut sur le point de lapider l'abbé et ses religieux. Pierre fit aussi les funérailles de Guillaume de Seignelay, évêque de Paris, mort à Saint-Cloud en 1223. On lui mit cette épitaphe en latin (1) : « Ici reposent les restes mortels de Guillaume, évêque de Paris, dont la vie est au-dessus de tout éloge. Que son âme repose en paix ! » Il fut inhumé devant le grand autel, auprès du comte Hervé, dans la chapelle de saint Thomas l'apôtre, qui a été démolie en 1715. Les tombes portant des inscriptions ont été enlevées, mais les corps qui y reposent n'ont pas été déplacés. Leb., Mém., t. II, p. 149.
Gall. chr., t. XII, Eccl. Antiss.

Le pape Honoré III adressa cinq bulles à cet abbé; quatre ont pour objet des confirmations de biens. La sanction du pape était toujours regardée comme

---

qu'on appelait le bois de Saint-Étienne, pour y construire un monastère. La comtesse Mahault lui fit un legs en 1257. Pierre de Cor était *maître* de cette maison en 1296. Ce monastère fut détruit au seizième siècle. L'emplacement se nomme encore *le couvent des bons hommes*. Arch. de l'hosp. de St.-Flor.

(1) Laudibus immensis reverendi, Parisiensis
    Præsulis hæc fossa Guillelmi continet ossa.
    Et anima ejus requiescat in pace.

un enregistrement sacré, sur lequel on ne pouvait plus revenir. « Tout ce qui tient à assurer le bon ordre, dit le pape, mérite d'être appuyé de l'autorité apostolique, de peur que des affaires qui sont seulement pacifiées à l'amiable, ou réglées par une sentence, ne deviennent un nouveau sujet de contestation. » L'abbaye de Pontigny avait dès-lors un religieux qui faisait les fonctions d'avocat, et qu'on appelait l'avocat du monastère ou de l'église de Pontigny. Par ce moyen, on était toujours prêt à répondre aux attaques de la chicane. Le frère Etienne faisait cette fonction en 1275, et le frère Thibault en 1307.

Les grands progrès que faisait l'abbaye de Pontigny et les maisons de sa filiation, excitèrent la jalousie de quelques évêques et autres supérieurs ecclésiastiques, qui, sans avoir égard à leur règle, approuvée par le Saint-Siége, voulurent se les assujettir entièrement et profiter de ce qui leur venait de la dévotion des peuples. Les prélats voulaient encore obliger ces religieux à venir à leurs synodes, et à se soumettre à leurs ordonnances. Ils menaçaient d'aller tenir chez eux des chapitres pour les corriger ; ils exigeaient serment de fidélité de leurs abbés ; ils prétendaient avoir la dîme des fruits de leurs biens ; ils mettaient une taxe sur les ordinations et sur les autres services qu'ils leur rendaient, ou bien, pour des causes légères, ils prononçaient des excommunications contre eux ou contre leurs serviteurs. Ceux-ci portèrent leurs plaintes au pape, pour le prier de faire cesser ces vexations.

C'est pourquoi, le 9 mai 1225, le pape Honoré III accorda à l'abbaye une longue suite de privilèges. Après avoir rappelé, en peu de mots, le nom de ses principales possessions, il permet à l'abbé de recevoir les clercs ou les laïques qui abandonnent le monde pour se renfermer dans un monastère, pourvu qu'ils soient libres et qu'ils ne soient retenus par aucun engagement dans le siècle... Il déclare nulles toutes les aliénations de biens qui se feraient sans la permission de tout le chapitre, ou au moins de la plus grande et de la plus saine partie. Il défend à un religieux d'être caution pour qui que ce soit, et d'emprunter de l'argent, sans la permission de l'abbé et du chapitre, et encore il faudra que ce soit pour des affaires urgentes de l'abbaye. Si un religieux s'avisait d'agir ainsi de son chef, le chapitre ne serait pas tenu de remplir les engagemens qu'il aurait contractés. « Cependant, ajoute le pape, dans une affaire civile ou criminelle, un religieux pourra être témoin, de peur qu'on ne profite de votre silence pour vous condamner. Nous défendons aussi, en vertu de notre autorité apostolique, aux évêques, comme à toute autre personne, de vous obliger à assister aux synodes, aux audiences des tribunaux, et de soumettre vos affaires particulières aux juges séculiers. Il n'est pas permis aux évêques de se rendre dans vos maisons, ni pour faire des ordinations, ni pour plaider des causes, ni pour y tenir des assemblées, ni pour empêcher l'élection régulière de l'abbé, ni enfin pour détourner de le suspendre, s'il avait agi contre les statuts de l'ordre; car c'est une affaire dont il ne doit point se mêler. S'il arrivait que l'évêque de votre diocèse,

T. II, p. 28.

après avoir été prié avec tout le respect et toute la révérence due à son caractère, refusât de bénir votre abbé, ou de faire dans votre monastère les fonctions qui appartiennent aux évêques, votre abbé, s'il est prêtre, pourra bénir ses novices, et faire tout ce qui est du ressort de sa charge ; ensuite vous pourrez demander à tout autre évêque ce que le vôtre vous aura refusé injustement. **N'oubliez pas que dans les professions religieuses, l'évêque doit se servir de la forme et des expressions usitées jusqu'ici dans votre ordre, et les abbés doivent faire leurs vœux, en conservant les priviléges de l'ordre. On ne peut vous obliger à rien contre vos statuts.**

Si vous réclamez le ministère de l'évêque diocésain, soit pour la consécration des autels, des églises, de l'huile sainte, soit pour tout autre sacrement, vous ne lui devez aucune rétribution. S'il exigeait quelque chose, adressez-vous à tout autre évêque catholique en communion avec nous... S'il arrivait que des évêques, ou d'autres, lançassent sur votre monastère, ou sur les laïques qui s'y trouvent, des sentences de suspense, d'excommunication ou d'interdit, lors même que ces sentences ne porteraient que sur les serviteurs de la maison, soit parce que vous ne paieriez pas les dîmes, soit pour vous contraindre à agir contre les exemptions que vous avez obtenues de la bonté du Saint-Siége, soit enfin parce que des personnes bienfaisantes vous auraient rendu des services, ou auraient travaillé pour vous, certains jours où les autres célèbrent des fêtes, nous déclarons leurs sentences nulles, comme étant en opposition avec les indults du Saint-Siége... S'il arrivait que votre monastère se trouvât compris dans un interdit général, vous pourrez néanmoins célébrer les divins mystères, après avoir chassé du monastère les excommuniés et les interdits. Enfin désirant, avec notre sollicitude paternelle, pourvoir à l'avenir, à la paix et à la tranquillité de votre maison, nous vous renouvelons toutes les libertés et les faveurs accordées par les pontifes romains nos prédécesseurs. »

Les excommunications lancées fréquemment n'arrêtent plus que faiblement le torrent du mal. Une cupidité aveugle fait tout envahir, en l'absence de presque toute organisation de pouvoir protecteur. Les chartes de cette époque ne contiennent que des accords, des compromis par lesquels on s'engageait, sous peine de grosses amendes, à s'en tenir à la décision de certains arbitres que l'on avait choisis de part et d'autre. Si l'une des parties n'acceptait pas la décision, le rang ou la puissance des coupables ne permettait ni saisies, ni condamnations. Ce qui était plus déplorable, c'est qu'on se faisait justice soi-même, parce qu'on n'attendait rien des tribunaux, trop faibles pour sévir contre de grands coupables. On entrait dans la propriété en litige, on coupait les arbres, on mettait le feu aux maisons, on culbutait les moulins. Ce n'était pas seulement les seigneurs qui agissaient ainsi, mais encore les serfs des moines qui, à l'exemple de ceux des seigneurs, croyaient faire une bonne action en vengeant les injures qu'ils croyaient faites à leurs maîtres. En 1138, T. II, p. 116. l'abbé de Saint-Germain réclamait une indemnité, contre l'abbé de Pontigny, pour le bois de Revisy, saccagé, disait-il, par ses serfs, et pour le moulin de Revisy, également en communauté entre les deux abbayes. Le moulin avait été détruit, le lit de la rivière détourné dans le ru des Essarts, des plantations d'ormes avaient été arrachées, la récolte des terres et des prés détruite. L'abbé de Pontigny se plaignait, de son côté, que les serfs de l'abbaye de Saint-Germain avaient rompu une écluse, dont il était résulté un grand dommage pour les prés; il affirmait que les pâturages qui s'étendent depuis la rivière, au-dessous de Venousse, jusqu'à la maison des lépreux de Seignelay, lui appartenaient, ainsi que ceux qui se trouvent au-delà de l'eau vers la vallée païenne; enfin, que les serfs de l'abbaye de Saint-Germain avaient maltraité ses bergers et ses pâtres; qu'ils avaient étendu leurs mauvais traitemens jusque sur le bétail, dont ils avaient enlevé une partie. Les deux abbayes choisirent deux arbitres: Philippe, chantre d'Auxerre, et Henry, doyen de Tonnerre, et s'obligèrent, sous peine de cent marcs d'argent, à s'en tenir à leur décision, qui mit un terme à leurs plaintes réciproques.

Tandis que les grands se disputaient le sol de nos pays, le peuple languissait dans la misère, l'impôt se multipliait pour lui sous plusieurs noms. Aux tailles, péages, corvées, cens ou redevances légitimes, la cupidité des seigneurs avait ajouté les champarts, la taille à volonté, le fouage ou imposition par feu, le droit de main-morte, de lods et vente, de tierces, d'amendes, de fiefs, d'arrière-fiefs, de quinze deniers, de seigneurie, de justice grande et petite, etc. Ajoutez encore l'obligation de cuire au four du seigneur, de porter la vendange à son pressoir, de moudre à son moulin, toutes les gênes enfin et toutes les vexations de la banalité. Hommage à la sublime influence du christianisme qui a humanisé notre patrie, et affranchi nos pères des entraves dans lesquelles nous gémirions encore sans la puissance de la croix! Il y avait alors une lutte profonde, entre les dépositaires des lumières antiques et les maîtres du pouvoir territorial. Notre civilisation adoucie ne devait pas tarder à se lever, mais il fallait vaincre auparavant la violence féodale avec toutes ses inégalités et ses aspérités barbares.

Les serfs étaient traités bien différemment par les maîtres séculiers que par les moines. Voici comme en parle Pierre-le-Vénérable, abbé de Cluny, mort au milieu du douzième siècle : « Tout le monde sait de quelle manière les maîtres séculiers traitent leurs serfs et leurs serviteurs. Ils ne se contentent pas du service usuel qui leur est dû ; mais ils revendiquent, sans miséricorde, les biens et les personnes. De là, outre le cens accoutumé, ils les surchargent de services innombrables, de charges insupportables et graves, trois ou quatre fois par an, et toutes les fois qu'ils le veulent. Aussi, voit on les gens de la campagne abandonner le sol, et fuir en d'autres lieux. Mais, chose plus affreuse! ne vont-ils pas jusqu'à vendre, pour de l'argent, pour un vil métal, les hommes que Dieu a rachetés au prix de son sang? Les moines, au contraire, quand ils ont des possessions, agissent bien autrement : ils n'exigent des colons que les choses dues et légitimes; ils ne réclament leurs services que pour les nécessités de leur existence; ils ne les tourmentent d'aucune exaction, ils ne leur imposent rien d'insupportable : s'ils les voient nécessiteux, ils les nourrissent de leur propre substance. Ils ne les traitent pas en esclaves, en serviteurs, mais en frères. »

P. 261.   L'abbé de Pontigny et celui de Clairvaux furent obligés de porter leurs plaintes au pied du trône, pour faire cesser les rapines des nobles. Le roi Philippe-Auguste leur répondit, par une charte datée de Saint-Germain-en-Laie, en 1221 : « Considérant, dit ce prince, qu'il entre dans mes fonctions royales, de prendre sous ma protection les églises et les monastères, pour les soustraire à la rage des loups, je rends les baillis, les prévôts, les barons, les soldats, les écuyers ou vavasseurs, responsables des délits qui se commettraient sur les terres de leur juridiction ou de leur dépendance. Il nous a été rapporté que des grands et des nobles, sous prétexte qu'ils ont pris un monastère sous leur sauve-garde, se croient en droit de prélever sur lui, le blé, le vin, l'argent, le bétail, et tout ce qui leur est nécessaire pour fortifier leurs châteaux et leurs villages, même pour les expéditions guerrières qu'ils entreprennent; ce qui est plus déplorable, c'est qu'on entre de vive force dans les monastères, et qu'on ne craint pas de répandre le sang, ce qui est si expressément défendu par la règle de Citeaux : la paix intérieure, si essentielle aux maisons religieuses, est troublée, et ce contre-coup apporte le plus grand dommage aux établissemens. » Le roi cite plus de douze monastères, dépendans de Pontigny et de Clairvaux, sur lesquels il étend la même protection. Que sont donc devenus ces hommes puissans qui, pendant le court espace de leur existence, envahissaient le patrimoine du plus faible et asservissaient leurs semblables? A mesure que l'on s'est éloigné des temps où ces orgueilleux dominaient, on a vu l'éclat de leur renommée pâlir et s'éteindre, tandis que nous proclamons encore les noms de ceux qui ont été les bienfaiteurs de l'humanité.

En 1222, Guy, comte de Nevers, et Mathilde, son épouse, confirmèrent la donation du bois de la Suez, faite par Hervé, qui était décédé, et la même Mathilde, alors son épouse, à condition que l'on célébrerait, chaque année, leur anniversaire.

En 1235, le pape Grégoire IX, adressa à Pierre une bulle, par laquelle il révoque et annulle l'accord qu'il avait passé conjointement avec les trois autres premiers pères et l'abbé de Citeaux, touchant la primauté; il veut que l'on s'en tienne au réglement du pape Honoré III, son prédécesseur. Par une autre bulle, expédiée d'Agnanie, l'abbé Pierre fut créé légat du pape, avec l'évêque de Tournay, pour pacifier un différend entre saint Louis et l'archevêque de Rouen.

L'abbaye de Pontigny recevait toujours des donations. Guillaume, seigneur de Mont-Saint-Jean; Bura, son épouse (1203); Guillaume et Philippe d'Ancy-le-Franc; Jobert de Venousse, fils de ce dernier (1235), donnèrent différens biens. Les seigneurs de Ligny-le-Châtel, témoins rapprochés de la régularité des religieux, ne le cédèrent point en générosité à leurs voisins. Gile, fils de Guillaume de Ligny-le-Châtel, chevalier, donna une rente sur ses

T. III, p. 14, et suiv.

dîmes de Ligny-la-Ville et de Méry-sur-l'eau (1239). Jeanne, vicomtesse de Ligny; Colin de Ligny, chevalier; Ermengarde, aussi vicomtesse, qui fonda son anniversaire à Pontigny, en faisant une rente sur son château de Saint-Maurice-Tirouaille (1257), sont autant de bienfaiteurs de l'abbaye de Pontigny. « C'est un devoir pour nous, dit Henry, évêque d'Auxerre, en confirmant une donation de Jean de Venousse, d'étendre notre sollicitude pastorale sur toutes les églises du diocèse; mais nous sommes principalement redevables aux serviteurs de Dieu, qui ont abandonné le siècle pour l'amour de Jésus-Christ, afin de courir plus librement dans le chemin de la perfection. Nous devons accueillir leurs demandes avec bonté, et pourvoir à tous leurs besoins. »

En 1250, le prêtre Jobert, donna sa vigne de *Millers* (Milly), et la moitié d'un pré, vers le moulin de *Ponschers* (Poinchy). Itier, de Villeneuve-l'Archevêque (1), et Félicie, son épouse, donnèrent tous leurs biens, meubles et immeubles.

Tandis que Pierre défendait courageusement les droits de son monastère devant les puissances temporelles, il tomba dangereusement malade. Accoutumé à faire, chaque jour, à Dieu le sacrifice de sa vie, il comprit, sans peine, qu'il allait payer sa dette à l'humanité. Sentant la mort approcher, il fit sa confession de foi, puis l'aveu de ses péchés, avec beaucoup d'humilité; ensuite, il reçut le corps du Sauveur, lui recommanda son âme, et rendit l'esprit,

---

(1) *Villa nova archiepiscopi super Vannam.*

ayant la conscience remplie du témoignage d'une sainte vie.

~~~~~~~

JEAN III.

Le nouvel abbé se fit remarquer par la gravité de ses mœurs et de son maintien, tempérée par la plus onctueuse charité. Ses liaisons avec saint Edme, dont nous allons parler, l'affermirent encore dans les voies saintes qu'il avait embrassées.

Saint Edme, archevêque de Cantorbéry, la gloire et l'ornement de l'abbaye de Pontigny, fatigué des usurpations et de la tyrannie de Henri III, roi d'Angleterre, se retira volontairement à Pontigny, à l'exemple de plusieurs évêques d'Angleterre. Il y fut reçu avec de grandes marques de respect. Déchargé du gouvernement de son diocèse, il résolut de donner tout son temps aux œuvres de pénitence; il s'appliquait à la lecture, à la prière et au jeûne. S'il sortait du monastère, c'était pour aller, dans les villages voisins, annoncer la parole de Dieu. Le succès qui accompagnait ses prédications ne pouvait être que le fruit d'une prière continuelle, animée par la plus ardente charité. D'ailleurs, il convient de reprendre plus au long les principaux traits de la vie de saint Edme, dont les vertus particulières méritent d'être plus connues, dans une contrée encore remplie du bruit de son nom.

Cart. de Pont.; t. I; Viol. t. III, p. 1610, Gal. chr., l. XII, p. 459.

Edme, ou Edmond Rich, naquit en Angleterre de parens plus riches des biens de la grâce que de ceux de la fortune. Son père quitta le monde, et se fit religieux, du consentement de son épouse. Celle-ci se chargea du soin d'élever leurs enfans. Quoique restée dans le monde, elle menait une vie pénitente, portait habituellement le cilice, et assistait assidûment aux matines, qui se disaient la nuit. Elle n'avait rien tant à cœur que d'inspirer ses sentimens de foi à ses enfans. C'est par ses conseils qu'Edme récitait tout le psautier à genoux, les dimanches et les fêtes, avant de prendre aucune nourriture. Les vendredis, il ne vivait que de pain et d'eau. Edme était alors doux, affable, docile, complaisant, n'ayant d'autre volonté que celle de sa mère et de ses maîtres.

Il fit de rapides progrès dans ses études, se distinguant surtout par sa ferveur dans le service de Dieu. On l'envoya à Paris, avec son frère, pour y finir ses cours. Mabile, leur mère, donna à chacun d'eux un cilice, leur conseillant de le porter deux ou trois jours par semaine, pour se prémunir contre les attraits de la volupté, qui sont si dangereux pour la jeunesse. Lorsqu'elle leur envoyait des vêtemens, ou d'autres choses pour leur usage, elle y joignait quelque instrument de pénitence, pour leur rappeler la nécessité de la mortification.

Cette vertueuse mère, sentant approcher sa fin, fit venir Edme, lui donna sa bénédiction, et lui recommanda particulièrement le soin de ses sœurs. Aussitôt qu'Edme eut rendu les derniers devoirs à sa mère, il s'occupa de leur établissement; mais elles le tirèrent bientôt d'embarras, en demandant à entrer dans l'état religieux. Déchargé de ce côté, il revint à Paris pour achever ses études. Il renouvela le vœu de chasteté perpétuelle qu'il avait fait autrefois, sous la protection de la Sainte-Vierge. Il fut si fidèle à veiller sur son cœur et ses sens, que les auteurs de sa vie assurent qu'il ne contracta jamais aucune souillure contre la pureté.

Tous les jours, il assistait à l'office de la nuit, dans l'église de Saint-Méry; il demeurait long-temps en prière, et entendait la messe de grand matin. Ensuite, il se rendait aux écoles publiques, sans prendre de nourriture. Il jeûnait souvent. Les vendredis, il jeûnait au pain et à l'eau, portait un rude cilice, et mortifiait ses sens en toutes manières. Ce qu'il recevait pour son entretien, était ordinairement distribué aux pauvres. Il vendit jusqu'à ses livres pour assister de pauvres étudians qui étaient malades. Il mangeait rarement plus d'une fois par jour; il dormait sur un banc ou sur la terre nue. Il passa trente ans sans se déshabiller. Le lit que l'on voyait dans sa chambre servait uniquement à cacher ses austérités.

Ses études terminées, il prit le degré de maître-ès-arts, et il enseigna publiquement les mathématiques. Comme cette occupation le détournait de ses exercices de piété, il s'adonna à l'étude de la théologie, fut reçu docteur en cette faculté, et ordonné prêtre. Il se livra alors à la prédication. Ses paroles portaient tellement l'empreinte de l'esprit de Dieu, qu'on ne pouvait l'entendre sans être édifié. Ses disciples devinrent célèbres par leur savoir et leur sainteté. Sept d'entre eux entrèrent dans l'ordre de Cîteaux le même jour.

Edme, de retour en Angleterre, se mit à enseigner et à prêcher la parole de Dieu. On lui offrit plusieurs bénéfices, qu'il refusa. Tout ce qu'il recevait, il le distribuait aux pauvres; à peine se réservait-il le nécessaire. Le pape le chargea de prêcher une croisade contre les Sarrasins. Il s'en acquitta avec beaucoup de zèle. Ses discours étaient si touchans, et il possédait si bien l'éloquence du cœur, qu'il convertissait les pécheurs les plus endurcis. Il forma plusieurs personnes au grand art de la prière, car il passait pour un grand maître dans les voies intérieures. Il voulait qu'on joignît à la prière l'humilité et la mortification. Il insistait surtout pour la prière du cœur. J'aimerais mieux, disait-il, ne dire que cinq mots du fond du cœur et avec dévotion, que d'en dire cinq mille avec froideur et indifférence.

Le peuple le désignait pour remplir le siége de Cantorbéry, lorsque le chapitre l'élut d'une voix unanime. Le roi Henri III donna aussitôt son consentement. Edme ne voulait point accepter; enfin, on vainquit sa résistance. Il fut sacré le 2 avril 1234. Cette dignité ne lui fit rien retrancher de son premier genre de vie. Il ne s'occupait que des besoins spirituels et corporels de son troupeau. Il déclara, surtout au vice, une guerre d'autant plus vive, qu'il avait plus de moyens de le poursuivre; mais la corruption était si grande, que son zèle lui suscita des ennemis jusque parmi les membres de son clergé. Dans cette position difficile, il aima mieux être persécuté que d'approuver ou de tolérer des abus qui auraient exposé son salut éternel et celui des âmes confiées à ses soins. Ces persécutions devinrent pour lui une source de mérites, car la tranquillité de son âme n'en fut point troublée. Il oubliait tout ce qui lui était personnel; il comparait les tribulations à un lait que Dieu préparait pour la nourriture de son âme. C'était surtout dans la prière et dans la contemplation que Dieu se plaisait à lui faire goûter ses douceurs ineffables. Tant d'éminentes qualités étaient jointes à une grande affabilité. Il recevait tout le monde avec bonté. Sa table était servie avec décence, et il pratiquait, en particulier, les mortifications que lui dictait l'esprit de Dieu.

Les exactions du roi vinrent augmenter ses peines. Il s'appropria le revenu des évêchés et des abbayes qu'il laissait vacans, malgré saint Edme, ou bien il y faisait entrer des sujets indignes. Le saint archevêque, craignant de conniver à des abus qu'il ne pouvait réprimer, passa secrètement en France, fut très-bien reçu de saint Louis. Ensuite il se rendit à l'abbaye de Pontigny.

Après y avoir passé deux ans, épuisé d'abstinence et consumé d'affliction, il tomba grièvement malade pendant les chaleurs de l'été. Les médecins déclarèrent qu'il devait changer d'air; il obéit, et se retira au prieuré de Soissy, près de Provins. Pour consoler les moines de Pontigny, affligés de son départ, il leur promit de revenir chez eux à la fête de saint Edmond, martyr, c'est-à-dire, le 20 novembre. Sa maladie, qui était une dyssenterie, augmenta de telle sorte à Soissy, qu'il connut que son dernier jour était proche. Alors il demanda à recevoir le saint viatique, et dit en présence du Saint-Sacrement :
« J'ai cru en vous, Seigneur; vous m'êtes témoin

que je n'ai désiré que vous sur la terre, et vous voyez que mon cœur ne désire autre chose que l'accomplissement de votre sainte volonté. » Il passa le reste du jour dans une ferveur admirable, et on aurait dit, à la sérénité de son visage, qu'il ne sentait plus de mal. Le lendemain, il reçut l'extrême-onction : depuis ce moment, il voulut toujours avoir un crucifix à la main, et il ne cessait de baiser amoureusement les plaies du Sauveur. La dévotion qu'il avait eu pour le nom sacré de Jésus semblait redoubler à chaque instant. Enfin, il expira doucement, à Soissy, le 16 novembre 1242. On enterra ses entrailles à Provins, et son corps fut reporté à Pontigny, où il arriva le jour de saint Edmond, selon sa prédiction. Sept jours après, on l'inhuma dans le sanctuaire, devant le grand autel, avec beaucoup de solennité (1).

Comme la mémoire de saint Edme était demeurée en grande vénération, les peuples qu'il avait instruits, et édifiés pendant sa vie, vinrent prier sur son tombeau. Le bruit des miracles qui s'y opéraient, franchit bientôt les limites de la province. On s'occupa de sa canonisation. Six ans après, elle fut terminée, et sa translation annoncée pour le 9 juin 1247. Dès la veille, on vit arriver à Pontigny une foule considérable des pays voisins, attirée par la nouveauté de cette grande cérémonie. Tous les nobles

---

(1) Voyez Vie des Saints, de Godescard, t. xi, p. 208, édit. in-12. On y trouve aussi les auteurs contemporains qui ont écrit sa vie. On a de saint Edme un traité de piété qui a pour titre *le Miroir de l'Eglise*, qu'il composa pour l'édification des moines de Pontigny.

d'alentour, les ecclésiastiques de tous les rangs, concoururent à l'éclat de cette imposante journée. Comme il était impossible de loger tant de monde dans le hameau de Pontigny, la plupart campèrent dans les champs, autour de l'Eglise. Le roi saint Louis s'y trouva avec la reine Blanche, sa mère, les princes, ses frères; Robert, comte d'Artois; Alphonse, comte de Poitiers; Charles, depuis comte de Provence et d'Anjou, et roi de Sicile; Isabelle de France, sœur de saint Louis. Après la famille royale, on remarquait le cardinal Pierre, évêque d'Albe; le cardinal Eude, évêque de Frescati, légat du Saint-Siége; ensuite, les archevêques de Sens, de Bourges, de Bordeaux et d'Armagh; saint Richard, évêque de Chichester, et plusieurs autres prélats et abbés. Depuis le concile d'Héry, c'est l'assemblée la plus célèbre et la plus imposante qui ait été tenue dans nos pays. Lorsque le sépulcre fut ouvert, le corps fut trouvé dans le même état que le jour de sa mort. Le roi et les princes l'ayant considéré, l'évêque d'Auxerre, Guy de Mello, le porta sur l'autel pour le faire voir au peuple, ensuite il le déposa dans un sépulcre de pierre. La nuit suivante, une discussion s'éleva entre l'abbé et les frères du monastère : ceux-ci blâmaient l'abbé sur la simplicité du nouveau sépulcre, disant que le monument qu'il avait fait élever n'était pas digne de renfermer cette sainte relique ; on consulta les évêques, et surtout le disciple bien-aimé de saint Edme, et on convint que le corps demeurerait provisoirement dans le mausolée préparé par l'abbé, et qu'on lui élèverait, plus tard, un tombeau plus honorable. En effet, deux ans après, à pareil jour, le même évêque d'Auxerre, accompagné de l'évêque d'Orléans et de deux évêques anglais, celui de Norwich et celui de Chichester, le déposa dans une châsse, couverte d'or, qu'il plaça derrière le grand autel, sur quatre colonnes de cuivre. La reine Blanche et Marguerite de Provence, présentes à cette seconde translation, firent de riches présens, parmi lesquels était une main d'or, garnie de pierres précieuses, pour placer le bras de saint Edme, que l'on avait détaché du corps à la jointure du coude. Le roi d'Angleterre, la reine, sa femme, et le comte Richard, avaient aussi adressé de riches présens à l'abbaye de Pontigny, à l'occasion de la première ouverture du tombeau. On ne doit pas s'étonner après cela, que cette abbaye, honorée des marques de confiance des papes et des rois, se soit élevée si haut dans l'esprit et dans le respect des peuples.

On commença dès-lors à rendre de grands honneurs aux reliques de saint Edme. Henri III, roi d'Angleterre, donna, en 1252, vingt marcs sterling de rente, pour entretenir quatre cierges allumés, le jour et la nuit, autour de la relique du saint. Les guerres de l'Angleterre avec la France suspendirent pour un temps cette donation, mais la charité des religieux y suppléa. Richard II, roi d'Angleterre, envoya, en 1396, la somme accoutumée, et voulut que les quatre cierges fussent allumés comme auparavant. Cette fondation dura jusqu'en 1532, époque à laquelle l'Eglise perdit ses monastères en Angleterre. Nos rois, successeurs de saint Louis, sont venus plusieurs fois déposer leurs vœux et leurs offrandes au pied du tombeau de saint Edme, et implorer le bonheur et la gloire en faveur de leur peuple. Quelle est triste aujourd'hui, qu'elle est solitaire et silencieuse, cette belle basilique, où l'on voit encore les autels qui ont recueilli les vœux et les hommages des rois!

Après l'inhumation de saint Edme, l'abbé de Pontigny fit un voyage en Espagne, où il fonda l'abbaye de Bonnefond, en 1245. On pense qu'il mourut en 1249. Il était docteur en théologie. Comme il avait été témoin oculaire de la vie de saint Edme, il la fit écrire par Bertrand, religieux de Pontigny, qui avait suivi le Saint dans son exil, et qui avait été son secrétaire.

L'éclat de la canonisation de saint Edme retentit dans toute la France, et attira dans l'abbaye de Pontigny des pèlerins de toutes parts, même de la cour de nos rois. Les dons que cette maison recevait des seigneurs voisins, sont aussi une preuve de la confiance qu'elle continuait à leur inspirer.

Mahaut ou Mathilde de Courtenay, veuve d'Hervey de Donzy, comte d'Auxerre, de Nevers et de Tonnerre, donna aussi, pour la rémission de ses péchés, cinquante arpens dans la forêt de Bar, et demanda qu'après sa mort ses restes mortels fussent portés à Pontigny, où reposait déjà son premier mari, Hervé de Donzy. En 1256, la même comtesse donna dix livres tournois de rente, monnaie de Nevers, à prendre sur ses revenus de Chichée, pour fonder son anniversaire, celui de son mari, de pieuse mémoire, et celui de tous ses parens. Elle prie son vénérable père, monseigneur l'évêque de Langres, d'excommu-

T.II, p. 358.

Leb. Mmé., t. II, p. 149.

nier sa personne, si elle apporte quelque obstacle au paiement de cette rente. Ce dernier acte fut passé à Ligny-le-Châtel. Déjà, en 1218, avant de partir pour la terre sainte, au siége de Damiette, le comte Hervey, et Mahault, son épouse, avaient fait un testament très-étendu; ils avaient choisi Pontigny pour le lieu de leur sépulture commune, et ils avaient donné aux monastères et aux églises de leur comté une large part de leurs grands biens. Leur testament fut déposé entre les mains de l'évêque de Nevers, de l'abbé de Pontigny et des abbés de Quincy, de Regny et de Bouras, en cas qu'ils mourussent dans leur voyage d'outre-mer. L'archevêque de Sens, l'évêque d'Autun, celui d'Auxerre et celui de Nevers, étaient chargés de poursuivre, avec les censures de l'Église, celui de leurs héritiers qui se refuserait à l'exécution de ce testament.

En 1234, Jean de Percey, gentilhomme des seigneurs de ce nom, ayant entrepris un pélerinage à Saint-Jacques, fit une fondation pour que l'on construisît un autel, où l'on devait dire, chaque jour, une messe pour sa famille, et devant laquelle une lampe devait être allumée le jour et la nuit. En 1237, Agnès, veuve de Philippe de Plancy, fonda son anniversaire et celui de son mari dans l'abbaye de Pontigny. A la même époque, Anselme de Racine, chevalier, et Comtesse, son épouse, donnèrent en aumône à l'église de Pontigny, et aux frères qui y servent Dieu, un setier de froment, un d'orge et un d'avoine, sur leur dîme de Coursan; ils ajoutèrent que l'on pouvait les excommunier, en quelque lieu qu'ils fussent, s'ils n'exécutaient pas leur engagement.

Milon, dit le Diable, seigneur de Racine, et Pétronille, son épouse, firent aussi des dons.

Dreux de Mello, seigneur de Saint-Bris et de Loche, et Elisabeth, son épouse, donnèrent cent sous de rente pour fonder leur anniversaire à Pontigny, en 1259, et voulurent que l'on prît sur cette somme pour la pitance du couvent le jour de leur anniversaire. Dreux de Mello le Jeune, frère du précédent, seigneur de Bréchard et de Lorme, et Eluide, son épouse, avant de partir pour une croisade, en 1248, donnèrent cent sous de gros nivernais, sur leur terre d'Epoisse. C'est, disent-ils, pour fonder notre anniversaire, pour le salut de notre âme, et pour le repos des âmes de nos ancêtres. Comme ils n'avaient pas de sceau, l'évêque d'Auxerre, qui se trouvait présent, apposa le sien à leur acte de donation. L'abbaye de Pontigny avait dès-lors une chapelle de saint Laurent auprès de Saint-Bris.

Cart. de Pont., T. II, p. 454.

Gaucher de Maligny, appelé aussi Jobert, choisit Pontigny pour le lieu de sa sépulture, et laissa un testament remarquable par les legs qu'il fait aux couvens et aux églises des environs (1241). Il légua à l'abbaye de Pontigny cent sept sous tournois de rente pour la célébration de son anniversaire. Il légua, à l'abbaye de Quincy, quarante sous, monnaie de Dijon; à Agnès, sa fille, toutes les tierces, les dîmes et les terres labourables qu'il possède à Montigny, ainsi que la succession de Thierry-le-Rouge et de son épouse. Ces biens demeureront en propriété à l'abbaye des Isles, ou à tout autre couvent où elle voudra entrer, selon le désir qu'elle

P. 481.

en a manifesté. Si elle change de vocation, elle partagera ces mêmes biens avec ses autres enfans. Celle-ci étant morte peu après, ce fut sa sœur Marie qui entra, à sa place, dans l'abbaye des Isles.

Il lègue ensuite, aux chanoines de Saint-Pierre, d'Auxerre, vingt sous de rente, dix sous au curé de Beine, et trois bichets de froment au curé de Maligny. Ces deux curés sont tenus d'appeler deux prêtres à son anniversaire et à celui de son épouse, pour célébrer chacun une grand'messe ; ils sont encore obligés de les recommander, tous les dimanches, aux prières des fidèles.

L'église de Saint-Martin de Chablis eut vingt sous de rente, monnaie de Provins, et dix sous pour distribuer aux pauvres, à chaque anniversaire. L'église de Sainte-Marie, de Châtillon, eut trente sous, monnaie de Dijon. On voit que, par une attention spéciale, Gaucher veut que le legs soit acquitté, avec la monnaie qui avait cours dans le pays où se trouvaient les légataires. Pierre de Saint-Florentin, écuyer de Gaucher, eut deux arpens de lammes, ou terres fortes, pour lui et ses héritiers. Michel, son domestique, eut une terre, située vers les Bordes. Les exécuteurs testamentaires furent l'abbé de Pontigny ; Gaucher, Florence et Guy, écuyer, tous trois frères de Gaucher.

La ville de Tonnerre (1) fournit aussi des bienfaiteurs. On peut citer honorablement Luquette, veuve de Simon de Tonnerre, et Michel, son fils,

---

(1) On disait au treizième siècle *Tornuerre*, *Tournuerre*, *Tourneurre*, *Tournerre*. Au quatorzième siècle, on écrivait déjà *Tonnerre*

clerc (1239); Gaultier, dit le Chat, et Agnès, son épouse. Pierre-le-Barbu donna sa personne et tous ses biens, meubles et immeubles (1252). Il y avait à Pontigny, comme ailleurs, dès le douzième siècle, à côté des moines profès, des frères lais ou convers, que leur ignorance des lettres réservait aux travaux corporels; et des hommes libres qui, sous le nom d'oblats, se dévouaient au service des monastères. Pour marque de leur engagement, ils plaçaient des deniers sur leur tête, ou bien, ils mettaient leur tête sur l'autel.

Au treizième siècle, Nicolas, veuve de Hancius, l'orfèvre; Thibaut-le-Cirier, clerc; Marguerite, veuve de Jolivet Jacquenaux; Despinaux, clerc, donnèrent des bâtimens dans la ville de Troyes, déclarant tous que c'était *pour l'amour de Dieu* qu'ils faisaient ses donations *à religieuses personnes et honestes, l'abbé et le convent de Pontigny*. La rue où se trouvaient ces bâtimens se nommait *la rue de Pontigny;* elle touchait à la maison *là où en fait la monoie de Troyes*, c'est-à-dire, à l'hôtel de la Monnaie.

Le village qui s'était formé au couchant de l'abbaye commençait à prendre de l'extension. Venousse était toujours la mère paroisse; cependant, comme elle était à une demi-lieue de Pontigny, l'abbé obtint du Pape la permission de désigner des prêtres pour administrer les sacremens aux serviteurs de l'abbaye, et sans doute aux fidèles de Pontigny qui en demanderaient la permission. Ainsi l'abbaye commença à servir de paroisse, quoique le Pape eût dit : Que cela se fasse sans nuire à la juridiction d'autrui, c'est-à-dire à celle du curé de Venousse.

<small>Voyez pièces justificatives.</small>

Lorsque saint Louis passa à Pontigny, son amour ferme et constant pour la justice effraya les ravisseurs de biens d'autrui. Le séjour qu'il fit dans nos pays fut trop court pour y mettre en vigueur les institutions dont il dotait la France; néanmoins, le peuple le bénit, et même après sa mort, lorsque les exactions désolaient les campagnes, sa mémoire vénérable était invoquée; car les coutumes du pays étaient toujours les mêmes, et les mœurs publiques telles que nous les avons vues au commencement de ce siècle. Des seigneurs ambitieux, des serfs avides, enlevaient les récoltes des fermes de l'abbaye, pénétraient dans les granges pour y exercer des spoliations, ou refusaient d'exécuter les legs testamentaires. On eut encore recours au chef de l'Eglise, à Grégoire IX. Il expédia une bulle, datée de Spolette, le 30 août 1234, qu'il adressa à l'archevêque de Sens, à ses suffragans, aux abbés, aux prieurs, aux doyens, aux archidiacres et aux autres supérieurs ecclésiastiques du diocèse de Sens, les priant, en général, de prendre en main la cause des religieux de Pontigny, et de poursuivre avec les censures de l'Eglise ceux qui se rendraient coupables de brigandage ou de violence envers leurs biens ou leur personne, d'employer les mêmes armes contre ceux qui refuseraient d'acquitter les testamens faits en leur faveur, qui prononceraient contre eux des sentences d'excommunication ou d'interdit, au mépris des indults du Saint-Siége, ou qui exigeraient des dîmes des biens qu'ils possédaient avant le concile général. « Si ces coupables sont laïques, dit le Pape, éteignez publiquement les cierges, chacun

Voyez pièces justificatives.

dans vos églises, et prononcez contre eux une sentence d'excommunication. S'ils sont clercs, chanoines réguliers ou moines, suspendez-les, privez-les de leur bénéfice, qu'ils ne puissent en appeler nulle part, et ne levez votre sentence que lorsqu'ils auront pleinement réparé les torts qu'ils auront causés aux frères. Si des laïques ou des clercs séculiers les avaient frappés, ne levez pas l'interdit qu'ils ne soient venus eux-mêmes à Rome, avec des lettres favorables de leur évêque. » L'excommunication était toujours l'arme accoutumée dont se servaient les prélats et les abbés pour arrêter la dévastation de leurs propriétés et les vexations envers leurs personnes, arme toute spirituelle qui, rappelant l'homme à sa conscience, tendait à le rendre meilleur.

L'année suivante, 1235, le même Pape écrivit à l'abbé et aux religieux de Pontigny une lettre pleine de force contre les spoliateurs de leur monastère ; il s'exprime ainsi : « Amalech poursuit encore Israël ; des hommes cupides et avares emploient, non-seulement la force ouverte, mais encore la ruse et la fourberie, pour inquiéter, en mille manières, de simples religieux, dont toute l'ambition tend à s'unir à Dieu par la contemplation. Nous qui remplissons, malgré notre indignité, les fonctions du vrai Moïse, nous devons prévenir leurs machinations et réprimer leurs tentatives coupables, afin qu'on ne dise pas que nous souffrons que les pécheurs étendent impunément leur verge sur les justes. Vous nous marquez que certains laïques, et même des clercs, vous intentent des procès injustes,

> Voyez pièces justificatives.

avec des intentions tellement criminelles, qu'ils en veulent plus à vos personnes qu'à vos biens; ils vous traînent malicieusement devant les tribunaux, et à différentes reprises, en vous montrant de fausses lettres apostoliques; ils espèrent, qu'étant fatigués de faire des démarches et des dépenses, vous abandonnerez les procès ou que vous souscrirez à des arrangemens ruineux. Nous savons, par expérience, combien il est amer d'être distrait de la contemplation pour suivre des procès odieux : afin donc que la sagesse soit victorieuse du mal, nous allons pourvoir à votre tranquillité, autant que nous le pouvons, avec le secours de Dieu. Nous vous autorisons, par nos lettres apostoliques, à ne paraître que deux fois devant les tribunaux pour chacun de vos biens. » On voit, par les canons du grand concile de Latran, et par ceux du premier concile de Lyon, à quels excès était montée la subtilité des plaideurs pour éluder toutes les lois et les faire servir de prétexte à l'injustice. Or, les avocats et les praticiens en qui dominait cet esprit de chicane, étaient le plus souvent des clercs, car ils étaient alors les seuls qui étudiassent la jurisprudence civile ou canonique. L'avidité du gain faisait oublier l'esprit de l'Evangile, qui n'est que sincérité, candeur, charité et désintéressement.

Ibid.

Une bulle du pape, datée de Lyon, en 1249, nous apprend une coutume singulière, qui avait prévalu dans nos pays pour obtenir justice. Avait-on un sujet de plainte contre quelqu'un? si celui-ci ne voulait pas donner satisfaction, on enlevait une personne de sa maison, son bétail, ou toute autre chose, et on ne restituait, que lorsqu'on avait obtenu justice à son gré. L'abbé de Pontigny avait écrit au pape qu'on enlevait jusqu'à des moines et des frères convers. On peut juger combien de tels procédés devaient occasionner de violences. Un homme audacieux devait tout oser contre ses voisins, et surtout contre des religieux, s'il se croyait lésé. Le pape blâme cette coutume, et dit qu'il n'y a pas de loi qui permette de se faire justice soi-même, et que ces violences ne peuvent être tolérées plus longtemps; en conséquence, il ordonne, avec cette autorité apostolique qui avait tant de poids, que cette manière de se faire justice cesse totalement. C'est toujours la lutte entre la matière et l'intelligence, les intérêts temporels et les idées religieuses, qui durera autant que le monde, sans que jamais il ne puisse y avoir ni de trève, ni de paix. C'est un spectacle vraiment beau de voir les papes, par le seul ascendant de la vertu, tenir en échec l'orgueil féodal, et dicter des lois à des hommes puissans, qui ont à leur disposition les forces militaires. Les papes étaient alors plus forts que les empires, parce que les forces brutales étaient obligées de céder devant les croyances catholiques, représentées si vivement aux yeux des peuples par la vie de tant d'hommes d'une sainteté si grande et d'un si noble caractère.

Les lois civiles ne tardèrent pas à reprendre de la vigueur et à punir les malfaiteurs avec sévérité, comme on le voit par le jugement rendu contre les habitans de Villeneuve-sous-Buchin. En 1285, l'abbé de Pontigny leur avait retiré un droit d'usage, qu'ils

T. II, p. 218 et 221.

s'étaient arrogé, dans le bois de Revisy (1). N'ayant point de titres à présenter pour appuyer leurs réclamations dans cette forêt, ils résolurent de s'en venger par la force à la première occasion. Sur ces entrefaites, un moine, un frère convers et le célérier, viennent à passer dans leur village; plusieurs habitans se jettent sur eux, et les maltraitent tellement, qu'à peine peuvent-ils regagner le monastère. L'affaire parut aux assises de Villeneuve-le-Roy, des témoins furent entendus (2), et les habitans se virent condamnés solidairement à soixante livres d'amende, et à se trouver *en braies, en chemises, nuz piez et sans coifes* à trois processions, savoir : à Pontigny, le jour de l'Assomption; à Héry, le jour de Notre-Dame de septembre, et à Venousse, le jour de la Toussaint. Au commencement de chacune de ces processions, ils doivent faire amende honorable à l'abbaye, en déclarant *que deci en avant,*

Hist. ms. de l'ég.d'Aux., t. III et IV.
Viol., ms.
Leb., Mém. t. II, pr., p. 250.
Cart. de Pont., t. II. p. 19 et 121

(1) Ce lieu, appelé anciennement *Revisiacum, Rivisiacum*, était une terre de franc-alleu, située, selon une ancienne charte, sur les limites du comté de Sens, sur la rivière de Serain, dans un lieu appelé aujourd'hui *les Vieux-Moulins*, au-dessous de Rouvray. Vers l'an 879, il est fait mention du village de Revisy et de celui de Sarmoise, voisins l'un de l'autre. Pierre, diacre de la cathédrale d'Auxerre, laissa en mourant les maisons, les terres et les vignes qu'il possédait à Revisy, pour son anniversaire, *in pago senonico in villâ quœ dicitur Revisiacum*. En 1114, l'abbaye de Pontigny possédait à Revisy un domaine, faisant partie de la grange de sainte Porcaire. Il ne reste aujourd'hui aucune trace de ces deux villages. On voyait encore, à Revisy, au treizième siècle, deux moulins, l'un à blé l'autre à foulon. Le canton a retenu le nom de *Revisy*.

T. III, p. 223.

(2) Pour la décision d'une affaire civile, les coutumes de Champagne exigeaient, au treizième siècle, le témoignage uniforme de trois laïques ou de deux prêtres.

ils ne feront, ne souffriront à faire doumage à tort là où ils le puissent oter, à l'église de Pontigny, ne aus biens, ne aus personnes.

En 1244, le pape avait renouvelé les exemptions déjà accordées à l'abbaye de Pontigny. Comme il n'était permis de communiquer en aucune manière avec les excommuniés, les religieux pouvaient se trouver abandonnés et dans un entier isolement, si les campagnes qui les environnaient tombaient dans l'excommunication. C'est pourquoi le pape déclare qu'une sentence d'excommunication ne pourra frapper, ni les religieux, ni leurs serfs, ni leurs amis, ni ceux qui vont à leurs moulins ou à leurs fours bannaux. Voyez pièces justificatives.

Le même pape, ayant appris que certains prélats se rendaient à l'abbaye avec une suite nombreuse, et qu'ils exigeaient impérieusement l'hospitalité, leur écrivit qu'ils n'étaient pas tenus à ces réceptions dispendieuses. C'est, leur dit-il, notre sollicitude paternelle qui nous presse de vous écrire ces lignes, afin de pourvoir à votre tranquillité.

~~~~~~~

JACQUES.

Aussitôt que Jacques eut pris possession du gouvernement de l'abbaye, il fit voir qu'il sortait de sa vocation. Il s'engagea dans des affaires qu'il ne connaissait pas; des hommes sans pudeur abusèrent de son ignorance; des religieux même le trompèrent et commirent des dilapidations. Le désordre du <span style="float:right">T. I, p. 22.</span>

temporel amena bientôt celui du spirituel. L'homme avec ses misères ne se trouve-t-il pas partout ici-bas? Le démon parvint à semer l'ivraie de la discorde dans le monastère. L'abbé, par ses profusions, s'était fait des créatures que la saine partie des religieux repoussait. L'insubordination s'en suivit. Il y eut des cabales, des voies de fait; des moines tombèrent dans l'excommunication, reçurent néanmoins les ordres, dans cet état, et célébrèrent les saints mystères. L'abbé Jacques écrivit aussitôt au pape, rejetant toute la faute sur certains moines qui étaient en opposition avec lui. Le pape, dans une lettre du 18 avril 1254, lui dit qu'il met en lui toute sa confiance, qu'il doit punir les coupables selon les canons, que ceux qui ont commis la faute énorme de frapper leurs frères, doivent être envoyés auprès de lui pour avoir l'absolution; que ceux qui sont tombés par ignorance, et qui dans cet état ont reçu les saints ordres et célébré les divins mystères, doivent faire la pénitence que lui-même jugera convenable d'imposer; et usant d'indulgence envers eux, il pourra leur donner l'absolution aussitôt qu'il le jugera convenable. Si cependant ces coupables sont tombés, avec connaissance de cause, sans pour cela mépriser les lois de l'Eglise, ils seront suspendus des fonctions de leur ordre pendant deux ans, et feront une pénitence salutaire. Mais s'ils reviennent à résipiscence, et qu'ils mènent une vie édifiante, ils pourront être admis plutôt à la grâce de la réconciliation. L'abbé, qui avait été la principale cause de ce désordre, fut déposé par le chapitre général, en 1260, et obligé de quitter le monastère,

<small>¹ Voyez pièces justificatives.</small>

ainsi que quelques religieux ses complices. Cette sentence fit cesser toutes les divisions, l'harmonie reparut dans le monastère, qui se trouvait endetté de dix mille livres, somme considérable pour ce temps-là. Le pape Alexandre IV déclara, que le chapitre n'était pas tenu à payer certaines dettes que l'abbé avait contractées, de son autorité privée, envers des hommes connus par leur mauvaise foi, et pour des affaires étrangères à l'abbaye. Le pape Clément IV leur écrivit dans le même sens en 1265. L'abbé Jacques était de Saint-Florentin. Il avait gouverné l'abbaye pendant dix ans.

JEAN IV.

Le monastère se repose enfin de tant de troubles après l'élection de Jean. Son administration sage rend à la discipline religieuse toute sa vigueur, et fait oublier les traces de tant de tribulations. Il fit comprendre à ses moines que la sainteté de l'état monastique dépendait de la fidélité à suivre la règle; qu'il n'y avait point de vrais religieux sans règle, comme il n'y avait point de société sans lois.

Au mois de juin 1260, le pape Alexandre IV lui écrivit qu'il portait une affection toute spéciale à l'abbaye de Pontigny, à cause des exemples de sainteté qu'elle avait donnés à l'Eglise. Il ajoute que l'abbaye renferme encore des hommes d'une haute vertu et pour lesquels il professe une estime et une vénération toute particulière. Pour donner à l'abbé

_{Voyez pièces justificatives.}

des marques de sa confiance, il lui conféra le pouvoir de donner tous les ordres mineurs aux religieux de son monastère, ainsi que de bénir les palles et autres ornemens ecclésiastiques. Il étendit ce privilége à tous ses successeurs.

Jean vit encore s'agrandir la fortune territoriale de son abbaye. En 1259, Thibault VII, dit le Jeune, roi de Navarre et comte palatin de Champagne, confirma plusieurs donations touchant des biens situés sur les terres de sa mouvance. On remarque une rente de sept livres dix sous tournois, faite par les seigneurs de Maligny, une autre rente de cent quarante sous à Poinchy, quatre livres dix sous à Beine, cent sous donnés par Gaucher, seigneur de Poinchy, sur son cens de Jaulges, vingt sous tournois, légués par le vicomte de Ligny-le-Châtel sur Méry-le-Serveux.

<small>T. II, p. 334.</small>

Guy de Maligny, seigneur de Beine, étant sur le point de partir pour une croisade, fit un legs, de concert avec Marie, son épouse, pour faire célébrer l'anniversaire de chacun d'eux, « désirant, disent-ils, pourvoir au salut de nos âmes, nous avons légué à la bienheureuse Marie de Pontigny et aux frères qui y servent Dieu, soixante livres de rente sur nos censives de Beine. Il mourut en 1250.

<small>T. III, p. 86.</small>

En 1226, Etiennette de la Forterre, Pierre et Drouhin de Lignorelle, ses enfans, donnèrent en aumône à Dieu et à l'Eglise de Pontigny, pour le salut de leurs âmes et de celles de leurs ancêtres, ce qu'ils possédaient en droits seigneuriaux dans la terre de Carisey. Doët, seigneur de Flogny, légua pour son anniversaire un muid d'avoine, et cent soûs, monnaie de Provins. Bura, son épouse; Godewin, Sédeline et Luquette, leurs enfans, jurèrent, entre les mains de Guy, seigneur de Maligny, qu'ils observeraient cet engagement. Il en dressa un acte, et y apposa son sceau (1227). Marc, chevalier de Percey, fit don de ce qu'il possédait vers la fontaine de Ligny-la-Ville, et sur lequel on était en contestation. Guillaume-le-Beau, de Percey, agit avec la même loyauté, pour des biens qu'il avait à Percey et sur lesquels s'étaient élevés des différends. Milet, aussi de Percey, fils de Gaultier; Itier, son frère; Ermensande et Aaline, ses sœurs, donnèrent également à Dieu et à la bienheureuse Marie de Pontigny, pour le salut de leurs âmes et de celles de leurs ancêtres, dix arpens du bois de Vansilvain, ou Val-Servin, et vendirent le reste à la même abbaye huit sous l'arpent, monnaie de Provins (1221). Robert, seigneur de Percey, approuva ce don qui était de sa mouvance. Ce prix de l'arpent de bois, fixé à huit sous, nous donne une idée de la valeur de ces dons, consistant en sous, que l'on rencontre si souvent. Jean de Percey choisit Pontigny pour le lieu de sa sépulture, en 1233. Ermengarde, sa sœur, épouse de Pierre de Mohomme, propriétaire des dîmes de Soumaintrain, fit beaucoup de bien a l'abbaye. Agnès de Percey, épouse de Hugues de Béru, voulut avoir sa sépulture à Pontigny (1231), et y fonda son anniversaire. L'acte fut passé devant l'official de Brinon.

Après avoir gouverné l'abbaye quelque temps avec beaucoup de sagesse, Jean donna sa démission, et se mit au rang des simples religieux, pour vacquer plus librement à l'affaire de son salut. Les auteurs de la Gaule chrétienne placent cet abbé avant Jacques, et mettent ensuite un abbé du nom de Pierre IV.

L'abbaye de Pontigny avait déjà cent cinquante ans d'existence. Un nouvel ordre de chose naissait dans la société chrétienne. La féodalité se ruinait et mourait dans les entreprises d'outre-mer; l'autorité royale prenait de nouvelles forces; les études, singulièrement favorisées par les croisades à cause des rapports avec la civilisation orientale, allaient sortir des cloîtres. Un nouvel idiôme se formait qui devait triompher de la langue latine et régner dans les villes et dans les campagnes. Les universités venaient de paraître, d'éclater même; elles menaçaient de jeter dans l'ombre l'enseignement des cloîtres et des cathédrales. Dans ces mouvemens compliqués, l'Eglise remplit un rôle immense; elle fonda et domina les universités; elle se jeta dans les lettres, elle présida au conseil des rois, prit part à l'affranchissement des peuples; quelquefois même, elle s'éleva contre l'effervescence d'une bourgeoisie émancipée. Dans ces combats de l'Eglise pour la cause de la civilisation, ses efforts n'étaient plus renfermés dans les cloîtres; ils devenaient nécessairement extérieurs. De nouvelles voies s'ouvraient à l'activité humaine. La sécurité générale, menacée encore, s'accroissait par les progrès du temps.

Les ordres militaires religieux qui avaient été créés pour les guerres d'Orient, devaient naturellement déchoir de leur importance à la suite des croisades. D'autres ordres, purement monastiques, étaient nés ou allaient naître, qui pouvaient opposer à l'abbaye de Pontigny des rivalités puissantes; aucun d'eux ne devait persévérer pendant de longues années dans son austérité première. L'abbaye de Pontigny les vit naître, tomber, et demeura toujours debout. A travers tant d'événemens, qui changeaient la face de l'Europe et de la France, c'était beaucoup que l'abbaye de Pontigny se fût maintenue si long-temps puissante et révérée; elle le devait surtout à la sagesse des hommes recommandables qui l'avaient gouvernée.

RENAUD ou RÉGNARD.

UNE activité incessante, un zèle infatigable pour soutenir l'honneur et les intérêts de son ordre, forma le caractère distinctif de l'abbé Renaud. Il s'opposa avec l'abbé de Clairvaux à l'élection de Jacques, abbé de Cîteaux en 1262, parce qu'elle avait été faite sans la participation des quatre premiers pères. Il veillait continuellement sur le bien temporel et spirituel de son abbaye. Plusieurs affaires furent terminées, à son instance, par les papes Urbain IV et Clément IV. Étant décédé vers l'an 1272, il fut enterré dans le chapitre avec cette inscription : Ici repose l'abbé Regnaud, que Dieu lui donne le repos éternel (1). Cart. de Pont., t. 1, p. 23.

---

(1) *Híc jacet abbas Pontiniaci Regnaudus, det ei Dominus sedem requiei.*

L'abbaye de Pontigny était devenue chère aux évêques d'Angleterre. L'accueil favorable qu'ils y avaient trouvé dans les temps de persécution, vivait toujours dans leurs cœurs, et les maisons de la filiation de Pontigny, qui étaient dans ce royaume, en recevaient une heureuse influence. Boniface, archevêque de Cantorbéry, vint plusieurs fois à Pontigny; il y passa l'été de 1264. Le bienheureux Guillaume de Ludan, archevêque d'Yorck, en Angleterre, renonça, au bout de cinq ans, à son archevêché pour venir passer le reste de ses jours à Pontigny. Il prit l'habit de l'ordre, et voulut être traité comme un simple religieux. Il mourut deux ans après, le 18 décembre 1272, laissant l'abbaye remplie de la bonne odeur de ses vertus. Son corps fut inhumé au-dessous de celui de Guérin, archevêque de Bourges, et levé de terre, en 1669, comme on le verra dans la suite.

A toutes les inhumations remarquables qui avaient déjà eu lieu dans l'abbaye de Pontigny, il convient d'ajouter celle du bienheureux Edme, religieux de Pontigny, mort au douzième siècle, et enterré près de Guillaume de Seignelay. Le ménologe de Cîteaux en parle ainsi au 12 mars : « En ce jour, le moine Edme, entièrement mort aux choses de ce monde, a terminé sa très-sainte vie, et a reçu la sépulture à Pontigny. »

T. II, p. 109.
Hist. ms. de l'ég. d'Aux.

Aanor, ou Aliénor, parente de saint Bernard, morte à Esnon en odeur de sainteté, vers l'an 1200, fut transportée solennellement à Pontigny pour y être inhumée. Elle était fille d'André, seigneur de Montbart, et avait épousé Bochard, de Seignelay, seigneur d'Esnon. C'était un homme ferme, courageux, fidèle à son prince, et d'une foi à toute épreuve; il était mort en 1180, et avait été inhumé à Pontigny. La maison d'Aanor offrait une de ces familles éminemment chrétiennes, telles qu'on en rencontrait communément alors. Elle-même avait déposé tout le faste de ses glorieux ancêtres pour se conduire comme une humble servante de Jésus-Christ, distribuant son bien aux pauvres et les servant de ses mains. Elle était toujours dans l'église, livrée à une prière continuelle. Ses obsèques se firent avec un appareil magnifique. Toute la population d'Esnon voulut accompagner jusqu'à Pontigny le corps de celle qu'elle regardait comme une bienfaitrice et comme une mère. Les auteurs du temps rapportent un miracle opéré pendant la route.

L'ab. Bibl. mss. t. 1, p. 479.

Jourdain, premier abbé de Cercamp, après avoir gouverné saintement son abbaye, se rendit à Pontigny, dans sa première maison de profession, et y mourut en simple religieux, en 1142. Helselin, quatrième abbé, et Artaud, septième abbé du même monastère, se retirèrent aussi à Pontigny, dans leur maison de profession, pour y finir leurs jours. Aubert, abbé de Pinu, est enterré dans le chapitre. Richard, abbé de Mireval; Honoré, abbé de Trizay, reposent aussi à Pontigny.

Guy, frère aîné de saint Bernard, religieux de Clairvaux, vint à Pontigny pour des affaires de l'ordre, et y mourut, selon la prédiction de saint Bernard, qui lui avait dit qu'il ne mourrait point à Clairvaux. Son épitaphe se terminait par ces mots en latin : « Il se montra obéissant, même à la mort. »

~~~~~~

ROBERT.

Viole, ms.

Quelques auteurs, comme Yepesius, Manrique, Jean de Senlis, parlent de Gérard et de Bernard, comme abbés de Pontigny, vers l'an 1278 ; les cartulaires de Pontigny n'en font aucune mention.

Le pape Grégoire X, dans une bulle de 1275, cite avec éloge l'abbaye de Pontigny. Il admire la dévotion des religieux envers la sainte Vierge, ce qui les a toujours distingués parmi ceux des autres ordres. Il loue leur persévérance à travailler à leur avancement spirituel. Il s'étend sur leur charité, leur tempérance, et leur application à garder leur règle. « Les observateurs de cet ordre pieux, dit-il, uniquement occupés à répondre à leur vocation, se tiennent sans cesse en la présence du roi des rois et de la reine des cieux, pour leur offrir l'encens de leurs prières, et pour se rendre agréables à leurs yeux par toutes sortes de bonnes œuvres. L'hospitalité et l'aumône sont si sacrées dans cette maison, qu'on y est pauvre pour soi, riche et consolant pour les malheureux. Les religieux travaillent de leurs mains et mangent leur pain à la sueur de leur front ; ils se contentent de peu pour leur nourriture, et rien ne manque pour subvenir aux nécessités des pauvres. Ces vertus, ajoute-t-il, vous concilient l'affection de tout le monde et mettent à vos pieds tous les cœurs pieux. »

L'abbé Robert était très-instruit ; il avait étudié la théologie avec la plus grande distinction, et avait été reçu docteur en cette faculté. Le pape Nicolas IV lui écrivit, en 1288. Cinq ans après, il fut élu abbé de Cîteaux, et l'année suivante, créé cardinal, du titre de sainte Prudentiane, par Célestin IV. Il mourut à Parme. Son corps fut d'abord enterré dans l'église d'une maison de l'ordre, à Saint-Martin-hors-Parme, et transféré peu après à Cîteaux, où il fut inhumé auprès du grand autel. Cet abbé accrut les biens de l'abbaye, acheta la terre de Venousse de Jean de Vergy et de Marguerite de Noyers, sa femme, pour la somme de quinze cents livres tournois. Cart. de Pont., t. I, p. 21.

A cette époque, Marguerite, reine de Jérusalem et de Sicile, vivait à Tonnerre, dont elle était comtesse, et où elle a laissé un nom célèbre et cher à la fois, par la fondation de l'hôpital de cette ville. Elle a aussi laissé des souvenirs à Ligny-le-Châtel ; on montre encore la maison qu'elle habitait, lorsqu'elle y faisait quelque séjour. Plusieurs biens de cette commune furent désignés, par son testament, pour la fondation de l'hôpital de Tonnerre.

Cette comtesse fit tous ses efforts pour affermir le pouvoir féodal, déjà ébranlé par la marche des idées vers une liberté plus grande. Elle eut plusieurs démêlés avec les seigneurs du comté. Elle en eut un considérable avec l'abbaye de Pontigny, en 1291, au sujet de la justice de Pontigny, des granges de Sainte-Porcaire, du Beugnon, de Beauvais et d'Aigremont. L'affaire fut même portée devant le T. II, p. 569.

roi Philippe-le-Bel. Comme elle traînait en longueur, on convint, pour le bien de la paix, de s'en rapporter au jugement de deux arbitres. La comtesse prit Robert, duc de Bourgogne, et l'abbé de Pontigny, prit Thibault, abbé de Cîteaux. Il fut convenu que toute espèce de juridiction, tant pour instruire les causes, que pour rendre les jugemens et les faire exécuter, surtout dans les terres de Sainte-Porcaire, du Beugnon, de Beauvais et d'Aigremont, appartiendrait entièrement à l'abbaye de Pontigny ; que la garde des plaines, des terres, des bois, des chemins, des sentiers domaniaux, qui se trouvaient dans la circonscription de ces granges, serait aussi en toute propriété aux religieux de Pontigny. Cependant, on excepta les cas criminels, d'après lesquels, selon les coutumes du comté de Tonnerre, un homme, une femme, une bête, pouvaient être condamnés à être pendus, à avoir un membre coupé, ou à être exilés à perpétuité (1). Ce droit de haute

P. 370.

(1) On condamnait alors une chèvre, un porc à être pendu, à avoir un membre coupé, ou à l'exil. *Pro quibus (criminibus) secundum consuetudinem comitatûs Tornodori, homo, mulier aut bestia judicari potest, et debet suspendi, sive mori, corpus perdere, sive membrum, aut banniri in perpetuum duntaxàt. Qui casus nobis ac successoribus nostris remanebunt.* C'est la comtesse de Tonnerre qui parle ainsi. Laissant à part le ridicule de ces condamnations juridiques du bétail, cette loi avait pour but d'obliger les serfs à veiller de près sur leur bétail, sous peine de se voir enlever tous ceux de leurs animaux qui auraient blessé les hommes ou endommagé les propriétés ; car il y avait beaucoup à craindre de ces gros troupeaux que l'habitude de fréquenter les bois avaient rendus à demi-sauvages. C'est de l'application d'une loi semblable qu'est venu le nom de *rue du Chien-Pendu*, que l'on trouve à Héry et à Hauterive

justice fut accordé à la comtesse et à ses successeurs, ainsi que celui de passer librement par les terres de ces granges. S'il survenait une affaire criminelle dans l'une de ces terres, l'exécution du coupable devait avoir lieu au-dessous du chemin de l'Ordonois, sur les terres des religieux, non loin du bois des habitans de Ligny. La comtesse s'obligea à ne dresser de fourches patibulaires sur aucun autre endroit des terres de l'abbaye, et à n'y faire exécuter aucun malfaiteur dont le crime aurait été commis ailleurs que sur leurs terres.

La comtesse approuve que le lit de la rivière soit détourné pour passer dans l'abbaye, et que l'on conserve l'écluse qui existe. L'eau de la fontaine de Ligny-la-Ville pourra aussi être détournée au gré des religieux, pourvu qu'ils ne portent de préjudice à personne. La même comtesse défend expressément d'élever de nouvelles forteresses; elle ne s'oppose point à la conservation des meurtrières qui sont dans les murs de la grange de Sainte-Porcaire, les religieux pourront même réparer toutes celles qui sont dans leurs autres terres, et construire de nouvelles portes, s'ils le jugent à propos.

Quant à la justice de l'abbaye de Pontigny, dont la cause en particulier avait été portée au tribunal de Philippe-le-Bel, les arbitres voulurent que l'on gardât le silence sur cette question, sauf aux religieux à porter leurs plaintes auprès du roi, s'ils éprouvaient quelques vexations. Pour le droit de chasse, que les religieux avaient ou pouvaient avoir dans le bois de Contest, dans ceux des environs, et dans le territoire de la grange de Sainte-Porcaire, il appartient désormais à la comtesse de Tonnerre et à ses successeurs, sans toutefois nuire à la justice de l'abbaye. La comtesse ne fera plus de haies pour chasser dans les bois ; elle sera libre d'employer des chiens, des furets ou des filets pour chasser dans les vignes et dans les jardins, pourvu qu'elle ne fasse point de dommage. S'il arrivait que l'on trouvât une bête fauve sur le territoire de la grange de Sainte-Porcaire, on doit la lui donner. Les bergers ou les pâtres qui gardent le bétail dans le canton de Sainte-Porcaire, prêteront serment à elle, à ses successeurs, ou à leur fondé de pouvoir, dans l'église de Ligny-le-Châtel, qu'ils ne laisseront pas courir leurs chiens après une grosse bête fauve. Ce serment prêté, ils pourront conduire leurs chiens sans laisse. Le prévôt de Ligny-le-Châtel, ses sergens, les gardes forestiers, prêteront aussi serment dans la même église, qu'ils n'exerceront aucune juridiction sur les lieux dont la justice appartient aux moines. Dans le cas, dit la comtesse, où la châtellenie de Ligny-le-Châtel serait détachée du comté de Tonnerre, je veux, pour le bien de l'abbaye, que son ressort soit toujours à Tonnerre. Ces détails nous font connaître les mœurs des grands à la fin du treizième siècle. La vaine prérogative d'un droit de justice ou d'un droit de chasse, qu'ils n'avaient quelquefois jamais occasion d'exercer, suffisait pour exciter des procès énormes, ou pour soulever des guerres désastreuses. Nous allons bientôt voir le comte de Tonnerre revenir sur l'accord de la comtesse Marguerite, et remporter une funeste victoire.

ÉTIENNE DURAND.

Le choix des moines dans l'élection du nouvel abbé, en 1293, tomba sur le plus humble et le plus vertueux des frères. Ce choix éclairé fait l'éloge de la communauté qui vivait alors. Durand, abîmé dans la contemplation, mort depuis long-temps aux choses de ce monde, sentit qu'on le faisait sortir de sa vocation. Il assembla les religieux dans le chapitre, leur exposa son indignité, et les supplia de jeter les yeux sur un autre plus capable que lui, pour les diriger dans la voie du salut. Il fallut céder à ses instances. Alors on élut Symon, qui vécut peu d'années. Après sa mort, les regards se tournèrent encore sur Durand, qui fut élu d'un consentement unanime. Pour obéir à la voix de Dieu, qui l'appelait au gouvernement de l'abbaye, il accepta; mais bientôt, effrayé du fardeau qu'on lui avait imposé, il donna sa démission pour la seconde fois, et mourut dans une heureuse vieillesse, laissant aux frères l'exemple d'une humilité rare et d'un parfait religieux. Son corps fut déposé dans le chapitre du côté gauche en entrant, avec une épitaphe qui renferme l'éloge de ses vertus (1).

[T. 1, p. 25.]

---

(1) Hâc Stephanus Felix Durandus clauditur urnâ
. . . .
    Hic virtute fuit, scientiâ, moribus ingenuis,
    Bis Pontiniaco præsul fuit honore datus;
Novit et æternam sophiam, sparsurus amicam
    Cum prece lustralem, siste viator, aquam.
Obiit anno Domini M. CCCI. XX die mensis...
    Det ei Omnipotens cælica regna Deus,
        Mariæ virginis prece,
    Fruatur æternâ luce.

Guillaume de Dissangy, chevalier ; Fauca, son épouse, et Guillemin, leur fils, demandèrent, en 1291, à être inhumés à Pontigny, et dressèrent un acte notarié, de peur qu'on ne changeât leur dernière intention. « Considérant, disent-ils, que les biens spirituels vont toujours croissant dans cette maison, et qu'ils s'y accroîtront de plus en plus, avec la grâce de Dieu. Comme nous désirons pourvoir au salut de nos âmes, nos dernières volontés sont d'y être inhumés. » Ils firent, à cette occasion, une donation de quatre-vingts livres de rente.

T. II, p. 492.

La même année, Guy, *sire* de Maligny, s'exprime ainsi dans une donation qu'il fait à l'abbaye : *Pour la dévocion que je et mi devencier havons touz jours heu au diz religieux, je lor otroi, conferme et admortis à touz jours, toutes les terres et toutes les rentes que li diz religieux hont et tiennent de moy et de mes devantiers, soit en fié, rière-fié, justice, seignorie, aumone ou en héritaige.*

SYMON.

T. I, p. 25.

Symon fut trouvé digne de remplacer Etienne, après sa démission ; il joignait, à la science des saints, toute l'habileté que demande la direction d'une maison conventuelle. Les religieux, qu'il conduisait avec autant de zèle que de douceur et de charité, marchaient à grands pas dans les voies de la perfection. Pour lui, il jouissait de cette paix, de cette tranquillité qu'une âme fidèle trouve dans la

Voyez pièces justificatives.

retraite. En 1295, le pape Boniface VIII lui adressa une bulle, par laquelle il confirme de nouveau toutes les faveurs et tous les priviléges déjà accordés par les pontifs romains ses prédécesseurs. L'abbaye ne posséda pas long-temps ce digne abbé ; il fut enterré dans le chapitre, sous la tombe qui renfermait déjà son père et sa mère. Il contribua par sa sagesse à pacifier le démêlé qui s'éleva, en 1307, entre les habitans de Bouilly, de Vergigny ; Jacques de Pacy, seigneur de ces deux communes ; Jean de Seignelay, seigneur de Rebourceau, et son abbaye, sur la communauté du bois de Contest (1).

JACQUES DE JAUCOURT I.

JACQUES quitta le monde dès sa jeunesse, afin de ne s'occuper que de Dieu et de son salut. Les exercices de la pénitence et de la contemplation l'eurent bientôt élevé à une vertu éminente. On le

T. I, p. 26.
Viole, ms.

---

(1) Le bois de *Contest*, ou des *Contais*, qu'on nomme aussi *les bois de Pontigny*, s'étendait anciennement entre les Baudières, Pontigny, Rebourceau et Jaulges. Il portait le nom de *Contest* dès l'an 1118. Les villages de Bouilly, de Rebourceau, de Vergigny et autres, eurent ensemble et avec les seigneurs de ces contrées, de longues contestations, qui se sont renouvellées récemment entre les communes de Ligny-le-Châtel, de Jaulges, de Chéu et de Varennes au sujet d'une plaine de sept à huit cents arpens de pâtis, anciennement en bois, mise en culture depuis 1810, et contigüe à la forêt de Contest. On donne encore le nom de Contais à une ferme qui se trouve de ce côté.

Cart. de Pont., t. III, p. 270, et suiv.

compare à saint Edme pour la pureté des mœurs. Il joignait à une connaissance profonde de la littérature sacrée et profane, cette piété exemplaire qui sied si bien à celui qui est appelé à commander aux autres.

Au mois de septembre 1319, il prêta serment de fidélité et d'obéissance à l'évêque d'Auxerre, Pierre de Grez, avec la réserve ordinaire, *sauf les priviléges de notre ordre*. L'année suivante, il fut appelé à l'ouverture de la châsse de saint Amatre, qui eut lieu dans la cathédrale avec une grande pompe.

Comme l'abbé Jacques passait pour un des plus profonds théologiens de l'ordre, il était souvent consulté sur les questions difficiles qui se présentaient, soit dans les écoles, soit dans les chapitres de l'ordre. En 1318, on lui demanda ce qu'il pensait de certains articles de foi pour lesquels plusieurs frères mineurs avaient été condamnés à Marseille, il répondit : « Moi, frère Jacques, abbé de Pontigny, et professeur de théologie, je soutiens que les articles dont il est question sont faux, sans probabilités, superstitieux, en contradiction avec la vie de Jésus-Christ et la vérité de l'Evangile; de plus, ils sont contraires à l'unité et à la plénitude du Souverain Pontif, duquel tous les règlemens ecclésiastiques tirent leur force, et par conséquent je juge les articles de foi hérétiques. »

L'abbaye ne posséda pas long-temps cet homme vénérable; il mourut le jour de saint Luc, 1321. Il est inhumé dans le sanctuaire, entre le bienheureux Guillaume de Ludan et l'abbé Martel, à droite, en allant à l'autel. Les auteurs de la Gaule chrétienne le nomment Jacques de Terme, et le font abbé de Châlis, en 1317. Manrique et les auteurs de sainte Marthe, placent après lui un abbé du nom de Jean, dont les cartulaires de Pontigny ne font mention qu'après celui qui suit.

~~~~~~~~

THOMAS.

L'inexpérience de Thomas dans les affaires du dehors causa de grands dommages aux biens du monastère; il fut obligé d'emprunter une somme considérable à l'abbé de Cîteaux, en 1331; trois ans après, il emprunta aussi du blé. Il fit un accord avec l'abbé de Saint-Germain d'Auxerre, pour un droit de main-morte sur les habitans de Rouvray, des Bordes et de Venousse.

Au mois d'août de l'année 1322, l'abbé Thomas eut l'honneur de recevoir dans l'abbaye le roi de France Charles-le-Bel. Ce prince confirma, à sa prière, les chartes déjà accordées par Philippe-Auguste, en 1211, et par Philippe-le-Bel, en 1304, et y apposa son sceau. <small>T. II, p. 282.</small>

On comprendra le haut intérêt que nos rois portaient à l'abbaye de Pontigny par le nombre de chartes qu'ils ont délivrées en sa faveur, à différentes époques. Les moines, qui s'adressaient plus souvent à Rome, allaient aussi au pied du trône réclamer la protection ou les secours dont ils avaient besoin. Les cartulaires de Pontigny renferment encore deux chartes de Louis-le-Gros, trois de Louis-le-Jeune, quatre de Philippe-Auguste, deux de saint

Louis, une de Philippe-le-Hardi, neuf de Philippe-le-Bel, une de Louis-le-Hutin, et deux du même prince, lorsqu'il n'était encore que comte de Champagne. Philippe-le-Long et Charles-le-Bel lui adressèrent aussi chacun une charte; Philippe de Valois lui en envoya deux; le roi Jean, une seulement. Charles V, Charles VI et Charles VII, chacun deux. On possède aussi quatre chartes de Louis IX, deux de Charles VIII, une de François I, et une de Henri IV. Plusieurs de ces chartes sont datées de Pontigny, où ces princes s'étaient rendus, soit pour satisfaire leur dévotion, soit pour visiter les moines.

Plusieurs rois d'Angleterre, comme Henri I, Henri II, Henri III, Richard II, ont étendu leurs bienfaits jusqu'à Pontigny, et ont accordé, à cette occasion, des chartes que l'on possède encore.

On conserve aussi quarante chartes des archevêques et évêques qui ont fait du bien à l'abbaye; plus de cent, provenant des princes et des comtes qui avaient acquis, par leurs bienfaits, un titre à la reconnaissance des moines; ajoutez à ce nombre, plus de trois cents chartes des nobles de la province. On a vu qu'une esquisse des offrandes que tous ces hommes de bien versaient sur une maison qu'ils environnaient de toute leur estime et de toute leur confiance. Toutes ces pièces historiques se trouvent réunies dans le deuxième et le troisième volumes des cartulaires de Pontigny, que nous avons si souvent cités. Je ne parle pas de près de quatre cents autres chartes relatives à des acquisitions, des échanges de biens, ou des compromis (1).

---

(1) Le deuxième volume contient cinq cent huit pages in-

En 1333, Robert de Bourgogne, comte de Tonnerre, intenta un procès considérable aux religieux, à l'occasion de la justice des terres de Pontigny, de Sainte-Porcaire, de Beauvais, du Beugnon et d'Aigremont, prétendant qu'il était seul seigneur justicier. Quarante-deux ans auparavant, cette contestation avait été réglée par arbitre avec Marguerite, comtesse de Tonnerre : le comte rejetta cet accord ; les religieux firent évoquer leur affaire au parlement, par devant le roi de France. Le comte affirmait que de temps immémorial l'abbaye de Pontigny avait été du ressort du comté de Tonnerre ; l'abbé et les religieux disaient, au contraire, que dès le temps de leur fondation, les rois de France, les comtes d'Auxerre, les avaient affranchi de toute juridiction étrangère ; qu'ils avaient toujours joui de la justice haute, moyenne et basse ; que dans les affaires importantes, leur ressort avait toujours été

---

octavo, et le troisième quatre cent vingt-cinq ; ils sont d'une écriture fine et très-soignée. C'est l'ouvrage de l'abbé Depaguy. Les chartes, relatives aux archevêques de Sens, aux comtes de Joigny, aux seigneurs de Seignelay et autres, sont à la suite les unes des autres, par ordre de dates.

Les archives du département renferment deux Cartulaires provenant de l'abbaye de Pontigny. L'un est de mille trois cent cinquante-six pages grand in-folio, dont presque toutes les chartes se retrouvent dans les manuscrits de l'abbé Depaguy, avec cette différence qu'elles sont dans un autre ordre et avec de longs titres, que M. Depaguy a supprimés. On lit au frontispice que c'est une copie du grand Cartulaire du quatorzième siècle, qui a été perdu pendant les guerres. Le deuxième Cartulaire, intitulé *Copie de l'ancien Cartulaire*, est de trois cent quinze pages ; souvent, il n'est qu'une répétition du grand Cartulaire. Il contient aussi quelques chartes, que l'abbé Depaguy a omis dans son Cartulaire.

à Sens et à Villeneuve-le-Roy. Philippe de Valois ordonna que l'on fit une enquête, et finit par condamner l'abbé et les religieux, par un arrêt du parlement, le 24 avril 1335. Quelle gloire pouvait réfléter sur la couronne d'un comte, la vaine prérogative d'un droit de justice acquise par l'abaissement d'une noble abbaye, qui se trouvait à six lieues de sa demeure? Tandis que ce droit devenait vexatoire et oppressif pour les religieux, qui étaient sans cesse exposés aux tracasseries des prévôts, des sergens, des gardes forestiers et autres agens du comte. L'abbé Thomas se soumit au jugement. Le comte en fut si satisfait, qu'il lui fit grâce des dommages et intérêts qui s'élevaient à deux mille livres. *Nous, dit-il, mehuz en pitié et considéranz la poureté de la dite abbaye, et la bonne voulenté que li diz religieux ont à nons, leur avons faite grâce des diz dépenz.* Cette grâce et ces paroles flatteuses étaient un nouveau piége tendu à la bonne foi de l'abbé : le comte le pria de mettre son abbaye sous sa sauve-garde, lui promettant qu'il veillerait avec un soin particulier à la conservation de ses biens, et qu'ils vivraient désormais en bonne intelligence. L'abbé eut l'imprudence de condescendre à sa demande, ce qui fut pour ses successeurs une source de tribulations, comme on va le voir. Thomas ne survécut pas longtemps aux peines que lui avait causées le comte de Tonnerre. Il mourut en 1339; son corps fut déposé dans le chapitre.

L'importance des abbés dans les affaires civiles commence à se perdre au milieu du mouvement général de décomposition de l'ancien ordre de chose, qui allait enfanter la monarchie absolue. Les abbés, et les chefs des principaux ordres religieux, comme grands propriétaires fonciers, avaient droit de délibérer et de se défendre dans les grandes assemblées du pays, tant civiles qu'ecclésiastiques; cependant, on ne les voit plus figurer d'une manière distincte; ils rentrent sagement dans les attributions de leur état saint. Tandis qu'ils se livrent à la prière, leurs puissans voisins convoitent leurs richesses, les droits féodaux que leur ont légués les seigneurs du pays. A l'aide de leur crédit à la cour, ils les subjuguent, et ils ne prévoient pas qu'eux-mêmes sont à la veille d'être dépouillés par la puissance royale, qui va insensiblement absorber, dans sa souveraineté immense, toutes les souverainetés locales.

JEAN V.

JEAN, dont la vertueuse jeunesse avait été enrichie dans le cloître de tous les trésors d'une éducation sainte, se distinguait par une piété tendre, une douceur, une discrétion admirable. On ne sait ni l'année, ni le jour de sa mort. Il repose dans le chapitre, près de l'abbé Symon. Les abbés de cette époque, ne le cèdent point en lumières et en vertus à ceux des premiers âges de l'abbaye. Les adversités du dehors, qui viennent si souvent mettre leur vertu à l'épreuve, les tiennent à l'abri de la vaine gloire et du relâchement.

T. I, p. 27.

GUILLAUME II.

Guillaume est le seul abbé illettré que l'on rencontre dans l'histoire de l'abbaye de Pontigny ; il ne savait pas même écrire ; mais, ce qui était infiniment plus précieux, il était animé de l'esprit de Dieu, et possédait la plus belle des sciences, celle des choses spirituelles ; c'est ce qui fit jeter les yeux sur lui pour remplir le vide que laissait l'abbé Jean, son prédécesseur. Il fallait que la considération de ses vertus fût bien grande, pour que l'on ait dérogé à l'usage établi de ne mettre à la tête de l'abbaye que des hommes qui réunissaient la science à la vertu.

Guillaume commença à ressentir les effets des funestes concessions de Thomas envers le comte de Tonnerre. Il avait brisé les scellés qui avaient été posés à la mort de son prédécesseur, en disant que l'abbaye n'avait jamais été sous la tutelle d'un comte laïque. Jeanne de Châlons, veuve de Robert de Bourgogne, comtesse de Tonnerre, intenta à cette occasion un nouveau procès au monastère, et malgré les efforts de l'abbé pour défendre les droits de son abbaye, la comtesse gagna, en prouvant que Robert de Bourgogne avait été reçu, dix ans auparavant, par Thomas, en qualité de gardien de l'abbaye. Ce procès endetta le monastère de dix mille livres, qu'on emprunta à l'abbé de Clairvaux. Le droit de garde gardienne consistait à poser les scellés à la mort de l'abbé, à veiller à la conservation des biens, meubles et immeubles pendant la vacance du siége. Ainsi, à la mort d'un abbé, les agens du comte de Tonnerre arrivaient tumultuairement, s'emparaient de l'abbaye, posaient les scellés, et prenaient la régie des biens. Cette vexation exécutée officiellement et de sang-froid, au mépris des religieux, était en opposition à tous les réglemens de l'ordre.

En 1340, Guillaume prêta serment de fidélité à l'évêque d'Auxerre, en qualité d'abbé de Pontigny. La cérémonie eut lieu dans la cathédrale, près du grand autel. Il s'excusa d'abord de donner son serment par écrit, parce qu'il ne savait pas écrire; comme on insistait sur cette nécessité, il fit écrire son serment par un clerc, et le lut ainsi en latin : « Je promets, frère Guillaume, abbé de Pontigny, de l'ordre de Cîteaux, de conserver toujours envers vous, vénérable évêque; envers vos successeurs, établis selon les canons, et envers le saint-siége d'Auxerre, la soumission, la révérence et l'obéissance que prescrivent les Pères de l'Eglise et la règle de saint Benoît, sauf les priviléges de notre ordre. » Le livre des obits met sa mort au 1er. octobre, sans indiquer l'année.

---

(1) *Ego Guillelmus, abbas Pontiniacencis, Cisterciencis ordinis, subjectionem, reverentiam, obedientiam a sanctis patribus institutam, secundum regulam sancti Benedicti, tibi Domine, pater episcope, tuisque successoribus canonicè substituendis et sanctæ sedi Autissiodorensi, salvo ordine nostro, perpetuò me exhibiturum promitto.*

JEAN DE ROUGEMONT.

Sa naissance ne fut pas étrangère à son élévation, car il appartenait à la noble famille de Rougemont, qui donna trois archevêques à Besançon. La misère des temps et les embarras financiers dans lesquels il trouva l'abbaye, traversèrent les intentions qu'il avait pour le bien. Ce qui honore le plus sa mémoire, c'est l'affranchissement des habitans de Montigny-le-Roy, en 1345. On sait qu'à cette époque, l'esclavage étendait son vaste réseau sur toute la France. Il fallait que la religion chrétienne descendît des cieux pour réhabiliter les esclaves dans toute la dignité humaine. Avant 1345, on avait déjà vu quelques affranchissemens partiels : celui-ci fit grand bruit dans tout le pays. L'affranchissement de Venousse, accordé l'année suivante, indiqua une résolution toute d'humanité, dictée aux abbés par la religion chrétienne. Les seigneurs comprirent que bientôt la nécessité leur arracherait des grâces semblables, s'ils ne la prévenaient par des concessions généreuses. Le christianisme était parvenu à mettre la société en voie de progrès. Sans lui, sans les idées de charité qu'il émettait dans le monde, le despotisme finissait inévitablement par s'acclimater en France et dans la vieille Europe.

Voici les principales clauses de l'acte d'affranchissement de Montigny-le-Roy. On verra, avec étonnement, jusqu'où les abbés avaient étendu la liberté des habitans des campagnes, dans un siècle surtout que nos historiens ont peint, la plupart, sous des couleurs si peu favorables.

Nous donnons, establissons, ottroyons et volons, disent l'abbé et les religieux, *que nostre terre de Montigny et nostre borgois demorant et habitant en icelle dite terre de Montigny, leurs hoirs de touz costelz et tuiz leur successeur soient perdurablement ès frans us et franches coutumes d'Auxerre.* Le plus riche *seul* devra, chaque année, *dix solz tant seulement pour franche bourgoisie.* Le reste des habitans seront imposés par *six prudhomes, jurez et esleuz,* du commun consentement des habitans. Ces élections se renouvelaient tous les ans le jour de saint Jean-Baptiste. Cart. de Pont., t. II, p. 200 et suiv.
Voyez pièces justificatives.

Personne, dit la charte, n'est tenu d'aller à la guerre, soit à pied, soit à cheval, à moins que le commandant de l'abbaye n'y soit en personne, et que l'on ne puisse revenir chez soi le même jour, si on le désire. Si quelqu'un commet quelque *forfait,* il ne sera pas pour cela dépossédé de ses biens, ni puni de mort. L'amende, qui était de soixante sous pour les délits dans les bois, les plaines, les vignes, les rivières, ou autres lieux, est réduite à cinq sous. Les amendes de cinq sous sont mises à douze deniers. Nul n'est tenu d'aller plaider hors de Montigny. Les religieux, ni aucun autre à leur place, ne pourront créer d'autres impôts que ceux dont il a été parlé, et encore doivent-ils être votés et répartis par les habitans eux-mêmes. Si, à défaut de paiement, les religieux faisaient saisir les effets de quelque particulier, ils le feront à leurs frais et dépens.

et si le paiement a lieu, ils restitueront toutes les choses saisies ou enlevées. Ceux qui auront reçu des gages pour dettes pourront les vendre au bout de huit jours, si l'obligation n'est pas acquittée.

Si un différend s'élève entre des particuliers et que le rapport en soit fait au prévôt, cela n'empêchera pas que les parties ne puissent s'accorder ensuite, lors même qu'il s'agirait d'une affaire capitale : toutefois, ils paieront une amende. Si un particulier fait des plaintes contre un autre, et que le prévôt n'ait point fait de frais, il n'y aura point d'amende. Également, si un homme prête serment contre un autre et qu'ensuite ils fassent un accord ensemble, ils ne devront rien au prévôt.

Quant au duel, que les lois barbares avaient permis jusqu'alors pour accorder les différends, la charte dit, que si deux hommes ont accepté le duel et se soient accordés avant que d'en venir aux mains, ils seront condamnés chacun à deux sous d'amende; s'ils ont commencé à se battre et se soient accordés ensuite, ils paieront sept sous six deniers d'amende; mais s'ils ont décidé leur contestation uniquement par les armes, outre le mal que le vaincu a éprouvé, ils seront condamnés chacun à cent douze sous d'amende, si toutefois le provocateur ne mérite pas de perdre la vie ou un membre. La coutume du duel était tellement passée dans les mœurs du peuple, que les religieux ne crurent pas possible de la supprimer tout-d'un coup. Ils se contentèrent d'y mettre des entraves, et de menacer de la peine de mort le provocateur qui aurait tué son adversaire.

Tout habitant peut vendre ses effets, quitter Moutigny et y rentrer en toute liberté, à moins qu'il ne soit coupable de *forfait ou mainfait, c'est assavoir murtre, rat ou larrecin, ou autre cas de délit.*

Il suffit d'avoir habité Montigny un an et un jour pour avoir droit à toutes les franchises des habitans. Cependant, en entrant dans les priviléges de la commune, on donnera deux sous. Celui qui aura joui d'un effet quelconque, ou d'un fonds de terre, pendant un an et un jour, sans aucune réclamation, en demeurera le paisible possesseur.

Ceux dont les chevaux, les vaches, ou *grosses bêtes*, seront prises en délit, paieront cinq sous d'amende. Les moutons, les brebis, ou *autres menues bêtes*, seront taxées à un denier d'amende.

Si on venait à établir à Montigny des foires ou des marchés, celui qui ne pourra payer de suite son acquisition, aura huit jours de terme. Quand une chose ne pourra être prouvée par témoins, on s'en rapportera au serment, à moins qu'il ne s'agisse d'affaire d'argent. Les bouchers ne paient plus de droits. La succession passe aux plus proches parens. Si quelqu'un meurt sans qu'on lui connaisse d'héritiers, les jurés de la commune garderont sa succession pendant un an et un jour, au bout desquels, s'il ne se présente pas de réclamation, la succession passera à l'abbaye de Pontigny, sauf ce que les jurés auront retenu pour leurs honoraires.

L'abbaye renonce au *bant de vin*, c'est-à-dire, à un droit qu'on avait perçu jusqu'alors sur le vin; elle renonce également à entretenir une garenne. Aucun habitant n'est tenu de garder des prisonniers ou des prévenus chez soi; mais ils doivent prêter main forte au prévôt, s'il le requiert.

Toutes les fois que l'abbaye enverra un nouveau prévôt ou un sergent, il fera serment de garder ces franchises, et s'il arrivait (*la quelle chose, se Dieu plaist, n'adviendra jà*), que l'abbé et les religieux voulussent revenir sur leurs concessions, les habitans pourront les citer par devant *nostre très-chier seigneur le roy de France*, pour les forcer à tenir leur engagement.

Enfin, l'abbé et les religieux déclarent, qu'ils veulent que leur terre de Montigny, ne soit jamais aliénée des biens de leur monastère. L'abbé de Pontigny et celui de Cîteaux, supérieur général de l'ordre, apposèrent leur sceau à cette charte.

Le comte d'Auxerre, qui avait aussi des serfs à Montigny, souscrivit prudemment à la charte de l'abbaye de Pontigny, et étendit les mêmes immunités sur tous ses serfs de Montigny.

On peut remarquer que toute cette charte est à l'avantage des habitans; elle diffère essentiellement de celles que la plupart des seigneurs accordaient à leurs serfs. Ceux-ci, dans un pressant besoin d'argent, vendaient la liberté moyennant un prix très-élevé, en sorte que ces droits naturels, inhérents à l'humanité, l'homme les arrachait par la force des événemens. Les religieux, avec cette loyauté qui caractérise la charité chrétienne, donnent gratuitement une liberté pleine et entière. Les lois positives qu'ils établissent, remplacent autant de lois barbares ou oppressives, qu'ils abolissent en même temps. Ainsi, au quatorzième siècle, la commune de Montigny jouissait de plus de liberté qu'elle n'en a joui depuis un demi-siècle que cette liberté a été tant prônée en France.

Il serait trop long d'entrer dans le détail des immunités accordées à la commune de Venousse, que l'abbaye de Pontigny venait d'acheter. On remarque que les habitans sont affranchis *deci en avant perpétuellement à toujours mais*, qu'ils seront imposés, selon leurs facultés, par six ou huit *prudhomes* de Venousse, qui seront élus, chaque année, par les habitans eux-mêmes, le jour de saint Jean-Baptiste, et qui jureront, en mettant la main sur les saints Évangiles, qu'ils répartiront les impôts avec justice, tant sur eux-mêmes que sur les autres habitans, et qu'ils leur rendront compte de leur gestion, si ceux-ci le réclament.

Les religieux renoncent à toute seigneurie, aussi bien qu'à toute propriété, sur les biens de Venousse.

En 1344, Jean de Rougemont accepta de Geoffroy, seigneur de Cléry, la fondation d'une messe à perpétuité, qui devait être dite dans la chapelle du nom de Cléry, une fois chaque mois, pour lui, pour ses enfans et pour ses ancêtres, *laquelle sera célébrée bien et parfaitement*. L'abbé de Pontigny est qualifié dans cette charte de *religieuse personne, saige et discrete Dans* (dom) *Jehans de Roigemont, par la grâce de Dieu, humble abbé de l'Eiglise de Pontigny*. Agnès de Cléry, ratifiant la fondation de son père, en 1372, l'appelle son *très-chier seigneur et pére, que Deux asoille* (absolve), *monseigneur Geuffroy, jadix seigneur de Cléry*. L'abbé de Rougemont emprunta dix-sept cent soixante livres à l'abbé de Clairvaux,

T. III, p. 76 et 80.

et mourut cette même année, 1349, le dix-huitième jour du mois de mars.

~~~~~~~~

RAYMONT.

T. II, 208.

Il est cité dans une charte de 1361 : *Frère Raymont, par la grâce de Dieu, humble abbé de Pontigny.* On ne sait rien de sa vie. De son temps, le roi Philippe de Valois vint passer quelque temps à Pontigny ; c'était l'année 1349. La charte qui en fait

P. 287.

mention est datée du 3 juillet ; elle dit que le roi avait quitté Paris à cause de la mortalité qui régnait dans cette ville. Il fit grâce à l'abbaye des *dixièmes* que l'on percevait sur les biens du clergé, à titre d'impôts. L'histoire ne nous a pas conservé comment l'abbaye de Pontigny traversa la longue chaîne de malheurs qui suivirent la défaite de Poitiers, où le roi Jean fut fait prisonnier. Au désastre de la peste, la famine et la guerre civile avaient ajouté d'autres calamités, qui mirent le peuple, la noblesse et le clergé dans l'impossibilité de payer les impôts. On voit, par la concession de Philippe de Valois, que l'abbaye de Pontigny était réduite à cette extrémité.

Les auteurs de la Gaule chrétienne, d'accord avec la charte que nous avons citée, disent que Raymont fut élu la septième année du règne d'Innocent IV. Les Cartulaires de Pontigny mettent à sa place Pierre de Milly. Viole donne, pour prédécesseur à Pierre de Milly, Thomas, qui fut transféré à Citeaux. Cette diversité d'opinions sur les abbés de cette époque, atteste que l'abbaye, plongée dans l'affliction à cause des malheurs qui pesaient sur la France et sur elle-même, a oublié jusqu'aux noms et aux vertus des hommes qui l'ont gouvernée.

<center>~~~~~~~~~</center>

NICOLAS.

NICOLAS fut élu étant célérier. L'humilité et la mortification brillèrent, avec éclat, dans le nouvel abbé. Outre les prières publiques qu'il adressait à Dieu avec sa communauté, pour détourner le bras de la vengeance divine appesanti sur la France, il mortifiait son corps par des austérités continuelles, attribuant à ses péchés, et à ceux du peuple au milieu duquel il vivait, les calamités qui pesaient sur eux. C'était un spectacle édifiant de voir, au milieu de l'affliction générale, un saint abbé, avec tous ses religieux, prosternés aux pieds des autels pour fléchir le courroux de la vengeance céleste.

<small>T. I, p. 28. Viole, ms:</small>

L'abbaye de Pontigny eut beaucoup à souffrir des guerres civiles. Les Anglais avaient pris Auxerre; les châteaux de Champlost et de Régennes étaient aussi tombés en leur pouvoir; les religieuses des Isles avaient abandonné leur maison pour se réfugier à Auxerre. Le monastère de Saint-Amatre, celui de Saint-Julien, celui de Saint-Gervais et celui de Saint-Marien, situés hors de l'enceinte des murs d'Auxerre, avaient aussi été abandonnés. On ignore quel fut le sort de l'abbaye de Pontigny durant ces crises politiques; mais la détresse où elle se trouva réduite les années suivantes, fait juger des épreuves qu'elle eut à subir. En 1366, Etienne d'Irancy et Humbert de Sarmage, procureurs du prieur, jurèrent, sur les saints Evangiles, qu'il leur était impossible d'acquitter la décime imposée par le pape, en sorte que Pierre Aymon, évêque d'Auxerre, chargé de cette collecte, déclara que, prenant en considération la pauvreté de l'abbaye, il lui faisait grâce, pour l'amour de Dieu, du premier paiement qui devait échoir au 1er mars 1366. L'année suivante, l'évêque d'Auxerre fut encore obligé de leur faire une pareille grâce.

La même année, Nicolas, se trouvant au chapitre général qui se tenait à Dijon, à cause de la guerre, obtint la permission de faire des baux à loyer pour neuf ans et au-delà. On lui permit également de donner à bail emphytéotique perpétuel les terres *inutiles ou stériles* (c'est l'expression de la charte). L'abbé prit cette mesure pour ranimer la confiance des cultivateurs. Les gens de guerre avaient pillé les fermes et enlevé le bétail; les vignes n'étaient pas cultivées faute d'ouvriers; la plupart des terres étaient en friche. L'abbaye n'avait plus les moyens de suppléer au pillage successif des divers partis qui déchiraient le sein de la France, en sorte que la plupart des fermes demeuraient désertes. Dans ces temps de désolation générale, toutes les fermes isolées étaient fermées de murs garnis de meurtrières, pour repousser les attaques des détachemens qui couraient la campagne. Dans ces rencontres, si on se trouvait en nombre, on repoussait la force par la force ; si on était trop faible, on abandonnait la ferme, qui était pillée et souvent incendiée. Le successeur de Nicolas se plaignait, en 1372, que les vignes de Chablis demeuraient en partie incultes, à cause des guerres et de la rareté des ouvriers, en sorte que ces vignes ne produisaient pas même cinq muids de vin. C'était la rente que l'on en payait à l'abbaye de Saint-Germain, c'est pourquoi il fut convenu que l'on paierait quatre sous de rente par arpent au lieu de cinq muids de vin. Faut-il s'étonner si l'abbaye de Pontigny ne pouvait pas même payer ses impôts? Les principaux moines étaient alors, Jean d'Esnon, prieur; Hugues de Ligny, sous-prieur; Etienne d'Irancy, portier; Jean de Pacy, célérier; Jean de Chablis, sous-célérier; Humbert de Gendrey, trésorier; Jean de Brienon, chantre; Guillaume d'Avrolles, Jean de Senevoy, Jean d'Ervy, Jean Gamache, Andrey de Rosoy, Thomas de Saint-Maurice et Drouhin de Lichères.

Après onze ans d'une administration sage, à travers des temps calamiteux, l'abbé Nicolas termina sa vie par la mort la plus édifiante. Peu de jours avant, il reçut les derniers sacremens avec une foi vive et une tendre piété. Les religieux, assemblés à cette cérémonie, furent touchés jusqu'aux larmes. Il leur donna sa bénédiction, et dès-lors il ne s'occupa plus que de son éternité. La mort n'était point pour lui un objet d'horreur; il l'envisagea comme le terme de ses maux avec ce calme et cette tranquillité d'âme que donnent une foi sincère, une conscience pure et le souvenir d'une vie passée dans la pratique de toutes les vertus religieuses. Il ne cessa pas de prier, et rendit le dernier soupir en prononçant ces paroles du Psalmiste : *In manus tuas, Domine, commendo spiritum meum.* « Seigneur, je remets mon esprit entre vos mains. » Quelle consolation pour l'Eglise de compter parmi ses enfans des hommes qui ne tiennent plus à la terre que par les plus indispensables besoins du corps ! Il fut enterré dans le chapitre, avec cette épitaphe en latin : « Ici repose dom Nicolas, vingt-quatrième abbé de cette église (1), homme d'une humilité rare et d'une mortification continuelle. Il mourut le jour de la Toussaint, en 1370, que son âme repose en paix ! »

JEAN VI.

T. I, p. 28. Après la mort de Nicolas, le comte de Tonnerre, à l'aide de l'ascendant que son prétendu droit de garde gardienne lui donnait sur l'abbaye, parvint à faire élire Jean, religieux de l'abbaye de Villeneuve, dans le diocèse de Nantes. Il était de l'illustre famille de Châlons, et son parent.

T. III, p. 331. Une charte de 1394 le qualifie de *frère Jean, par la permission divine, humble abbé de l'église de Pontigny, de l'ordre de Cîteaulx.*

---

(1) Cet abbé est le vingt-sixième dans les Cartulaires de Pontigny, le vingt-quatrième dans les manuscrits du père Viole, et le vingt-septième dans la Gaule chrétienne. Dom Robinet a reconnu que les inscriptions tumulaires étaient fautives, parce que plusieurs abbés, élus dans un âge avancé, n'avaient fait que paraître, et avaient été oubliés sur la liste des abbés que l'on fit dans la suite.

En 1392, il députa un religieux de Pontigny, docteur en théologie, en cour de Rome, pour satisfaire à la visite annuelle que les abbés de Pontigny devaient au Saint-Siége. Ce religieux revint peu satisfait de son voyage. Il avait payé au camérier du sacré collége cent florins d'or au mouton, pour le service ordinaire.

~~~~~~~~~

PIERRE III.

Cet abbé est appelé Pierre de Juilly dans la Gaule chrétienne, et dans les chartes du temps : *Révérend père en Dieu, frère Péare, abbé de l'église de Pontigny et du couvent de ce même lieu.* Il donna sa démission au chapitre général, en 1389, et demanda une pension pour passer le reste de ses jours dans la retraite, ce qui lui fut accordé, parce qu'il avait passé toute sa vie au service de l'ordre de Cîteaux. Il mourut en 1400, et fut inhumé dans l'ancienne église de l'abbaye, qui depuis l'érection de la nouvelle église, avait pris le nom de Chapelle de Saint-Thomas-l'Apôtre. Elle se trouvait, comme on l'a vu ailleurs, au couchant de la nouvelle église, dont elle était détachée. Son épitaphe l'établissait le vingt-sixième abbé du monastère. [T. III, p. 324.]

En 1389, Amé de Joinville, seigneur de Méry, qualifié de noble et puissant seigneur, fit une donation importante; il légua, par testament, sept cents francs d'or, pour acheter soixante livres tournois de rente pour l'abbaye de Pontigny. En reconnais- [T. II, p. 417.]

sance de ce don, les religieux doivent *chanter et célébrer*, chaque jour de l'année, deux messes, *l'une à notes, et l'autre basse*, pour le salut de l'âme de messire Amé, et pour celui de ses parens et de ses amis.

JEAN DE LA PAIX.

Les auteurs de *la Gaule chrétienne* placent avant lui un abbé du nom de Jean de Flogny, qui fut ensuite abbé de Cîteaux.

L'abbaye de Pontigny est toujours gouvernée par des hommes recommandables par leurs talens et leurs vertus. Jean de la Paix passait pour un grand orateur, et un des plus habiles théologiens de son temps. Le Pape, qui connaissait sa réputation, le fit venir au concile de Pise, en 1401, pour soutenir les intérêts de l'Eglise.

Lebœuf, Mém., t. II, pr., p. 344.

Il était réservé à un abbé de Pontigny de faire abolir la fête des fous, qui se célébrait à Auxerre, par des danses, des déguisemens, des orgies, qui avaient lieu jusqu'au pied des autels, fête que l'ignorance et la superstition avait créée. L'abbé, dans un discours plein de véhémence, qu'il prononça dans le chapitre de la cathédrale d'Auxerre, prouva que jamais Dieu ni l'Eglise n'avaient approuvé une fête aussi scandaleuse, que sa solennisation était en opposition à tous les canons, qu'il était de l'honneur du chapitre de ne pas la tolérer plus long-temps, même qu'elle n'aurait jamais dû l'être; il conclut en disant qu'il fallait de suite mettre la main à l'œuvre, et l'abolir totalement. Son discours fit une telle impression, que le lendemain le doyen assembla le chapitre, et demanda que l'on avisât aux moyens de supprimer cette fête; il fut convenu qu'on allait s'en occuper, et qu'on emploierait même le bras séculier s'il était nécessaire. Elle fut en effet abolie les années suivantes. Ce trait de Jean de la Paix nous reporte aux premiers âges de la vie monastique dans les Gaules, lorsque les moines partageaient les périls et les travaux de l'apostat.

Gaucher, seigneur de Maligny, fonda alors (1399) une messe qui devait être dite chaque jour, à perpétuité, dans l'abbaye de Pontigny, pour le repos de l'âme de son père, de sa mère et de ses amis. Il veut qu'elle soit sonnée par environ quarante-cinq coups. *Considérant*, dit-il, *la bonne et vraie amour et affection qu'il a heu et a de présent à l'Esglise et aus religieux messeigneurs l'abbé et convent de l'Esglise de Pontigny, en la quelle ont esté chascun jour, sont et se font plusieurs biens spirituels...* Ensuite il entre dans le détail des biens de Montigny et de la Chapelle, qu'il abandonne pour cette fondation. Cart. de Pont., T. II, p. 592.

Jehannot Chaudot de Villers-Vineux, donna un pré pour la fondation de deux anniversaires, chaque année, à perpétuité (1392).

Jeanne de Châlons, épouse d'Hervey de Donzy, morte en 1400, fut alors enterrée dans le sanctuaire de l'église de Pontigny. Elle avait aussi fondé une messe à perpétuité. Son tombeau, élevé de quatre pieds, portait son effigie, autour de laquelle on lisait cette inscription : « *Cy gist noble et puissante dame Jeanne de Châlons, jadis comtesse de Tonnerre, dame de Saint-Agnan en Berry, de Ligny-le-Châtel et de Bonrepos en Bresse, laquelle fonda une messe à perpétuité dans l'Eglise de céans; elle trépassa en* 1400. *Dieu, par pitié, veuille avoir l'âme d'elle, amen.* »

Margot, ou Marguerite de Bouilly, avait été inhumée à Pontigny, en 1317. Pierre, seigneur de Boos, représenté tout armé sur sa tombe, y avait aussi reçu les honneurs de la sépulture, en 1334, ainsi que Droin Quarré de Lichère, mort en 1323. Ils reposent l'un et l'autre dans le chapitre.

C'est à peu près l'époque où l'on cessa de se faire inhumer dans les monastères, ou dans d'autres lieux révérés. Les guerres civiles, en tenant les monastères fermés et les seigneurs toujours sous les armes, arrêtèrent les translations solennelles et amenèrent d'autres temps et d'autres mœurs. On négligea également l'usage des cercueils en pierres, qui furent remplacés par des cercueils en planches, ce qui fit une grande réduction dans les frais funéraires. Quand on considère les démarches et les sacrifices qu'entraînaient les grandes inhumations, on ne peut s'empêcher d'accorder un tribut d'admiration à la foi vive de ces hommes chrétiens qui, convaincus de leur néant, semblaient se jeter, après leur mort, aux pieds des moines, pour implorer le secours de leurs prières et se faire ouvrir les portes des cieux. Les cendres de ces seigneurs, respectées d'âge en âge et mêlées à celles de tant de saints religieux, mériteront toujours la vénération des peuples qui habitent ces lieux.

Les particuliers se faisaient également remarquer

par leur zèle à assurer leur salut éternel. S'ils ne pouvaient se faire transporter après leur mort dans des couvens pour avoir part aux prières d'une communauté, ni y fonder leur anniversaire, ils demandaient qu'on y célébrât pour le repos de leur âme un certain nombre de messes. J'ai vu des testamens passés dans nos pays, au dix-septième siècle, par lesquels de simples particuliers demandaient jusqu'à sept cents messes, qui devaient être acquittées, tant dans des couvens qu'ils désignaient, que dans leur propre paroisse. Nos pères priaient beaucoup, et faisaient prier pour le repos de l'âme de leurs parens. De nos jours, il faut appartenir à une famille bien chrétienne et dans l'aisance pour obtenir, après sa mort, un annuel ou cinquante-deux messes.

Après les guerres du quinzième siècle, on reprit quelque appareil dans les inhumations : c'étaient de superbes pierres tumulaires posées au-dessus du sol, ou des croix fichées en terre. Les riches placent encore sur les fosses de leurs proches une croix ou une pierre tumulaire.

Dans le chapitre général, tenu en 1402, l'abbé Jean de la Paix fut blâmé de sa négligence. On lui reprocha d'avoir méprisé la discipline ecclésiastique et les statuts de l'ordre pendant tout le temps qu'il avait été abbé, de n'avoir pu souffrir de célérier dans l'abbaye. Cependant, dans le même chapitre, on lui confia le soin de mettre la réforme dans les monastères de sa filiation. Il fut aussi désigné pour assister d'office aux conciles de l'ordre, qui se tenaient tous les trois ans. Il mourut à Auxerre, dans une maison de l'abbaye, le 30 septembre 1415. Les chanoines

Cart. de Pont., t. 1, p. 80.

de la cathédrale portèrent solennellement son corps jusqu'à la porte Saint-Siméon, où ils le remirent entre les mains des moines, qui le conduisirent, en chantant des psaumes, jusqu'à Pontigny.

Jusqu'ici les rapports des Souverains Pontifes avec l'abbaye, l'intérêt que lui portaient les seigneurs des environs, soutenait l'attention du lecteur comme de l'historien. A peine maintenant si l'on trouve quelque souvenir qui puisse recommander chaque abbé à l'oublieuse mémoire des hommes. Ces abbés pleins de vertus et de sainteté, qui présidèrent au développement de l'abbaye et qui remplissaient leur siècle, sont couchés dans la tombe. Leurs successeurs n'ont laissé ni livres, ni historiens : une chronique du monastère reste seule, brève et souvent sans couleur. Quelques chartes, renfermant des échanges ou des acquisitions de biens, donnent tout au plus l'époque où vivaient les abbés. Les chartes des bienfaiteurs sont des siècles précédens. On est donc plus soutenu dans le récit des événemens qui ont marqué l'existence de l'abbaye de Pontigny, que par l'espoir pieux de sauver de l'oubli ce qui reste d'une institution célèbre, qui fut chère à l'Église, et dont les ruines mêmes ont péri.

Voici quelques usages qui avaient lieu à Pontigny et qui faisaient partie de la règle de Citeaux ; ils aideront à apprécier les hommes dont nous parcourons l'histoire. Pour éprouver la vocation de celui qui se présentait pour être reçu au nombre des frères, on lui refusait l'entrée de la maison pendant quatre à cinq jours, durant lesquels il demeurait dans l'appartement des hôtes. S'il persistait à être reçu dans

<small>Monasticon. Cisterc. p. 50.</small>

le monastère, on l'admettait parmi les novices, et on envoyait, près de lui, un des anciens de la maison, qui l'interrogeait soigneusement sur les motifs qui le portaient à entrer dans un monastère : si c'était Dieu qu'il cherchait véritablement. Alors il lui exposait tout ce que la règle avait de gênant pour la volonté propre; il lui rappelait l'obéissance, les humiliations, les travaux de la pénitence, par où les moines s'efforçaient de se rendre agréables à Dieu. Si le postulant se déclarait prêt à embrasser tout ce que commandait la règle de la maison, on l'éprouvait encore pendant deux mois, au bout desquels on lui faisait la lecture du réglement ; ensuite on lui disait : Voici la loi sous laquelle vous demandez à vivre. Si vous croyez pouvoir l'observer, avec la grâce de Dieu, entrez; si, au contraire, vous pensez qu'elle passe vos forces, vous êtes libre de vous retirer. Le novice faisait encore six mois d'épreuves, après quoi on lui lisait de nouveau la règle de la maison ; s'il demeurait ferme dans sa vocation, on le recevait au nombre des frères

La réception avait lieu dans la chapelle du couvent. Le novice, en présence de toute la communauté, faisait vœu de stabilité et d'obéissance, prenant Dieu et ses saints pour témoins de ses promesses. Il déclarait aussi qu'il allait mener une vie plus parfaite que jamais : ensuite, il écrivait son engagement de sa propre main, y consignant le nom de l'abbé, et invoquant les saints dont les reliques étaient présentes. S'il ne savait pas écrire, il priait un frère d'écrire pour lui, ajoutant seulement une croix; ensuite il posait cet écrit sur l'autel, en disant ces paroles du Psalmiste : *Agréez-moi, Seigneur, selon votre parole, et je vivrai. Que mon espérance ne soit point trompée.* Alors il se prosternait aux pieds de chacun des frères, en demandant le secours de ses prières. Enfin, il se dépouillait de ses habits séculiers, et prenait l'habit de religion. Les vêtemens qu'il venait de quitter étaient conservés au vestiaire, pour lui être rendus, dans le cas où il aurait démérité au point d'être chassé du monastère. Son écrit, au contraire, était conservé dans les archives.

Rien n'égale la charité, la bonté, la tendresse, que l'abbé déployait envers ses religieux, et ceux-ci les uns envers les autres. Un frère avait-il commis une faute grave, il était exclus de la table commune au réfectoire, de sa place accoutumée dans l'église; défense était faite à tous les frères de lui adresser la parole : il se livrait seul aux occupations qui lui étaient imposées. Cependant, pour qu'il ne se livrât pas à la tristesse, la règle commandait à l'abbé de l'environner de toute sa sollicitude paternelle, selon ces paroles du Fils de Dieu : Que ceux qui se portent bien n'ont pas besoin de médecin, mais seulement ceux qui sont malades. Alors quelques-uns des anciens, qu'on appelait *Senipetes*, s'approchaient de lui, comme en secret, le consolaient, l'exhortaient à réparer sa faute, et lui indiquaient les moyens de rentrer en grâce. Toute la communauté priait pour lui. La règle commandait aussi à l'abbé d'avoir de l'indulgence pour les faibles, et de ne pas exercer d'empire sur ceux qui étaient réguliers.

Les malades trouvaient à l'infirmerie des frères pleins de charité et de prudence, qui leur prodiguaient tous les soins d'une tendre mère; on leur permettait l'usage de la viande, et tous les adoucissemens que demandait leur état présent.

La communauté faisait deux repas par jour, et un seul les jours de jeûne. On servait deux plats, afin que si un frère ne pouvait manger du premier, il mangeât au moins du second. S'il se trouvait des fruits à la maison, on ajoutait du dessert. La portion de chacun était d'une bonne livre de pain et d'une hémine de vin. Si le travail, ou la santé d'un frère exigeait davantage, l'abbé pouvait étendre la quantité des alimens. La viande n'était permise qu'aux malades. P. 37.

Les vêtemens devaient être proportionnés aux saisons et aux pays. L'abbé était juge dans ces circonstances. Pour tout vêtement, un frère recevait de l'abbé deux tuniques et deux cuculles pour le jour et pour la nuit, et un scapulaire pour le travail. La couleur était blanche et l'étoffe très-simple. Les serviteurs de l'abbaye ne devaient pas porter des habits d'une étoffe plus recherchée; car, disaient les statuts, ils doivent savoir que ceux *qui sont vêtus mollement ont coutume d'habiter dans la maison des rois* et non dans la maison des moines. Le lit se composait d'une natte, d'un drap de serge, d'une couverture, et d'un chevet pour appuyer sa tête; mais point de toile ou de chemise de lin. Frères et abbé, tous devaient coucher dans un dortoir commun, autant qu'il était possible, chacun dans son lit, et non dans des cellules séparées, les jeunes mêlés avec les vieux, afin que ceux-ci inspirassent du respect aux plus jeunes et veillassent sur eux. Ils dormaient P. 47.

P. 24.

tout habillés, les reins ceints, afin d'être prêts à se lever au premier signal pour aller travailler à l'œuvre du Seigneur, c'est pourquoi une lampe brillait toute la nuit dans le dortoir. Les conciles et les chapitres généraux apportèrent plusieurs modifications à ces différens réglemens.

Les moines ne pouvaient pas sortir de la maison après Complis, ni quitter l'abbaye, même temporairement, sans la permission de l'abbé. Ils ne devaient, en voyage, recevoir que l'hospitalité monastique; et s'ils pouvaient rentrer au couvent avant la chute du jour, ils ne devaient accepter au dehors aucune nourriture. Si le voyage était long, et qu'ils fussent obligés de prendre quelques repas hors des maisons conventuelles, ils ne devaient accepter ni vin, ni viande, à moins d'une nécessité particulière. Un frère ne devait pas sortir, ni voyager seul; il devait toujours porter l'habit de son ordre, afin d'être rappelé sans cesse aux devoirs de son état.

Ibid p. 34.

Le vice de la propriété était combattu par toutes sortes de moyens. Un frère ne pouvait rien donner, ni recevoir, sans la permission de l'abbé. Il ne devait rien avoir en propriété. L'abbé, comme un bon père, distribuait à chacun une tunique, une cuculle, des bottines, un couteau, un poinçon et des tablettes pour écrire, une aiguille, un mouchoir; il faisait en sorte que le frère ne pût dire qu'il manquait de quelque chose. Tout était commun dans le monastère, conformément à ce qu'on lit des premiers chrétiens. Personne n'avait rien en propre. Ceux qui violaient le précepte étaient soumis à une sévère pénitence. Lorsqu'un frère mourait, on lui faisait baiser un crucifix de bois, pour le faire ressouvenir de la pauvreté et de l'humilité chrétienne.

Voici comment les étrangers, les pèlerins étaient accueillis dans le monastère, lorsque ces maisons servaient d'hôtelleries, où les voyageurs étaient logés et nourris gratuitement pendant plusieurs jours ; il n'est pas de prévenances, d'attentions que l'on ne prodiguât à un étranger, dans la personne duquel on révérait Jésus-Christ même. Aussitôt que le portier annonçait l'arrivée d'un hôte, l'abbé, le prieur, ou un des frères préposé en leur absence à ces réceptions, accourait à sa rencontre, le saluait profondément, l'invitait à faire ensemble une courte prière, après laquelle il lui donnait le baiser de la paix. Ensuite, il le conduisait dans un oratoire, le faisait asseoir, et lisait, en sa présence, quelque passage de l'Écriture sainte. Aussitôt après, on lui prodiguait tout ce qu'une ingénieuse charité peut suggérer envers un étranger, souvent épuisé de fatigue et dans le besoin. Si c'était un jour de jeûne, l'abbé le rompait devant lui, pour l'engager à accepter sans crainte les secours que réclamait son état de fatigue ; ensuite, on lui offrait une chambre et un lit pour passer la nuit. Se trouvait-il malade ? Il pouvait compter sur tous les secours que l'on prodiguait aux frères. Le cuisinier de la maison devait toujours avoir quelque chose de prêt pour recevoir les étrangers qui arrivaient à toute heure.

Durant plusieurs siècles, ces saintes hôtelleries étaient les seules que l'on rencontrât dans certains pays, hôtelleries admirables, dans lesquelles l'étranger était accueilli avec la plus cordiale amitié, avec

P. 46.

un désintéressement sans pareil, et secouru dans tous ses besoins. Il se retirait édifié de la vertu des frères, et confondu des bontés et des attentions dont il avait été l'objet. A la vue de ces beaux exemples, si capables d'adoucir la rudesse des mœurs publiques de cette époque, on se sent grandir, et on est fier d'appartenir à une religion qui produit des actes d'une aussi sublime charité.

Le gouvernement intérieur de l'abbaye était fondé tout entier sur la charité. Les abbés, vraiment dignes de ce nom, étaient comme autant de pères au milieu de leurs enfans. Le chapitre III de la règle leur défendait même de rien entreprendre sans avoir pris auparavant l'avis des frères. « Toutes les fois, y est-il dit, que quelque chose d'important doit avoir lieu dans le monastère, que l'abbé convoque toute la congrégation, et dise de quoi il s'agit, et qu'après avoir entendu l'avis des frères, il y pense en son particulier, et fasse ce qu'il jugera le plus convenable. Il appellera tous les frères au conseil, parce que Dieu révèle souvent au plus jeune ce qui est le plus avantageux. Que les frères donnent leur avis en toute soumission, et qu'ils ne se hasardent pas à le défendre avec opiniâtreté. Après cela, que la chose dépende de la volonté de l'abbé, et que tous obéissent à ce qu'il a jugé salutaire. S'il convient au disciple d'obéir au maître, il convient de même à celui-ci de régler toutes choses avec prudence et justice. Que tout le monde suive la règle, et que personne ne s'en écarte témérairement. Que personne ne suive sa volonté propre. Que l'abbé agisse en tout avec la crainte de Dieu et dans l'intention

<small>Monast. Cist., p. 10.</small>

d'observer la règle. Si de petites choses sont à faire dans l'intérieur du monastère, que l'abbé prenne seulement l'avis des anciens, selon ce qu'il est écrit : « Fais toutes choses avec conseil, et tu ne te repentiras pas de les avoir faites. » *Eccl. 32.*

Ceux qui ont déversé le mépris sur les habitans des cloîtres n'ont jamais connu la prudence, la sagesse, la charité, qui présidait à leur plus petits exercices. Tout homme de bien qui voulait s'élever au-dessus de lui-même, dominer les faiblesses de l'humanité et se porter vers sa céleste origine, accourait dans ces maisons régulières, et là il trouvait la vraie sagesse dans un degré infiniment supérieur à tout ce que les auteurs païens nous ont jamais raconté des fameux sages de la Grèce. Des milliers de guerriers, ces preux et loyaux chevaliers de tous les ordres, qui ont donné tant de preuves de leur valeur sur les champs de bataille, dans les plaines de l'Orient, n'ont pas rougi de se soumettre à la règle de Cîteaux et d'en pratiquer les exercices, au milieu des camps, et jusque sous les feux de l'ennemi.

HENRY.

Ses confrères l'élurent pour sa douceur et l'amitié qu'ils lui portaient; mais ils perdirent bientôt ce bon abbé dont le gouvernement fut très-court. Sa mort arriva le 13 janvier, vers l'an 1414. Il fut enterré dans le chapitre vers le premier pilier, à gau- *T. I, p. 30.*

che en entrant. Les mémoires de l'abbaye font seuls mention de cet abbé.

~~~~~~~~~~

JEAN DE BIENVILLE.

Ibid.

JEAN de Bienville, ou de Bulmeville, était docteur en théologie; il jouissait d'une grande considération dans l'ordre. En 1415, les Pères du concile de Constance le choisirent pour chef de l'ambassade qu'ils envoyèrent aux Écossais. Il fut aussi désigné par le chapitre général pour traiter les affaires de l'ordre en Angleterre. Hector Boece loue beaucoup ses talens, joints à la sainteté de sa vie.

Viole, ms.

Le pape Martin V portait à cet abbé une affection particulière; il lui annonce dans une bulle du 24 juin 1418, qu'à sa considération et pour rendre à son abbaye les honneurs qui lui sont légitimement dus, il permet, à lui et à ses successeurs dans l'abbaye de Pontigny, de se revêtir des insignes pontificaux, comme de la mitre, de l'anneau et des ornemens qui les accompagnent. Il lui donne aussi la permission de donner la bénédiction solennelle les jours de fête, après la messe, après les vêpres et après les matines, non-seulement dans son abbaye, dans les monastères et les prieurés qui en dépendent, mais encore dans les paroisses qui sont sous sa juridiction immédiate ou en partie seulement, pourvu toutefois qu'aucun évêque, ni aucun légat du Saint-Siége ne soit présent.

Jean de Bienville reçut Jeanne de Châlons, comme ayant la garde gardienne de l'abbaye. Les comtes de

Tonnerre, vicomtes de Ligny, exerçaient alors régulièrement sur cette maison leur protectorat despotique. Une charte, que les abbés de Pontigny regardaient comme apocriphe, rapportait que le 9 novembre 1421, Jeanne de Châlons avait été reçue dans l'église de Pontigny par les religieux, qui étaient allés à sa rencontre en procession; que l'abbé Jean de Bienville avait fait serment sur le grand autel qu'il la reconnaissait *comme garde gardienne, souveraine, protectresse, conservatresse de la dite église et de ses membres, droits et appartenances ressortissant et estant de la chastellenie, ressort, souveraineté et baronie du dit Ligny-le-Chastel.* Jeanne de Châlons avait exposé que la terre de Ligny avait été séparée du comté de Tonnerre auquel elle était attachée depuis long-temps, mais qu'un arrêt rendu à son avantage, contre Louis, Jean et Hugues de Châlons, ses frères, lui avait rendu la terre de Ligny, dans laquelle elle venait exercer ses droits de suzeraineté. L'hommage exigé par les comtes de Tonnerre était appelé *l'hommage d'homme vivant et d'homme mourant*, parce qu'à la mort d'un abbé le comte de Tonnerre, ou son représentant, se rendait à l'abbaye; les religieux lui rappelaient que leur défunt abbé lui avait rendu foi et hommage, et en même temps ils lui présentaient leur nouvel abbé, qui lui rendait le même hommage.

Les abbés de Pontigny tentèrent plusieurs fois de se soustraire aux énergiques prétentions des comtes de Tonnerre, mais la prescription de ces derniers l'emporta toujours. Pierre, abbé de Pontigny, rendit cet hommage en 1504. Il fut rendu de nouveau

T. II, p. 395.

en 1527, par Jacques de Jaucourt, aussi abbé, *à très-haute et très-puissante dame madame la Doherie, comtesse de Tonnerre, vicomtesse de Tollard, et dame de Celle.* Cependant, en 1627, Jean de Saulx, vicomte de Tavanne et de Ligny, ayant fait signifier à l'abbé Charles Boucherat, l'acte de réception faite à la comtesse Jeanne, voulait obtenir les mêmes honneurs. Comme l'abbé était absent, le prieur, qui avait pris ses ordres, contesta l'authenticité de cet acte, fit observer que la date en avait été biffée, qu'elle était d'une main différente de celle qui avait écrit l'acte, et que les successeurs de l'abbé de Bienville n'y avait point ajouté foi. En conséquence, il refusa l'acte d'hommage qui demeura annulé, quoiqu'on l'eût rendu depuis deux cents ans. Un pareil refus au quinzième siècle eût soulevé une guerre désastreuse dans toutes les terres de l'abbaye. Au dix-septième siècle, les *foi et hommage* rendus aux seigneurs n'étaient plus que de vaines formalités.

Cette victoire des comtes de Tonnerre fit connaître aux religieux combien ils étaient déchus de cette puissance morale dont ils avaient joui. Ils eurent beau invoquer leurs droits passés, les statuts de leur fondation, ils ne purent échapper au crédit puissant de ces comtes. Autrefois ils marchaient pleins de force et de vertus au milieu de pouvoirs incertains et divisés. La sainteté de leur vie, leur science ecclésiastique et latine commandaient le respect à leurs voisins qui les enrichissaient à l'envi. Aujourd'hui, ils ne sont pas les seuls savans, et la religion monastique n'est plus si nécessaire. Mille pouvoirs nouveaux se sont élevés à côté d'eux. Ils deviennent rares ces hommes de bien avec lesquels tout litige, toute suzeraineté, se termine par un généreux abandon, et qui ne contestent pas avec ceux qui ont tout quitté pour Dieu, et dont les biens sont le patrimoine des pauvres. Les temps s'éloignent aussi où l'Europe paraissait ne former qu'un seul royaume catholique, dont les ordres religieux formaient comme l'immense armée permanente, et où les grandeurs de la terre s'inclinaient devant une assemblée de moines dont ils révéraient la sainteté.

Jean de Bienville mourut le 8 décembre 1421. Les auteurs de sainte Marte et Manriquez parlent seuls de deux abbés, Jean et Louis, qu'ils donnent pour successeurs à Jean de Bienville.

ÉTIENNE II.

ETIENNE naquit à Dijon; il était moine et célérier de Cîteaux, lorsque les religieux de Quincy l'élurent pour leur abbé, en 1421. La même année, il fut transféré sur le siége abbatial de Pontigny. Jeanne de Châlons, pour se maintenir dans la possession de faire son entrée solennelle à l'élection de chaque abbé, se présenta à Etienne, qui éleva des difficultés, s'informa auprès des anciens religieux comment Jeanne de Châlons avait été reçue par son prédécesseur. Réfléchissant ensuite aux conséquences que pourraient avoir son refus, il la reçut comme avait fait l'abbé de Bienville.

Depuis un demi-siècle la guerre civile avait plongé

Cart. de Pont., t. II; p. 30.

T. II, p. 397.

la plupart de nos communes dans le deuil et la misère. En 1434, les religieux occupés dans leur monastère à fléchir le courroux de la vengeance divine, éprouvaient toutes sortes de privations. Ils adressèrent une réclamation à Philippe-le-Bon (1), duc de Bourgogne, pour être payés de dix émines de froment que leur avait léguées Eudes III, aussi duc de Bourgogne. On voit dans cette charte que les campagnes étaient *telement destruites et domagiez par le fait des guerres*, que l'on manquait de subsistances. Le duc Philippe, en ordonnant que l'on payât la rente, dit : « *Considéré la poureté des diz religieux, et que la dite rente est rente d'aumosne, et aussi qu'il n'y a aucun empeschement, ne cause raisonable pourquoy elle ne doye estre paiée.* » L'état de gêne dans laquelle se trouve l'abbaye était le triste résultat des guerres civiles. La France gémissait, sillonée par des bandes de brigands qui ravageaient les campagnes, pillaient les fermes, prélevaient des contributions de guerre, ce qui, joint aux impôts déjà établis, réduisait le peuple à la dernière misère.

Au milieu de la détresse et de l'affliction générale, l'abbaye saisit avec empressement les occasions qui se présentèrent pour remplir la mission de charité qu'elle avait reçue d'en haut. Les moines oublièrent souvent leurs malheurs particuliers pour venir au secours de leurs frères. Cinq habitans de

---

(1) Philippe-le-Bon est qualifié de duc de Bourgogne, de Lotier, de Brabant, de Limbourg, comte de Flandre, d'Artois, de Bourgogne, palatin de Hainaut, de Hollande, de Zélande et de Namur; marquis du Saint-Empire, seigneur de Frise, de Salins et de Malines.

Venousse, les seuls qui eussent échappé au fer des ennemis et à la contagion (car la peste s'était jointe à la guerre pour décimer la population), vinrent au mois de janvier 1448 se jeter aux pieds de l'abbé et des religieux pour exposer leur état de misère. L'abbé assembla le chapitre, et d'un commun accord, on réduisit les impôts de cette commune, on accorda aux habitans des droits de pacage dans les bois, enfin on décida que l'on prendrait tous les moyens possibles pour venir à leur secours.

Villeneuve-sous-Buchin, ou sur Buchin, village dépendant de Venousse, situé entre cette commune et Rouvray, fut détruit durant ces temps calamiteux. Il ne reste aujourd'hui de ce village que deux maisons, au levant, que l'on nomme simplement *Buchin*. Il fallait que ce lieu fût important, car il y avait une église dédiée à Sainte Pallaie, compagne de sainte Porcaire, dont le tombeau est à une demi-lieue de cet endroit (1).

Comme le besoin était général, les religieux se réservaient à peine le nécessaire. Une charte d'immunités, accordée par le roi Charles VII, en 1447, parle de la pauvreté de l'abbaye, du tumulte des

T. I, p. 296.

---

(1) En 1247, Guy, dit le Roux, chevalier, fils de Jean de Venousse, donna une rente de quatre bichets de froment à l'abbaye de Pontigny sur son four de Venousse, situé à Villeneuve-sous-Buchin. *Guido, dictus Rufus, de Venussiâ, miles, et Elisabeth uxor ejus... recognoverunt se dedisse et concessisse ecclesiæ Pontiniacensi et fratribus ibidem deo servientibus, quatuor bichetos frumenti boni et legitimi ad mensuram Legniaci Castri, super furnum suum situm apud Venussiam, in villâ novâ super Bouchain.* Dans une charte de 1284, on lit : *Villa nova super Bouchein, in parochiâ de Venussiâ*.

T. III, p. 27.

guerres, de la peste, et d'autres calamités qui tenaient le pays plongé dans l'affliction depuis quarante ans. Dans une autre charte, le même roi dit : que « la rare piété des rois ses prédécesseurs a déployé beaucoup de zèle pour combler de bienfaits et enrichir de priviléges les monastères dédiés au Fils de Dieu, afin de donner aux religieux toute la liberté possible pour vacquer aux emplois de leur haute vocation, dont le but est de procurer la gloire de Dieu et le salut de tout le peuple chrétien. Parmi tous les monastères du royaume, continue-t-il, celui de Pontigny a toujours tenu un rang distingué et a fourni dans ses membres des exemples admirables de sainteté. Notre illustre père (que son âme repose en paix avec les bienheureux!) a déjà accordé des bienfaits à l'abbé et aux religieux de ce monastère. Désirant marcher sur les traces de nos ancêtres, et avoir part, nous et notre postérité, aux biens spirituels que la divine grâce répand sur le monastère de Pontigny, nous approuvons et ratifions toutes les donations qui lui ont été faites; nous mandons à tous les baillis de Sens, de Troyes, et autres officiers de justice, qu'ils veillent à la conservation de ses biens, et qu'ils lui fassent restituer tout ce qu'on pourrait lui avoir enlevé. »

P. 297.

P. 474.

Tant de malheurs semblaient ranimer la ferveur des moines et réveiller la charité des fidèles en leur faveur. Jean de Gaubusin, seigneur de Cérilly et de Milly-les-Chablis, vint aussi au secours de l'abbaye en 1446. Les expressions pleines de foi et de sentiment dont il accompagne ses bienfaits méritent d'être rapportées : ... *Et nous*, dit-il, *aiens notre propos de dévocion à Dieu et la glorieuse dame de Paradis, et au benoist corps saint, monseigneur saint Edmon, le quel repose en la dite église de Pontigny, et afin que iceulx monseigneur l'abbé et convent puissent plus proprement et seurement servir Dieu, et ainsin que nous demoriens en la protection et saulve garde amprès Dieu et la glorieuse Vierge Marie, de mon dit seigneur saint Edmon, et que nous soiens accompagnés ès messes, prières, oraisons, aulmosnes et bienffais de la dite Eglise et des religieux à présent et ou tems advenir, nous départons de icelle rente...*

Etienne, après avoir gouverné l'abbaye de Pontigny pendant trente-deux ans, et avoir montré une grande prudence durant les temps orageux de nos guerres civiles, rendit son âme à son Créateur. Il demanda à être enterré à Cîteaux, où il avait fait profession.

GUY D'AUTUN.

Guy, né à Sens, fut d'abord religieux de Fontenay, ensuite abbé de Châlis, puis abbé de Pontigny, en 1453. Le chapitre général confirma son élection en 1458. Enfin, ses vertus et ses mérites personnels, attirèrent sur lui les regards de la communauté de Cîteaux qui l'élut pour son abbé, sur la fin de la même année. Il mourut quatre ans après. — T. I, p. 32.

THOMAS DE LIGNON ou DE LIMON.

Il était religieux de La Ferté et bachelier en — Ibid.

théologie, lorsqu'il fut élu abbé des Vaux-de-Cernay; peu après, il fut abbé de Pontigny. Son règne fut celui de la piété et de la régularité. Il donnait l'exemple de toutes les vertus chrétiennes et religieuses. Attentif à tout, en 1460, il obtint du roi Charles VII des lettres d'amortissement pour tous les biens de l'abbaye.

Thomas se rendait à l'élection des abbés de la filiation de Pontigny, et employait son influence à appeler au gouvernement la vertu, éclairée de la science. Il se trouva au chapitre général tenu en 1462, et mourut le 11 février 1474. Son corps fut inhumé dans le chapitre. Il était représenté sur sa tombe les mains jointes, sa crosse dans ses bras, avec le grand chapeau et la coule, comme on les porta dans la suite. Il paraît que la forme de l'habit fut changée de son temps. Le capuce, ou chaperon, était auparavant attaché à la coule. Les religieux gardèrent long-temps le souvenir de ce digne abbé, dont l'aspect seul appelait la vénération et le respect. Son ardente charité, sa science et son esprit, laissèrent une impression profonde sur ceux qui étaient en rapport avec lui.

PIERRE DE LAFFIN.

Ibid.

A peine Thomas est-il dans le tombeau, que ses cendres sont troublées par l'élection de deux abbés qui se disputent son héritage : Pierre de Laffin et Jean d'Auxerre. L'un était abbé de la Benissons-

Dieu, de la filiation de Cîteaux, et l'autre était religieux de Pontigny; ce dernier avait réuni une partie des suffrages, et prétendait aussi à l'abbaye. C'était comme le prélude des maux que le génie du mal allait faire au monastère. Pour éviter le scandale, le Pape et le chapitre général, tenu en 1474, confirmèrent la demande de Jean d'Auxerre. Il abandonnait ses prétentions, pourvu qu'on lui remît, pendant sa vie seulement, vingt livres tournois de rente, la jouissance de trois arpens de vigne, et une chambre à l'abbaye, pour y demeurer s'il le voulait.

Pierre de Laffin signala son entrée dans l'abbaye par la reconstruction du logis abbatial, qu'il transporta dans la cour du palais des comtes de Champagne, c'est-à-dire à l'entrée, vers l'angle que forment la route et la rivière. Il était auparavant à l'orient du côté de la chapelle de saint Thomas-l'Apôtre. Ces travaux épuisèrent toutes ses ressources. Il engagea même plusieurs biens par baux emphytéotiques. On en compte quatorze de son temps. Il engagea aussi trois calices d'argent pour trente livres tournois, qui furent rendus trois ans après. Il fit mettre ses armes partout à côté de celles de l'abbaye. (1).

---

(1) Les armes de l'abbaye de Pontigny étaient d'azur au pont d'argent de trois arches, surmonté d'un arbre de Sinople, au haut duquel était un nid d'argent, le tout accompagné de deux fleurs de lys d'or, une et une (une en pointe et une en chef). On dit que l'origine de ces armes vient d'un arbre qui se trouvait anciennement sur le pont, et sur lequel les oiseaux faisaient leurs nids.

Les abbés ont pris quelquefois pour armes une Notre-Dame

L'abbé de Laffin fut employé plusieurs fois dans les affaires de l'ordre. Il souscrivit à la transaction entre l'abbé de Cîteaux et celui de Clairvaux, omologuée au parlement en 1487. L'année suivante, il fut choisi pour concilier une affaire entre les mêmes abbés, celui de Clairvaux et celui de Cîteaux. Il était bachelier en théologie, conseiller et aumônier du roi. L'abbaye fut environ vingt ans sous sa direction.

<small>Voyez pièces justificatives.</small> Le 12 avril 1481, Innocent VIII adressa une longue bulle à l'abbé de Cîteaux et aux quatre premiers pères. Il rappelle les faveurs qui leur ont

---

assise sur un pont de trois arches. Le pont de Pontigny a en effet trois arches très-élevées, selon le goût de nos ancêtres.

Le Serain, qui passe à Pontigny, est appelé dans les anciennes chartes : *Amne Saneen, Senaen, Saina, Sedana, Senana, Serenum, Senyn, Seneïen, Senain* et *Sen-ain. Aïn,* en arabe et en hébreu, veut dire source, puits. Le nom usité en langue <small>(Voyez Hist. de Seig., t. I, p. 85.</small> vulgaire était autrefois *Senain* ; ce n'est que depuis un siècle que l'on écrit *Serain. Sen* est le nom d'un dieu que les Gaulois adoraient.

Le Serain prend sa source entre Arcancey et Beurey (Côted'Or), proche le mont Chevrot, à cinq lieues au-delà de Saulieu et à une lieue de la source de l'Armançon. Il passe à Noyers, à Chablis, à Ligny, et se jette dans l'Yonne à Bonnart, après un cours de vingt lieues. Il reçoit dans son cours l'Argentalet, le ruisseau de la Planchette et différens rus. Les deux rives du Serain, surtout depuis Ligny jusqu'à l'Yonne, sont bordées de saules et de peupliers, qui y croissent avec une force de végétation admirable.

En 1529 et en 1551, les habitans de Chablis firent parvenir des pétitions jusqu'au pied du trône, pour qu'on rendît le Serain navigable depuis Noyers jusqu'à l'Yonne. Leur démarche eût été couronnée du succès, sans l'opposition de quelques propriétaires riverains. La route qui côtoie aujourd'hui les bords du Serain et le canal de Bourgogne, qui n'en est éloigné que d'une ou de deux lieues, rendront désormais cette navigation inutile.

déjà été accordées, comme de donner les ordres mineurs, de bénir les pierres sacrées des autels, les ornemens sacerdotaux, les ciboires, les images, de consacrer les calices, les autels, de porter la mitre et l'anneau pastoral, de donner la bénédiction solennelle, de réconcilier les églises et les monastères, pourvu qu'ils n'aient pas été souillés par un homicide et qu'on se servît d'eau bénite par un évêque. Il ajoute à tous ces priviléges, celui de donner les ordres sacrés aux sous-diacres et aux diacres du monastère, pour les exempter d'aller çà et là pour les ordinations. « Nous, dit-il, qui chérissons votre ordre par-dessus tous les autres, nous nous faisons gloire de le combler de faveurs et de priviléges à l'exemple de nos prédécesseurs. »

Louis XI, qui vivait alors, vint plusieurs fois en dévotion vers le tombeau de saint Edme. En 1477, il donna à l'abbaye de Pontigny douze cents livres de rente sur son domaine dans les baillages d'Auxerre, de Troyes, de Vitry, de Meaux et de Sens. Il lui donna encore, en pleine propriété, les vignes de Talen, près de Dijon; l'acte est de 1482.

Au mois d'octobre 1478, Louis XI entreprit un nouveau voyage à Pontigny; mais la peste qui régnait dans Auxerre l'arrêta. Il écrivit au clergé de la ville de faire en son nom une procession extraordinaire au tombeau de saint Edme, pour apaiser la colère de Dieu. Il envoya deux cierges, pesant chacun trente livres. La ville en joignit deux autres de vingt livres chacun. Les religieux des différens ordres, les autorités civiles et militaires, représentant le roi, ajoutèrent à la pompe de cette procession solennelle à laquelle on était accouru de toutes parts. C'était au mois de mai 1479. Les cierges furent déposés aux pieds du tombeau de saint Edme.

T. II, p. 320. Cette même année, l'abbaye de Pontigny acheta la terre de Vergigny de Milès, de Bourbon, pour la somme de quatre cent cinquante livres tournois; en outre, le chevalier de Bourbon veut avoir part aux prières, aux oraisons, aux suffrages et aux autres biens spirituels des religieux. Dans l'acte de vente, il cède terre, seigneurie, justice, juridiction, avec les cens, censives, coutumes, lods et ventes, défauts, amendes, eaux, rivières, péages, fiefs, arrières-fiefs, terres, prés, terrage, bois, buissons; justice, haute, moyenne, basse, mère, mixte, forfaitures, confiscations, biens vacans, bâtards, et autres droits attachés à cette seigneurie.

JACQUES DE VIRY.

T. p. 34. Les auteurs de la Gaule chrétienne placent deux abbés avant Jacques de Viry : Jean de Laffin, neveu du précédent, et Pierre de Laffin. Les Cartulaires de Pontigny n'en font aucune mention. C'est à cette époque seulement que la Gaule chrétienne et les Mémoires du père Viole sont d'accord sur le nombre et la suite des abbés.

Jacques de Viry, de famille noble, bachelier en théologie, religieux de la Bénissons-Dieu, dans le diocèse de Lyon, vint à Pontigny, où il fut élu abbé de Fontaine-Jean. Les religieux de Pontigny qui avaient apprécié ses vertus, lorsqu'il était parmi eux, l'élurent ensuite pour leur abbé. Les commencemens de son administration furent louables; mais bientôt, se confiant trop en ses lumières, il géra mal les affaires, engagea les biens de l'abbaye, et lui fit un tort irréparable. On remarque cependant qu'il acheta deux arpens de prés pour le prix de quatorze livres et quatorze sous pour les vins. Sa mort arriva en 1517 ; il fut enterré dans le chapitre.

LOUIS DE FERRIÈRE.

Louis de Ferrière, homme savant, pieux et prudent, devint précieux pour l'abbaye dans les circonstances où elle se trouvait. Il était frère du seigneur de Maligny, qui confirma, à sa demande, toutes les possessions de l'abbaye dans l'enclave de la terre de Maligny. *Idem. p. 36.*

Il découvrit, en 1519, une fourberie des plus noires, exécutée sous son prédécesseur. Un habitant de Ligny-le-Châtel, nommé Edme Brissonnet, corrompit un notaire, appelé Gervais Maréchal ; il lui fit faire de faux baux pour plusieurs terres, et y appliqua de vieux sceaux qu'il avait volés. Le crime fut découvert. Gervais fut condamné à avoir le poing coupé, au bannissement, et à la confiscation de ses biens. Brissonnet obtint des lettres de rémission ou d'exemption de ses peines. L'abbé de Pontigny les fit annuler comme subreptices. Enfin, il se laissa fléchir ; il accepta, en compensation des torts faits à l'abbaye, cent vingt arpens de terre avec les maisons, les granges et les étables.

L'abbé de Ferrière confirma plusieurs contrats de vente de son prédécesseur, sur lesquels il n'était pas possible de revenir. Après avoir réglé les affaires du dehors, il s'occupa de réparer l'abbaye, reconstruisit à neuf les cloîtres du silence, fit boiser le chapitre et l'ancien réfectoire, tels qu'ils se voyaient encore en 1789. Il fit peindre à fresque la chapelle de saint Thomas de Cantorbéry. Le peintre le représenta à genoux, d'un côté de l'autel, et son frère le seigneur de Maligny de l'autre. Cette chapelle est démolie. On voit encore au dehors de l'Eglise des restes de cette peinture sur un pan de mur de la croisée au levant.

Ce sage supérieur fit beaucoup de bien à son abbaye. Il mourut le 23 janvier 1525, à l'âge de quarante-deux ans, après un gouvernement de neuf ans et six mois. Il fut enterré dans le chapitre, vis-à-vis la chaire abbatiale.

───────

JACQUES DE JAUCOURT II.

Les beaux temps de l'abbaye de Pontigny ne s'étendent pas plus loin. Depuis quatre cents ans qu'elle était fondée, elle offrait le spectacle édifiant de l'amour de Dieu, de l'abnégation de soi-même, de la pénitence, du travail et de la charité. On y était pauvre pour soi, riche et consolant pour les malheureux. La vertu persécutée, la faiblesse opprimée, y était accueillie et protégée. On a vu des hommes recommandables par leur naissance, leur dignité, leur sainteté, s'y retirer comme dans l'asile de la piété. Les sciences y étaient honorées et cultivées. Il se forma dans l'ordre des théologiens profonds, de savans canonistes. C'est dans ces heureux temps que l'ordre de Cîteaux donna des Souverains Pontifes et des cardinaux à l'Eglise; des évêques à tous les diocèses, et que le concile général de Latran le chargea de la réforme des autres ordres. Enfin, pendant trois siècles surtout, l'ordre, et en particulier l'abbaye de Pontigny, jouit de la paix dans son sein, de la plus haute considération dans l'Eglise, et de la vénération du monde chrétien. On pourrait croire que j'ai oublié parfois ma qualité d'historien pour louer cette maison, quoique je me sois borné à exposer simplement des faits qui sont appuyés sur des documens irrécusables. Pour écrire autrement, il faudrait prendre à partie tous les seigneurs des environs, qui sembleraient s'être donné le mot pendant quatre siècles consécutifs, pour payer le tribut de leur admiration aux vertus éminentes des religieux de l'abbaye de Pontigny. Il n'en sera pas de même des temps qui vont suivre. On ne verra plus revenir ces temps pieux où le saint roi Louis IX allait en pélerinage s'agenouiller au tombeau de saint Edme, alors que les vertus et la puissance morale des abbés avait une si grande influence sur les populations.

Un des premiers fléaux qui frappèrent l'abbaye de Pontigny fut la commende. Elle dut ce malheur à Jacques de Jaucourt, parent d'un abbé du même nom, mort en 1321, mais non l'héritier de ses vertus. Après avoir gouverné l'abbaye de Pontigny pendant vingt et un an, contre toutes les lois de l'Eglise et de sa conscience, il la permuta en 1546, avec le cardinal du Bellay, pour l'abbaye de Cormery et celle de Barbeaux, l'une de bénédictins dans le diocèse de Tours, et l'autre de Cîteaux dans le diocèse de Sens. Pierre de Laffin avait déjà donné l'exemple de la commende, en conservant l'abbaye de la Bénissons-Dieu, quoiqu'il fût abbé de Pontigny.

Les profusions de Jacques de Jaucourt l'obligèrent d'aliéner beaucoup de biens, surtout la plus grande partie de Villers-la-Grange. En 1527, il fit hommage de la terre de Vergigny à Louis, comte de Tonnerre, baron et seigneur de Saint-Agnan et de Celle en Berry ; il est qualifié dans le procès-verbal de *noble et scientifique personne*. Il était licencié en droit. Onze ans après, il rendit foi et hommage, comme homme vivant et mourant, à la comtesse de Tonnerre pour la même seigneurie.

T. II, p. 342 et 343.

De son temps, les hérétiques commencèrent à troubler l'Eglise, en attaquant particulièrement les religieux. L'abbaye de Pontigny ne fut point à l'abri de leurs insultes. Vers l'an 1528, Jean de la Baulme, comte de Montrevel, seigneur de Ligny-le-Châtel, et fauteur de l'hérésie de Calvin, entra à main armée dans l'abbaye, y exerça mille vexations, et courut ensuite à Sens, où il présenta au bailli un procès-verbal, conçu à peu près ainsi : « Qu'en vertu d'une commission, qu'il avait reçue en l'absence du comte de Guise, gouverneur de

Cart. de Pont., t. 1, p. 36.

Champagne et de Brie, il s'était transporté dans l'abbaye de Pontigny, que les portes lui avaient été fermées, qu'il avait remarqué dans l'intérieur des aventuriers et des gens de guerre; qu'ayant sommé les religieux de lui ouvrir les portes, on lui avait répondu que, lors même que le roi et la reine seraient présents, on n'ouvrirait pas. Il ajouta encore, qu'après avoir entendu bien des injures contre le roi et contre le comte de Montrevel, son père, il avait appelé la justice de Ligny, qui avait rompu les barrières. Comme j'entrais, dit-il, deux serfs se jetèrent sur moi et sur les gentilshommes de ma suite. Je ne me défendis point; mais les gentilshommes se voyant blessés, tirèrent leurs épées et frappèrent un de ces serfs. Enfin, le comte de Montrevel dit, qu'après avoir fait ses dévotions ainsi que ceux de sa suite, ils s'étaient tous retirés *sans commettre aucun délit, ni excès, ni violence.* »

Le bailli de Sens, après avoir fait les informations nécessaires, reconnut toute la mauvaise foi du comte de Montrevel. Il fut condamné à donner douze cents livres aux religieux, pour réparations civiles, dépens, dommages et intérêts, et à huit cents livres d'amende envers le roi. Le comte en appela à Auxerre, où il subit l'interrogatoire sur la sellette avec ses complices, le 26 mai 1528. La première sentence y fut confirmée, ainsi qu'à Villeneuve-le-Roy, où il en appela encore. Enfin le parlement, par un arrêt définitif, le condamna à satisfaire dans les trois jours aux peines portées contre lui, sous peine d'être chassé du royaume.

Tandis qu'on instruisait son procès à Sens, le

comte de Montrevel osa se présenter à l'abbaye de Pontigny, et sommer l'abbé de Jaucourt et le procureur de la maison de le recevoir comme ayant la garde gardienne de l'abbaye ; mais l'abbé refusa, parce que ce droit appartenait tout au plus aux comtes de Tonnerre, et non aux vicomtes de Ligny-le-Châtel.

L'abbé de Jaucourt mourut au monastère de Fontenay, le 17 avril 1547.

JEAN DU BELLAY.

Le temps est déjà loin où les fondateurs de Cîteaux avaient écrit dans leur règle que les moines devaient avoir le droit et la faculté d'élire librement pour abbé et pour maître un homme de leur ordre, suivant le bon plaisir de Dieu et la règle de saint Benoît. Il avait aussi été dit, qu'aucun prince séculier, aucun comte, aucun évêque, pas même le Pontife de l'Eglise romaine, ne devaient envahir les possessions des serviteurs de Dieu, ni les vendre, ni les donner à titre de bénéfice, ni établir sur eux un chef contre leur volonté. Dans le fameux concordat entre Léon X et François I, par lequel toute l'Eglise de France fut livrée comme à la merci du pouvoir temporel, le monastère de Pontigny fut mis, à la vérité, au nombre des exempts, c'est-à-dire des maisons non sujettes à la commende ; mais, à la suite des guerres, on oublia la loi pour ne voir que ce qui flattait l'ambition.

D'ailleurs, les possessions territoriales des moines les liaient de trop près aux intérêts et aux passions du siècle, pour que la puissance civile les laissât en repos.

Jean du Bellay, cardinal, fut le premier qui obtint l'abbaye de Pontigny en commende, en l'échangeant pour l'abbaye de Cormery et celle de Barbeaux. Il sortait de l'illustre famille du Bellay, en Anjou. Sa naissance et ses talens le firent rechercher de François I. Ce prince l'employa dans les affaires les plus importantes, le nomma aux évêchés de Limoges et de Paris, le fit son ambassadeur à Rome auprès de Paul III, qui le créa cardinal-prêtre du titre de saint Vital, ensuite de sainte Cécile et de saint Adrien. Il résigna l'évêché de Paris pour prendre celui d'Albe en Italie. Il fut ensuite archevêque de Porto et de Bordeaux, administrateur de l'église du Mans, enfin cardinal d'Ostie et de Viterbe, doyen du sacré collége, abbé commendataire de plusieurs riches abbayes, parmi lesquelles se trouvait celle de Pontigny, où il avait pour agent Claude Coutereau, chargé de la perception des revenus. Tant d'emplois et d'honneurs accumulés sur la même tête, annoncent assez que ces abbés commendataires vivaient plus à la cour que dans les églises et dans les cloîtres. Tous ces grands bénéfices n'empêchèrent point le cardinal-abbé de mourir à Rome le 16 février 1560. Son corps fut déposé dans l'église de la Sainte-Trinité du Mont. Les moines de Pontigny eurent pour la première fois un abbé qu'ils ne voyaient jamais, et qui laissait à d'autres le soin de les conduire dans les voies du salut.

HIPPOLYTE D'EST.

p. 40.   HIPPOLYTE, le second des abbés commendataires, surnommé le cardinal de Ferrare, fils d'Alphonse, duc de Ferrare, et de Lucrèce Borgia, né en 1509, était cousin du roi François I et du roi Henri II. Ces princes lui donnèrent successivement les évêchés d'Orléans, de Milan, d'Auch, d'Autun, de Lyon, de Narbonne, et d'autres. Il fut créé cardinal en 1539, ensuite légat dans les terres du patrimoine de saint Pierre, et protecteur des églises de France. Il devint abbé de Pontigny par la résignation du cardinal du Bellay, en 1559. Alexandre Rousset, abbé de Notre-Dame de Troarne, fut son vicaire-général dans l'abbaye. Il mourut à Rome, le 2 décembre 1562.

LOUIS D'EST.

P. 41.   IL était neveu d'Hippolyte d'Est, et fut le troisième abbé commendataire, surnommé, comme son oncle le cardinal de Ferrare, protecteur des églises de France. En 1562, il fut créé cardinal par le pape Pie IV, et, la même année, il obtint l'abbaye de Pontigny. Deux ans après, il fit rendre un jugement contre Louis du Bellay et la femme d'Artus de Maillé, chevalier, gentilhomme ordinaire de la chambre du roi, capitaine des gardes, au sujet des revenus de l'abbaye, qu'ils voulait s'approprier, comme héritiers du cardinal du Bellay.

En quels temps sommes-nous? Des femmes, des séculiers se disputent, devant les tribunaux, les revenus de l'abbaye. La vie monastique, réduite à des questions d'argent, perd son élévation et sa grandeur, et n'a plus rien qui la rende chère au cœur de l'homme; lorsque l'abbé se livre au plaisir du siècle, au goût des richesses, il est difficile que les religieux conservent intact le trésor des austérités religieuses. La splendeur du culte, et même l'état matériel du couvent, tombe en souffrance; le nombre des frères va aller toujours décroissant, et cela servira les calculs financiers de l'abbé commendataire. L'abbaye n'est plus guère qu'une grande propriété qu'on exploite et que les hérétiques dans leurs expéditions effrayantes vont disputer à ses anciens maîtres.

Dès le commencement du seizième siècle, Luther avait poussé un cri de révolte contre l'Eglise sa mère. A sa voix, d'autres sectaires, animés des mêmes passions impies, prennent les armes et font partout d'horribles ravages. Ils sont connus dans nos pays sous le nom de *Huguenots*. Durant les siècles précédens, l'abbaye avait vu plusieurs fois ses fermes pillées, ses provisions enlevées. Ses ennemis, au moins, n'allaient pas troubler les religieux jusque dans leur retraite. Mais les Huguenots en voulaient personnellement aux religieux; ils leur avaient déclaré une guerre à mort. S'étant rendus maîtres d'Auxerre le 27 septembre 1567, ils pillèrent les monastères de la ville, brûlèrent les reliques, mirent à mort les religieux qu'ils purent saisir, et délibérèrent sur le jour où ils iraient ensevelir l'abbaye de Pontigny sous ses ruines. Enfin, au mois de février de l'année suivante 1568, ils partent d'Auxerre et arrivent dans l'abbaye, qu'ils trouvent déserte. L'abbé avait caché la châsse de saint Edme dans un caveau, et avait renfermé les vases sacrés et les reliques les plus précieuses (*les joyaulx et relicquiers*) dans un petit coffre, qui fut porté chez François Duguet, procureur fiscal de la vicomté de Saint-Florentin pour Henri de Bourbon, prince de Condé, et pour Marie de Clèves, son épouse. L'abbé confiait ce précieux dépôt *à sa prudhomye et loyauté*. Pour lui, il se réfugia prudemment à Troyes. Les religieux se retirèrent dans les châteaux voisins, dans leurs familles, et surtout dans un faubourg de Chablis, où ils avaient une maison.

Les Huguenots, maîtres de l'abbaye, commencent le pillage, pénètrent dans les appartemens, brisent les meubles, enfoncent les portes; ensuite ils courent à l'église : en un instant les tableaux, les statues, sont mis en pièces et les tabernacles renversés; ils arrachent le cuivre qui recouvrait quelques tombes, et les colonnes de même métal qui soutenaient la châsse de saint Edme. Furieux de ne pas trouver sa sainte relique, ils se ruèrent sur les autres tombeaux. Celui de Hugues de Macon fut brûlé, parce qu'ils l'avaient pris d'abord pour celui de saint Edme. Le mausolée de la reine Adèle fut mis en pièces. Enfin, ne trouvant pas dans la sépulture des morts de quoi assouvir leur cupidité, ils entreprennent d'enlever le plomb qui couvrait l'église : pour le descendre plus vite, ils mettent le feu à l'édifice. La charpente, le plomb et les cloches tombent sur les voûtes qui s'écroulent avec un fracas épouvantable ; le feu se communique aux bâtimens de l'abbaye, et au bout de quelques heures, cette belle et florissante maison n'offre plus qu'un monceau de ruines. La rage sacrilége des Huguenots n'étant pas encore assouvie, ils sapent les murailles de l'abbaye, et en abattent des pans considérables. Enfin, fatiguée de détruire, cette horde barbare se revêt des ornemens sacerdotaux enlevés dans la sacristie, et reprend le chemin d'Auxerre, où elle fit son entrée en vociférant des blasphêmes contre la religion catholique. T. II, p. 265.

La Providence ne tarda pas à mettre un terme au succès de ces incendiaires : ils furent successivement chassés d'Auxerre et des autres places dont ils s'étaient emparés. Aussitôt l'abbé de Pontigny s'occupa des moyens de relever le monastère, pour y reprendre les exercices accoutumés. La chapelle de saint Thomas, moins endommagée que les autres, parut suffisante pour célébrer provisoirement l'office divin. Ces travaux de première nécessité, joints à la difficulté des temps, durèrent un an entier. Enfin on rappela les religieux, et déjà on se répandait en actions de grâces envers la Providence : mais Dieu, dont les desseins sont impénétrables, abandonna de nouveau cette maison entre les mains de ses ennemis. En 1669, un an après son premier désastre, un détachement de Huguenots, de l'armée du prince de Condé, attiré par la cupidité, s'empare encore de l'abbaye de Pontigny, la pille et y met le feu. Ensuite, ces féroces vainqueurs se répandent dans les campagnes voisines, y sèment la terreur et y font un butin considérable. Durant cette crise, une partie des religieux s'étaient retirés dans la maison que possédait l'abbaye dans le faubourg fortifié de Chablis, croyant y trouver leur salut. Ce faubourg ne tarda pas à être investi et enlevé par les Huguenots. Leurs tentatives ayant échoué contre la ville, à laquelle ils livrèrent plusieurs assauts, ils brûlent les faubourgs dont ils étaient maîtres et se retirent. Ainsi les ressources que l'abbaye s'était ménagées dans cette ville se furent anéanties.

Les religieux se trouvaient de nouveau dispersés. Il fallut entrer en composition avec l'abbé commendataire pour relever les bâtimens et fournir le mobilier nécessaire pour rappeler les religieux. L'abbé répondit qu'aussitôt que Vézelay serait repris sur les Huguenots et que le pays serait tranquille, il aviserait aux moyens de réparer l'abbaye. En attendant, il consent à donner un revenu suffisant pour trente-deux religieux, quoique leur nombre fût réduit à vingt-deux, à condition qu'il y aurait deux religieux chargés de la régie de ce revenu, lesquels rendraient compte de la dépense tous les six mois pardevant le chapitre et son vicaire-général. Il abandonnait toutes les économies que l'on pourrait faire pour les réparations les plus urgentes. En 1570, tous les religieux étaient rentrés dans le monastère.

T. III, p. 264. Un des premiers soins de l'abbé et des religieux fut de réclamer le dépôt sacré qu'ils avaient déposé chez Duguet, procureur de la vicomté de Saint-

Florentin. Les employés de Marie de Clèves, désirant se l'approprier, feignirent que des maçons, en travaillant chez Duguet, avaient trouvé un trésor, et sans autre formalité, ils l'adjugèrent à Marie de Clèves, comme un trésor trouvé dans sa terre. Le procès-verbal dit seulement que les maçons trouvèrent *naturellement* le petit coffre enfoui chez Duguet. Quoiqu'il en soit, les religieux revendiquèrent leur dépôt. Le cardinal leur abbé prit l'affaire en main, la fit évoquer aux requêtes du palais. Le cardinal de Bourbon, curateur de Marie de Clèves, et ensuite le prince de Condé Henri de Bourbon, lorsqu'il l'eut épousée, soutinrent vivement ce procès contre les preuves évidentes que fournissaient les religieux. Le rang des opposans fit traîner l'affaire en longueur. Il paraît même qu'elle ne fut jamais jugée; le trésor demeura entre les mains du vicomte de Saint-Florentin.

En 1573, les religieux autorisèrent un procureur du parlement pour réclamer, à Auxerre, les piliers en cuivre, la tombe en bronze de la châsse de saint Edme, et le plomb provenant de leur église. Ils savaient que tous ces objets étaient déposés chez Crux, dit Brusquet; mais ils ne furent pas plus heureux qu'avec le vicomte de Saint-Florentin. Brusquet sut éluder leur demande et les frustrer de ce qui leur appartenait. Quelles épreuves de la Providence! Pourchassés de toutes parts, menacés de la mort, les religieux voient leur abbaye pillée, incendiée, leur église polluée, les restes précieux de leurs saints patrons foulés aux pieds ou livrés aux flammes. Dès que l'orage a cessé de gronder sur leurs têtes, ils réclament leurs dépôts, leurs biens enlevés, et ils ne trouvent que déni de justice, que mauvaise foi : alors ils rentrent dans leurs cellules en méditant ces paroles de leur divin Maître : « Vous serez heureux lorsque, pour l'amour de moi, on vous persécutera, et qu'on dira toute sorte de mal contre vous, en employant le mensonge. Réjouissez-vous et soyez transportés de joie, parce qu'une grande récompense vous est réservée dans les cieux ».

<small>Matt: C. V.</small>

Le cardinal-abbé employa les revenus de l'abbaye aux réparations des bâtimens. On ne s'occupa point de l'église pour le moment. L'ancienne église, appelée depuis la chapelle de saint Thomas, fut rétablie et servit d'église pendant quarante-six ans. Cette chapelle était fort grande ; elle avait un chœur, une nef et plusieurs autels. Elle avait servi d'église à l'abbaye jusqu'après l'an 1150. Comme elle ne contenait rien qui pût satisfaire l'avarice des Huguenots, et qu'elle était en mauvais état, ils n'avaient pas pris la peine de la livrer aux flammes.

Le cardinal de Ferrare résigna en partie l'abbaye de Pontigny à Jean de Victrian, religieux de l'ordre de Cîteaux, et son procureur-général. Celui-ci prit le titre de vicaire-général et d'abbé titulaire de Pontigny. Le cardinal continua de jouir des revenus, comme usufruitier. Il se démit cependant de son titre en 1577, et mourut à Rome le 30 décembre 1586.

La crise sociale du seizième siècle a fait à la foi et en particulier à l'abbaye de Pontigny, un tort irréparable. Je ne parle pas de ses trésors perdus, de ses richesses dissipées, ce sont des choses qui se remplacent ; mais qui lui rendra ses couvens répandus dans l'Allemagne, dans la Hongrie, dans l'Angleterre surtout, et dans l'Ecosse. Ces états sont devenus en partie protestans. Auparavant l'Europe ressemblait à une vaste association catholique dont le centre était à Rome. Des souverainetés, jalouses de leur pouvoir, ont surgi de toutes parts, et n'ont plus aimé à marcher avec confiance sous la bannière commune du catholicisme. Chaque royaume, même en restant catholique, s'est comme armé de précautions, de défiance contre la suprématie catholique. Aussi la religion éclaire, instruit, enseigne, mais ne gouverne plus la terre. Le cœur souffre en voyant cette religion catholique, qui a civilisé et gouverné l'Europe pendant tant de siècles, qui a fait le bonheur des populations, sans cesse harcelée par le pouvoir temporel, qui semble vouloir lui arracher une à une toutes ses prérogatives. C'est pourquoi, à mesure que nous avançons dans les temps modernes, on voit les ordres monastiques s'effacer et s'annuler devant le pouvoir civil. Bientôt il faudra à l'abbé une ordonnance royale pour faire une coupe dans ses bois ; il faudra également un arrêt du Conseil d'état pour mettre la réforme dans l'ordre. Tel est le sort commun des institutions de la vieille France ; elles vont s'amoindrissant sans cesse entre les mains de l'historien ; il en fut ainsi de la noblesse, du clergé, des communes, des parlemens. Une décadence lente et morne les décompose insensiblement, et en marchant vers le dénoûment, on n'a pas même à raconter ces péripéties éclatantes, ces résistances glorieuses qui honorent et signalent quelquefois les ruines des établissemens humains.

JEAN DE VICTRIAN.

T. I, p. 42.   Jean de Victrian, docteur en théologie, était Italien de naissance. Pendant la vie de Louis d'Est, il avait pris le titre de vicaire-général et d'abbé titulaire. Après sa mort, il demeura seul abbé régulier. Il resta quelque temps à Pontigny, où il arrangea beaucoup d'affaires; ensuite il retourna à Rome. Il obtint du pape Grégoire XIII que l'autel de la chapelle de saint Thomas, archevêque de Cantorbery, serait privilégié en faveur des âmes du purgatoire. Il fit poser contre la muraille, près de cet autel, une plaque en bronze qui contenait cette indulgence (1). Il mourut à Rome en 1587.

T. III, p. 253.   Les religieux ayant appris sa mort, élurent François-Jean de Mavie, religieux de Pontigny, docteur en théologie, prieur de l'abbaye de la Bussière. Cette élection, du 12 juin 1588, n'eut point d'effet parce que Jean de Victrian était mort en cour de Rome. Le pape ne nomma point de successeur. Le roi Henri III donna l'abbaye au marquis de Saint-Sorlin; celui-ci, craignant de ne pas obtenir ses

---

(1) Elle était ainsi conçue : *Altaris hujus sacrificium funebre piam animam a pœnis purgatorii liberat, Gregorius XIII pont. max. concessit Johanni de Victriano, abbati Pontiniacensi*, anno 1578, kal. septembris.

bulles, descendit à un accomodement avec Claude de Boucherat, religieux de Citeaux.

~~~~~~~

CLAUDE DE BOUCHERAT.

Le marquis de Saint-Sorlin, fatigué d'attendre ses bulles, s'était démis en faveur de Claude de Boucherat, moyennant quelque dédommagement. De Boucherat était docteur en théologie, religieux de Citeaux, oncle et frère de deux abbés de la même maison. Henri III accepta ce changement ; mais comme cet abbé avait en quelque sorte acheté l'abbaye, les moines écrivirent à Rome pour l'empêcher d'avoir ses bulles. Les troubles du royaume, la mort du duc de Guise, celle de Henri III, lui ôtèrent toute espérance de les obtenir, ce qui le détermina à donner sa démission entre les mains de la communauté, qui aussitôt l'élut canoniquement pour son abbé. Le 31 août suivant, 1593, il reçut ses bulles de Rome, et Henri IV confirma sa nomination. Alors l'abbaye se releva de l'état d'abaissement dans lequel elle était tombée ; car elle n'était déjà plus considérée que comme un vil domaine dont on ambitionnait les revenus matériels. Un ordre n'est plus une institution, ni un instrument de civilisation, dès qu'il ne vit plus de sa propre vie, qu'il est regardé comme une exploitation avantageuse, et qu'il devient le prix d'une faveur ministérielle.

Dans un arrêt du grand conseil, en 1595, Claude

de Boucherat a le titre de conseiller et d'aumônier du roi. Un écrivain de l'ordre de Citeaux, parlant de son habileté dans les sciences, dit qu'il ne trouva jamais de difficultés dans l'écriture qu'il n'éclaircît avec autant de pénétration que les plus habiles théologiens. Il mourut durant le chapitre général tenu à Cîteaux en 1613.

T. II, 343.
Le roi Henri IV renouvela, en 1601, les faveurs accordées par ses prédécesseurs, comme les exemptions de péage, de minage, de droits de transport tant par terre que par eaux. Il ajoute qu'il a vu les lettres patentes de Louis-le-Gros, de l'an 1135, confirmées par Philippe-Auguste, par saint Louis, et par Philippe-le-Hardi.

T. III, p. 259.
Pendant la guerre de la Ligue, l'abbaye de Pontigny avait embrassé ce parti, qui était, en général, celui des personnes attachées à la religion. En 1591, comme les ennemis de la Ligue cherchaient à s'emparer des revenus de l'abbaye pendant la vacance du siége, Edme de la Croix, abbé de Cîteaux, se transporta à Pontigny, et remit le gouvernement temporel à Edme Duguet, grenetier de Saint-Florentin, avec plein pouvoir de destituer ceux des gardes forestiers et autres employés de l'abbaye qui ne seraient pas de la sainte union des catholiques.

Gall. Christ.
t. XII, p. 480 et 400.
L'histoire parle très-honorablement d'Hélène, sœur de Claude de Boucherat, élue abbesse des Iles en 1622. Elle transféra ce monastère à Auxerre le 25 août 1636, après en avoir obtenu la permission du chapitre général de Cîteaux, dont il dépendait. Le nouvel établissement était dans un lieu appelé

le Fort, sur la paroisse de Notre-Dame-la-D'hors. Hélène mit en même temps la réforme dans son monastère, en donnant, la première, l'exemple de la plus étroite observance. Elle mourut en 1660, à soixante-cinq ans.

En 1639, le chapitre de Cîteaux trouvant les revenus de l'abbaye des Iles trop modiques, avait supprimé cette maison, et avait donné ses biens à l'abbaye de Pontigny. Les religieuses devaient être placées dans d'autres maisons. Celles-ci réclamèrent aussitôt contre cette décision, et, appuyées de l'évêque d'Auxerre, elles parvinrent à se maintenir dans leur établissement (1).

---

(1) L'abbaye des Iles, *Insulæ*, fut fondée par Guillaume de Seignelay, en 1219, à une petite lieue d'Auxerre, dans une terre appelée *la Celle*, donnée par Gérard Baleine, chanoine de Notre-Dame de la Cité. Il y mit des chanoinesses qu'il avait fait venir de Saint-Antoine-des-Champs, près Paris, et les soumit à l'ordre de Cîteaux, que la renommée publiait de toutes parts comme un modèle de la perfection religieuse. Hist. ms. de l'ég. d'Aux., t. IV. Viol., ms. Courtép., t. VII, p. 684.

Dix ans après, en 1229, Guy, comte d'Auxerre, de Nevers et de Tonnerre, et la comtesse Mathilde, son épouse, voyant s'accroître le nombre des sœurs, leur bâtirent une maison plus spacieuse, sur la droite de l'Yonne, entre le Petit-Monéteau et Auxerre, sur un ancien chemin, *juxtà viam publicam per quam itur ab Autissiodoro apud Insulas*. C'était une ancienne voie communiquant autrefois d'Autun à Sens. Le comte et son épouse donnèrent quatre îles qu'ils avaient en cet endroit, ce qui fit appeler ce monastère *Notre-Dame-des-Isles*, car il était sous l'invocation de Notre-Dame. Cart. de la pit. de St-Germ., ms. feuillet 132, an 1300.

Les seigneurs de Seignelay furent les principaux bienfaiteurs de cette maison, dont ils faisaient remonter la fondation à un de leurs ancêtres. Les comtes d'Auxerre, de Joigny, les seigneurs de Maligny, de Saint-Bris, lui firent aussi différentes donations. Les noms de ces hommes de bien, conservés d'âge en âge, sont restés attachés à ceux des pieuses cénobites dont ils avaient protégé les

CHARLES DE BOUCHERAT.

Cart. de Pont.
t. 1; p. 44.

CHARLES de Boucherat fut élu aussitôt après la mort de son oncle. Les juges de Tonnerre, instruits de son décès, se rendirent promptement à Pontigny pour y mettre les scellés et y exercer la garde gardienne. Mais le prieur dom Claude de Bernoul leur refusa les clefs, disant qu'ils venaient trop tard, que l'abbaye n'était plus vacante, que l'abbé en avait pris possession et qu'il se trouvait alors à Paris. Les juges se retirèrent honteusement, et le droit de

---

solitudes. Jean I, baron de Seignelay, fut inhumé dans l'abbaye des Isles vers l'an 1280, ainsi qu'un de ses frères. Jean II, aussi baron de Seignelay, y reçut la sépulture vers l'an 1320. Agnès, sœur de Jean I, y prit l'habit religieux. Marie, sa belle-fille, en fut abbesse. Biette ou Béatrix, qui pouvait être la troisième fille de Guillaume III, comte de Joigny, qui vivait en 1270, en fut prieure. Son épitaphe était ainsi conçue :

Hist. ms. de
l'ég. d'Auxerre,
t. IV.

Hic : jacet : Bié... 3 fille de... comte
De Joogni prieuse des Isles.
Cui : det : solamen :
Spiritus : almus : amen :
Secum : collocet :
Qui : bona : cuncta : docet :

Marie, fille de François de la Rivière, baron de Seignelay, entra en religion dans l'abbaye des Isles en 1526.

Lorsque cette abbaye devint la proie du vandalisme révolutionnaire, le nombre des sœurs ne s'élevait plus qu'à dix-sept. Leur ancienne maison sur la rivière d'Yonne est présentement une ferme de la paroisse de Saint-Père d'Auxerre; un village s'est formé auprès. Le bâtiment qu'elles ont occupé depuis à Auxerre, est aujourd'hui une caserne de gendarmerie.

garde gardienne demeura aboli. L'esprit public n'était plus celui du quinzième siècle ; les lois féodales tombaient en désuétude. Claude de Bernoul avait fait beaucoup de recherches utiles sur les archives de l'abbaye, durant le temps qu'il avait été célérier. Il prépara les matériaux dont Robinet se servit si avantageusement.

Il y avait quarante-six ans que l'église avait été brûlée, personne ne s'était occupé de la réparer. Le temps, qui consume tout, ajoutait chaque jour à ses ruines. L'abbé de Boucherat emprunta une somme considérable, la fit recouvrir, et refit en même temps la voûte en 1614 ; le reste ne fut terminé qu'en 1630.

Cet abbé était bon prédicateur, savant, d'un extérieur imposant : ses qualités lui méritèrent la connaissance et la protection du cardinal de Richelieu, premier ministre d'état. Il pouvait faire oublier tous les malheurs passés ; mais il négligea ses devoirs pour rechercher la faveur des grands, ce qui lui occasionna bien des chagrins et des disgrâces. Il endetta l'abbaye, vendit des biens, des maisons, des droits, particulièrement les dix milliers de harengs que l'archevêque de Rouen devait, chaque année, sur son port de Dieppe. Sa mort arriva le jour de saint Benoît 1643. Il fut inhumé dans la chapelle de saint Thomas de Cantorbéry, avec cette épitaphe en latin : *Ici repose très-révérent père en Dieu, Charles de Boucherat, XXXVIIe abbé de ce monastère, qui mourut le jour de saint Benoît 1643.*

MATHIEU DE MÉGRIGNY.

T. J ,p. 40.   Né à Paris, frère du premier président du parlement d'Aix, de Mégrigny fut reçu docteur de la faculté de théologie de Paris étant religieux de Clairvaux. Il avait fait ses cours avec distinction. Il soutint dans une thèse publique qu'un simple prêtre pouvait, avec la permission du Saint-Siége, ordonner des diacres et des sous-diacres, et que l'abbé de Cîteaux et les quatre premiers pères de l'ordre pouvaient non-seulement donner la tonsure et les quatre ordres mineurs à leurs propres religieux (pouvoir dont tous les abbés peuvent user), mais encore ordonner des sous-diacres et des diacres, même depuis le concile de Trente.

En 1636, il eut l'abbaye de Quincy par la résignation de son oncle Louis de Mégrigny, fondateur des Chartreux d'Orléans. Il rétablit l'église de ces religieux, qui tombait en ruines. Sept ans après, il fut élu abbé de Pontigny. Il voulut conserver sa première abbaye en commende; mais le chapitre général de Cîteaux lui proposa le choix de se démettre de l'abbaye de Pontigny ou de celle de Quincy. Alors il résigna cette dernière à un de ses neveux, se réservant deux mille livres de rente. Il fit un tort considérable à cette maison, qui est toujours restée en commende.

Pendant qu'il était abbé de Pontigny, de Mégrigny fut atteint d'une maladie qu'il garda jusqu'à la mort, ce qui fut regardé comme un secret jugement de Dieu. Il se trouvait à Paris lorsque la mort l'enleva en 1650. Son corps fut déposé dans le chœur de l'église du collége de l'ordre. Les biens de son abbaye se trouvaient alors dans un délabrement pitoyable. Les maisons, les enclos, les fermes, tout tombait en ruines; les revenus étaient saisis par les créanciers et se consumaient en frais, tandis que les religieux manquaient du nécessaire. Le roi, informé de ce désordre, nomma François Chassin, bailly de Saint-Florentin, économe, avec ordre de faire un relevé des sommes dues et un devis des réparations à faire. Il était dû soixante et treize mille six cent quarante livres. Le devis des réparations montait à quatre-vingt-huit mille trois cent soixante et quinze livres.

Les Mémoires de Georges Viole se terminent à cet abbé, qu'ils placent le quarante-quatrième, et les auteurs de la Gaule chrétienne le quarante-huitième.

LOUIS MARTEL.

Le siége abbatial vacquait depuis un an, lorsque Louis Martel, religieux de la Noe, docteur de Paris et prieur de Pontigny, fut élu abbé en 1651. Dom le Grand, homme sans jugement, d'une humeur inquiète et orgueilleuse, forma une cabale pour s'opposer à son élection. Les choses allèrent si loin, qu'il fallut un arrêt du parlement pour annuler son opposition. Louis Martel prit possession le jour de

T. 1 p. 47

saint Barthélemi, après avoir été bénit par l'abbé de Cîteaux, dans l'église des Jésuites de Dijon.

Louis Martel était bon prédicateur, très-versé dans la connaissance des Écritures. Sa taille était élevée, son tempérament robuste, sa physionomie prévenante. On le jugea capable de réparer les pertes que l'abbaye avait éprouvées. En effet, il acquitta considérablement de dettes; il répara les lieux réguliers. Sur la fin de ses jours, son esprit s'affaiblit, de sorte qu'il se laissait conduire par ses domestiques. Ce mal, qui lui était particulier, devenait grand pour l'abbaye; mais de la Varande, qui était alors prieur, continua de diriger les affaires de l'abbaye avec une rare habileté, il recueillit le dernier soupir de Louis Martel, qui mourut le 6 mars 1672, après vingt ans d'administration. Il repose dans le sanctuaire.

JACQUES LE BOURGEOIS DE LA VARANDE.

Depuis plus d'un siècle les Mémoires de l'abbaye s'étendent sur les souffrances de l'administration temporelle; il semble que les malheurs publics ont absorbé toute l'attention, et qu'on néglige le bien spirituel des religieux. L'abbaye avait en effet perdu de sa ferveur et de sa régularité. Ce ne sont plus ces moines occupés uniquement comme autrefois à servir Dieu et les pauvres, ces saintes âmes purifiées par les macérations et élevées par les méditations contemplatives, ne connaissant rien des bruits et des déréglemens du monde, servant de modèles de la piété chrétienne, et de médiateurs entre le ciel et la terre. Les guerres du quinzième siècle, celle des Huguenots, celle de la Ligue, avaient dispersé les religieux dans les villes et dans les châteaux. Les visites annuelles et les chapitres généraux avaient été suspendus ; la discipline en souffrit, et le relâchement s'introduisit dans l'abbaye. Le commerce des religieux avec le monde durant leur dispersion leur avait fait oublier peu à peu les devoirs de leur état. Ces maux furent de trop longue durée pour ne pas laisser des traces profondes. Plusieurs papes, malgré leurs soins, ne purent faire revivre qu'imparfaitement l'amour de la retraite et les vertus qui avaient long-temps distingué l'Ordre. Ce n'est pas tout : trois abbés commendataires de suite, qui ne laissent que l'exemple de la profusion et du luxe ; l'abbaye cédée, léguée comme un bien de famille ; ses revenus, qui devaient être le patrimoine des pauvres, la subsistance des religieux, recherchés par des hommes qui les troublent jusque dans leur retraite, c'est là ce qui affligeait l'Église entière. Durant ces orages, les supérieurs ne se conservèrent pas plus purs que leurs subordonnés ; ils furent agités par des intérêts personnels qui absorbaient la pensée de leurs devoirs les plus pressans. On a vu l'abbé de Citeaux essayer de se soustraire à la surveillance des quatre premiers pères. Clément IV, en 1265 ; Benoît XII, en 1335, réprimèrent les projets des ambitieux ; mais, pendant les troubles, on vit renaître ces anciennes querelles. Les passions ayant ainsi succédé au zèle du bien public et à la charité, il n'était pas facile de rétablir la discipline intérieure, je parle de l'ordre de Cîteaux en général, voilà ce qui amena la réforme.

En 1615, quelques abbés français demandèrent la réforme à grands cris. Ils étaient appuyés du cardinal de la Rochefoucault et de tous les gens de bien. L'abbé de Cîteaux et les quatre premiers pères n'eurent d'autre parti à prendre que de se mettre à la tête de l'entreprise, s'ils ne voulaient pas s'exposer à la honte de rester seuls dans le relâchement.

Il s'éleva d'abord de grandes difficultés : ceux qui demandaient la réforme, voulaient tout ramener à l'ancienne sévérité, rétablir surtout l'abstinence de la viande. L'abbé général et les pères croyaient devoir accorder quelque tempérament à l'influence des siècles et au changement de mœurs, de peur que les religieux ne vinssent à briser un joug devenu trop pesant. Enfin, après cinquante ans de contestations sur le plus ou le moins d'austérités, tout fut pacifié par un bref d'Alexandre VII, en 1666. Il fut permis à la plupart des communautés de refuser l'abstinence de la viande; c'est ce qu'on appela la commune observance. Les autres se soumirent à l'abstinence, et se nommèrent les réformés. Parmi ces derniers, la Trappe et Sept-Fonts embrassèrent, en 1663, l'observance primitive dans toute sa rigueur. L'abbaye de Pontigny resta de la commune observance.

P. 48.

Jacques de la Varande pouvait seul soutenir l'abbaye dans ces circonstances difficiles. Il fut élu huit mois après la mort de l'abbé Martel. Son affabilité, son zèle pour procurer la gloire de Dieu, lui gagna la pluralité des suffrages. Il était de Normandie, religieux de Savigny, et prieur de Pontigny. Dom Legrand et sa cabale s'opposèrent à son élection comme à celle de l'abbé précédent, tellement, que le Pape crut devoir adresser un bref à l'archevêque de Sens et à l'évêque d'Auxerre pour examiner cette élection. Le roi, instruit de ce qui se passait, envoya des lettres clauses à ces évêques pour les prier de ne faire aucune démarche. Dom Legrand fut condamné par arrêt du parlement. On lui fit une pension, avec laquelle il se retira dans l'abbaye de Vauluisant, où il mourut. C'était le troisième abbé qu'il inquiétait dans son élection. Il venait de faire rendre un arrêt pour empêcher une coupe de bois que l'abbé de la Varande avait obtenue.

Le nouvel abbé, doué d'une volonté ferme, sut mettre l'économie dans les dépenses; quoiqu'il ne cessât de faire travailler, il augmenta les revenus de deux mille livres. On voit, par un état de comptes rendus en 1688, que les revenus montaient alors à quatorze mille quatre cent vingt livres en argent, non compris le sel qui venait d'Auxerre, les prés, les vignes, les fermes et les métairies, ou amodiations en grains; les censives des terres de Pontigny et de Venousse, dont on n'avait pas encore fait la recette, et les coupes de bois. L'histoire ne parle plus de ces vastes pâturages que l'abbaye de Pontigny partageait avec l'abbaye de Dilo. Elle les avait abandonnés successivement aux communes voisines, à mesure qu'elles s'étaient adonnées à élever du bétail et à cultiver la terre. L'abbaye de Dilo (1) n'en conserva pas davantage.

---

(1) L'abbaye de Dilo, *Dei locus*, de l'ordre de Prémontré,

De la Varande fit réparer le dortoir, les infirmeries, l'ancien noviciat, fit faire des alcôves pour

---

Gall. chr. t. XII, p 250 et suiv. Fenel, Hist. ms. des archev. de Sens.

fut fondée par le roi Louis-le-Gros en 1132, derrière la forêt d'Othe, à deux lieues de Brienon. Ce prince, pour donner à cette maison tout le développement dont elle était susceptible, pria Jobert, qui en était abbé, et ses chanoines, de disposer de tout ce qui pourrait leur être utile dans la forêt d'Othe, comme d'y couper du bois, d'y faire pacager leur bétail, et de défricher ce qu'ils jugeraient convenable de mettre en culture. Henri-Sanglier, archevêque de Sens, qui les avait engagés à s'établir dans son diocèse, leur permit aussi d'arracher la partie de la forêt qui resserrait leur habitation ; en sorte que ces lieux, auparavant couverts de broussailles, la retraite des voleurs et des bêtes sauvages, devinrent fertiles et agréables.

En 1135, les religieux élurent pour abbé Ornulf, moine de Val-Secret, d'une rare piété et d'une grande prudence. La réputation de ce saint abbé, la régularité des chanoines, l'esprit de piété et de retraite qui les animait, répandit au loin la bonne odeur de Jésus-Christ, et leur attira beaucoup de disciples. Les grandes aumônes qu'ils répandaient, les instructions qu'ils adressaient au peuple, attira successivement auprès de leur monastère des habitans qui donnèrent naissance à la commune de Dilo.

Les archevêques de Sens comblèrent cette maison de bienfaits. En 1151, Hugues de Toucy lui donna l'église de Paroy. En 1176, Guillaume de Champagne lui remit celle de Bussy. En 1192, les chanoines de Dilo reçurent de Guy de Noyers l'église de Saint-Paul-les-Sens, qui ne tarda pas à devenir une abbaye fille de Dilo.

Saint Thomas, archevêque de Cantorbéry, vint plusieurs fois s'édifier avec ces religieux, durant le séjour qu'il fit à Pontigny et à Sainte-Colombe. Il consacra solennellement l'église de leur monastère le 10 mai 1168. Eudes de Villemaure fut inhumé à Dilo en 1154 ; sa veuve fonda son obit en donnant un moulin. Guillaume, comte de Joigny, y fut aussi inhumé en 1179 ; Gaucher, comte de la même ville, y fonda une messe des morts à perpétuité.

Une des portes de Saint-Florentin portait le nom de Dilo, d'un prieuré de ce nom, situé près de là, dans le faubourg. Il fut détruit vers l'an 1370.

séparer les lits des novices, acheva les stalles du chœur qu'il avait commencées étant prieur. Ces stalles sont sur quatre lignes, au nombre de cent; elles présentent un ouvrage admirable de boiserie sculptée. Aux deux côtés des portes du chœur, en dehors, l'abbé de la Varande fit faire deux autels : celui de l'Assomption et celui de saint Bernard. Ensuite, il fit enlever du chœur et du sanctuaire toutes ces tombes de hauteur et de grandeur inégales, dont la plupart remontaient aux premiers siècles de l'abbaye. Par là il embellit l'église, mais il fit disparaître bien des objets intéressans pour la postérité.

Le 8 avril 1669, comme on travaillait sous la lampe du grand autel, on découvrit le corps de Guillaume de Ludan, archevêque d'Yorck, qualifié de bienheureux. Il était Anglais de nation. Le Pape avait été obligé d'employer son autorité pour lui faire accepter le siége d'Yorck, que son humilité lui faisait refuser. Après avoir passé cinq ans dans cette dignité, il donna sa démission, et résolut de s'ensevelir dans la retraite d'un monastère, pour y passer ses jours dans la prière et la pénitence. Comme il avait souvent entendu parler de la régularité de l'abbaye de Pontigny, il traversa la mer et vint y prendre l'habit de simple religieux. Après avoir édifié les moines de cette maison pendant deux ans, il mourut en odeur de sainteté, et fut inhumé dans un cercueil de plomb avec tous les honneurs dus à son rang. Dieu ne tarda pas à manifester la sainteté de son serviteur par des miracles rapportés par des auteurs dignes de foi (1).

T. III, p. 235.

---

(1) Voyez Nicolas de Espeldinez, *Histoire d'Angleterre*;

Le procès-verbal de la découverte de son corps rapporte, qu'en travaillant dans le chœur, au-dessous de la lampe du grand autel, on rencontra une tombe, ou table de pierre, qu'il fallait déplacer ; on remarqua que cette tombe avait été couverte en cuivre avant le pillage des Huguenots. On trouva au-dessous un cercueil de plomb qui avait deux pieds de largeur environ, sur six pieds de longueur, enchâssé dans un cercueil d'une seule pierre. Le cercueil de plomb fut ouvert en présence de l'abbé, des religieux et de plusieurs séculiers. On reconnut aussitôt à l'inscription, placée derrière le chef sur une lame de plomb, que c'étaient les restes d'un prélat ; elle était ainsi conçue : *Hic jacet Guillelmus, Eboracensis archiepiscopus, Angliæ primas*, c'est-à-dire : « Ici repose Guillaume, archevêque d'Yorck, primat d'Angleterre. » A droite des ossemens, étaient un petit calice et une patène d'argent doré ; à gauche, une crosse de cuivre doré et un anneau d'or, encore attaché au doigt. On lisait alentour : *Ave Maria gratiâ plena*, et autour du chef se trouvaient des petites feuilles d'argent doré qui avaient servi d'ornemens à la mitre. On voyait en outre sur l'estomac son *pallium*, qui avait la forme d'un petit scapulaire. On dressa un acte authentique de l'ouverture de ce tombeau, afin, y est-il dit, que la postérité sache la vénération qu'elle doit avoir pour les restes mortels de ce grand archevêque.

Parmi les travaux de l'abbé de la Varande, on re-

Barnabé de Montauban, *Chronique*, t. *I*, *l. I*, *chap.* 31 ; Henriquez, *Menolog. Cistercience*.

marque l'éloignement du moulin (1), placé auparavant au milieu du jardin, vis-à-vis le palais des comtes de Champagne. Il fit aussi passer sous le dortoir le bras du Serain, nécessaire à ce moulin; car, d'après la règle de saint Benoît, la rivière, le moulin, le jardin, la boulangerie et les arts les plus nécessaires devaient se trouver, autant qu'il était possible, dans la clôture du monastère, pour éviter les sorties des frères et les tenir séparés du monde. La maison de Pontigny réunissait tous ces avantages.

   La mort enleva l'abbé de la Varande au milieu de ses entreprises, un dimanche, neuvième jour de novembre 1687, à l'âge de cinquante-six ans, après une administration qui avait duré seize ans. Il rencontra bien des difficultés, mais les ressources de son esprit supérieur l'en tirèrent avec honneur. Il fut inhumé près de Guillaume de Ludan, dans le sanctuaire à gauche (2). La communauté fut, de son temps, de vingt-cinq religieux, sans compter les novices.

ORONCE FINÉ DE BRIANVILLE.

ORONCE naquit à Briançon. Étant clerc dans une

---

(1) L'écluse en maçonnerie qui élève les eaux du Serain et les fait passer à Pontigny, est la plus belle et la plus considérable qui soit sur cette rivière : c'est l'ouvrage des abbés de Pontigny. Colbert en fit faire une du même genre pour les moulins à foulon de Seignelay.

(2) On mit sur sa tombe une longue et pompeuse inscription, que je ne rapporterai pas, parce qu'elle ressent l'adulation des épitaphes de nos temps modernes. Voy. *Gall. chr. t. XII.*

paroisse de Paris, il se présenta à Châlis, à l'âge de vingt-deux ans, pour y être admis. La communauté, assemblée à son sujet, ne jugea pas à propos de le recevoir. Alors il se présenta à Pontigny. L'abbé de la Varande, qui en eut une toute autre idée, l'admit pour Pontigny, et dit aux religieux de Châlis, par une sorte de pressentiment, qu'ils auraient un jour pour abbé celui dont ils ne voulaient pas pour confrère, ce qui fut justifié par la Providence ; car, après la mort de l'abbé de la Varande, il fut élu unanimement pour abbé de Pontigny.

En peu d'années, cet abbé acquitta quatre-vingt-trois mille francs de dettes que son prédécesseur n'avait pu s'empêcher de laisser. Ensuite, il continua les travaux déjà commencés ; il acheva le logis abbatial, y fit des ouvertures, et distribua les appartemens. Il termina, dans l'église, le baldaquin et l'autel de saint Adrien. Il fit élever le corps de saint Edme sur quatre anges portant sa châsse. Ce qui restait des colonnes de cuivre qui la supportaient auparavant, fut fondu pour faire six grands chandeliers avec une croix, dont le pied servait de tabernacle. Il fit peindre, par dom Adrien Sauveur (1), le tableau de l'Assomption et celui de saint Bernard pour les deux autels qui se trouvent aux deux côtés devant le chœur. Ces tableaux sont estimés, surtout celui de l'Assomption. Le portrait de saint Bernard passe pour être très-ressemblant. Ce saint est représenté ressuscitant un mort.

Ce digne abbé travailla avec un zèle infatigable

---

(1) Ce peintre était de Liége ; il mourut à Lyon pendant un voyage.

à la prospérité de son abbaye. Il ne négligea aucun sacrifice pour l'embellissement de la maison du Seigneur. Les artistes admirent la beauté de ses travaux, la plupart encore bien conservés; ils les considèrent comme de petits chefs-d'œuvre pour la délicatesse de l'ouvrage et la légèreté des ornemens. Cet abbé mourut à Châlis le dernier jour d'avril 1708, à l'âge de cinquante-deux ans.

JOSEPH CARRON.

Il naquit dans un petit village, près saint Rambert, dans le Bugey, et entra, encore jeune, dans l'abbaye de Saint-Sulpice. Son naturel très-vif lui attira des mortifications. Un jour qu'on l'avait humilié plus qu'à l'ordinaire, il quitta l'abbaye et vint se présenter à Pontigny. L'abbé, qui entrevit dans ce jeune religieux de grandes dispositions pour le bien, le retint près de lui, le fit passer par toutes les charges de la maison. Il renouvela ses vœux de stabilité étant célérier, et après la mort de l'abbé, les moines, qui avaient été témoins de ses vertus et de son zèle pour l'administration, l'élurent pour leur abbé, sans qu'il s'y attendît. La grâce opéra en lui un changement admirable; il devint aussi doux et aussi modéré qu'il avait été vif et emporté. Jusqu'à sa mort, les religieux trouvèrent en lui un père tendre, qui se trouvait heureux de pouvoir les exciter au bien par ses conseils et par ses exemples.

Il avait sculpté de ses propres mains, étant célérier, le portique qui soutient l'orgue. Il avait aussi fait faire le positif. Lorsqu'il fut abbé, il construisit un nouveau réfectoire et un nouveau cloître. Il mourut d'une dyssenterie, au mois de septembre 1719, à l'âge de soixante-six ans. Son corps repose dans le sanctuaire, à droite, entre Jeanne de Châlons, comtesse de Tonnerre, et l'abbé Martel.

PIERRE CALVAIRAC.

P. 52.   Pierre était religieux du Rivet et prieur de Quincy lorsqu'il fut élu abbé de Pontigny, en 1719. On remarquait en lui des connaissances étendues dans les saintes Écritures et dans les lettres humaines, une piété sincère, jointe à une gaîté franche et aimable. Sa bonhomie touchante le fit appeler le Henri IV de la filiation. Les religieux retrouvèrent en lui l'abbé qu'ils pleuraient. Cet homme de bien inspirait une telle confiance, qu'il était partout respecté et chéri. Les actes de sa vie disent qu'il était adoré de ses confrères. Les aumônes qu'il répandait à Pontigny et dans le voisinage, les marques de bonté dont il prévenait tous ceux qui approchaient de sa personne, le rendirent si cher à toute la contrée, qu'en 1780 sa mémoire était encore en bénédiction. Avec quelle autorité une piété si vraie, un savoir si étendu, une bonté si tendre, ne devaient-ils pas gouverner les hommes?

Jusqu'à lui, les archives étaient dans le plus grand désordre, la plupart des censives ou rentes étaient oubliées ou perdues, parce qu'on ignorait les droits de l'abbaye. On tombait également dans l'embarras, lorsqu'il fallait répondre aux attaques de la chicane. L'abbé Calvairac fit venir à Pontigny dom Robinet, religieux de Châlis, et le chargea de mettre les titres en ordre et de les transcrire. Ce moine, laborieux et intelligent, y travailla pendant douze ans. Tous ces titres, précieux pour les villages voisins, à cause des souvenirs historiques qu'ils renferment, sont encore conservés à Pontigny, transcrits en quatre volumes in-8° par l'abbé Depaguy (1).

L'esprit de l'abbé Calvairac s'affaiblit pendant les dernières années de sa vie. Bientôt il ne fut plus qu'un enfant, devenu le jouet des ambitieux qui l'environnaient. Un dom Terlonge, célérier, s'empara de l'argent; un dom Grillot, prieur, se fit résigner l'abbaye. Ce procédé n'étant pas reçu dans l'ordre, il donna sa démission pure et simple, en 1742 : comme son esprit adroit et insinuant avait préparé les esprits, il fut immédiatement élu selon les canons.

Grillot, devenu le maître, chassa son prédécesseur de ses appartemens, sans égard pour le respect qui lui était dû : son esprit affaibli ne sentait pas la dureté qu'il éprouvait. On a conservé de lui un trait qui fait bien l'éloge de sa charité. On le promenait

---

(1) Ces titres se trouvent surtout dans le deuxième et le troisième volume; le premier renferme une Notice des abbés, le nom de toutes les maisons de la filiation de Cîteaux, le tableau de son gouvernement, et *l'exordium parvum* de l'Ordre. Le quatrième contient quelques chartes, et surtout le réglement de l'Ordre.

ordinairement dans un charriot d'enfant jusque dans les villages et les hameaux voisins; dès qu'il paraissait, hommes, femmes, enfans, tous accouraient pour le saluer. Il leur donnait sa bénédiction, fouillait dans sa poche, et leur disait en pleurant : Ils m'ont pris ma bourse! Ce trait montre la vénération que l'on avait pour les abbés lorsqu'ils paraissaient dans les campagnes.

~~~~~~~~~~

JACQUES-GABRIEL GRILLOT.

T. I, p. 53. Jacques Grillot naquit à Chablis. Il était docteur de Paris, religieux de Pontigny; il fut prieur de Dalon, ensuite de Châlis et de Pontigny. Il jouit d'une grande considération dans l'Ordre et dans le monde. On lui reproche, dans le gouvernement intérieur de l'abbaye, d'avoir commandé en maître, lorsqu'il pouvait être obéi, chéri et respecté comme un père. Toujours sage et prudent dans ses rapports avec le monde, il était minutieux dans le cloître, reprenant, blâmant sans cesse, plaisantant même des mortifications qu'il faisait éprouver à tous, sans distinction, au risque de compromettre son autorité.

Comme si un pressentiment moral eût été renfermé dans une ruine matérielle, on remarqua, à cette époque, que les bâtimens des anciens monastères s'écroulaient à la fois dans toute l'Europe. Comme ils dataient la plupart du même temps, la même vétusté les détruisait presque tous à la fois. Ce fut une nécessité pour les pères des diverses maisons de rebâtir leur habitation. Vers 1750, l'abbé Grillot construisit à neuf le logis abbatial pour séparer les moines du tumulte et du dérangement que causaient les visites des étrangers et des hôtes, et pour offrir aux visiteurs illustres une hospitalité plus élégante; il fit donc élever à grands frais le nouveau palais abbatial, à peu de distance de la route actuelle. Il formait quatre ailes de bâtiment. La partie du couchant offrait un spectacle intéressant dans les beaux jours de l'été par la réfraction des rayons du soleil sur les croisées. Grillot acquit plusieurs maisons à Chablis, et les réunit en une seule, dans laquelle il fit construire un pressoir et de belles caves.

En 1749, il fit une nouvelle translation de saint Edme qu'il plaça au fond du sanctuaire, où il est demeuré jusqu'à ce jour. Il ôta, en même temps, l'ancien grand autel pour en faire un autre à la romaine en marbre rouge. C'est celui qui existe encore.

Étant allé en Normandie, en 1764, pour déposer le prieur de la Noe, il fit une visite à l'abbé de saint Taurin, d'Evreux : comme il examinait un certain ouvrage dans le dortoir, près de l'escalier, il tomba à la renverse. Cette chute lui causa de si fortes contusions, qu'il se mit au lit et mourut peu de jours après dans cette même abbaye, où il fut enterré. Il laissa cent mille livres de dettes; mais l'immense quantité de grains et de vins qui se trouvaient dans l'abbaye pouvait les acquitter.

Ce qui reste de gloire monastique et de bonne renommée dans le monde, semble descendre dans la tombe avec l'abbé Grillot. Le dernier terme de la prospérité est arrivé pour Pontigny. A ce point, il n'y a plus qu'à descendre. Réforme, sévérité de la règle, tout va tomber devant l'incapacité de l'abbé qui suit; il ne sait ni se maintenir, ni lutter contre la décadence. La haute mission de l'abbaye est achevée.

NICOLAS CHANLATTE.

P. 55.   Il venait d'être déposé de la priorature de la Noe pour sa mauvaise administration, lorsque le crédit de ses amis, son caractère doux et la crainte d'un joug nouveau, jointe à l'espoir que sa disgrâce l'aurait corrigé, le firent élire le 4 août 1764. Il était de Paris, bachelier de la faculté de cette ville, et religieux de Pontigny.

Ce n'était pas un homme comme l'abbé Chanlatte qui pouvait établir une économie sévère dans l'emploi des fonds de l'abbaye; il hâta, au contraire, la déconsidération de cette maison par ses prodigalités, par sa facilité à se laisser maîtriser par ceux qui approchaient de sa personne, enfin par une incapacité reconnue trop tard. Au lieu d'employer les ressources que son prédécesseur lui avait laissées à la liquidation des dettes de son abbaye, il les dissipa pour satisfaire son luxe. Prodigue sans être généreux, donnant sans choix et sans mesure; trop faible pour refuser, sans ordre, sans prévoyance, il fut en proie à la cupidité de ceux qui avaient l'impudeur de lui demander. Toute sa vie il fut accablé de dettes et d'inquiétudes. Quelques-unes de ses sociétés ont fait soupçonner ses mœurs; mais on peut assurer qu'il n'a été coupable que d'indiscrétion, faute déjà assez grave pour son état. Sa conduite déplut aux religieux. Il le sentit. Alors, il s'appliqua à leur ôter la connaissance de sa situation déplorable. Il confia la conduite de ses affaires à des religieux qu'il faisait venir d'autres maisons; la plupart étaient incapables de conduire ses affaires, ou, étant corrompus par l'espoir d'une priorature, ils flattaient l'abbé sans le servir. Ils savaient aussi qu'au moindre mécontentement il allait les changer. Le besoin d'argent lui faisait admettre tous les postulans. Il exigeait d'avance de fortes pensions, qu'il dissipait aussitôt. Alors on ne pouvait renvoyer un sujet sans vocation, parce qu'on ne pouvait lui rendre ses avances. Ces moyens bas et honteux ruinaient l'abbaye en la peuplant de religieux qui la déshonoraient. Bien plus, la plupart des prieurs ne conservaient leur place que par des contributions annuelles. On assure qu'un prieur de Jouy lui fournit, en douze ans, plus de cent mille francs. Des prieurs qui avaient ainsi acheté l'impunité, se permettaient les dilapidations, les scandales et la dureté envers les religieux. Ainsi ces revenus, au lieu d'être consacrés au soulagement des pauvres, à la multiplication des maisons ou à de grandes entreprises pour la propagation de la foi, devenaient le partage de l'ambition.

Le gouvernement vint deux fois au secours de l'abbé Chanlatte, en lui accordant des réserves; car l'abbaye en était venue à un tel assujettissement envers l'État, qu'il fallait à l'abbé une ordonnance royale pour faire une coupe dans ses bois. L'abbé Chanlatte obtint même la permission de vendre tous les arbres de haute futaie qui se trouvaient dans les coupes. Toutes ces ressources semblaient le mettre plus à l'étroit. Il alla même jusqu'à demander les réserves qu'il avait déjà coupées, et qui n'avaient pas dix-huit ans; mais sa conduite avait percé au grand jour. On l'obligea, au mois de septembre 1786, à abandonner toute espèce de recette à un procureur choisi parmi ses confrères. Il fallut vendre les meubles et la vaisselle de Chablis, emprunter trois cent mille livres, et, pour sûreté de ce capital, abandonner les coupes des bois et les fermages de Crécy.

<small>Cart. de Pont., t. 1, p. 114.</small> Les revenus ordinaires de l'abbaye s'élevaient alors à quatre-vingt-dix mille francs. C'est avec de pareilles ressources que l'abbé Chanlatte vivait à l'étroit et accumulait dettes sur dettes; il ne survécut pas long-temps aux mesures indispensables qu'on avait prises à son égard. Au mois d'avril 1787, il fut attaqué d'une paralysie au côté droit, et mourut le 15 juin 1788, laissant pour quatre cent mille livres de dettes, quoiqu'on en eût déjà beaucoup acquitté.

C'est à l'abbé Chanlatte que l'on doit le bel orgue que l'on admire encore dans l'Eglise; il vient de l'abbaye de Saint-Pierre de Châlons-sur-Marne, qui fut alors supprimée. C'est un des plus beaux que l'on puisse voir en France. Il acheta aussi un grand aigle pour le chœur, un dais processionnal en velours cramoisi, et un ornement noir complet.

Dans les desseins impénétrables de la Providence, l'ordre de Cîteaux touchait à sa fin. Les bases de son gouvernement n'étaient toujours pas arrêtées, malgré les brefs et les arrêts; la soif de dominer avait fait oublier ce noble et antique zèle de la maison de Dieu qui plaçait les abbés et les moines si haut dans l'estime des peuples et des rois!

Le 25 avril 1783, le conseil-d'Etat rendit un arrêt qui mettait fin aux contestations et ordonnait de rédiger de nouvelles constitutions. Par ce moyen, l'Ordre allait reprendre son lustre avec la paix et la tranquillité, si les malheurs de la révolution ne fussent venus sept ans après. La nouvelle constitution ayant peu contribué au bien de la religion, à cause de sa courte durée, j'en rapporterai peu de chose.

Le bref d'Alexandre VII, y est-il dit, sera exécuté en ce qui concerne le chant et la psalmodie, les heures du lever, du coucher, et tous les exercices réguliers de la journée. Le chapitre général s'assemblera tous les trois ans à Cîteaux, et sera composé de tous les abbés de l'Ordre. C'est en lui que repose la suprême autorité. Toutes les plaintes ou réclamations seront écoutées. Il pourra se faire rendre compte de l'état de l'administration de chaque monastère. Il est fait défense d'acheter, de vendre, de démolir ni de reconstruire, sans avoir été préalablement approuvé du chapitre général. L'année qui suivra ce chapitre, il y en aura un autre intermédiaire, dont les décisions seront rapportées au chapitre général suivant.

P. 196.

L'abbé de Cîteaux présidera le chapitre-général; il sera qualifié seul de chef, supérieur général et père de l'Ordre. Il pourra, dans l'intervalle des chapitres généraux et intermédiaires, exercer tout le pouvoir du chapitre général. Lui seul peut bénir les abbés et les abbesses, visiter toutes les maisons de l'Ordre, suspendre les supérieurs, exercer toute juridiction, sauf l'appel au chapitre général. Il peut, dans tous ces cas, se faire remplacer, excepté pour la visite des quatre premières abbayes. A sa mort, le prieur le remplace dans tous ses droits. Il doit fixer le jour de l'élection d'un nouvel abbé, convoquer tous les religieux profès, et inviter les quatre premiers pères.

Les abbés de la Ferté, de Pontigny, de Clairvaux et de Morimon, sont les quatre pères de l'Ordre; ils jouissent sur les abbayes de leur filiation des mêmes droits qu'auparavant, sauf ce qui a été dérogé. Ils sont tenus de visiter, chaque année, l'abbaye de Citeaux; ils peuvent demander à voir les comptes; s'ils trouvent de grands abus à réformer, ils doivent appeler tous les abbés de l'ordre dans une autre maison, et procéder à ce que de droit. Dans chaque abbaye, l'abbé particulier a le droit de choisir et de nommer tous les officiers de sa maison, pour le spirituel comme pour le temporel.

Les visiteurs généraux pourront, dans le cours de leurs visites, suspendre les supérieurs et les faire remplacer jusqu'à ce que le père immédiat y ait pourvu. Si celui-ci avait fait des réglemens irréguliers, le visiteur en avertira le procureur général, qui en instruira l'abbé général, pour en obtenir la réformation.

Dans l'administration, les abbés réguliers sont tenus de délibérer avec leur communauté sur toutes les affaires importantes. Jamais la recette et la dépense ne seront confiées au même religieux. Dans aucun cas, l'abbé et le prieur ne pourront exercer une de ces charges. Le prieur, le senieur et le célérier auront chacun une clef de l'argent. Le religieux chargé de la dépense rendra ses comptes tous les mois à l'abbé ou au prieur et au senieur; tous les trois mois ces mêmes comptes seront vérifiés par les trois préposés, c'est-à-dire par le prieur, le senieur et le célérier, et tous les ans ils seront présentés à la communauté.

Chaque province devait avoir ses maisons pour le noviciat; Pontigny recevait les novices destinés à l'Isle-de-France et à Cercamp. L'Ordre avait aussi ses colléges pour les cours de théologie : les plus célèbres étaient celui des Bernardins, à Paris, et celui de Toulouse, où l'on prenait les dégrés de bachelier, de licencié et de docteur. Les jeunes prêtres qui annonçaient des dispositions pour les sciences, continuaient leurs cours aussi long-temps que les supérieurs le jugeaient nécessaire. C'est là ce qui m'a semblé de plus remarquable dans l'arrêt du conseil-d'État, qui fut modifié dans quelques articles par de nouveaux arrêts, en 1784 et en 1786.

Vidault de la Tour, conseiller d'état, assista au chapitre général tenu en 1786, en qualité de commissaire du roi, ainsi qu'Amelot, intendant de Bourgogne. A l'ouverture du chapitre, Vidault prononça un discours qui révèle en terminant la pensée du conseil d'état, touchant les ordres monastiques. Il dit en parlant du chapitre de 1783 : « Vous rendites, Messieurs, tous nos pouvoirs inutiles. L'accord qui régna dans vos délibérations, l'unanimité avec laquelle toutes les difficultés furent résolues, le sacrifice généreux de l'intérêt personnel ou de quelques prérogatives particulières, tout nous imposa le devoir de n'être que les témoins de vos sages résolutions....

« Nous sommes chargés en même temps, Messieurs, et c'est pour nous la commission la plus flatteuse, de témoigner la satisfaction de Sa Majesté au chef qui vous gouverne avec tant de sagesse, de lumière et de douceur; aux quatre premiers pères, qui ont si bien mérité de l'ordre par leur exemple, leur zèle et leur administration; enfin à tous messieurs les abbés qui n'ont eu qu'un vœu, qu'un sentiment pour maintenir dans leurs maisons et dans l'ordre la charité qui en fait la base, et qui doit en être à perpétuité le lien.

« Votre ordre ne peut plus se borner à son institution primitive : vos pieux fondateurs cherchaient des déserts, et par les travaux de leurs disciples, les solitudes se sont converties en campagnes fertiles. Ils offraient aux pauvres et aux voyageurs des instructions, des secours et des asiles. Cette charité a appelé, a enrichi des peuplades nombreuses autour de vos cloîtres; ils conservaient, ils transmettaient dans des manuscrits précieux les monumens de notre religion, de l'histoire, des sciences et des lettres.

« Toutes les sources de vos travaux seraient-elles donc taries? Ne resterait-il plus aux enfans de saint Etienne et de saint Bernard que la prière, l'aumône et le repos? L'expérience vous a appris que la vie contemplative ne suffit pas à une nombreuse société. L'esprit de l'homme a besoin d'instruction et son corps d'activité. Vos illustres fondateurs, dans un siècle où l'agriculture, les sciences et les arts auraient été plus florissans, se seraient fait un devoir de donner à leurs disciples d'autres lois, d'autres institutions. » Enfin, il émet le vœu que les religieux puissent porter des secours aux prêtres des campagnes ; qu'ils tiennent des écoles et qu'ils forment quelques élèves pour le sanctuaire. Toutes sortes de précautions sont prises pour rendre la vie monastique à son austérité primitive. Dans nos temps critiques et raisonneurs, elle est devenue comme le type de la vie molle et indolente ; et cependant combien en est-il parmi les plus ardens à dénigrer les habitans des cloîtres, qui voulussent supporter le régime et les liens de la communauté la plus relâchée ? Outre la méditation, le chant de l'église, les lectures, qui remplaçaient efficacement le travail des mains et gênaient à toute heure la liberté des moines, à quelle sévérité de costumes, de nourriture, de mœurs, d'habitudes, n'étaient-ils pas assujétis ?

JEAN DEPAGUY.

Il naquit à Sedan, entra dans l'abbaye de Pontigny avec son frère, qui fut fait procureur. Il joignait à un grand amour de l'étude de vastes connaissances pour l'administration. On le jugea capable de relever l'abbaye de Pontigny de l'état de dépérissement dans lequel elle était tombée. En effet, en moins de deux ans il couvrit les trois quarts des dettes que le monastère avait contractées sous le règne précédent. Tandis qu'il s'efforçait de faire revivre les vertus monastiques, il éprouvait une résistance qu'il ne devait point surmonter : c'étaient les symptômes de cette décadence morale que l'on remarquait en France, et qui n'avaient que trop pénétrés dans son abbaye, sous le gouvernement de l'abbé Chanlatte. Ce n'était plus l'illustre abbaye de Pontigny qui allait périr, c'était son ombre. Malgré les signes précurseurs de la tempête, les hommes et les institutions vivaient au jour le jour; la royauté, les parlemens, les abbayes, la noblesse, le clergé, semblaient se hâter de jouir de leurs derniers momens. Un esprit d'agitation, de relâchement, se manifestait de toutes parts. Enfin, la révolution de 1789 arrive; le 13 février 1790, l'assemblée constituante rend son fatal décret qui détruit de fond en comble tous les établissemens religieux. Depaguy voulut encore temporiser; mais lorsqu'il vit que des édits de proscription planaient sur sa tête, il partagea entre les religieux le peu d'argent qui se trouvait dans l'abbaye, s'en croyant propriétaire plus légitime que la nation qui le confisquait à son profit, et les renvoya dans leurs familles.

Ce fut alors un spectacle lamentable. Les pauvres religieux s'exilèrent tristement de leur antique asile; les vieillards, l'âme pleine de regrets, et ne comprenant point qu'on ne leur permît pas d'y mourir; les jeunes religieux, inquiets de l'avenir, et redoutant l'incertitude d'une vie nouvelle au milieu des persécutions. Leur nombre ne s'élevait plus qu'à vingt-cinq, en y comprenant deux frères convers. Quelques-uns, fidèles à leur vocation, montrèrent au monde que l'esprit de saint Etienne vivait encore dans Pontigny. Le reste se jeta dans le siècle, et la religion eut à gémir sur les écarts de plusieurs d'entre eux. L'abbé Depaguy se retira à Saint-Florentin, où il occupa les loisirs de sa retraite à transcrire et à mettre en ordre, dans trois volumes *in-folio*, les titres et les chartes des divers établissemens de cette ville, et sauva ainsi de l'oubli et de la destruction des pièces du plus haut intérêt pour l'histoire de Saint-Florentin. Durant le peu de temps qu'il gouverna l'abbaye de Pontigny, il avait transcrit de sa propre main tous les titres de son abbaye, comme on l'a vu ailleurs. Ce savant et laborieux abbé mourut à Saint-Florentin en 1810, plein de jours et de tristesse, après avoir vu enlever les dernières pierres de son abbaye.

Lorsqu'en 1795 l'abbaye fut vendue, l'église profanée, le corps de saint Edme, par une protection spéciale de la Providence, resta dans sa châsse, et aucun des hommes de la révolution n'osa y porter ses mains sacriléges. Malgré le refroidissement de la foi, les peuples voisins conservent toujours de la vénération pour les reliques du saint archevêque de Cantorbéry. C'est le plus précieux trésor de la paroisse, et comme la sauve-garde de la belle église dans laquelle elles reposent.

Jusqu'en 1821, l'église de Pontigny eut pour curé M. François-Nicolas Robert, ancien moine de l'abbaye, intrépide défenseur des biens de son église. Il refusa constamment les stalles au chapitre de Troyes, qui les demandait pour remplacer celles de Clairvaux qu'il possédait déjà, et dont le travail ne peut entrer en parallèle avec celles de Pontigny. Il accorda des reliques de saint Edme à la duchesse d'Angoulême. Ce fut après bien des refus que M. de Boulogne, évêque de Troyes, en obtint pour la chapelle de son séminaire. Pontigny faisait alors partie de l'évêché de Troyes. De grandes Eglises demandèrent les orgues, les grilles, les autels, et éprouvèrent des refus humilians.

En 1825, M. Cabias, desservant de Pontigny, crut devoir substituer une nouvelle châsse à l'ancienne, qui était de bois doré, fermée à la tête par un grillage à travers lequel on pouvait considérer la sainte relique. Il descendit donc cette châsse, sans avoir assez consulté l'archevêque de Sens, qui l'en blâma fortement. Il déposa le corps de saint Edme dans une chapelle ornée de tentures, où il resta six mois. La nouvelle châsse, plus légère et plus découverte, est fermée de grands carreaux en verre, et est, par là même, exposée aux spoliations et à la profanation. La cérémonie de cette translation se fit humblement, en présence des prêtres des environs et des fidèles de la paroisse. Quel rapprochement avec ces translations solennelles auxquelles les rois, les princes, les évêques accouraient avec un pieux empressement. Que les temps sont changés! Le corps du Saint fut trouvé couché dans sa châsse, revêtu de ses ornemens pontificaux, depuis la mitre jusqu'aux brodequins. On répara la mitre qui se détachait en lambeaux, et on changea le linceul qui touchait le corps. Le bras de saint Edme, détaché du temps de saint Louis, est déposé dans une armoire pratiquée dans le mur d'une chapelle.

Je ne dois pas passer sous silence le concours extraordinaire qui se fit à Pontigny, cette même année 1825, le lendemain de la Pentecôte, jour où l'on célèbre ordinairement la fête de saint Edme, quoiqu'elle arrive le 16 novembre. Son corps, que l'on voyait dans une chapelle ardente, attira une foule immense. On assure qu'il s'y trouva plus de dix mille personnes. Un orage inattendu vint bientôt mettre fin à cette réunion, qui rappelait les beaux temps de l'abbaye. Tout-à-coup, à quatre heures et demie du soir, le ciel s'obscurcit, le tonnerre gronde, une grande pluie commence à tomber et se prolonge jusque dans la nuit. Lorsque les auberges et les maisons des particuliers furent remplies, le reste de la foule s'écoula le long des chemins; les uns allèrent coucher dans les villages voisins, les autres marchèrent une partie de la nuit; car on y était accouru d'Auxerre, de Joigny, de Brienon, de Saint-Florentin, de Seignelay, de Ligny-le-Châtel, de Chablis, et des villages d'alentour.

L'abbaye de Pontigny fleurit six cent soixante-seize ans. Son histoire n'est pas sans nuages, parce que les abus sont inséparables de toutes les choses humaines. Cependant, quel tribut de reconnaissance ne mérite pas cette maison que la religion seule pouvait montrer à nos pays? Dès sa naissance, elle acquit cette prépondérance imposante que donnent l'indépendance temporelle, la noblesse des sentimens de la religion et la protection des rois. On l'a vue, investie de toute la confiance des grands, servir de pacificateur et d'arbitre entre eux et les peuples; on l'a vue chargée des présens qu'elle recevait des rois, des évêques, des seigneurs et des peuples. Dans les temps orageux du moyen-âge, cette noble abbaye ne fut-elle pas le flambeau de la foi et de la civilisation? Ne s'éleva-t-elle pas contre l'anarchie qui dévorait nos contrées, alors que tout était barbare, excepté elle? Les abbés, l'Evangile à la main, condamnaient l'ambition des uns, l'orgueil des autres, les usurpations, les brigandages, l'esclavage enfin. Leur charité ingénieuse finit par gagner les seigneurs du pays. Ceux-ci, entraînés par l'ascendant de la vertu, mettent leurs enfans au nombre de ces religieux qu'ils vénèrent; bientôt ils veulent qu'on apporte leurs cendres dans l'abbaye. Cette sorte d'alliance, contractée avec les premières familles du pays, permet aux abbés de tout entreprendre pour le bien spirituel et temporel des peuples. Si les derniers temps de l'abbaye ont donné moins d'édification que les siècles précédens, les fidèles avaient moins besoin de son appui.

Que dirai-je encore de notre illustre abbaye? Elle s'était acquise une réputation européenne par l'observance parfaite des réglemens de son ordre, par le nombre et la ferveur de ses frères; elle fut pendant plusieurs siècles le refuge spécial des pécheurs. Que d'âmes n'a-t-elle pas ravies aux enfers pour en enrichir le royaume des cieux? Là, des hommes de toute condition ont rejeté le pesant fardeau du monde pour se soumettre au joug de l'Evangile; là, des grands ont échangé le faste et le luxe du siècle contre la vie humble et pauvre des moines. On a vu des évêques déposer le gouvernement de leur église et venir embrasser à Pontigny une vie plus douce et plus tranquille, aimant mieux obéir dans un cloître que de commander dans leur diocèse. Que d'hommes remplis de l'esprit de Dieu sont sortis de cette maison pour porter la bonne odeur de Jésus-Christ dans les différentes parties de l'Europe. S'il est permis à une province, à une ville, de revendiquer les grands hommes qui sont nés dans son sein, que de savans et saints personnages, formés à la science et à la vertu dans l'école de Pontigny, ont illustré nos contrées qui les avait vus naître? Si l'histoire de ces temps héroïques fût parvenue jusqu'à nous, que de beaux exemples elle présenterait à notre émulation!

Ces richesses que l'on a reprochées ou plutôt enviées à l'abbaye de Pontigny, n'étaient-elles pas toujours prêtes pour secourir une calamité nationale? Dans un malheur public, dans un temps de peste, dans une famine, n'a-t-on pas vu ces trésors s'ouvrir? n'a-t-elle pas engagé les vases de l'autel pour nourrir les pauvres, pour repousser l'ennemi commun?

Après la dispersion des religieux, en 1790, les comités révolutionnaires mirent l'abbaye au pillage : ces forêts magnifiques, ces prés, ces étangs, ces vignes, ces immenses propriétés dont la piété des siècles passés s'était plu à la doter, devinrent la pâture des Vandales qui gouvernaient la France. Les bâtimens de l'abbaye et ses dépendances furent démolis jusques aux fondemens. Tandis que cet édifice, digne du crayon de l'artiste et de la description du savant, s'écroulait de toutes parts (1),

---

(1) Le plan de l'abbaye manque à l'histoire; je n'en ai pu découvrir de traces que dans le souvenir des anciens, alors quelle

l'église dénoncée, comme chapelle de couvent, allait subir le même sort, sans les réclamations et l'opposition généreuse des habitans; tandis que l'on enlevait les débris de l'abbaye, le temps critique s'écoula et l'église se trouva avoir conservé les reliques de saint Edme, ses tableaux, ses orgues (1), ses autels, ses magnifiques stalles et ses grilles de fer. La commune Pontigny (2), qui n'est composée que d'environ sept cents âmes, ne pourra suffire à l'entretien de cet édifice, si le gouvernement ne vient à son secours. Ainsi cette belle basilique, qui a été sanctifiée par des noms et des souvenirs destinés à vivre dans notre histoire nationale, est me-

---

difficulté de décrire avec intérêt et exactitude un édifice dont les pierres sont dispersées.

(1) C'est en touchant de l'orgue dans cette basilique que M. Cabias, desservant de Pontigny, fit, en 1828, la découverte de *l'orgue simplifié*, au moyen duquel un enfant, qui connaît seulement les chiffres, peut donner une messe solennelle.

(2) Cette commune prit naissance auprès de l'abbaye, après l'an 1114. Venousse a été la mère-paroisse jusqu'en 1792. Alors Pontigny, devenu important par sa population, fut érigé en commune. Il comprend les villages de la rue Feuillée, du Pont, de la Tuilerie; les fermes du Beugnon, de Sainte-Porcaire, de Sainte-Radegonde, de Roncenay, et deux maisons de la Mouillère, successivement détachées de Ligny-le-Châtel et de Vergigny. La route d'Auxerre à Saint-Florentin traverse Pontigny, et présente dans cette commune une rue bordée de belles maisons.

Lab. Bibl. mss. t. II, p. 422; Lebœuf, Mém., t. I, p. 244. Cart. de Pont., t. II, p. 19 et 73.

La ferme de Roncenay, *Roncenniacum, Runcenniacum, Rontonicum*, autrefois de Vergigny, a été vendue en 1790. Aujourd'hui, c'est un hameau de trois feux. En 925, Betton, évêque d'Auxerre, donna cette terre, avec Venousse, aux chanoines de la cathédrale. On l'appelait alors *Rontoniacum*. Elle passa à l'abbaye de Pontigny vers 1120; elle est nommée dans la charte *terra Runcinaci*, terre de Roncenay.

nacée de voir ses voûtes crouler et ses colonnes tomber dans la poussière.

Le voyageur qui parcourt ces lieux, autrefois si florissans et si animés par le concours des chrétiens, sent son âme partagée entre le respect, la tristesse et l'effroi. S'il porte ses pas autour de l'église, il ne voit que des ruines; s'il pénètre dans la basilique, il voit, dans le silence de ce vaste édifice, le salpêtre et la mousse couvrir le sol des chapelles et le pied des murs; il voit les autels, qui rappellent le sublime sacrifice du Sauveur, renversés ou demi-ruinés, les tableaux déplacés, les lambris qui se dégradent, les vitraux entr'ouverts, et au milieu de ces dépérissemens, il remarque des restes magnifiques qui attestent la foi et la grandeur d'âme des enfans de saint Etienne. Le corps de saint Edme occupe toujours son ancienne place, mais on ne voit aucune lampe devant la châsse du saint archevêque, aucun cierge qui répande sous les arceaux une lueur pieuse et recueillie. Cette terre de bénédiction, l'asile de la piété de nos pères, possède à peine un prêtre pour célébrer sur les tombeaux de ces hommes qui ont si bien mérité de la société toute entière. S'il faut tout dire sur les ruines de cette noble fille de Cîteaux, qui avait apporté en dot à nos pays l'Evangile et la civilisation, sur cette terre sacrée où reposa saint Edme, saint Thomas de Cantorbéry, saint Louis, et tant d'autres, un nouveau propriétaire éleva, en 1793, une chapelle et une statue à l'impudique Vénus, et sur le seuil, deux autres statues dignes de la déesse. La statue a été enlevée en 1814, et les peintures qui l'environnaient effacées.

L'étranger qui aborde ces lieux croit encore entendre l'injonction miraculeuse qui sortit du buisson ardent, quand le libérateur d'Israël fut en présence du Très-Haut : *Ote ta chaussure, car le lieu où tu te trouves est sacré*. L'église est un vaste et lugubre mausolée où une foule de saints reposent dans le sommeil de la paix. Le sol de l'emplacement du chapitre et de la chapelle de saint Thomas, si vénérable à cause des sépultures qu'il renferme, a été livré par la révolution de 1789 à des mains séculières; c'est pourquoi on verra un jour outrager la religion des tombeaux, on foulera aux pieds la cendre des Saints. Se trouvera-t-il assez de foi chez nos neveux pour arrêter de telles profanations? Chaque commune du voisinage, chaque hameau peut revendiquer, dans cette terre sacrée, le corps d'un homme de bien, on peut dire d'un saint.

Les institutions meurent, mais la religion qui les a produites est immortelle. Malgré l'indifférence passagère de notre siècle pour tout ce qui n'est pas du domaine des intérêts positifs, espérons que la main du Tout-Puissant saura susciter d'autres institutions, appropriées aux besoins de notre époque, qui donneront à la religion le soutien et l'éclat dont elle a besoin pour accomplir ses glorieuses destinées.

NOTICE

CHRONOLOGIQUE ET TOPOGRAPHIQUE

DES ABBAYES DE LA FILIATION

DE PONTIGNY,

AVEC LES FILIATIONS MÉDIATES ET IMMÉDIATES.

L'ORDRE de Cîteaux comptait au dix-huitième siècle sept cent soixante-seize maisons, ou abbayes de sa filiation; cent cinq de la filiation de Cîteaux; quinze de celle de la Ferté, première maison sortie de Cîteaux; quarante-cinq de Pontigny, sa seconde fille, non compris celles qui avaient été détruites; trois cent quatre-vingt-cinq de Clairvaux, et deux cent vingt-six de Morimon. ^{Cart. de Pont., t. I, p. 115, 133 et suiv.}

La filiation de l'abbaye de Pontigny s'étendait en France, en Italie, en Pologne et en Angleterre. Le schisme et l'hérésie lui enlevèrent les monastères d'Angleterre; d'autres causes séparèrent ceux de Pologne. Pendant les guerres, les abbés n'ayant pu correspondre avec sûreté avec la France, avaient la plupart abandonné leur maison-mère et avaient érigé leurs monastères en différentes congrégations. Ils ne paraissaient plus aux chapitres-généraux que par députés. Dans les derniers temps, il ne restait à l'abbaye de Pontigny que trente-six maisons : vingt-cinq de la commune observance, neuf de l'étroite, et deux de filles, l'abbaye de la Chassagne et celle de Bons, dépendantes immédiatement de l'abbé de Saint-Sulpice, qui était un abbé régulier, avec celui du Pin et celui du Rivet. Ainsi, l'abbaye de Pontigny n'avait que trente maisons sous sa juridiction immédiate. Voici les noms de tous ces établissemens avec l'année de leur fondation et le département où se trouvent les débris qui en peuvent rester encore. Ceux qui sont en tête de la première accolade désignent les abbayes-mères qui ont produit celles qui suivent.

En 1114, PONTIGNY, département de l'Yonne.

1119, BOURAS, département de la Nièvre.
1138, CHALIVOIS, département de la Nièvre.

1119, CADOUIN, département de la Dordogne.
1123, GONDOM, département de Lot-et-Garonne.
1128, FONTGUILLEM, département de la Gironde.
1124, BONNEVAUX, département de la Vienne.
1130, SAINT-MARCEL, département du Lot.
1133, LA RHODE, département du Tarn.
1147, CLARIANNE, dans le Roussillon espagnol.
1147, FAIZE, département de la Gironde.

1120, DALON, département de la Corrèze.
1121, BONLIEU, département de la Creuse.
1123, BEUIL, département de la Haute-Vienne.
1139, SAINT-LEONARD, départ. de la Charente-Inférieure.

1134, LOC-DIEU, département de l'Aveyron.
1138, AUBIGNAC, département de l'Indre.
1140, PRÉBENOIT, département de la Creuse.
1163, LE PALAIS, département de la Creuse.

En 1124, Fontaine-Jean, département du Loiret.
- 1124, Jouy, département de Seine-et-Marne.
- 1133, Pontaut, département des Basses-Pyrénées.
- 1188, Le Rivet, département de la Gironde.
- 1144, La Noe, département de l'Eure.
- 1161, Carbon-blanc, département de la Gironde.
- 1167, Scellières, département de l'Aube.

- 1130, Saint-Sulpice, département de l'Ain.
- 1145, La Chassagne, département de l'Ain.
- 1155, Bons, département de l'Ain.
- 1143, Falère, en Italie.
- 1170, San Sebastiano, en Italie, près de Rome.

En 1133, Quincy, département de l'Yonne.
- 1136, Chalis, département de l'Oise.
- 1151, La Merci-Dieu, département de la Vienne.

En 1136, Les Roches, département de la Nièvre.
- 1137, Cercamp, département du Pas-de-Calais.
- 1130, L'Etoile, département de la Vienne.
- 1141, Le Pin, département de la Vienne.
- 1145, Trizay, département de la Vendée.
- 1156, Notre-Dame de Ré, départ. de la Charente-Infér.
- 1144, L'Estrée, département d'Eure-et-Loire.
- 1200, Saint-Martin de Viterbe, en Italie.

- 1200, Hégres, en Hongrie.
- 1219, Sainte-Croix, en Hongrie.
- 1219, Zam, en Hongrie.
- 1239, Kiers, en Hongrie.

BOURAS, *Bonus radius*. Cette abbaye fut fondée le 8 septembre 1119, dans le Nivernais, ancien diocèse d'Auxerre, près de Champlemy, à deux lieues de Varzy et huit de Nevers; c'est la première fille de

Cart. de Pont., T. I, p. 59 et suiv.

Pontigny. C'est d'elle que furent tirés les religieux qui fondèrent Chalivois. Elle était considérable avant le ravage des Huguenots, ou Calvinistes, en 1567.

CHALIVOIS (1), *Callovium*, fille de Bouras et petite-fille de Pontigny, fut fondée en 1133 par Guffroy de Magny, dans l'ancien diocèse d'Auxerre, à trois lieues de Sancerre, deux de la Charité-sur-Loire et une de Pouilly. Cette abbaye était considérable avant que les Calvinistes ne l'eussent détruite. Elle doit son commencement au frère Julien et à ses re-

---

(1) On a conservé dans ces vers la fondation de l'abbaye de Chalivois :

Le père Viole.

L'an mil cent trente-quatre ou trois,
Régnant Louis, duc d'Aquitaine,
Prince souverain, roi des François,
Et Innocent, en cour romaine ;
L'illustre seigneur Hugues d'Aveine,
Baron de Saint-Verin des bois,
Terre en fief, cens et domaine,
Des plus nobles du pays Auxerrois,
Alla en l'abbaye Pontinienne,
Située entre Auxerre et Troyes,
D'où dix religieux il emmena,
En ces déserts et dedans ces bois ;
Pour chacun jour de la semaine,
Servir à Dieu le grand roi des rois,
Dans ces roches, près de Mienne.
Le premier abbé fut Godefroy,
Sorti de la maison ancienne
Des comtes et marquis de Puisaye,
Qui pour la gloire souveraine,
Quitta ce monde sans nul effroy,
Persévérant ici sans peine,
D'un ferme cœur et de vive foy.

ligieux, ermites de la Fontjuste; ils donnèrent tous leurs biens aux moines de Citeaux, établis peu après à Chalivois, du consentement d'Arnould Bon-OEil, fils et héritier de Guffroy. L'église, que les Huguenots brûlèrent, était une des plus belles du diocèse. Tous les bâtimens furent consumés dans le même incendie. Un décret du chapitre général, en 1278, ôta à l'abbaye de Bouras la paternité de Chalivois, pour la remettre à celle de Pontigny, parce que cette première abbaye n'avait pas corrigé certains désordres qui s'y étaient glissés.

CADOUIN, *Caduinum*, diocèse de Sarlat, à une lieue et demie de Limeuil et sept de Sarlat, dans un bourg de ce nom. Le terrain, donné d'abord pour un couvent de filles de l'ordre de Fontevrault, en 1115, fut cédé par l'abbesse à Guy de Sales, qui y fonda un monastère de la filiation de Pontigny, le 27 novembre 1119, dans lequel il se consacra à Dieu, l'année suivante, le jour de saint Simon et saint Jude. Le premier abbé fut Henri, religieux de Pontigny. Il eut la consolation de fonder cinq monastères. Cette abbaye devint fort célèbre par le culte que l'on y rendait à un suaire du Sauveur, apporté d'Orient par un prêtre de la province. Quoique plusieurs églises se glorifiassent de posséder la même relique, celle de Cadoüin paraissait la plus authentique, étant appuyée de quatorze bulles des papes et de plusieurs miracles opérés par la sainte relique. Cette abbaye suivait la réforme adoptée dans l'ordre en 1666. Il n'y restait plus que quatre religieux en 1790. Les revenus étaient de huit mille livres.

Gondom, *Gondonium*, fille de Cadoüin, ainsi nommée des bois qui l'environnaient, fut fondée en 1123, dans le diocèse d'Agen, à deux lieues de Castillonnès. Dans les derniers temps, il ne restait plus que l'église des anciens bâtimens.

Fontguillem, *Fons Guillelmi*, fille de Gondom et petite-fille de Cadoüin, ancien diocèse de Bazas, à deux lieues de cette ville, même distance de Casteljaloux, fut fondée en 1128. On y conservait deux chartes du temps de sa fondation, en faveur d'un certain nombre d'enfans qui devaient y être instruits. Cette abbaye avait embrassé la réforme, adoptée en 1666.

Bonnevaux, *Bona vallis*, abbaye sortie de Cadoüin, à deux lieues de Poitiers, bâtie dans un très-petit vallon, et entourée de bois. Elle doit sa fondation aux seigneurs de Mortemart, en 1124. Pierre, archevêque de Tarentaise, sortait de cette maison.

Saint-Marcel, *de Sancto Marcello*, colonie de Cadoüin, dans le diocèse de Cahors, fondée en 1130, le 21 mars, jour de saint Benoît. L'église de l'abbaye servait de paroisse, et le curé était obligé par un concordat d'acquitter les fondations.

La Rhode, *de Rhodá*, auparavant Ardorel, autre colonie de Cadoüin, fondée le 21 mars 1135, par Cécile, vicomtesse de Bézières, dans une affreuse solitude du diocèse de Castre. Le tombeau de cette bienfaitrice était encore, en 1788, devant la porte de l'église, dont il restait une aile. Cette donation fut confirmée par le pape Innocent II, en 1138. Le premier abbé se nommait Foulques.

Au milieu du seizième siècle, toute cette abbaye fut victime d'un fanatisme dont l'histoire offre peu d'exemples. L'abbé d'Ardorel avait un proche parent séduit par l'hérésie de Calvin, qui venait souvent au monastère. Il arrive un jour entre dix et onze heures du soir, et frappe à la porte de l'abbaye. Le portier, frère convers, reconnaît sa voix, et lui demande ce qui l'amène si tard. Il répond qu'il va à Toulouse, qu'il marche la nuit pour éviter la chaleur, et qu'il désire se reposer en attendant quelques amis qui doivent se joindre à lui à Ardorel. Le frère va chercher les clefs dans l'appartement de l'abbé et le fait entrer. Comme il refuse de se coucher, il le laisse dans une chambre et va se reposer. L'heure de matine arrive, ce malheureux introduit ses complices dans l'église, et à mesure que les moines viennent au chœur, ils sont poignardés par ces fanatiques, et jetés, avec leur abbé, dans un puits qui subsiste encore; ensuite ils pillent la maison, et mettent le feu partout avant de se retirer. Un jeune religieux, qui était allé voir sa famille, revenait de grand matin; saisi de frayeur à la vue de l'incendie et du vacarme qui régnait dans la maison, il court se réfugier à la grange de la Rhode, où deux de ses confrères, échappés au massacre, se joignent à lui. Pour se mettre en sûreté, ils bâtirent en cet endroit une maison, en forme de forteresse, composée de quatre pavillons, le cloître au-dessous. La Rhode se trouvait du diocèse de Lavaur, et Ardorel du diocèse de Castre. Cependant les religieux reconnurent toujours leur ancien diocèse. Ce funeste accident fit perdre à l'abbaye une partie de ses biens.

Clarjane, *Clariana*, appelée aussi *de Januariis*, ou *de Jano*, fille d'Ardorel, ou de la Rhode, fut fondée, en 1147, dans une partie de l'ancien Roussillon appartenant à l'Espagne.

Faize, *Fasia*, abbaye sortie de Cadoüin, et fondée en 1147, dans le diocèse de Bordeaux. Elle embrassa la réforme. En 1790 on y comptait sept religieux. Les revenus étaient de dix mille livres.

Dalon, *Dalonium*, ancien diocèse de Limoges, à une lieue de Saint-Robert, était un couvent de solitaires ou ermites, vivant en communauté ; on les appelait les Bons-Hommes. Ils élurent pour supérieur, en 1120, Gérard de Salis, un de leurs confrères, qui ne voulut accepter qu'à condition que la communauté se mettrait sous la conduite de l'abbé de Pontigny, et qu'elle adopterait la règle de Cîteaux. Tous les solitaires y consentirent. L'abbé de Pontigny accueillit leur demande, et confirma la nomination de Gérard, qui fut le premier abbé. La maison de Noailles donna à cette abbaye beaucoup de biens, que ses descendans lui reprirent. Le chœur et le sanctuaire, restés seuls de l'ancienne église, annonçaient que c'était un beau monument, et que, dans le principe, l'abbaye était considérable. Elle fut mère de six maisons, et d'une septième, qui est sa petite-fille. On y conservait un ancien et magnifique Cartulaire en parchemin, très-bien écrit et orné de très-belles vignettes en or.

BONLIEU, *Bonus locus*, fille de Dalon, à deux lieues de Chénerailles et à quatre d'Aubusson, ancien diocèse de Limoges, fut fondée, le 28 octobre 1121, par les comtes de la Marche. Elle commença comme Dalon par des ermites appelés Bons-Hommes. La révolution de 1789 ne trouva que l'église des anciens bâtimens, encore une partie servait de grange. On y voit une tour fort haute, qui avait servi de retraite aux moines pendant les guerres.

BEUIL, *Bullium* ou *Boglium*, maison sortie de Dalon, à trois lieues de Limoges, située sur la croupe d'une petite montagne entourée de bois. Sa fondation remonte au 22 avril 1123. Ce monastère conserva ses bâtimens jusqu'en 1789, mais il avait perdu la plus grande partie de ses biens.

SAINT-LÉONARD DES CHAUMES, *de Sancto Leonardo*, abbaye fille de Beuil et petite-fille de Dalon, à une lieue de La Rochelle, fut fondée en 1139. Pendant les guerres des Calvinistes, elle fut presque entièrement détruite. Ce qui resta de religieux embrassa la réforme, reçue dans l'ordre en 1666.

LOC-DIEU, *Locus Dei*, abbaye née de celle de Dalon, fondée le 21 mars 1123 ou 1134, dans le diocèse de Rhodez, à deux lieues de Villefranche. Philippe-le-Bel la prit sous sa protection par une charte de 1311. Cette abbaye se soutint jusqu'en 1788. On y comptait alors douze religieux.

AUBIGNAC, *Albiniacum*, autre fille de Dalon, dans

le diocèse de Bourges, près de Saint-Benoît du Sault, fondée en 1138. A la révolution, elle avait perdu presque tous ses biens. Ses revenus ne s'élevaient plus qu'à mille cinquante-sept livres.

Prébenoît, *Beata Maria de prato Benedicto*, ancien diocèse de Limoges, à quatre lieues de Guéret et autant de Châtres, abbaye fondée par des religieux de Dalon en 1140, et dotée avantageusement par les seigneurs de Maleval et les vicomtes de la Brosse. On y voyait plusieurs tombeaux de cette dernière famille. Cette abbaye, qui était considérable, fut ruinée par un abbé commendataire. Il pensionna les religieux, supprima les titres, et disposa des biens en faveur de sa famille, qui demeurait dans le voisinage.

Le Palais, *Beata Maria de Palatio*, dernière fille de Dalon, ancien diocèse de Limoges, à une lieue de Bourganeuf, qui fut fondée en 1140 ou 1163.

Fontaine-Jean, *Fons Johannis*, fille de Pontigny, à cinq lieues de Montargis et deux de Châtillon-sur-Loing, dans l'ancien diocèse de Sens. Ce monastère fut fondé le 20 mars 1124, par Pierre de Courtenay, cinquième fils de Louis-le-Gros. Avant de partir pour la Terre-Sainte, il lui donna de grands biens, pour qu'il fût un des plus beaux de l'ordre. Les armes de cette famille étaient dans l'église et dans le chapitre, où plusieurs d'entre eux eurent leur sépulture. Saint Guillaume, religieux et prieur de Pontigny, en fut abbé en 1181 ; c'est de là qu'il fut transféré à l'abbaye de Châlis et ensuite à l'archevêché de Bourges. Philippe de Valois vint dans cette maison, avec toute sa cour, au mois de janvier 1331, et confirma plusieurs possessions des religieux.

Cette abbaye fut presque ruinée par les disciples de Calvin, ayant à leur tête l'abbé lui-même, Odet de Châtillon, évêque de Beauvais, et cardinal, qui avait abjuré la foi catholique. Le 7 octobre 1562, après avoir fait massacrer quatre religieux, il emmena à Châtillon ceux qu'il put saisir, pour avoir le cruel plaisir de les faire mourir à loisir. Les Huguenots de Sancerre prirent un religieux profès, nommé dom Grégoire Bertomier, le lièrent avec le curé de Saint-Gemme, et les enterrèrent tout vifs. Après cette exécution, ils brûlèrent les bâtimens et ne laissèrent de l'église, qui était grande, que le milieu de la croisée avec le sanctuaire.

On voyait encore, en 1788, près du grand autel, le beau mausolée de Jacques de Courtenay, tout en marbre blanc, posé sur des colonnes de marbre noir. Ce seigneur était représenté au-dessus de grandeur naturelle, agenouillé devant un prie-Dieu, le manteau royal sur les épaules; derrière lui était son frère Jean de Courtenay, vêtu de même. Toute cette famille était dans des cercueils de plomb dans un caveau creusé sous ce mausolée. Les guerres civiles de la minorité de Louis XIV firent de grands dommages à cette maison.

Jouy, *Joïacum*, fille de Pontigny, dans l'ancien diocèse de Sens, à deux lieues de Provins, fondée le 14 août 1124, par Pierre de Châtelet et Milès de Naud. Thibault-le-Grand, comte de Champagne, en fit faire les bâtimens avec sa magnificence accoutumée. C'est une des plus considérables abbayes qui aient embrassé la réforme de 1666. Elle avait encore quatorze religieux en 1788. Dans sa bibliothèque, on comptait plus de cent manuscrits très-bien conservés, la plupart de saint Ambroise, de saint Jérôme, de saint Augustin, de saint Bernard et de Hugues de Saint-Victor. On y voyait aussi une vie de saint François, écrite par un religieux qui l'avait connu et qui vivait avant saint Bonaventure, auteur de celle qui est imprimée. L'église était belle. Le tombeau de Simon de Beaulieu, archevêque de Bourges, se trouvait devant le grand autel. Le premier abbé fut Gaultier. Ses revenus étaient de trente mille livres.

PONTAUT, *de Ponte alto*, dans l'ancien diocèse d'Aire, à quatre lieues de cette ville, trois de Saint-Sever, et cinq de Pau, est une fille de Jouy, fondée et dotée par les rois de Navarre. Les religieux y entrèrent le 6 mai 1133. La maison était si grande, que les rois de Navarre, avec toute leur cour, et les seigneurs du voisinage, y logèrent plusieurs fois, sans déranger les religieux.

Jeanne d'Albret, reine de Navarre et mère de Henri IV, ayant abandonné la foi catholique pour embrasser la secte des Calvinistes, déclara une guerre cruelle aux ecclésiastiques et aux religieux, en haine du pape. Elle commença par l'abbaye de Pontaut, qui était aux portes de sa capitale. Une troupe de fanatiques, qu'elle envoya dans cette maison, massacrèrent tous les religieux qui leur tombèrent sous la main, la pillèrent et y mirent le feu. Leur fureur impie ne se borna pas au massacre; ils se saisirent d'un religieux qu'ils mirent à la broche tout vivant; ils prirent aussi un curé de la paroisse de Pondeux, qu'ils bardèrent et firent rôtir tout vivant. Les revenus étaient de dix mille livres.

Le Rivet, *Beata Maria de Riveto*, fille de Pontaut et petite-fille de Jouy, fondée en 1188, dans l'ancien diocèse de Bazas, aujourd'hui de Bordeaux. Louis XIV la mit en commende; mais l'abbé commendataire, effrayé du changement qu'il apportait à la condition de l'abbaye, se fit religieux de l'ordre, et lui rendit ainsi la paix qu'elle a conservée depuis.

La Noe, *Beata Maria de Noâ*, abbaye sortie de Jouy, diocèse d'Evreux, à deux lieues de cette ville, bâtie au bas d'une petite montagne, dont la croupe est plantée de vignes, qui sont les dernières de la province. Elle fut fondée le 1er janvier 1144, par l'impératrice Mathilde, fille de Henri I, roi d'Angleterre, et femme de Geoffroy, comte d'Anjou. Elle acheta la terre de la Noe à des religieux, et celle de Moran, à une demi-lieue, où le logis abbatial a été transféré dans la suite. Elle enrichit cette maison d'une croix d'argent, remplie de reliques, avec deux gros morceaux de la vraie croix, placés au milieu, sous un verre. L'église fut dédiée à la sainte Vierge. Le premier abbé fut Guérin.

Les comtes d'Evreux donnèrent de grands biens à cette abbaye; ils avaient leur chapelle dans un des bas-côtés de la nef. Les abbés et les religieux prenaient le titre d'aumôniers-nés des comtes d'Evreux. On voit dans l'église les tombeaux de deux dames de cette maison, représentées en relief, vêtues de l'habit de l'Ordre. Autour des tombeaux sont des religieux en bas-relief, vêtus de l'ancien habit, le chaperon attaché à la coule. Les corps de ces deux dames sont au-dessous, dans un caveau, sur des tréteaux de fer.

Le saint-sacrement était dans un tabernacle de pierre, représentant le buisson ardent. Moïse était à genoux au coin de l'autel. Ce morceau antique et d'une rare beauté, était fort estimé, ainsi que le chœur, bâti vers 1544, par Jean Féret, dernier abbé régulier. On y remarquait surtout deux pièces de sculpture d'une rare perfection : une vierge en bas-relief tenant son enfant endormi, et un portrait de François I.

CARBON-BLANC, *Bonus locus*, doit son origine à des religieux venus de Jouy. Ce monastère fut fondé le 26 octobre 1161, à trois lieues de Bordeaux, pays d'entre les deux mers. Le corps de Suarius, illustre par ses miracles, reposait dans cette maison dont il avait été abbé.

SCELLIÈRES, *de Sigilleriis*, fille de Jouy, du diocèse de Troyes, à deux lieues de Pont-sur-Seine, fondée par Henri, comte de Champagne, en 1167, pour le repos de l'âme de Henri, son père, et de Marie, sa mère. On conservait dans cette maison un Traité du chant, composé par saint Bernard.

SAINT-SULPICE, *de Sancto-Sulpicio*, doit ses premiers religieux à l'abbaye de Pontigny. Hugues de

Mâcon leur donna pour premier abbé un moine nommé Bernard. Cette abbaye, située dans l'ancien diocèse de Belley, fut d'abord occupée par des chartreux, qui l'abandonnèrent à cause de son mauvais air, car elle était bâtie dans un petit vallon au pied d'une montagne fort rude et couverte de sapins. Sa fondation remonte au 21 avril de l'an 1130. Plusieurs comtes de Savoie y étaient inhumés dans des tombeaux élevés de terre, avec leur effigie en relief. On leur attribue la fondation de cette abbaye. Les hérétiques détruisirent tous les bâtimens, en sorte que, pendant plusieurs années, les religieux furent obligés de partager les revenus et de vivre séparément. L'abbé Montholon rebâtit le dortoir et les réunit. Il fit revivre la discipline, et elle a toujours été bien tenue dans cette communauté, qui a l'honneur d'avoir fondé quatre maisons. On y conservait la mémoire d'un frère convers nommé Vital, illustre par sa sainteté et par ses miracles pendant sa vie et après sa mort. Les revenus de cette maison étaient de vingt mille livres.

La Chassagne, *Cassania*, fille de Saint-Sulpice, diocèse de Lyon, à une demi-lieue de Chalamon, fut fondée en 1145, par Etienne, seigneur de Villards, avant son voyage pour la Terre Sainte. Le tombeau de ce seigneur, composé d'une seule pierre de marbre blanc, se voyait dans le chapitre en 1788.

Bons, *Bona*, abbaye de filles, fondée en 1155, dans un lieu fort solitaire de l'ancien diocèse de Bellay, à droite de la rivière de Furent, entre Bellay et Virieu-le-Grand. Elle fut, dans la suite, transférée dans la ville de Bellay. Cette abbaye, ainsi que la Chassagne, dépendaient immédiatement de l'abbé de Saint-Sulpice.

Falere, *Falera*, maison sortie de Saint-Sulpice. Elle fut fondée en 1143, dans le diocèse de *Citta di Castello*, en Italie.

San Sebastiano, *Sanctus Sebastianus*, autre abbaye, sortie de Saint-Sulpice, située près de Rome, hors des murs. C'était une abbaye de Bénédictins, qui fut donnée à l'ordre de Cîteaux en 1170, et d'où sortirent deux évêques.

Quincy, *Quinciacum*, fille de Pontigny, fondée en 1133, dans l'ancien diocèse de Langres, à deux lieues de Tonnerre, et dédiée le 23 avril, jour de saint Georges, ce qui fit mettre sous l'invocation de ce Saint la petite église, dont on se servit en attendant que la grande église fût terminée. Elle fut six ans à bâtir, et consacrée à l'assomption de la sainte Vierge. Ce bel édifice, ainsi que celui de l'abbaye, venaient de la munificence du roi Louis-le-Gros, qui avait placé Henri, le troisième de ses fils, à Clairvaux. Pierre de Courtenay, cinquième fils de Louis, et d'autres ducs de Bourgogne, sont aussi regardés comme fondateurs de cette maison.

Odet de Châtillon, évêque apostat de Beauvais, seigneur de Tanlay, dont il a déjà été parlé, eut le premier l'abbaye de Quincy en commende. D'abord il la combla de bienfaits; mais s'étant déclaré pour l'hérésie de Calvin, il la ruina tellement, que jamais elle n'a pu s'en relever. Il ne resta de sa magnifique église que la croisée et le chœur. Les reliques de saint Gaultier, abbé de Quincy et élu évêque d'Auxerre, pour lequel on conservait une grande vénération, y reposaient dans un tombeau élevé de terre; elles sont aujourd'hui dans une paroisse voisine. On y remarquait encore les mausolées de Jean de Courtenay, de Guillaume de Joinville et de leurs épouses, et celui d'un seigneur de Vergy; deux étaient à gauche en entrant à l'église, et l'autre à droite. L'abbaye de Quincy possédait plusieurs manuscrits intéressans. La bibliothèque de Tonnerre renferme un volume in-8 des bulles et des priviléges que cette abbaye avait obtenus du Saint-Siége dans la suite des siècles.

CHALIS, *Caroli locus*, abbaye à deux lieues de Senlis et neuf de Paris, entre Louvre-en-Parisis et Nanteuil, fondée en 1136 par Louis-le-Gros, roi de France, à l'occasion du massacre de Charles-le-Bon, comte de Flandre, dont le roi avait épousé la sœur. Le fonds de terre venait d'une donation de Guillaume de Senlis, seigneur de Chantilly, bouteiller de France. Saint André de Baudiment, noble Champenois envoyé de Pontigny avec douze religieux, en fut le premier abbé. Il mourut le 10 décembre 1142. Saint Guillaume, religieux et prieur de Pontigny, avait aussi été abbé de Châlis.

Cette abbaye a fourni quatre évêques à la ville de Senlis, auxquels on peut ajouter Godefroy, évêque de la même ville, qui vint prendre l'habit religieux à Châlis, en 1213. C'était un des plus riches monastères de l'ordre. On y comptait douze religieux en 1788; les revenus étaient de cent dix mille livres.

La Merci-Dieu, *de Misericordia Dei*, fille unique de Châlis, dans le diocèse de Poitiers, sur la Gartempe, à une lieue de Rochepozay et à quatre lieues de Chatellerault. Cette abbaye, bien bâtie et agréablement située, fut fondée le 17 septembre 1151, par Eschivart, seigneur de Preuilly, en Tourraine, dans un lieu appelé Becheron. On y conservait de beaux manuscrits des saints Pères. L'église était belle; on voyait sur une des croisées les tombeaux des seigneurs de Preuilly, autour desquels les religieux étaient représentés avec l'ancien habit de l'ordre de Citeaux. Dans la nef, on remarquait le tombeau de Louise, dame de Thou. Cette abbaye suivait la réforme, adoptée dans l'Ordre en 1666.

Les Roches, *de Rupibus*, abbaye fondée en 1156, par les barons de Donzy, dans l'ancien diocèse d'Auxerre, à une lieue de Cosne et à trois lieues de Donzy. Les premiers religieux vinrent de Pontigny; on joignit à leur monastère celui de Villegondon, composé de chanoines. Cette abbaye se trouvait dans les bois, à une demi-lieue de la Loire. Dans les derniers temps, il ne restait des anciens bâtimens que l'église, qui n'était ni belle ni saine, quoiqu'on en eût élevé le pavé.

Cercamp, *Carus Campus*, dans l'ancien diocèse

d'Amiens, proche Frévent, sur la rivière de Canche, fut fondée en 1137, par Hugues Campédavoine III, comte de Saint-Pol, et par Béatrix, son épouse, autant par dévotion qu'en réparation de la mort d'un prêtre, que ce comte avait tué à l'autel en poursuivant un cerf. Les religieux de Pontigny n'y entrèrent que le 10 novembre 1140. Le premier abbé fut le vénérable Jourdain, religieux de Pontigny; il donna sa démission en 1142, pour aller finir ses jours dans sa maison de profession. Hugues, un de ses successeurs, pour s'appliquer, à son exemple, uniquement au salut de son âme, et se préparer à la mort, revint aussi à Pontigny; mais il fut renvoyé en Hongrie pour fonder l'abbaye de Hégres, dans laquelle il mourut vers l'an 1240. Le trésor de cette abbaye, qui renfermait des richesses immenses, fut enlevé le 10 janvier 1563. Ses revenus étaient de trente mille livres.

En 1558, les ambassadeurs chargés de traiter de la paix entre la France et l'Espagne, se réunirent à Cercamp; mais le tonnerre ayant brûlé l'église le 14 octobre, ils passèrent dans l'abbaye de Vaucelle, où la paix fut conclue en 1559, et publiée le 3 avril de la même année. Cette abbaye était encore remarquable par la sépulture des comtes de Saint-Pol, de Vendôme et de Luxembourg. On y comptait onze religieux en 1788.

L'Étoile, *Sancta Maria de Stella*, fille de Pontigny, à six lieues de Poitiers et quatre de Châtellerault, était isolée dans un bois, sur la rivière de Vienne. Cette abbaye fut fondée en 1124 ou 1130, par Guy de Cenuïs et son épouse Rosta. Ils établirent pour clause principale dans leur charte de fondation, que celui qui, après leur mort, annulerait leur donation, paierait cent livres d'or, vingt à l'Eglise romaine, quarante à celle de l'Etoile, vingt à celle de Poitiers et vingt au roi. Le premier abbé fut Isambaud, de la maison de Lusignan. Quoique fondée en 1130, elle ne fut réunie à l'ordre de Cîteaux que le 27 juillet 1140. Dom Jérome Petit, abbé régulier, y avait introduit la réforme. Il y avait à cette époque douze religieux.

Le Pin, *Beata Maria de Pinu*, abbaye sortie de Pontigny, située à deux lieues de Poitiers, fut fondée le 28 septembre 1141 ou 1120, dans un vallon étroit et profond, où passe un ruisseau qui va à Poitiers. Son abbé était régulier. Guillaume de Forges, abbé de Saint-Benoît du Pin, en fut le premier abbé, ce qui fait croire que ce monastère était très-ancien, qu'il avait été d'abord dédié à saint Benoît par des moines noirs, et qu'il était passé plus tard dans l'ordre de Cîteaux, comme Granselve et d'autres. Ses revenus étaient de vingt mille livres.

Trisay, *Trisagium*, diocèse de Poitiers, ensuite de Luçon, à trois lieues de cette dernière ville, et une de Saint-Hermine, était une abbaye qui devait sa fondation à Hervé de Marcüil, et à d'autres seigneurs de la province. Elle remonte au 26 juillet 1145. Les Huguenots la détruisirent entièrement. On y comptait quatre religieux en 1788.

Notre-Dame de Ré, abbaye fondée en 1156, et bâtie dans une île de France qui porte ce nom. L'abbé était seigneur d'une partie de l'île. Charles de Boucherat, abbé de Pontigny, céda cette maison aux Pères de l'Oratoire, en 1625, moyennant seize cents livres de rente, qui formèrent les fonds de six bourses au collége des Bernardins à Paris; deux pour Citeaux, et quatre pour Pontigny. De ce moment, Notre-Dame de Ré sortit de la filiation de l'ordre.

L'Estrée, *Strata*, abbaye située dans le diocèse d'Evreux, dans un lieu solitaire, sur le bord de l'Eure, à une petite lieue de Dreux. Elle fut fondée en 1144, par des seigneurs du pays, dont on n'a pas conservé les noms. Guichard, second abbé de Pontigny, y envoya un abbé et des religieux. Le pape Eugène III approuva cette fondation, et prit l'abbaye sous la protection du Saint-Siége. L'église fut dédiée à Notre-Dame. Louis XIV mit cette abbaye en commende, malgré l'opposition des religieux. Comme elle était presque abandonnée, de la Varande, abbé de Pontigny, obtint d'y mettre des religieuses de la filiation de Morimon. Sa sœur en fut abbesse. Cette maison resta sous la juridiction de l'abbaye de Pontigny, quoique l'abbé de Morimon nommât la prieure. Il y avait vingt religieuses en 1788. Malgré les pertes que cet établissement éprouva pendant la commende, il lui restait encore quinze mille livres de rente. On voyait dans le sanctuaire les tombeaux des fondateurs, sur lesquels étaient leurs effigies.

Saint-Martin de Viterbe, *de Sancto-Martino*,

abbaye de moines noirs, de l'ordre de Saint-Benoît, en Italie, que le pape Eugène III donna à l'abbaye de Pontigny en 1150, pour la relever du mauvais état dans lequel il la trouva. Il donna même mille livres pour retirer les biens aliénés et aider sa restauration. D'autres attribuent la fondation de cette maison à Raynier Capoccio, en 1200, et à Albus, premier abbé, qui mourut cardinal, en 1244.

Hégres, abbaye fondée en Hongrie par le roi Bela, vers l'an 1199, avec tant de magnificence, que les rois de Hongrie l'ont choisie depuis pour leur sépulture. Le premier abbé fut Hugues, religieux de Pontigny. Par amour de la retraite, il s'était démis de l'abbaye de Cercamp, et s'était retiré à Pontigny. Ses supérieurs ne lui permirent pas d'ensevelir long-temps ses vertus dans l'obscurité du cloître ; ils l'envoyèrent pour fonder le monastère de Hégres. Cette maison acquit sous sa conduite une telle réputation de sainteté, que différentes contrées de la Hongrie réclamèrent à la fois des religieux de la filiation de Pontigny. Hugues fonda trois monastères avant de mourir : Sainte-Croix, Zam et Kerz.

Sainte-Croix, fille de Hégres, dans le diocèse des Cinq-Églises. On trouve aussi Hailigen-Craitz dans le même diocèse, dont les fondations sont rapportées à l'an 1201. Celle de Sainte-Croix est de 1219.

Zam, autre fille de Hégres, diocèse de Vesprin, fut fondée en Hongrie, en 1219.

Kerz, ou Kierz, aussi fille de Hégres, en Hongrie, fut fondée dans le diocèse de Varadin, en 1239. L'abbaye de Clairvaux avait vingt-trois maisons en Hongrie, et celle de Morimon deux seulement.

Que sont devenus ces monastères et tant d'autres saintes maisons, qui faisaient l'ornement et la gloire de la religion catholique? Où faut-il chercher aujourd'hui tous ces merveilleux oasis de la piété et de la charité? La philosophie, digne fille aînée de la réforme, a continué son œuvre de destruction ; rien de ce qui était bon, utile et sacré, n'a pu trouver grâce devant ses yeux. Sapés depuis long-temps par les plus insignes calomnies, les couvens, ces asiles hospitaliers où l'humanité souffrante était soulagée au nom de Jésus-Christ, disparurent sous le marteau impie des démolisseurs. Si quelques-uns furent préservés de ce genre de ruine, ce ne fut que pour subir d'étranges profanations.

NOTICE HISTORIQUE

SUR LES COMMUNES

QUI ENVIRONNENT PONTIGNY.

BEINE.

Les Cartulaires de Pontigny nous fournissent, sur les communes des environs, une suite de particularités historiques qui ne sont pas sans intérêt. En les rapportant, nous rentrons dans l'histoire de l'abbaye de Pontigny, et nous continuons, pour ainsi dire, d'écrire ses annales.

Beine, appelé en latin *Bania*, *Benna*, *Bena*, est une commune de sept cent dix âmes, dans le canton de Chablis. Le vin, l'orge et le froment sont les produits ordinaires de son terrain sec et pierreux. L'église, dédiée à l'assomption de la Vierge, était autrefois à la nomination de l'abbé de Saint-Germain d'Auxerre.

On trouve cette commune pour la première fois en 1140, lorsque Pierre de Beine fut témoin dans une charte passée à Langres. Guy de Maligny, seigneur de Beine, d'heureuse mémoire, disent les chartes du temps, s'était croisé pour la Terre Sainte, où il paraît qu'il mourut l'an 1240. Avant son départ, il avait distribué une partie de ses biens en

_{Gall. Christ., t. XII, p. 182.}
_{Hist. ms. de l'ég. d'Aux.}
_{Cart. de Pont., t. II, p. 334 et 475.}

bonnes œuvres. Il laissa un testament, qu'il déposa entre les mains de Guillaume, doyen de Tonnerre; du frère Guy, dit le célérier de Pontigny, et du prêtre Pierre, dit la Chaile. L'église de Sainte-Marie de Pontigny, c'est-à-dire de l'abbaye, eut soixante sous tournois de rente sur la terre de Beine, pour faire célébrer son anniversaire. Il légua une pareille somme aux frères qui servaient Dieu dans l'abbaye de Saint-Germain (ce sont les expressions dont il se sert), également pour faire célébrer son anniversaire. Marie, son épouse, vivait encore en 1252.

<small>Cart. de la pit. de S.-Germ., ms. feuillet 19.</small>

Milès, seigneur de Milly et de Froslois, approuva, en 1256, la donation de deux hommes de Beine et de leurs enfans, que sa mère Agnès avait faite à l'abbaye de Pontigny pour le salut de son âme. Anselme de Trainel, chevalier, seigneur de Sarry, épousa, vers l'an 1296, Béatrix, qui lui apporta la terre de Beine. Vers le même temps, on voit que cette terre relevait du seigneur de Maligny. Charles de la Rivière, vicomte de Tonnerre, baron de Quincy et bailli d'Auxerre, en 1643, était seigneur de Beine.

<small>Leb., Mém., t. II, p. 452, pr. p. 16.</small>

BLEIGNY-LE-CARREAU.

Bleniacum, *Bladiniacum*, *Bladigniacum*, *Blegniacum*, *Bleigniacum*, ancienne terre de l'abbaye de Saint-Germain d'Auxerre, qui remonte à l'an 994. Aujourd'hui c'est une commune de quatre cent trente-deux âmes, dans laquelle on recueille du froment, du seigle, de l'orge et du vin. Guillaume de Toucy assi-

<small>Labb. Bibl. mss. t. I, p. 572.</small>

gna cinquante sous de rente sur l'église de Bleigny, pour l'abbaye de Saint-Germain, qu'il avait choisie pour le lieu de sa sépulture. En 1050, Landri, comte d'Auxerre, possédait un fief dans cette terre. En 1233, Jean de Bleigny, fils de Guy, dit Hareng, échangea des biens avec Jean I, baron de Seignelay. Henri Chevrard de Vieux-Champ, écuyer, vendit, en 1271, à l'abbaye de Saint-Germain, différens biens qu'il possédait en alleu dans cette terre. En 1296, Hemon était curé de Bleigny, et Adeline était *majorisse* du hameau de Thorigny, c'est-à-dire la plus riche de ce village, qui est de la dépendance de Beine. Leb., Mém., t. II, p. 307. Cart. de Pont., t. III. Cart. de la pit. de S.-Germ., ms. feuil. 24 et 44.

Ce ne fut qu'en 1456, que Hugues de Thiard, abbé de Saint-Germain, affranchit cette commune des droits de mainmorte. L'église fut pillée par les Huguenots en 1568 ; les cloches, qu'ils enlevèrent, furent trouvées à Auxerre avec les meubles de l'église de Queine. En 1830, l'ancienne terre seigneuriale fut vendue en plusieurs lots par les demoiselles de Lenfernat. Hist. ms. de l'ég. d'Auxerre. Lebeuf, prise d'Aux., p. 274.

La fête de saint Lazare, second patron de Bleigny, attire, chaque année, un grand nombre d'infirmes et de fébricitans. Cette commune faisait autrefois partie du grenier à sel de Seignelay.

CHABLIS.

Petite ville de deux mille cinq cent cinquante-cinq âmes, à trois lieues de Pontigny, nommée dans les vieilles chartes *Cableia, Sableia, Chapleias, Ca-*

pleias, Chableiœ, Chaplie, Chablyes, Chablies. Elle composait, au neuvième siècle, un simple village renfermant un petit monastère que Charles-le-Chauve donna, en 867, à l'abbaye de Saint-Martin de Tours, pour le repos de l'âme de son père et de sa mère Judith (1). Dix ans après, le corps de saint Martin y reposa et donna son nom à ce monastère, dédié auparavant à saint Loup, archevêque de Sens. Cet établissement donna de la considération à Chablis. En 1200, il y eut des tournois auxquels se rendaient les grands seigneurs de la province. Le bréviaire d'Auxerre y fut imprimé en 1483. C'est une des premières presses qui se soient distinguées en France.

<small>Cart. de Pont., t. II, p. 19, 29, et t. III.</small>
<small>Lebeuf, Mém., t. II, p. 38.</small>
<small>Prise d'Aux., p. 131, 272.</small>
<small>Lebeuf, Mém., t. II, p. 122.</small>
<small>T. I, p. 561.</small>

On trouve quelques chevaliers portant le nom de Chablis, comme Jean de Chablis, chevalier; Jean et Guy, ses fils, écuyers (1257).

<small>Cart. de Pont., t. III, p. 290.</small>

Au commencement de l'année 1569, les Huguenots de l'armée du prince de Condé investirent Chablis et campèrent dans les faubourgs. Au bout de trois jours de siège, ne pouvant s'emparer de la ville, à laquelle ils livrèrent plusieurs assauts, ils mirent le feu aux faubourgs, qui devinrent la proie des flammes (2), et ensuite ils sonnèrent la retraite.

Les maisons de Chablis sont bien bâties; mais les rues n'étant ni alignées ni pavées, la ville

---

(1) *Cella Chapleïensis in pago Tornodorensi super fluvium Sedenœ in honorem sancti Lupi dedicata,* Ann. Bened., t. III, p. 146.

(2) Ce récit est tiré textuellement d'un procès-verbal des Cartulaires de Pontigny, de l'an 1574, et dressé en présence de sept témoins.

n'offre pas un aspect avantageux. L'église paroissiale de Saint-Martin est belle et régulière. Bâtie sur le plan des basiliques, elle a une nef et deux bas-côtés. La structure appartient au douzième siècle. On regrette qu'elle soit entourée de bâtimens trop rapprochés d'elle. L'église de Saint-Pierre, hors de la ville, paraît fort ancienne : on remarque dans l'intérieur un grand nombre de statues antiques et grotesques. On y voit une cloche du poids de six milliers. Le cimetière de la ville, établi autour de cette église, renferme plus de vingt tombes ou tables de pierre avec des inscriptions, dont la plupart ne remontent pas au-delà de 1810. Le long de l'église, au levant, on a tiré plusieurs tombeaux en pierre.

Le territoire de Chablis produit d'excellent vin blanc, très-bien accueilli dans la capitale sous le nom de *vin de Chablis*. Le sol pierreux de cette contrée est naturellement ingrat. Le vin seul en fait la richesse ; mais, comme ce produit est incertain, l'abondance et la détresse viennent successivement réjouir ou affliger le pays.

Quelques savans ont placé près de Chablis la fameuse bataille de Fontenay, en 841, dans laquelle périrent, dit-on, cent mille Français. Ils s'appuient du mot *Chaplies*, qui aurait formé celui de Chablis, et qu'ils dérivent de *capulare*, pris pour *cædere*, dans la basse latinité ; et sur les vieux mots français *chaplis*, *chaplement*, qui veulent dire tailler en pièces, dans les romans du treizième siècle. Ils s'appuient encore sur le cimetière de Notre-Dame de la Victoire, où la tradition rapporte que l'on enterra les morts. On parle aussi d'une inscription de la cha- Lebeuf, Mém., t. II, p. 28. Pasum., Mém. Géogr.

pelle de Fontenay; mais elle vient d'un commandeur de Malte, qui la fit poser lui-même, en 1625, pour rehausser la gloire du pays. Comme on ne trouve rien autour de ce Fontenay qui ait rapport aux lieux cités par Nitard, comme : *Tauriacus*, *Brittas*, *Solennat* et *Ruida*, on a abandonné ce sentiment pour suivre celui de l'abbé Lebeuf, et surtout celui de Pasumot, qui placent cette bataille à Fontenoy, dans le canton de Saint-Sauveur.

CHÉU.

CE lieu, appelé anciennement *Caducum*, *villa de Caduco*, *Châu*, est une commune de six cent soixante-deux âmes, du canton de Saint-Florentin. Elle réunissait quatre-vingt-huit feux en 1776. Le patron est saint Martin. Son sol fertile produit du froment, du lin, du chanvre et du vin.

Cart. de Pont., t. III, p. 67 et suiv.

La plupart des seigneurs de Chéu sont comptés parmi les bienfaiteurs de l'abbaye de Pontigny. Guillaume de Chéu, Guy, Joslan, et Aliénor, son épouse, lui donnèrent trois setiers de froment de rente sur leur grange de Chéu, et autant d'orge sur leur terrage de Lignorelles (1210). Anseau de Bridenne; Agathe, son épouse, et Gaucher, leur fils, lui donnèrent vingt sous de rente pour le salut de leurs âmes (1215 et 1236). Gaucher vécut jusqu'en 1248. Guillaume de Moncelles, ou Montceaux, donna aussi une rente de vingt sous en gros nivernais, et obligea le plus riche de Chéu à payer cette somme chaque année (1234). C'est encore, dit la charte, *pour le remède de son âme et de celles de tous ses parens.* Guerrin, chevalier, et Guillaume de Moncelles, ont possédé Chéu jusqu'en 1280.

Gaucher Dignon de Chéu fut abbé de Saint-Germain d'Auxerre en 1309. On lui attribue la construction de la grosse tour de l'enceinte de l'abbaye que l'on voit encore dans l'intérieur de la ville, ainsi que les murs de fortification qui tiennent à cette tour des deux côtés. Elle renfermait autrefois les prisons de la justice de l'abbé. La terre de Chéu passa ensuite à Geoffroy, chevalier, seigneur de Cléry, et à sa fille Agnès (1372). Une dame Le Camus avait succédé aux anciens seigneurs en 1750. Il ne reste plus de l'ancienne terre de Chéu que deux fiefs, celui de Mailly et celui de Coignet. Hist. ms. de l'ég. d'Aux. t. III, abb. de S.-Germ.

Pendant l'été de l'année 1700, on vit renouveler à Chéu les épreuves de l'eau, comme au neuvième siècle. Plusieurs personnes des deux sexes s'étant accusées mutuellement de sortilége, s'offrirent, avec la permission des juges des lieux, à subir l'épreuve de l'eau. On leur lia les bras et les mains aux jarrets et aux pieds; ensuite, on leur passa une corde sous les aisselles pour retirer celles qui enfonceraient. Cinq personnes furent ainsi jetées dans une fosse de l'Armençon, près de Saint-Florentin, en présence d'une foule de spectateurs. Aucune n'enfonça, et toutes furent jugées coupables; car les innocens devaient couler à fond. Un homme, qui allait aussi être baigné, voyant que les cinq qui l'avaient précédé étaient déclarés coupables, prit la fuite. On courut à sa poursuite, même avec des chevaux, sans pouvoir l'atteindre. Il fut appelé *le Père Lièvre*, surnom que porte encore sa postérité. Ces épreuves, qui se renouvelaient en France, et surtout en Bourgogne depuis un siècle, tombaient en désuétude, et on blâmait les juges qui les permettaient encore.

Le fameux procès qui existait depuis long-temps entre la commune de Chéu et celle de Jaulges, contre la commune de Ligny-le-Châtel et celle de Varennes, au sujet de huit cents arpens de pâtis attenants à la forêt de Contest, fut enfin jugé en 1835. Les deux premières communes voulaient que l'on partageât ces terres par portions égales entre les quatre communes; les deux autres voulaient qu'elles fussent partagées par feux; c'était l'esprit de la loi. Comme la commune de Ligny-le-Châtel était très-populeuse, relativement à celle de Chéu et à celle de Jaulges, celles-ci ne voulaient point consentir au partage. L'affaire fut portée au tribunal d'Auxerre, qui rejeta les prétentions des habitans de Chéu et de Jaulges; ils en appelèrent à Paris, où ils furent encore condamnés; enfin, le conseil-d'Etat fut appelé à rendre un jugement, qui confirma leurs condamnations précédentes. Les pâtis furent partagés par feux.

Le 30 juillet 1829, soixante-cinq maisons de Chéu furent réduites en cendres. La violence du vent était si grande, que des mèches de glui furent emportées jusqu'à Beugnon, qui est éloigné de deux lieues. Toutes ces maisons rebâties et couvertes en tuile, (car cette dernière condition était nécessaire pour obtenir des secours de la caisse des incendiés établie à Auxerre) ont changé totalement l'aspect de cette commune; mais lorsqu'on voit les habitans, hommes, femmes, enfans, marcher nu-pieds durant l'été, on y reconnait toujours les mœurs du siècle dernier.

FLOGNY.

Floniacum, Flooniacum, Flonniacum, Floniniacum, Floigniacum, chef-lieu de canton, dont la population est de quatre cent six âmes. Saint Vigile, évêque d'Auxerre, en fait mention dans son testament de l'an 680 (1). On remarque à trois cent cinquante toises du village, les vestiges d'un camp romain, dont on peut voir le plan dans les Mémoires géographiques de Pasumot. Il est défendu par l'Armançon et par un grand fossé. Au midi, on voit une demi-lune bien formée, appelée le donjon de César. On rapporte ce camp à l'an 273. Il ne pouvait contenir qu'une légion. _{Lebeuf, Mém., t. I, p. 142.} _{Pasumot, Mém. Géogr.}

Les plus connus parmi les seigneurs de Flogny sont : Doët, ou Dodone, et Bura, son épouse. Ils donnèrent, en mourant, à l'abbaye de Pontigny, pour le salut de leurs âmes et pour faire célébrer leur anniversaire, un muid d'avoine et cent sous de rente. Godevin, Sédeline et Luquette, leurs enfans, applaudirent à ces pieuses libéralités (1227). Godevin, ou Godin, répara les grands dommages qu'il avait faits aux biens de l'abbaye de Saint-Ger- _{Cart. de Pont., t. III, p. 88, 89 et 90.}

---

(1) *In pago Tornotrinse... in villa Flauniaco.*

main d'Auxerre. Pour prouver la sincérité de ses intentions et l'affection qu'il portait à l'abbaye, il se fit inscrire au nombre des confrères du monastère (1230). Agnès, petite-fille de Doët, épousa Jean, dit Corradin, écuyer (1266 et 1277). En 1609, Pierre de Boucher, seigneur de Flogny, baron de la Chapelle, d'Epineuil, etc., épousa Georgette de Malain, baronne de Seignelay. Un seigneur nommé Boucher, comte de Flogny, possédait encore cette terre en 1802. Cette famille a donné un évêque du nom de Boucher, évêque de Cornouaille, qui assista au concile de Trente, et qui fut enterré à Flogny.

JAULGES.

Commune de cinq cent soixante-dix-sept âmes, du canton de Saint-Florentin, à une lieue et demie de cette ville, et autant de Pontigny; elle était appelée anciennement *Jaugæ*, *Jaugiæ*, *Jauges*. Ce pays est très-fertile; il produit du froment, du seigle, du méteil, du lin, du chanvre : on y remarque peu de vignes et peu de bois. Autrefois, cette commune faisait un grand commerce de graines de lin; on en recueillait jusqu'à cinq cents bichets. Aujourd'hui, la récolte ordinaire est de deux cents bichets. On estime que la commune de Jaulges, celle de Chéu et celle de Vergigny, fournissent annuellement au commerce sept cents bichets de graines de lin.

Cart. de Pont., t. III, p. 80 et suiv.

Jaulges remonte à Gaucher de Pacy et de Jaulges, écuyer, fils de Jean, qui avait été vicomte de Saint-Florentin. Jean, son frère, était vicomte de cette ville en 1241. Thibault, roi de Navarre, comte palatin de Champagne et de Brie (1), de qui relevait le fief, nomme Gaucher son cher et fidèle serviteur (1235). Ce même Gaucher, seigneur de Pacy, donna à l'abbaye de Pontigny, pour le repos de son âme, de celles de ses parens, et pour faire célébrer l'anniversaire de son père et de sa mère, toute sa dîme de Jaulges et de Bondu, consistant en blé, en chanvre, en lin, et en tout ce qui se lie. Il donna aussi aux moines, et à tous les serviteurs de leur maison, un libre passage sur le chemin qui conduit de Chéu à Germigny, et un arpent de terre pour y construire une maison ou une grange. Il promit d'expédier des lettres de confirmation de ces dons avec l'apposition de son sceau, lorsqu'il aura eu le bonheur de parvenir à l'éminente dignité de chevalier (1235). On était reçu écuyer à quatorze ans, et chevalier à vingt et un ans. Ayant été fait chevalier au mois de juin 1240, il ratifia tout ce qu'il avait promis n'étant encore qu'écuyer, ce qui constituait, selon les coutumes de Champagne, un état de minorité. L'épouse de Gaucher se nommait Marguerite. Il eut un fils appelé Huon. En 1259, il est parlé du vicomte de Jaulges, sans autre désignation. C'était sans doute Jean, fils ou petit-fils de Gaucher, qui était vicomte de Saint-Florentin.

(1) La capitale de la Brie était Provins, où l'on battait cette monnaie, si répandue dans la Champagne et sur toute la frontière du comté d'Auxerre ou de la Bourgogne. Au douzième siècle, on trouve plusieurs chartes des comtes de Champagne, datées du palais de Provins.

Les religieux de l'hôpital de Saint-Jean de Jérusalem, ou les Templiers, possédaient une commanderie à Jaulges en 1376, et étaient seigneurs du tiers de cette terre. Claude de Brulat, écuyer, et Gaucher son fils, possédaient la seigneurie de Jaulges, ainsi que celle de Coursan, en 1481.

Lebeuf rapporte, qu'en 1398, un jeune homme de Jaulges, âgé de vingt ans, fut guéri de la rage par l'intercession de saint Denis et de la sainte Vierge, dont l'image était sous le portail de la cathédrale d'Auxerre. Son père l'ayant voué à ces deux saints, on le lia sur un cheval, et on le conduisit d'abord à Villeneuve-Saint-Salve, dont la chapelle était alors un grand pélerinage, connu sous le nom de Saint-Denis, parce que la fête de saint Salve se faisait à l'époque de la saint Denis. Comme on était en chemin, le jeune homme se trouva guéri, demanda son père, et pria ceux qui le conduisaient de le délier. Ensuite il alla, avec eux, d'abord à Saint-Denis, et, continuant leur marche toute la nuit, ils arrivèrent à Auxerre devant l'image de la sainte Vierge, où ils n'eurent que des actions de grâces à rendre.

Le sieur de Jaulges, commandant un détachement des troupes de la Ligue, en 1589, prit d'assaut le village d'Annay-la-Côte, près d'Avallon, et, abusant de la force brutale contre une commune qui n'était pas de son parti, il y mit le feu et en fit massacrer les habitans.

Le château de Jaulges renfermait autrefois deux chapelles, l'une de saint Pierre et l'autre de saint Jacques et de saint Philippe. Une demoiselle Le Camus possédait cette terre en 1782. Elle est passée depuis à M. Drouas. On voit encore une partie des fossés qui environnaient anciennement le château.

LIGNORELLES.

Lineriæ, Linoreliæ, Linerolæ, Lignerolia, Lignerellæ et *Lineroylles, Lignoroilles.* On dit vulgairement *Ninoreilles.* On lit en note marginale, sur un manuscrit de la fin du quatorzième siècle, *Ligneroiles,* ou *Ninoroiles.* Cette commune est du canton de Ligny, et renferme quatre cents âmes. Son terrain, aride et pierreux, produit du vin, du méteil, de l'orge et du froment. Cart. de la pit. de S.-Ger. ms., feuill. 105.

En 760, Haymar, évêque d'Auxerre, donna cette terre à l'hôpital de Saint-Germain, avec un village appelé *Lagunas,* qui pourrait bien être Ligny. Lignorelles est encore cité dans une charte de 864. Les seigneurs de Maligny possédaient une partie de cette terre en 1148, ainsi que Gaultier-Fauconier et Balduin, sans queue. Guy, dit Joslan, seigneur de Lignorelles, et Marie, son épouse, vivaient en 1272. Guillaume Boussard, prêtre, employa en bonnes œuvres les biens qu'il possédait en sept endroits différens : *In Nardenem, apud Boelees, in ripo Boellei, in caudâ Manardi, sub stratâ Autissiodori, in villâ Rainaud, in Praellâ Touchebuef.* En 1235, il donna aussi sa vigne de Lignorelle, moyennant une rente viagère de cinq sous, monnaie d'Auxerre. En 1226, Guillaume, dit le Vilain, chevalier *de Someso,* seigneur en partie de Lignorelles, Hist. ms. de l'égl. d'Aux. Labb. Bibl. mss, t. I, p. 450. Gall. chr. t. XII, p. 100. Leb. Mém. t. II, pr. p. 14. Cart. de Pont., t. III, p. 283. Cart. de la pit. de S. Ger. ms., fol. 17.

donna un setier de froment de rente à l'abbaye de Pontigny pour faire des hosties. L'église était autrefois à la présentation de l'abbé de Saint-Germain, par une donation de Harduin, évêque de Langres, en 1056.

Cart. de Pont., t. II, p. 499.

Une charte de 1346 parle du *moustier de Ligno-roilles*, ou maison du monastère, où le procureur de l'abbaye de Pontigny et le seigneur de la terre devaient se réunir chaque année pour partager le produit des amendes de la basse justice. L'abbaye de Pontigny avait le tiers dans les successions de ceux qui mouraient sans enfans.

Lignorelles occupe la position la plus élevée de la contrée. On a consigné dans un livre de plein-chant de cette commune le souvenir d'un incendie qui, en 1723, détruisit vingt-cinq maisons, formant le quart des habitations. L'église paraît être du quatorzième siècle.

LIGNY-LE-CHATEL.

Chef-lieu de canton, à trois lieues d'Auxerre et une demi-lieue de Pontigny, au levant. La population est de mille quatre cent quatre-vingt-huit âmes. Cette petite ville est nommée dans les anciennes chartes : *Lanniacum, Lenniacum, Laginiacum, Lagniacum, Leigniacum, Laigniacum, Latiniacum Castrum, Laigniacum villa, Leignicastrum*, et en langue vulgaire : *Laegny, Leigny, Legny, Ligny-la-Ville* et *Ligny-le-Châtel*, pour distinguer la partie voisine du château de celle qui en était plus éloignée. On trouve ces dénominations dès l'an 1130. Dans une charte de 1238, Guy, comte d'Auxerre, appelle Ligny *Ligniacum siccum castrum nostrum*, c'est-à-dire notre château de Ligny-le-Sec. Cart. de Pont., t. II, p. 303.

Tous les titres et chartes particuliers de Ligny ayant été détruits au milieu des guerres civiles, et dans les divers incendies auxquels cette ville a été en proie, il faut ouvrir les histoires de la province pour retrouver quelques faits qui ont rapport à son histoire. Elle paraît pour la première fois dans les cartulaires de Pontigny en 1138, dès-lors il y avait un seigneur. On distinguait Ligny-la-Ville de Ligny-le-Châtel. Dans le même temps, on trouve un vicomte, ce qui suppose des établissemens formés et une petite ville fondée depuis long-temps.

Ligny-la-Ville existait à un quart de lieue de Ligny-le-Châtel, sur le revers d'un plateau, au midi. Des tombeaux, que l'on découvre en deçà du moulin des Fées, indiquent le lieu du cimetière de ce premier emplacement de Ligny, dont il ne reste de vestiges que dans le sein de la terre où l'on découvre des fondations. Les tombeaux en pierre ayant été fort en usage du cinquième au septième siècle, ils font remonter jusqu'à cette époque, et même au-delà, l'origine de Ligny-la-Ville. Au douzième et au treizième siècle, cette commune renfermait des gentilshommes dont les cartulaires de Pontigny font une mention honorable. Au commencement du quinzième siècle, il est parlé de la *souveraineté et baronie* (1) *de Ligny-le-Châtel*. Si cette ville eut ce titre T. II, p. 395.

---

(1) Le privilége du baron, dit Velly, est de ne devoir que l'hommage au roi, et de ne pouvoir être cité à la cour que pour Hist. de France, t. VI, p. 134.

dès le dixième siècle, ce fut le principe de son indépendance et la source de ses désastres.

Au douzième siècle, les seigneurs bâtirent un fort à un quart de lieue, au nord, sur un lieu élevé ; c'est la tour dont il est parlé en 1154. Les seigneurs, ou plutôt les événemens, obligèrent successivement les habitans de Ligny-la-Ville et d'autres à se réfugier auprès de leur château. On environna leurs habitations de fossés, et ensuite de murailles et de tourelles ; c'est du moins ce que l'on peut conjecturer touchant les commencemens de ce nouveau Ligny, d'après l'histoire de la province et celle du moyen âge. Un bief du Serain vint baigner cette nouvelle enceinte, au couchant, et en fermer l'entrée aux ennemis du dehors. Sa forme est un carré long, s'étendant du levant au couchant. Le fort était dans l'angle au nord-est. On distingua alors Ligny-la-Ville, ou Ligny dans la campagne de Ligny-le-Châtel, ou Ligny-le-Fortifié. Les mortalités, et en même temps les guerres civiles du quatorzième siècle, achevèrent de ruiner Ligny-la-Ville ; en effet, dès la fin du quatorzième siècle, il n'en est plus fait mention nulle part. Les mêmes événemens avaient

---

défaut de droit, ce qui le rend en quelque sorte souverain dans sa terre ; de là vient que, par une enquête du parlement, de la Toussaint 1282, il est dit que *baronie est seigneurie souveraine après le roi*, prérogative qui l'élève beaucoup au-dessus du simple comte. Le seul baron *a toutes justices*, dit saint Louis, le roi même ne peut faire ban dans ses terres qu'il n'y consente. Lui seul connaît des crimes capitaux, tels que le meurtre, la trahison, l'incendie, le rapt, tous délits enfin où il y a péril de perdre la vie ou quelque membre, et pour lesquels on ordonne la bataille, etc.

détruit, ou réduit à quelques habitations, les communes de Villeneuve-sous-Buchin, de Venousse, du Mont-Saint-Sulpice, et beaucoup de petits villages dont les noms sont aujourd'hui oubliés. Ligny-la-Ville renfermait une fontaine, dont le cours fut détourné plusieurs fois au gré des seigneurs et des abbés de Pontigny. T. II, p. 372.

Ligny-le-Châtel, frontière du comté de Tonnerre, muni d'un bon château, attira l'attention des comtes d'Auxerre, de Nevers et de Tonnerre. Étant devenus seigneurs de la terre de Ligny, ils y placèrent des vicomtes pour gouverner en leur nom et soutenir leurs intérêts dans cette partie du comté. La charge de vicomte, qui devint héréditaire, était confiée à un des premiers gentilshommes du pays. Le premier vicomte que l'on trouve dans les chartes de l'abbaye de Pontigny est Gilbert, en 1146.

Parmi les seigneurs ou gentilshommes de Ligny, on remarque Garnier de Ligny, et son épouse Ermengarde (1138); Guillaume d'Anières; Barthélemy et Ulric, fils d'Ulric de Ligny, qui donnèrent une partie de la terre de Roncenay à l'abbaye de Pontigny, en 1146. Le vicomte Gilbert prétendait avoir la garde noble de cette abbaye (1146). Il prenait le titre de vicomte de Ligny, de l'église de Notre-Dame de Pontigny, et gardien noble de l'abbaye. A l'exemple des abbés, il se montrait noble et généreux dans ses procédés; il commença même l'affranchissement des habitans de Ligny, en leur remettant plusieurs droits de mainmorte. Cart. de Pont., t. III, p. 8.

Barthélemy fut aussi vicomte de Ligny. Il donna à l'abbaye de Pontigny ses biens de Sainte-Porcaire P. 44.

(1154), et renonça à tout droit de pêche dans les eaux appartenant à cette abbaye. Il épousa Ermeniarde, et eut deux fils, Jean et Deimbert. Guillaume, comte d'Auxerre, de Nevers et de Tonnerre, approuvant l'acte de donation de Barthélemy, comme seigneur suzerain, dit : *Passé à Ligny devant ma tour* (1), ce qui montre que les comtes d'Auxerre avaient alors à Ligny une tour pour château.

Jean, dit Macaire, seigneur (2) en partie de Ligny, plaça Gaufride, son fils unique, dans l'abbaye de Pontigny, et abandonna à cette maison tous ses biens, dont elle devait prendre possession après la mort de son épouse Hersende. Parmi ses biens se trouvait son péage de Ligny-le-Châtel, estimé alors cent sous de la monnaie courante. L'acte fut passé à la grange du Beugnon, en 1150, en présence d'Etienne, abbé de Régny; d'Etienne, prieur; de Renaud, moine de Pontigny; d'Itier, prévôt de Ligny; d'Etienne de Lindry, et de quelques autres. Jean avait épousé en premières noces Agnès. Ce même Jean est cité dans une charte passée à Ligny, en 1167, par Gaufride, qui a le titre de vicomte. Guillaume de Chéu, Richard-le-Chasseur, Etienne Godard, prévôt de Ligny, et Jean Brisse-Barre, sont nommés dans cette charte. Il comparut aussi, comme témoin, dans une charte que le comte de Tonnerre accorda aux habitans de cette ville en 1174. On le trouve encore en 1194 et en 1210.

Guyard-le-Rusé, ou le Chat (3), était de la fa-

---

(1) *Actum Lanniaci ante turrem meam. Anno ab incarnatione domini* 1154. Cart. de Pont., t. III, p. 11.
(2) *Domicellus de Lanniaco*. Cart. de Pont., t. III, p. 12.
(3) *Guyardus catus*, ibid.

mille des vicomtes de Ligny. Il donna en mariage sa fille Isabelle à Itier d'Ormoy, chevalier (1199). Simon-le-Rusé, chevalier, descendait de cette famille. Guillaume, fils de Jean de *Laegny*, chevalier, suscita bien des peines à l'abbaye de Pontigny. Enfin, il revint de ses préventions (1184), il approuva les donations que son père et sa mère avaient faites à cette maison, et fit réparation des torts qu'il lui avait causés. Sa veuve Nicolas, de bonne mémoire, disent les actes du temps, et Gile, son fils, vivaient encore en 1239; Renaud Godard de Ligny donna alors une rente en argent, en avoine et en cire, que le sacristain de Ligny devait percevoir, chaque année, sur ses *ouches* (1) de Mérey, pour l'entretien du grand autel.

p. 274.

Mathilde, comtesse d'Auxerre, fit revivre les libertés accordées aux Auxerrois par son père. Elle passa à Ligny, en 1223, la charte par laquelle elle les affranchit (2). Cette petite ville fut comme le berceau de la liberté pour Auxerre; ce fut dans le sein de ses murs que l'on discuta ses franchises, qui furent promulguées ensuite dans cette charte célèbre, qui fit tant de sensation dans le temps. A cette époque, les comtes d'Auxerre séjournaient fréquemment à Ligny, comme on le voit par les chartes datées de cette ville.

Leb., Mém., t. II, p. 151, pr. p. 276.

Jeanne, vicomtesse de Ligny, recommandable par ses bonnes œuvres, était morte en 1239; elle avait donné un setier de froment de rente à l'abbaye des

Cart. de Pont., t. III, p. 15.

---

(1) On appelait ainsi l'enclos qui tenait à la maison.
(2) *Actum apud Ligniacum castrum meum.* Passé dans mon château de Ligny.

Isles, et autant à l'abbaye de Pontigny, pour l'entretien d'une lampe. Sa fille Aliénor eut trois fils : Pierre et Guy, qui se consacrèrent au service des autels, et Eudes, qui fut vicomte de Ligny-le-Châtel et seigneur de Lignorelles. Colin de Ligny se croisa en 1239, et fit des legs pieux avant son départ. Le four de Vergigny lui appartenait.

On remarque encore parmi les seigneurs de Ligny : Renaud de Ligny, écuyer, neveu et héritier de Colin ; Ermengarde, vicomtesse (1257) ; Marie d'Ervy, aussi vicomtesse (1259) ; Mabile, dame de Savoisy, veuve de Hugues, seigneur de Charny, près Saulieu, lequel était fils de Pons de Mont-Saint-Jean et de Sibile de Noyers. Mabile descendait sans doute d'André de Savoisy, possesseur de grands biens à Ligny, en 1227.

Vers cette époque, la terre de Ligny passa toute entière aux comtes de Tonnerre. Marguerite, reine de Jérusalem et de Sicile, comtesse de Tonnerre, donna plusieurs biens situés à Ligny pour l'hôpital de Tonnerre, qu'elle fonda en 1293. On remarque son étang de Ligny, le moulin des Fées, les fiefs dépendans de Ligny, la rivière, les prés, et la justice qu'elle y possède. Outre son château, elle avait à Ligny une belle maison que l'on voit encore adossée à la rivière. Ses armes sont disséminées de toutes parts à l'intérieur. On vient de reconstruire la porte d'entrée, que sa vieille architecture rendait si intéressante. Guillaume de Châlons, neveu de Marguerite, eut ensuite la terre de Ligny. Jeanne de Châlons, comtesse de Tonnerre, dame de Beaurepos et de Ligny, porta cette seigneurie dans la famille

<small>Chart. et titr. des hab. de Tonn. p. 7, 28 et 116.</small>

de la Baume-Montrevel (1), par son mariage avec un gentilhomme de cette maison en 1400.

Vers 1535, Jean de la Baume, comte de Montrevel et vicomte de Ligny, regardé comme fauteur de l'hérésie de Calvin, commit des brigandages inouis dans l'abbaye de Pontigny. Accompagné de ses satellites, il enfonça les portes de l'abbaye, parcourut l'église et les appartemens à main armée, comme aurait fait un féroce vainqueur ; il frappa même avec l'épée ceux qui s'opposèrent à son passage. Le sang fut répandu. Après cette scène atroce, il courut à Sens, dénonça les religieux comme lui ayant fermé les portes de leur abbaye, lorsqu'il s'y rendait d'après un ordre du duc de Guise, ajoutant qu'on avait maltraité les gens de sa suite. Les tribunaux s'étant saisis de cette affaire, ne tardèrent pas à reconnaître toute la perfidie du comte de Montrevel. Il fut condamné à donner douze cents livres aux religieux, pour réparations civiles, dépens, dommages et intérêts, et à huit cents livres d'amende envers le roi. Le comte en appela à Auxerre, où il subit l'interrogatoire sur la sellette, avec ses complices. La première sentence y fut confirmée, ainsi qu'à Villeneuve-le-Roi, où il en appela encore. Enfin le parlement, par un arrêt définitif, le condamna à satisfaire dans les trois jours aux peines portées contre lui, sous peine d'être chassé du royaume.

---

(1) De l'illustre maison de la Baume-Montrevel (département de l'Ain) sont sortis deux cardinaux, archevêques de Besançon, deux maréchaux de France, un maréchal et amiral de Savoie, un vice-roi de Naples, et dix-sept gouverneurs et lieutenans-généraux de province. On voyait à Dijon l'hôtel de Montrevel, appelée vulgairement l'hôtel Maurevert. *Voy. Courtép., t.* II, *p.* 120.

Moréry, Dict. Courtép. t II, p. 192.

Ce même Jean de la Baume avait épousé Françoise de Vienne. Il vivait encore en 1543. Françoise de la Baume, sa fille, épousa, en 1546, Gaspard de Saulx, sire de Tavannes, maréchal de France. Après la bataille de Renti, en 1554, Henri II, encore à la tête de son armée, ôta de son cou le cordon de ses ordres et le mit dans celui de Gaspard de Saulx, en lui disant: *Vous êtes un lion, il faut vous enchaîner*. Il mourut à Sully en 1573, et fut inhumé à Dijon dans la sainte chapelle. Il eut deux fils, Guillaume et Jean de Saulx, vicomte de Tavannes et de Ligny. Ce dernier vivait toujours en 1627. Cette branche finit en la personne d'Eléonore de Saulx-Tavannes, épouse de Michel de Saulx, qui vendit la terre de Ligny au grand Colbert, marquis de Seignelay, en 1673.

Les seigneurs de la Baume ont conservé la vicomté de Ligny sous leur nom pendant cent quarante-six ans. Ils s'allièrent ensuite aux seigneurs de Saulx, qui demeurèrent cent vingt-sept ans en possession de cette même terre. Elle passa à Colbert par un contrat de vente, en 1673. Au bout de trente-neuf ans, les descendans de Colbert s'allièrent aux Montmorency, auxquels la vicomté de Ligny est demeurée jusqu'à nos jours.

Cart. de Pontigny, t. II, p. 398.

P. 484.

Une charte de 1446 parle d'une forteresse neuve bâtie à Ligny, de la construction d'une halle pour les jours de *marchiés, foires et autrement, comme anciennement soloit estre en la grant ville que basse du dit Ligny ou temps ancien*. On voit aussi que l'on percevait à ces foires des *droiz, prouffis et émolumans accoutumés d'ancienneté*. Il est aussi parlé d'une léproserie en 1263; un prêtre, nommé Barthélemy, était alors chargé du gouvernement de cette maison. Elle était hors de la ville, au nord. Un autre établissement, appelé *la Maladerie*, en 1284, et nommé depuis *la Maison-Dieu*, était dans l'enceinte des murs. Pierre Fléhit, prêtre, était *maître*, c'est-à-dire économe et chapelain de cette maison, en 1350. L'écluse de Boy, au-dessus de Pontigny, et les prés qui l'environnent, dépendaient de la Maladerie de Ligny en 1284. Cet établissement s'est trouvé remplacé dans la suite des siècles par une maison de charité, qui jouit encore aujourd'hui de quinze à seize cents francs de rente.

Le château de Ligny, rebâti vers l'an 1400, formait une enceinte de murs flanqués de tourelles. Durant les guerres civiles du quinzième et du seizième siècle, les habitans, sans cesse aux prises avec l'ennemi, avaient creusé des couloirs souterrains en tous sens sous cette ville. On montre encore deux puits et plusieurs caves où ces souterrains aboutissent. On y remarque des espèces de salles. On y a trouvé du charbon, des chenets, des lampes. Ces réduits obscurs, dans lesquels nos pères passaient quelquefois des semaines entières, avaient été ménagés par la prudence. Prenait-on un village ou un château de vive force? l'incendie et le massacre des habitans formaient le trophée du vainqueur. Malheur à celui que les soldats rencontraient dans les rues ou sous le toit paternel. De pareils souterrains avaient aussi été pratiqués au château de Seignelay, pour servir de refuge aux habitans dans les crises politiques.

Le château de Ligny ne fut plus habité depuis

Jean-Baptiste Colbert, en 1675. Les seigneurs de Seignelay ne semblaient le conserver qu'à cause des souvenirs historiques qu'il rappelait dans la contrée. Il fut vendu et démoli en 1795. On ne peut s'empêcher de regretter ces débris imposans d'un autre âge. Il fallait une époque barbare pour vendre comme bâtiment propre à la démolition un monument auquel se rattachaient des événemens qui ont leur importance dans notre histoire. Chaque jour fait disparaître les vestiges de ses ruines, dérobées jusqu'ici au marteau mercenaire du maçon. En 1358, lorsque les Anglais se furent emparés de Ligny-le-Châtel et de son château, ils attachèrent assez d'importance à cette possession pour l'excepter du traité par lequel ils rendirent la ville d'Auxerre. Ce ne fut qu'au bout de deux ans et demi que le roi d'Angleterre consentit à remettre cette place au roi de France.

<small>Leb., Mém., t. II, p. 227.</small>

En 1366, le chapitre de Langre, comme curé de Ligny, fit construire dans cette ville une église dont une grande partie subsiste encore (1). Cet édifice nous donne une idée du goût grossier qui précéda ces conceptions sublimes et hardies que le génie du christianisme enfanta depuis, et qu'il avait déjà montré dans l'érection des cathédrales. Les deux bas côtés de cette ancienne église ont chacun onze pieds de largeur ; les piliers carrés sont à huit

---

(1) On lit cette inscription au-dessus de la porte latérale : 1.3.6.6. HOC. ORATORIVM. FIERI. CVRAVIT. JO. CANTORIVS. PRIM. C'est-à-dire, Jean, premier chantre (de l'église de Langres), a dirigé la construction de cet oratoire en 1366.

pieds de distance et en pierres du pays ; la voûte, à plein cintre, est basse et les ouvertures étroites. Les restes de l'ancienne église de Toucy, que l'on remarque à l'entrée de la nouvelle église, présentent les mêmes dimensions que celle de Ligny. Les églises des petits villages, n'ayant qu'une seule nef, avaient plus de grâce que ces édifices sombres et matériels qui distinguaient alors les grosses communes et même les villes.

Cependant, en 1554, le chapitre de Langre se réunit aux habitans pour reconstruire cette église dans un style plus relevé et plus convenable à la majesté de nos saints mystères. On en jeta les fondemens au levant de l'ancienne église et dans le même alignement. Après avoir prolongé la construction l'espace de quatre-vingt-sept pieds, on la mit en communication avec l'ancienne église, qui lui sert aujourd'hui de nef. Alors on arrêta les travaux pour les reprendre plus tard, avec le projet de démolir l'ancien bâtiment au fur et à mesure que l'on avancerait le nouveau. L'ancienne nef ayant encore quatre-vingt-trois pieds de longueur, l'édifice a dans son ensemble cent soixante-dix pieds d'étendue. La vieille église a quarante-six pieds de largeur, la nouvelle en a soixante-six. La hauteur de ses voûtes est de cinquante pieds. Les connaisseurs admirent le travail extérieur, la hardiesse des voûtes et la légèreté des colonnes. La première pierre fut posée le 7 août 1554, comme l'indique cette inscription, gravée sur un pilastre sous l'orgue :

Le. vingt. septiesme. jovr. d'Aovst.

L'an. mil. cinq. cens. cinquante. et. quatre.
Clavde. Borget. homme. devost.
Se. présenta. sans. rien. débattre.
Qui. le. premier. pierre. posa.
Avx. fondement. de. ceste. église.
Prions. à. Dieu. qvi. reposa.
Que. novs. et. lvy. av. ciel. condvise.
Amen.   1554.

En 1568, les Huguenots, maîtres de Chablis, de Pontigny, et sans doute de Ligny, reculèrent la confection de l'église, en brûlant et en vendant tous les matériaux qu'ils trouvèrent à leur disposition. C'est pourquoi les travaux traînèrent en longueur, comme on le voit par les inscriptions des vitraux, qui indiquent que les chapelles étaient aux frais des premières familles de Ligny. Voici les restes d'une inscription gothique dans la chapelle de la Vierge… *Honorable hôme….. Marthe et Françoise Jacob sa femme, demeurant à Ligny, Nicolas et Jean les Marthe, et Claude Rousseau et Mar… enfans de famille. … faicte le 8 de mars 1594.* Dans la chapelle des Relevailles, sont représentés trois hommes en habit de religieux, et quatre femmes en habit de religieuses, la face tournée vers l'autel; tous ont les mains jointes, les femmes seules tiennent un chapelet. On lit au bas : *Honorable hôme…. Marchand …lly, sa femme, demeurant à… ont faict faire ceste chapelle.*

Les sujets qui se font encore remarquer sont une Annonciation, une Visitation, une Nativité avec cette épigraphe : *Orta est stella ex Jacob.* Le trépas de la sainte Vierge avec cette autre : *In parte dei hæreditas illius.* Dans la chapelle du confessional, on voit, comme à dessein, toutes les vertus d'une âme chrétienne : la Religion portant un ciboire, la Charité allaitant de petits enfans, la Pénitence tenant un fouet d'une main et le miroir de la conscience de l'autre; la Foi, l'Espérance et la Justice, figurées par le jugement de Salomon; et au-dessus de tous ces personnages, Jésus, sauveur du monde, montre sa croix, source de toute grâce. Malgré les injures du temps, tous ces sujets se font encore remarquer par le goût et la délicatesse de la peinture.

On voit aussi dans cette église un tableau de mérite, peint sur bois; c'est saint Jérôme dans le désert, méditant les divines écritures. Deux cloches (1) ont échappé au pillage des révolutionnaires. Edme Dupas, brandevinier, a enrichi cette même église, sa paroisse, d'une portion considérable des reliques de saint Prix, martyrisé dans le diocèse d'Auxerre; il en fit l'acquisition à la vente des effets du château de Régennes, en 1793. M. de Cicé, évêque d'Auxerre, exposait cette relique à la vénération publique sur l'autel de la chapelle.

Le 16 octobre 1611, un événement désastreux plongea Ligny dans la consternation et la misère, et

---

(1) L'inscription pompeuse qu'on lit sur la seconde cloche, fondue en 1793, montre l'enthousiasme des habitans de cette ville pour les idées du jour. « A cette époque à jamais mémorable, le despotisme fut anéanti en France, les droits sacrés de l'homme, la liberté et l'égalité, furent reconnus et consacrés, le peuple déclaré souverain et la république indivisible. Puissent le respect pour l'Être-Suprême, l'amour de la patrie, la haine des tyrans, la douce fraternité, se perpétuer d'âge en âge, et faire le bonheur de toutes les générations! » On connaît la valeur de ces belles phrases dans la bouche de nos démagogues.

ajourna tout-à-fait l'achèvement de l'église. Toute cette petite ville fut dévorée par les flammes, et n'offrit bientôt plus qu'un monceau de cendres. On ne peut ni peindre, ni même se figurer par l'imagination, tout ce que cet incendie présenta d'horrible et de désespérant, surtout dans un temps où la plupart des maisons étaient en bois, et dont il ne resta que la place. Outre l'église, on montre encore trois maisons situées en différens quartiers, que les flammes ont épargnées, et on a remarqué comme un fait extraordinaire, que ces trois maisons avaient au-dehors une niche où se trouvait une statue de la sainte Vierge. Les habitans établirent alors, en forme de vœu, une procession annuelle, pour supplier le Seigneur d'éloigner de dessus leurs têtes une aussi déplorable calamité; ce qui s'observe encore religieusement, chaque année, le 14 d'octobre. Vers l'an 1720, tout le nord de la ville qui s'étend entre le château et la maison de Marguerite de Sicile devint encore la proie des flammes. Le feu prit par l'imprudence d'un particulier, qui tirait des coups de fusil pour faire les honneurs d'une noce.

Ces calamités ruinèrent le commerce, les manufactures se trouvèrent anéanties, beaucoup d'habitans émigrèrent, de sorte qu'aujourd'hui la population est réduite à moitié de ce qu'elle était alors. Ce décroissement est constaté indirectement dans une pétition que les habitans de Ligny présentèrent au chapitre de Langre, le 23 avril 1655, pour le supplier de placer à Ligny un vicaire perpétuel, désigné comme pasteur, et six prêtres pour l'aider dans le service de la paroisse. Ils exposèrent que la ville renfermait six à sept cents feux, deux mille communians et plus de quatre à cinq mille âmes. Cette évaluation donnée à mille âmes près, montre qu'on n'avait point fait de recensement, et qu'on s'appuyait sur l'ancien état de la ville (1). Ils ajoutent que la paroisse n'est desservie que par un vicaire placé pour un temps, et par deux prêtres, et même que ce vicaire est souvent seul. Enfin, que ces trois prêtres sont insuffisans pour les besoins de la paroisse, à cause surtout des hameaux qui sont éloignés les uns d'une demi-lieue, les autres d'une lieue, comme la Mouillère, le Beugnon, la Rue-Feuillée, Charost, Lordounois et les Prés-du-Bois.

Soit que le chapitre de Langre trouvât qu'on eût exagéré les besoins de la paroisse, soit qu'il ne voulût pas faire d'aussi grands sacrifices pour Ligny, il envoya un prêtre avec le titre de curé titulaire, en lui adjoignant deux vicaires. Dès 1140, on trouve un Milon doyen de Ligny. Cart. de Pont., t. II, p. 346.

En 1818, une maison de sœurs de la Providence fut fondée à Ligny par l'heureuse inspiration de madame Anne-Sophie Berrué, veuve de M. Bresson. Cette vertueuse dame, secondée de M. Modeste Brigant, curé de Ligny, offrit à nos pays le service de ses sœurs, dévouées à tous les genres de charité, particulièrement à l'éducation de la jeunesse et aux soins des malades. Elles furent aussi un modèle vivant de la perfection chrétienne que

---

(1) Varennes avait été détaché de Ligny, en 1527, pour former une paroisse à part. Le Beugnon, la Rue-Feuillée, et deux maisons de la Mouillère, furent encore enlevés à Ligny, en 1792, pour l'érection de la commune de Pontigny.

madame Bresson opposa au refroidissement de la foi et au relâchement des mœurs. Cet établissement, éloigné de tout autre du même genre, eut un accroissement rapide. Il compte près de vingt maisons et plus de soixante sœurs. Ce précieux établissement rappelle celui de Pontigny, qui fleurit si long-temps auprès de Ligny.

Cette petite ville renferme aussi une maison de religieuses Ursulines, fondée en 1809 par M. Saget, alors curé de Ligny, et présentement chanoine titulaire de l'église de Troyes. Elles tiennent un pensionnat et dirigent les écoles de Ligny. Ces sœurs ont, comme celles de la Providence, une belle chapelle dans l'intérieur de leur maison.

Le commerce principal de Ligny est le vin, qui ne manque pas de qualité. On y recueille aussi du froment et des menus grains. Le hameau des Prés-du-Bois est remarquable par une faïencerie noire à l'imitation de celle de Montreau, par une poterie et une tuilerie. On compte à Ligny quatre moulins. On vient de construire sur la rivière une mécanique à filer la laine. Il y a en outre six foires et un marché le samedi.

Le canton de Ligny renferme treize communes, savoir : Blégny-le-Carreau, la Chapelle Vaupelteigne, Lignorelles, Maligny, Mérey, Montigny-le-Roy, Pontigny, Rouvray, Venousse, Villeneuve-Saint-Salve, Varennes et Villy. Plusieurs lieux en France portent le nom de Ligny. Ils sont distingués les uns des autres par quelque surnom.

MALIGNY.

Merlenniacum, Marleniacum, Merliniacum, Melleigniacum, Meileigniacum, Merligny, Marleigny, Melligny, commune de 1432 âmes, qui a toutes ces dénominations dans les Cartulaires de Pontigny. Une commune du même nom, en latin *Mastiniacum*, se trouve à quatre lieues d'Autun. Outre le froment et l'orge, le territoire de Maligny produit d'excellent vin blanc, qui se vend ordinairement comme vin de Chablis, n'étant éloigné de cette ville que d'une lieue et demie. On y compte trois foires. Au douzième et au treizième siècle, les seigneurs de Maligny tenaient un rang distingué parmi leurs voisins. On remarque Hugues de Maligny (1133), bienfaiteur du chapitre de Chablis, ainsi qu'Agnès son épouse. Il fut témoin d'une donation faite au monastère de Saint-Marien en 1142. Guy, son fils, chevalier comme son père, était seigneur de Montigny-le-Roy et de Merry. Itier de Maligny, Guillaume et Anselme, ses frères, étaient chevaliers en 1148. Osmon, gentilhomme de Maligny (1167), laissa trois fils et deux filles : Pierre, Acelin, Odon clerc, Adeline et Hersende. _{Cart. de Pont., t. II, p. 97.} _{Leb., Mém., t. II, pr. p. 14.}

Jobert de Maligny répara les dommages qu'il avait causés à l'abbaye de Pontigny; il passa à cette occasion une transaction en présence de Robert, curé de Maligny, de Pierre, d'Osmon, de Bovo de Maligny, d'Herbert, fils de Baudouin, et de quel- _{Cart. de Pont., t. II, p. 478.}

ques autres. Il renonça à ses prétentions moyennant dix livres, monnaie de Provins (1187). Son épouse se nommait Ermengarde, et son fils Guy. Milo et Burs, ses frères, Herbert et Guillaume, étaient autant de gentilshommes attachés à la terre de Maligny. En 1209, Guy, chevalier, seigneur de Maligny, et sa mère Ermengarde, choisirent l'abbaye de Pontigny pour le lieu de leur sépulture, et demandèrent d'avoir part aux biens spirituels de l'abbaye, comme s'ils eussent fait partie des religieux. Ce même Guy avait d'abord choisi sa sépulture dans l'abbaye de Régny, au-dessous de Vermenton. Il épousa Narbonne, et eut trois enfans : Jobert, appelé aussi Gaucher, Ermengarde, dame de Champlost, morte en 1219, et Guy. A la même époque, Guy approuva la donation que fit Henri de Maligny, fils de Guyard-le-Noir, de ses tierces de Cheney à l'abbaye de Pontigny. Il fut aussi choisi pour arbitre d'un différend entre Eudes (*Odowinus*) de Percey et l'abbaye de Pontigny. En 1251, Reine de Maligny, dame de Bonlieu, donna ses dîmes de Maligny à l'abbaye de Saint-Germain, du consentement de Narbonne, dame de Maligny, et de Gaucher, son fils, chevalier.

Gaucher, fils de Guy et de Narbonne, héritier des vertus et de la piété de ses parens, fit un testament dans lequel il fonda dans différens monastères des prières publiques à perpétuité pour lui et pour Elisandre, son épouse. Marguerite, sa seconde femme, restée veuve, épousa Jean, baron de Seignelay. Elle avait deux enfans : Guy, qui se croisa du temps de saint Louis, et Marie, qui fut abbesse du monastère des Isles.

Gaucher, écuyer, fils de Gaucher et d'Elisandre, sa première épouse (1260) ; Guy, aussi écuyer, qui épousa Agnès (1273), sont comptés parmi les seigneurs de Maligny. Ce dernier, après avoir approuvé les donations de ses ancêtres, dit : *Je promeit en bone foi que quant je tendrai le chastel de Melligny et je changerai mon séel, que je leur confermerai cette lettre et séelerai de mon grant séal de dans le mois que je en serai requis.* En 1284, Ermengarde, dame d'Aunoy-le-Châtel et de Ceris, donna à ce même Guy, son frère, chevalier, ce qu'elle possédait à Montigny et à Merry, qu'elle tenait de *Monseigneur de Seignelay.* Celui-ci vendit à l'abbaye de Pontigny, moyennant cinq cent dix livres, la moitié des fours de Montigny, de Merry et de Souilly. On trouve Guy jusqu'en 1307. Guy de Maligny, chevalier, fils de Guy, avait vendu, en 1294, la moitié de la justice et des fiefs de Montigny et de Merry, ainsi que la moitié des fours de ces lieux. Il vendit aussi les hommes taillables et exploitables haut et bas qu'il possédait en ces deux endroits, ainsi qu'à Souilly. Ces hommes lui devaient, pour droit de mainmorte, du bled, des deniers et de la volaille. Il vendit la moitié du bois de Montigny, qu'on appelle Boloy, qu'il partageait avec le comte d'Auxerre, et la moitié du bois de Merry, qu'il possédait avec Gaufride de Migennes, écuyer, et Odet de Courgis. L'acte fut passé à Paris, en présence de Philippe-le-Bel, roi de France, qui y apposa son sceau.

P. 483.

P. 486.

P. 270.

On remarque encore parmi les seigneurs de Maligny, Jean, sire de Maligny, qui entra dans une ligue contre Philippe-le-Bel, pour s'opposer à des changemens de monnaies. Etienne, dit le Buens, le Bouau ou le Bœuf, écuyer, et Sebile ou Isabelle de Malleville (1), sa femme, vivaient en 1292. Ils abandonnèrent à l'abbaye de Pontigny tout ce qu'ils possédaient à Souilly, pour fonder l'anniversaire du père, de la mère et des amis de chacun d'eux, et pour reconnaître *les agréables services, les cortoisies et les biens faitz à aus* par les religieux.

Giles de Maligny est qualifié de *noble et puissant home, monseigneur Giles, seigneur de Melligny* (1346). Milès, écuyer, frère du seigneur de Maligny et seigneur d'une partie de Lignorelles, ainsi que Guy de Maligny, fils de Guy (1385), ou plutôt de Giles, faisaient partie des gentilshommes de Maligny. Gaucher de Maligny fonda une messe chaque jour, à perpétuité, pour lui et pour sa famille, dans l'abbaye de Pontigny, en 1399. Il jouissait de quelques droits de mainmorte sur Montigny. En 1401, le seigneur de Maligny remplaça le baron de Donzy pour porter l'évêque d'Auxerre à la cérémonie de son installation. Guillaume de Lamotte fit un accord avec les religieux de Pontigny en 1507. Gaucher, aussi seigneur de Maligny (1522), était frère de Louis de Ferrière, abbé de Pontigny. Jacques Guinon, religieux cordelier, docteur de Bourges et gardien du couvent d'Auxerre, était né à Maligny; il mourut en 1585.

<small>Leb., Mém., t. 1, p. 496.</small>

<small>Hist. ms. sur l'égl. d'Aux.</small>

---

(1) *Domicella de Mallivilla*. La ferme de Malleville, dans laquelle on voit une chapelle de sainte Marguerite, est au-dessus de Fouchère.

Le château de Maligny, conservé jusqu'ici avec ses fossés et ses dépendances, paraît fort ancien. Dans le siècle dernier il appartenait à la famille Daguesseau; quelques années avant 1789, il fut vendu à M. Devin de Belleville.

En 1789, le bruit du soulèvement de la capitale étant répandu dans les provinces, une soixantaine de boute-feux révolutionnaires se rassemblent dans Maligny et envahissent le château à main armée. Chevillot, l'un des principaux séditieux, saisissant le régisseur à la gorge : Tu sauras, lui dit-il, que je m'appelle *Ravaillac;* en même temps il lui assène un coup de son sabre rouillé sur la poitrine, et lui fait seulement une forte contusion; ensuite, le repoussant avec violence, il lui arrache sa chemise en lambeaux. Ils demeurèrent trois jours maîtres du château et de Maligny, occupés à boire et à piller; ils s'emparent des archives du château et autres papiers, qu'ils livrent aux flammes. Pendant le jour, ils prennent chacun une corde à la main, vont chez leurs créanciers, et secouant à leurs yeux la corde fatale, ils s'écrient : Rends-moi mon obligation, ou bien voici qui va te servir. (La corde était alors le supplice des grands criminels.) Bien des dettes importantes furent ainsi acquittées. L'un d'entre eux en liquida pour sept mille francs dans un jour. Pendant la nuit, ils parcouraient les rues, ayant des chandelles allumées au bout de leurs fusils.

Cependant les gardes nationales de Ligny et de Chablis, instruites de ces désordres, arrivent au milieu de la troisième nuit; les factieux, épuisés par la débauche et l'insomnie, étaient tous plongés dans le sommeil. Un officier de gendarmerie distribue les gardes nationaux autour de Maligny, et indique à chaque officier les maisons où ils doivent entrer de vive force. Un coup de fusil donne le signal de l'attaque; on pénètre dans Maligny, on enfonce les portes des factieux, et on se saisit de leurs personnes. Tremblay, le principal artisan de la révolte, homme d'une force et d'une taille athlétique, s'était armé de toute pièce, résolu à vendre chèrement sa vie, si on cherchait à l'enlever. Comme il n'avait point pris de repos depuis trois jours, il était couché et sans vêtemens. Tout-à-coup on enfonce sa porte et on court à son lit; il n'eut que le temps de saisir un fusil, qu'on ne put jamais lui arracher des mains. Néanmoins sa maison est remplie de gardes nationaux; on le garrotte, et on l'emmène avec les autres. Pendant la journée, la garde nationale de Saint-Florentin vint, par sa présence, relever le courage de celle de Ligny et de celle de Chablis, qui n'étaient pas sans crainte. Traduits devant les tribunaux, les principaux auteurs de la révolte, au nombre de neuf, furent condamnés aux galères, deux à perpétuité, trois à cinq ans, et quatre à trois ans.

Vers 1810, en plantant une vigne, on trouva, à peu de distance de Maligny, sur la route de Chablis, trois tombeaux en pierre, pareils à ceux des Baudières, et recouverts d'une longue dalle. On a trouvé dans l'un d'eux une partie de la lame et de la poignée d'un sabre. Une légère couche de poussière noire était tout ce qui restait des corps qu'on y avait déposés.

L'église de Maligny, quoique bien inférieure à celle de Ligny, est d'un assez bon goût; elle a titre de cure.

Le 29 décembre 1835, soixante maisons de Maligny furent réduites en cendres. L'archevêque de Sens ordonna une quête dans toutes les paroisses du diocèse pour venir au secours des familles que l'incendie avait plongées dans la détresse.

Maligny, ainsi que toutes les communes de cette contrée, ne présente pas un aspect avantageux : les rues manquent d'alignement; les maisons, bâties en pierre du pays, sont la plupart sans crépit et sous des toits de chaume. Du reste, les habitations bien agglomérées autour de l'église, décèlent cet esprit de famille qu'on aime à rencontrer jusque dans les plus petits villages.

MÉREY.

Ager Materiacensis (1), *Madriacus* (2), *Merreium, Meriacum, Merriacus Servus, Meriacus Servosus, Mairey, Méry, Mérey-le-Serveux*, commune de 426 âmes, à une lieue de Ligny et du canton de cette petite ville; différente de Merry, village dépendant de Montigny-le-Roy. Cette commune était autrefois du diocèse de Sens, de l'élection de Tonnerre et du grenier à sel de Seignelay. Il en est

---

(1) *In agro Materiacense situm in pago Tornotrense.* Leb., Mém., t. 1, p. 142.
(2) *Ibid.*, p. 558, et Pr., p. 258.

fait mention dans le testament de saint Vigile, évêque d'Auxerre, vers l'an 680. Eldegard donna en bonnes œuvres, vers l'an 800, tout son bien de Mérey; il est parlé de vignes, de terres, de prés, de biens incultes et de bois.

Cart. de Pont., t. II, p. 507.

Herbert-le-Gros était seigneur de Mérey en 1145; son épouse se nommait Gertrude et son fils Gaucher. Par un acte passé à Brienon, il donna à l'abbaye de Pontigny un droit d'usage dans tous ses bois de la forêt d'Othe. Il donna aussi une terre située entre le Créanton et l'Armançon. En 1265, Guy du Mex (1), fils de Bernard, fonda à Pontigny son anniversaire et celui de son épouse Ermengarde, déjà décédée, en assignant vingt sous de rente sur son four de Mérey. En 1269, il est parlé d'une chapelle à Mérey. Pierre de Boucher, seigneur de Flogny, s'étant allié à la maison de Seignelay en 1609,

T. III, p. 275, 277.

___

Cart. de Pont., t. III, p. 233, 275.

(1) L'endroit appelé encore *le Mez*, à un quart de lieue de Ligny, au-dessus de la route qui conduit aux Baudières, paraît avoir retenu le nom de l'ancien fief du Mex, d'où sont sortis plusieurs gentilshommes, comme Gaucher, bienfaiteur de l'abbaye de Pontigny; Guy et Etienne du Mex, ses fils. Ce dernier était chanoine à Auxerre en 1259. Bernard du Mex, bailli d'Auxerre et de Tonnerre, était célèbre pour les affaires sur la fin du treizième siècle. On remarque encore Guy, son fils, bailli comme son père (1259), et bienfaiteur de l'abbaye de Pontigny; Marguerite de Saint-Florentin, sa fille (appelée par erreur comtesse de Saint-Florentin, Hist. de Seign., t. 1, p. 579), choisit sa sépulture à Pontigny, et légua à l'abbaye *ung biau lit de plume garni de quatre draps et d'une coverteur* (1300). Le moulin et la foulerie, appelés du Mex, ou de Corçon, étaient ruinés en 1275.

Mex, Meix, Meso, Més, Metz, vient de la basse latinité *Mas* ou *Mansio*, maison.

apporta la terre de Mérey, qui a fait partie du baillage et de la seigneurie de cette ville jusqu'en 1789.

Quant aux productions du sol, la culture des céréales l'emporte beaucoup sur celle des vignes.

NEUVY-SAUTOUR.

Au douzième et au treizième siècle, cette commune, qui compte aujourd'hui mille six cents âmes, s'appelait *Novus vicus*, *Novi*. En 1295, on trouve *parochia de Novo vico* (la paroisse du nouveau village). *Soutor* est le nom propre des anciens seigneurs, qui a été ajouté à celui de Neuvy. On a dit *Neuvy-le-Sautour* comme on dit *Brienon-l'Archevêque*. La seigneurie de Sautour était même distincte de la paroisse, comme on le voit par une charte de 1228, dans laquelle le prieur de Saint-Florentin échange ce qu'il possède dans la seigneurie de Sautour et dans la paroisse de Neuvy, pour six livres de rente que Guy de Sautour, chevalier, lui assigne sur son péage de Saint-Florentin et de Vergigny. Une autre charte de 1295 distingue également *Souttor* de la paroisse de Neuvy. La vigne, le froment, l'orge et l'avoine croissent également sur le sol fertile de cette commune. On y compte sept foires.

Tous les seigneurs de Neuvy prennent au treizième siècle le nom de *Sautour* ou *Sutor* : Guerric ou Thierry de Sutor, et Emeline, son épouse, vivaient en 1202; Guy de Sutor, le même que celui qui fit un accord avec le prieur de Saint-Florentin,

Cart. de Pont., t. II, p. 146 et 272.

Archiv. de l'hospice de S.-Flor., p. XXVII.

Cart. de Pont., t. III, p. 121.

eut un fils nommé Itier, chevalier, qui fit une donation à l'abbaye de Pontigny pour fonder l'anniversaire de son père (1246). Gile de Sutor, chevalier (1276), fut aussi seigneur de Neuvy. On trouve encore Guyard de Sautour et ses enfans, Gille, Jean, Pierre, Regnaud, Joubert, Thibault, Etienne et Jacquette, sa veuve. De Sautour, auteur de plusieurs Mémoires généalogiques de Bourgogne, doit descendre de cette famille. La terre de Neuvy est passée depuis dans la maison de la Rochefoucault, qui possède encore les grandes propriétés des environs.

En 1589, les ligueurs de Saint-Florentin, repoussés dans différens combats par le seigneur de Neuvy, qui tenait pour Henri IV, appelèrent du Carret à leur secours, et lui confièrent le gouvernement de leur ville. Celui-ci, qui s'était distingué par son courage et son habileté au siége de Coulange-la-Vineuse, accourt avec son armée, livre un combat au seigneur de Neuvy, et tombe parmi les morts.

L'église de Neuvy, qui était une des plus belles des environs, a été totalement brûlée vers 1788. On s'assemble aujourd'hui dans une chapelle formée au milieu des décombres. Au mois de janvier 1794, les habitans se présentèrent au district de Saint-Florentin pour demander *une cloche civique*, n'ayant pu s'en procurer une depuis l'incendie de leur église. On leur répondit qu'ils pouvaient en choisir une sur la place publique; ils prirent la seconde cloche d'Héry, qu'on venait d'y amener.

VARENNES.

Varella, *Vareinna*, commune de cinq cent vingt âmes, qui remonte à l'an 1167, lorsque Pierre de Varennes en était seigneur. La culture de la vigne et des céréales fait l'occupation ordinaire des habitans de cette contrée.

Un couvent des Bons-Hommes, de l'ordre de Grandmont, fut fondé à une demi-lieue au nord de cette commune, en 1167, par Guillaume, comte d'Auxerre. La comtesse Mahault lui fit un legs en 1257. Le frère Pierre de Cor en était *maître* en 1296. Au seizième siècle, ce monastère n'existait déjà plus. Les cultivateurs montrent encore ses fondations et l'étendue de son enceinte. Le canton se nomme le couvent des Bons-Hommes. Cart. de Pont., t. II, p. 350. Leb., Mém., t. II, pr. p. 285. Archiv. de l'hospice de S.-Flor.

Jusqu'en 1527, la commune de Varennes ne fut qu'une dépendance de Ligny. Le chapitre de Langre, qui était curé de Ligny, considérant l'étendue de Varennes, y bâtit une chapelle, et y plaça un prêtre, à condition qu'il serait regardé comme vicaire de Ligny, qu'il résiderait dans cette ville, qu'il y assisterait aux offices les principales fêtes de l'année, et surtout qu'il se trouverait aux processions de la Fête-Dieu. Ce desservant a porté le titre de vicaire de Ligny jusqu'en 1790, époque à laquelle Varennes a formé une commune indépendante de Ligny. En 1673, on y comptait cinquante-quatre feux. Des sœurs de la maison de Ligny y ont été établies en 1832. Archiv. de Ligny; Mém. sur les usages.

VENOUSSE.

<small>Leb., Mém., t. I, p. 116.</small>

C'est une des plus anciennes communes du pays; elle est citée dans le réglement de saint Aunaire, évêque d'Auxerre, en 572. C'était alors le seul village érigé en paroisse dans cette partie du diocèse d'Auxerre. Son sol fertile en toutes sortes de productions y avait fixé des habitans dès le temps de l'établissement des Francs dans les Gaules. On y compte aujourd'hui trois cents âmes. Les anciennes chroniques l'appellent *Vendosa*, *Vennosa*, *Venossa*, *Venosa*, *Venoussea*, *Venussia*. En 1127, l'évêque d'Auxerre nomme cette paroisse *Venonziacense prædium* (le domaine de Venousse). Aujourd'hui on écrit communément *Venouze*. Un prêtre, appelé Bernard, mort au onzième siècle, légua aux chanoines d'Auxerre sa maison, son jardin et sa vigne de Venousse. Vers 1740 on découvrit environ vingt tombeaux en pierre, à quelque distance de l'église, au levant.

<small>P. 256.</small>

<small>Cart. de Pontigny, t. II, p. 437.</small>
<small>P. 276.</small>
<small>P. 240.</small>

En 1296, l'abbaye de Pontigny acheta la terre de Venousse de Jean de Vergy, sénéchal de Bourgogne, pour la somme de quinze cents livres tournois. L'année suivante, Philippe-le-Bel, en confirmant l'acte de vente, dit que cette terre rapporte cinquante-cinq livres huit sous six deniers tournois par an. La reine Jeanne, comtesse de Champagne, de laquelle relevait le fief, donna son approbation à cette vente. En changeant de domination, les habitans de Venousse trouvèrent un gouvernement plus doux et ne tardèrent pas à être affranchis des lois de l'esclavage. L'acte de cette faveur signalée fut passé à Saint-Florentin en 1346, par Hugues de Maalay, clerc tabellion, établi par la reine. Les habitans de Venousse se rendirent à Saint-Florentin, au nombre de soixante-dix, qui paraissent tous chefs de ménage. Les habitans du pays verront sans doute avec intérêt les noms de la génération qui existait alors. On voit d'abord *religieuse personne et honeste messires Estienne Bears, jadix prieux de Venousse; Guillaumes Cottins, Estiennes Baudins, Estiennes Chanciz et Estiennes Champaigne*, procureurs des habitans qui sont nommés dans l'ordre qui suit : Symons maistre Estiennes, Thomas Sauteriaux, Perrins Comers, Guioz li Petit, Estiennes li Barbiers, Pierre li Roys, dit Pelicon, Pierre Buteau, Jehan Milon, autrement chevalier, Garnier Comers, Guerin son gendre, Mainiart la Poitevigne, Georgin fils Raoul de Saint Antoigne, Jehan le Hoguat, Jehan Regnaudin, Perrin Courchamp, Regnaut Maupetit, Guillaume Comers, Symon fil feu Jehan Symon, Jehan Colin, Regnaut li Pigradat, Estiennes Avril, Estiennes Rechignié, Nicolas Benoît, Nicolas Potaut, Jehan de Tarme le jeune, Odaut Billart, Pierre Taleme, Grumaust le Roy, Jehan Vinet, Jehan de Tarmes l'ainné, Estiennes Mala Grappe, Jehan Bourgois, Thomas Peronne, Thomas le Portier, Jehan Avril, Jehan fil Perrin Comer, Johanne fame feu Jehan Odin, Jehannet Porcelaine, Odeon fame feu Godart Boireau, Jehan Maupetit, Perrin Chaussefeul, Perraute fille Jehan Ruiz, Aggate la Bidoze,

Alixans la fame feu Perrin Beaufoul, Guillaume Odin, Jehan Simoneau, Symon Bémust, Jehan Cornu, Guillaume le Melle, Jehaneite fame feu Jehan Girost, Colin Margnasus, Odaut Beaufoul, Jehan Chevalier, Osanne la Moigniote, Marie fame feu Regnaut de Sainte Vertuz, Adeline fame feu Thevenin Goule, Johanne fame feu Jehan, Grumaust Chancy, Robert Godart, Jehan fil Guiot li Petit, Guillaume fil Raoul de Saint Antoigne, Jaquaut le Tixerant, Ysabeau fame feu Estiennes Rechignié, Perraute fille à la Godarde et Ysabeaux la Talemée, *tuit demorent et habitent de la dite ville de Venousse, et faisens enterinement la plus grant et segure* (saine) *partie de la communauté d'icelle.*

Jusque-là les habitans avaient été taillables *haut et bas à volanté; l'eschoeste* ou succession passait au seigneur *toutes foiz et quantes foiz que li ung d'aux aloit de vie à trèspassement sanz hoir* (enfans) *de son corps conjoint à li, à cause et pour cause de mainmorte, en quelque lieu et juridicion que li bien fussent assis.*

L'abbé et les religieux déclarent qu'ils ont *frainchi de ci en avant perpetuelment, à touz jours mais, les dessuz diz borgois et borgoises de Venousse.* Les habitans, de leur côté, consentent volontairement que *li plus riche et li plus puissant* d'entre eux soit imposé à vingt-cinq sous tournois par an, qu'il paiera le jour que les religieux feront leur recette à Venousse. Ils consentent aussi qu'eux-mêmes soient imposés, selon leurs facultés, par les religieux et six ou huit *prudhommes* de Venousse, qui seront élus, chaque année, par les habitans eux-mêmes, le jour de saint Jean-Baptiste, et qui jureront *corpo-*

rellement sur les saints Evangiles (1) qu'ils répartiront les impôts avec justice, tant sur eux-mêmes que sur les autres habitans, et qu'ils leur rendront compte de leur gestion, si ceux-ci le réclament.

L'abbé et les religieux ajoutent que les successions passeront désormais aux plus proches parens, et que s'il arrivait que quelqu'un mourût sans qu'on lui connût d'héritiers, les religieux tiendraient son bien en dépôt pendant une année, au bout de laquelle, s'il ne se présentait pas de réclamations, ils en demeureraient paisibles possesseurs. Enfin, ils *donnent, ottroient et transportent au dessus dits borgois et borgoises, clercs et autres habitans en la dite ville de Venousse, tout leur droit, toute l'action réelle et personnelle, la segnorie, la saisine, la propriété et la possession que li dit religieux puent et devront avoir ès héritaiges.*

L'impôt total pour l'année 1346 fut fixé à quinze livres tournois, qui devaient être payées en la *borserie* (trésorerie) de l'église de Pontigny *le jour de la feste de sainct Andrier l'apostre.* L'acte fut scellé du *scel et contre-scel* de la prévôté de Saint-Florentin, en présence de témoins, le mercredi après la fête de saint Martin d'hiver.

A cette époque, la commune de Venousse était florissante; les franchises qu'elle venait d'obtenir répandaient la joie dans toutes les familles. Une ère nouvelle de prospérité et de bonheur semblait s'ou-

---

(1) C'est-à-dire en mettant la main sur le livre même de l'Evangile. On lit dans une charte de 1342 : *Tactis corporaliter sacrosanctis evangeliis.* Dans ces siècles de foi, c'était un serment inviolable.

vrir devant elle, lorsque la guerre civile, le passage des troupes ennemies, la peste, vinrent presque anéantir cette commune. En 1448, il n'y restait plus que cinq habitans : Jean Pene, Robin Regnard, Jean Mouton, Jean Durant et Jean Terroir. Ils présentèrent une pétition à Etienne, abbé de Pontigny, pour obtenir la diminution des impôts, qui étaient toujours de quinze livres tournois. L'abbé et les religieux accueillirent leur plainte avec empressement ; l'impôt fut réduit depuis dix sous tournois pour le plus riche, jusqu'à trois sous quatre deniers, et à deux sous six deniers pour la femme veuve. Les religieux désirant contribuer par tous les moyens possibles à relever cette commune, accordèrent aux habitans la permission de prendre dans leurs forêts du bois pour bâtir, et leur renouvelèrent la permission de conduire leur bétail dans les pâturages communaux de l'abbaye.

T. II, p. 216.

Les seigneurs de Venousse, dont les noms se rencontrent dans les chartes, sont : Manassès (1152), Jean de Venousse et Roscelin, son parent, qui approuvèrent les donations de Milès, dit Cou-Gelé ; Geoffroy de Saint-Verain et de Venousse, Anne, son épouse, et Hugues, son frère (1186). Renaud, dit Ronge-Fer, seigneur de Saint-Verain et de Venousse, qui avait épousé Marthe, fut presque toujours en guerre avec les évêques d'Auxerre, auxquels il suscita bien des peines. On trouve encore Jean, chevalier, et Aois, son épouse, dont les enfans Guy, Itier, Jean et Jeanne (1221), vendirent une partie de la dîme de Venousse. Ces seigneurs payaient déjà, chaque année, aux chanoines

T. III, p. 22.

Lebeuf, Mém., t. I, p. 384.
Cart. de Pont., t. II, p. 452.

de Saint-Pierre d'Auxerre, un demi-setier de froment, autant de seigle et deux setiers d'avoine. Guy, dit le Roux, et Itier son frère, chevaliers, vendirent leur dîme de Venousse en 1238, pour la somme de quatre cent quatorze livres tournois. Itier vendit ses tierces à l'abbaye de Saint-Germain d'Auxerre en 1256. Pierre, chevalier, était son fils.

Jobert de Venousse, aussi chevalier, fils de Philippe d'Ancy-le-Franc et d'Hermengarde, son épouse, était seigneur d'une partie des terres situées entre Venousse, Pontigny et Fouchères. Comme ces biens étaient en pâturages communs entre lui et l'abbaye de Pontigny, il permit aux moines d'y construire une bergerie pour y placer du bétail; il leur permit aussi de mettre en culture le terrain nécessaire pour occuper deux ou trois charrues de bœufs ou d'ânes, et de renfermer ce terrain par une clôture. On voit par là dans quel abandon étaient alors ces riches campagnes, et le soin que les religieux apportaient à tirer parti du sol que des seigneurs indifférens laissaient en friche. On ne se sert guère aujourd'hui de bœufs pour le labour; les chevaux ont remplacé les ânes. *Cart. de Pont., t. III, p. 24.*

Milès ou Milo IV de Noyers (*de Noeriis*), fut aussi seigneur de Venousse (1256). Milo de Noyers, le même que celui qui précède ou son fils, donna le fief de Venousse à Marguerite, sa tante, qui épousa Jean de Vergy, sénéchal de Bourgogne. Celui-ci avait placé à Venousse Guillaume d'Arcy, seigneur de Pisy, comme son procureur spécial. Après avoir joui de cette terre pendant quelque temps, il la vendit à l'abbaye de Pontigny. *T. II, p. 437.*

On rencontre quelques chevaliers portant le titre de Venousse, comme Etienne, écuyer, fils d'Itier de Venousse ; il possédait le four de Villeneuve-sous-Buchin. Odon et Ulduin ont aussi le titre de Venousse. Jobert, chevalier, Etienne, célérier et procureur de l'abbaye de Pontigny, portaient aussi ce titre en 1344.

<small>T. III, p. 26.</small>

<small>Leb., Mém., t. II, pr. p. 102.</small>

Claude de Bellangers, écuyer, seigneur de Lamotte et de Rouvray, mort en 1676, et Louis Lamotte, son fils, aussi seigneur de Rouvray en 1708, sont inhumés dans l'église de Venousse, dans laquelle on voit plus de vingt tombes avec des inscriptions formant le pavé de l'église. Plusieurs appartiennent aux prieurs de Venousse, de Rouvray et de Pontigny, car le même prieur réunissait tous ces titres. Dès 1288, Venousse était un prieuré de Saint-Père d'Auxerre; le prieur avait le titre de chanoine régulier. Au quinzième siècle, le prieur-curé jouissait du droit de dîme, pouvait conduire son bétail dans les usages, y prendre du bois pour l'usage de sa maison, ainsi que pour bâtir et clore ses héritages. Les nobles et les riches particuliers décédés à Pontigny étaient aussi transportés à Venousse, comme étant la mère-paroisse, à moins qu'ils n'eussent obtenu la faveur d'être inhumés dans l'abbaye. L'église a environ 60 pieds de longueur sur 26 de largeur; la voûte a été reconstruite en 1558.

<small>Gall. Christ., t. XII, p. 448.</small>

<small>Cart. de Pont., t. II, p. 440.</small>

On trouve sur la commune de Venousse le village de Souilly, appelé anciennement *Suilliacum*, *Sooilliacum*, *Soliacum*, *Sooilly*, *Soolly*; il était du comté d'Auxerre; on y comptait cinq feux en 1750, présentement il en réunit dix. En 1258, Gaufride de Sor-

<small>Cart. de Pont., t. II, p. 440.</small>

mery donna la dîme de Souilly à l'abbaye de Pontigny ; T. III, p. 207.
elle provenait du chef d'Agnès son épouse. En 1257,
Guillaume de Montigny, dit Chabot, écuyer, et
Elisabeth son épouse, possédaient une partie des
dîmes de Souilly, qu'ils donnèrent à l'abbaye de
Pontigny pour le salut de leurs âmes et en reconnaissance des services qu'ils avaient reçus de l'abbé
et des religieux. Milès V, seigneur de Noyers, et
Marie de Crécy, sa femme, vendirent cette terre à P. 287.
l'abbaye de Pontigny en 1278, pour la somme de T. II, p. 424.
quatre cents livres tournois. Les revenus consistaient, suivant l'acte de vente, en taille, cens,
mainmorte, justice haute et basse, domaines, bois,
prés, vignes, terrage, tierces, bornage, four, fief,
arrière-fief, etc. Dans la suite, cette terre fut revendue par les abbés. M. Grillon et le comte d'Esparre
en ont été successivement seigneurs avant 1789.

VERGIGNY.

Vargineyum, Vargineium, Varginiacum, Vargigny, Vergigny-les-Saint-Florentin, commune de
six cent quatre-vingts âmes, entre Rebourceau et
Saint-Florentin. En 1138, Guyard de Seignelay,
clerc de Saint-Florentin, possédait à Vergigny la
dîme et d'autres biens, qu'il laissa à l'église de
Saint-Florentin. Cette dîme passa ensuite à l'abbaye
de Pontigny. En 1206, elle consistait en pois, en
fèves, en lin, en chanvre et en millet, ce qui indique les anciennes productions du sol, auxquelles

il faut ajouter le seigle et le froment. A peine aujourd'hui si on connaît les fèves et le millet; on y voit quelques vignes.

Vergigny eut aussi ses seigneurs particuliers, dont il serait impossible de donner une suite généalogique. Leurs noms ne sont mentionnés, la plupart, que dans les Cartulaires de l'abbaye de Pontigny, à l'occasion de leurs bienfaits envers cette maison. En 1240, Gaucher de Maligny et Marguerite de Saint-Florentin, sa femme, jouissaient de cette terre, dans laquelle ils confirmèrent le droit de pâture pour la maladerie de cette ville. En 1291, Etienne, sire de Seignelay, amortit une rente qu'il payait à cette même maladerie sur le pré des noues de Vergigny. Pierre, dit Verons, chevalier, épousa, en 1292, Agnès, descendant des barons de Seignelay, qui lui apporta une partie de la terre de Vergigny. Il vendit le four à Marguerite, reine de Jérusalem et de Sicile; celle-ci l'échangea à l'abbaye de Pontigny; elle assigna aussi, à cette abbaye, une rente sur ses *festages* (1) de Tonnerre, en échange de vingt *livrées* (2) de terre. Marguerite était la seconde fille de Mathilde II, comtesse d'Auxerre, de Nevers et de Tonnerre, dont elle hérita ce dernier comté. Elle épousa Charles, dit l'Ancien, roi de Sicile; étant devenue veuve, elle gouverna elle-même son comté de Tonnerre. Jacques de Sacy, époux de Béatrix, seigneur de Vergigny, paraît fils de Pierre,

<small>Arch. de l'hospice de S.-Flor., p. XVIII.</small>

<small>Cart. de Pont., t. III, p. 65.</small>

---

(1) Droit que l'on percevait par chaque faîte de maison (*fastigium domûs*) ou par bâtiment. Ce même droit a été appelé depuis le fouage dû par chaque feu ou ménage.

(2) Mesure de superficie qu'on ne connaît plus aujourd'hui.

dit Verons. En 1307, il passa un accord touchant le bois de Contest avec le seigneur de Rebourceau, celui de Bouilly, les habitans de ces communes et l'abbaye de Pontigny. _{T. II, p. 225.}

En 1453, l'abbaye de Pontigny accorda aux habitans de cette commune le droit de pacage dans le bois de la Seuz, situé entre Vergigny, Chéu et le bois de Contest. Les habitans, de leur côté, s'obligèrent à donner, chaque année, le jour de saint Remi, cinq sous tournois et douze poussins, et à cesser le pacage pendant le mois d'octobre, celui de novembre et celui de décembre. _{p. 241.}

En 1504, Pierre, abbé de Pontigny, rendit l'hommage d'homme vivant et d'homme mourant à madame la Doherie, comtesse de Tonnerre, pour la terre de Vergigny. Le même hommage fut rendu par procureur en 1517 et en 1538. Le 11 avril 1571, une sentence des requêtes du palais maintint les habitans dans la jouissance de mener leur bétail pacager dans le bois de la Seuz et le bois de Contest. _{T. III, p. 241 et suiv. Voyez pièces justif.}

En 1479, Milès de Bourbon vendit la terre de Vergigny à l'abbaye de Pontigny pour la somme de quatre cent cinquante livres tournois, monnaie courante. Il veut de plus avoir part aux prières, aux oraisons, aux suffrages et aux autres biens spirituels des religieux. Il ajoute qu'il a coutume d'avoir à Vergigny un bailli, un prévôt, des sergens et autres officiers de justice (1). Milès descendait, comme il _{T. II, p. 320.}

---

(1) Le nombre des justices particulières était considérable, ce qui donnait lieu à de graves abus. La juridiction du prévôt différait souvent d'une ville à l'autre. A Pontigny et dans les pays voisins, le prévôt était un juge que chaque seigneur établissait

paraît, d'un bâtard de la maison de Bourbon ; il était seigneur de Solligny et de la Roche-en-Brénil, conseiller et chambellan du roi.

Louis XI avait accordé des lettres d'amortissement pour la terre de Vergigny en faveur de l'abbaye de Pontigny. Sous Charles VIII, son successeur, le bruit courut que ces lettres avaient été révoquées ; aussitôt vexations et poursuites de la part des officiers du baillage de Sens. Charles VIII leur écrivit que feu son père (*que Dieu absoille*) avait amorti aux religieux de Saint-Edmon de Pontigny la terre de Vergigny ; et néanmoins, leur dit-il, *vous les tenez en procès par devant vous, et les molestés et les travailléz soubz couleur de ce que dites que notre dit feu père ne pouoit faire ledit admortissement, et que tous ceulx qu'il a faiz et donnéz aux églises avaient par nous esté révoquéz, que n'entendons : et pour ce que voulons le dit admortissement sorte son plain et entier effet, nous vous mandons que ne donnez doresnavant*

P. 308.

---

dans sa terre ; il avait à ses ordres un ou plusieurs sergens ou huissiers ; il était encore aidé des *forestiers* ou gardes des bois, et des *messiers* ou gardes des champs. Les *forestiers* avaient quelquefois le titre de *sergens jurés*. Les terres plus importantes avaient un bailli, duquel relevait le prévôt. Le bailli connaissait ordinairement des appellations interjetées des sentences du prévôt, des causes des ecclésiastiques, de celles des nobles, et des affaires criminelles. Cet ordre de chose ne s'établit qu'insensiblement dans le treizième siècle ; précédemment, lorsque les seigneurs étaient tout-puissans dans leurs terres, ils jugeaient eux-mêmes en dernier ressort les affaires criminelles. Ils tenaient beaucoup à conserver ce pouvoir suprême. En vendant leurs bois, on voyait des seigneurs retenir le droit de juger les grands crimes qui se commettraient dans leur étendue, comme celui de s'y promener avec leurs armes pour la chasse.

aucun destourbier ne empêchement aus dits religieux touchant ceste matière.

Une partie du village de Lordonois se trouve sur la commune de Vergigny, le reste fait partie de Ligny-le-Châtel. Ce village, composé d'environ vingt feux, est sur la route entre Pontigny et Saint-Florentin, dans l'embranchement d'un chemin de Ligny-le-Châtel. Les bois voisins s'appelaient *Lordonois* dès l'an 1263 ; ils ont donné leur nom au village : on disait alors *li Ardenois, Lardenois*. On croit reconnaître dans ce nom la même origine qu'à celui des Ardennes. Les Sabins, et ensuite les Gaulois, ont donné à Diane chasseresse le nom d'Arduine, *Ardoinna, Arduenna, Arduinna*.

P. 183 et 185.

VILLENEUVE-SAINT-SALVE.

Vil·anova sita in boscho Tuau, *Villa nova Sancti Salvii*, et *Salvatii*, *Villeneuve-Saint-Sâle* et *Saint-Salle*, commune du canton de Ligny-le-Châtel, d'environ deux cent cinquante âmes. Elle doit son origine à une chapelle bâtie sur le tombeau de saint Salve, moine, mort vers 540. Une ancienne charte dit que cette chapelle est bâtie à l'extrémité du bois de Tul ou Tuau. L'évêque donna cette petite église à l'abbaye de Saint-Marien en 1140 ; elle formait alors un prieuré ; on l'appelait la Chapelle-le-Roy. Elle eut à cette époque deux chapelains. En 1160, le comte d'Auxerre remit la moitié de la terre seigneuriale à l'abbaye de Saint-Germain, et donna aux habitans

Courtép., t. VII, p. 134.

Lebeuf, Mém., t. I, p. 279.

Hist. ms. de l'égl. d'Auxerre.

un droit d'usage dans la forêt de Bar. Il permit aussi, en 1205, d'établir à Villeneuve-Saint-Salve une foire d'un jour à la fête de saint Denis. La chapelle de ce Saint se trouvait à un tiers de lieue de l'église paroissiale, au pied du thureau de Saint-Denis, auquel elle paraît avoir donné son nom. Elle fut démolie vers 1740, à cause des abus de l'apport. Cette chapelle était au quatorzième siècle le but d'un pélerinage très-fréquenté sous le nom de Saint-Denis. Lebeuf rapporte un miracle opéré à Auxerre sur un jeune homme atteint de la rage, et que son père avait voué à saint Denis et à la sainte Vierge. Ce miracle était représenté sous le portail de la cathédrale. Outre ces chapelles, les seigneurs en avaient une dans leur château, dédiée à saint Cloud. On y allait en dévotion pour obtenir la guérison des furoncles ou *des feux*.

<small>Lebeuf, Mém., t. II, p. 135, pr. p. 268.</small>

<small>Pr. p. 134.</small>

<small>Prise d'Aux., pièces justificat. p. xlv.</small>

Robertet, archer de la garde du roi, fut seigneur de Villeneuve-Saint-Salve. Il y mourut et fut enterré dans le chœur de l'église des Cordeliers à Auxerre, en 1514. François Leprince, procureur du roi dans le diocèse d'Auxerre, seigneur de Souleine et du Buisson, possédait des biens à Villeneuve-Saint-Salve. C'était un grand défenseur de la foi catholique. Il mourut d'une chute de cheval près de Villeneuve-Saint-Salve, le 16 septembre 1576. Son corps fut aussi inhumé dans l'église des Cordeliers, avec une épitaphe accompagnée de douze vers français, que l'on trouve dans l'histoire de la prise d'Auxerre. Un de ses descendans par les femmes a pris le nom de Souleine.

Les seigneurs de Seignelay sont possesseurs de

Villeneuve-Saint-Salve depuis le grand Colbert. Madame veuve de Montmorency a vendu, en 1811, plusieurs petits bois situés sur cette commune.

Villeneuve-Saint-Salve et le hameau de Curly ne renfermaient, en 1751, que vingt-deux feux. Le territoire n'a qu'une demi-lieue d'étendue ; on y recueille de mauvais vin blanc et du métil. L'église est à peu de distance de la route, entourée de quelques maisons. Le reste des habitations s'étend au-delà sur la côte.

VILLERS-VINEUX.

Villaris Vinosus, *Villæ Vinosæ*, *Villers Vigneurs*, *Villers Vignes*, *Villiers Vineux*, et simplement *Vilers*, commune de quatre cent cinquante âmes, à deux lieues de Pontigny. En 1035, cette commune appartenait à l'abbaye de Saint-Germain d'Auxerre, qui l'avait mise sous la sauve-garde des vicomtes de Saint-Florentin. En 1219, Milès de Saint-Florentin y avait une dîme. La charte appelle ce lieu simplement *Vilers*. L'abbé de Saint-Germain y acquit quelques biens en 1260. L'abbaye de Pontigny y jouissait d'un droit de dîme en 1369. Les comtes de Tonnerre eurent successivement cette terre, qui est passée dans le domaine de l'hôpital de cette ville.

_{Cart. de la pit. de S.-Germ. ms. feuillet 26.}
_{Cart. de Pont., t. III, p. 85.}
_{Hist. ms. de l'égl. d'Aux.}

L'église, dédiée à l'Assomption, se fait remarquer par sa croix grecque et la hardiesse des voûtes du chœur. La boiserie du rétable de l'autel et celle du chœur sont d'un travail remarquable. La nef, la tour et le presbytère ont été bâtis sur la fin du dix-septième siècle par M. Morel, curé de cette paroisse, dont la mémoire est demeurée en vénération parmi les habitans. Sa vie a été donnée au public, ainsi que celle de M. le curé de Percey, son collègue et son contemporain.

À cent pas de l'église, au nord-est, il existait autrefois un château dont il ne reste plus que l'enceinte de fossés. Une ferme de l'hôpital de Tonnerre qui en occupe la place, a pris le nom de *château-d'en-bas*.

Les habitans font remarquer différens endroits de la campagne où l'on trouve des fondations, tristes restes, sans doute, du passage des armées sur la grande route qui avoisine Villers-Vineux, ou le résultat de nos discordes civiles au quinzième siècle. On vient de trouver deux tombeaux en pierre sur un chemin appelé la rue Saint-Didier, non loin du camp de Flogny.

Villers-Vineux, que son nom désigne comme un vignoble, est aujourd'hui presque entièrement employé à la culture des céréales.

La voie romaine de Sens à Alise passe au-dessous de Villers-Vineux, gagne Carisey (1), le dessus de

---

(1) *Quarrisiacum, Quarrisyacum, Carrisiacum, Carisiacum*, commune de cinq cents âmes, à une demi-lieue de Villers-Vineux. En 1056, l'évêque de Langre donna l'église de Carisey avec celle de Lignorelles à l'abbaye de Saint-Germain. Etiennette de Forterre (*Fortis terra*) avait cette seigneurie en 1226. Ensuite vinrent Pierre et Drouhin de Lignorelles, ses fils, comme elle bienfaiteurs de l'abbaye de Pontigny. On trouve encore, comme seigneurs de ce lieu, Naudet de Noyers, dit Grilez, et Arambourg son épouse (1263); Bernard, dit Fouez,

Labb. Bibl. mss. t. I, p. 577 et 578.
Cart. de Pont., t. III, p. 85 et suiv.

Dié et Tonnerre par la Garenne; de Dié à Tonnerre elle est en ligne droite et bien conservée. En quelques endroits, les terres entraînées par les eaux laissent à découvert le pavé, qui a plus d'un pied d'élévation. Les pierres dont ce pavé est formé sont tellement liées ensemble par un certain gluten que le temps a formé, qu'on ne saurait en détacher, même des fragmens, sans de grandes difficultés. Les parties que les eaux et autres accidens sont parvenus à rompre, ne se séparent que par blocs considérables. Cette voie, devenue si peu praticable, est connue dans le pays sous le nom de *chemin ferré*. La tradition populaire a enveloppé son origine de beaucoup de fables.

VILLY.

Villiacum, Villi, commune de deux cent dix âmes, entre Lignorelle et Maligny. Avant 1789, elle faisait partie du grenier à sel de Seignelay. Cette petite commune remonte à Odo de Villy en 1148. Guillaume était prévôt de Villy en 1295. La vigne croît facilement dans le terrain pierreux de Villy; on y recueille aussi un peu de froment et des menus grains.

<small>Leb., Mém., pr. p. 15. Cart. de Pont., t. II, p. 350 et 273.</small>

---

et Ameline son épouse. En 1284, Agnès de Saint-Verain, dame d'Epoisse et de Carisey, veuve de Guillaume de Mello, seigneur d'Epoisse, se remaria à Jean de Froslois. Pierre de Boucher, qui épousa en 1635 Georgette de Malain, demoiselle de Seignelay, était seigneur de Carisey.

Le sol de nos campagnes est encore couvert de monumens, à l'aide desquels on peut discerner les principaux traits de l'histoire de nos pères. Les traces de ces routes anciennes, ces vestiges de campemens que l'on remarque çà et là, attestent le passage et le séjour des Romains. Les tombeaux en pierre, que l'on découvre au sein de la terre, prouvent que ces mêmes lieux étaient habités il y a plus de douze cents ans. Les restes de ces châteaux de la féodalité, entourés de fossés profonds et de murs épais garnis de meurtrières ; les villes avec leurs fortes murailles, leurs rues étroites et sinueuses, annoncent la méfiance, la discorde, la guerre et ses dangers. Au sein des villes, des bourgs et des villages s'élève toujours l'église, couronnée du symbole de la croix, devant laquelle les vainqueurs de Rome ont fléchi le genou. On remarque encore, au milieu des champs, les restes du vaste et silencieux monastère, consacré comme l'église, depuis tant de siècles, à une religion de paix, d'union et de miséricorde, asile ouvert aux faibles et aux malheureux contre la force et l'oppression.

Nous découvrons partout cette religion sainte, qui a adouci les mœurs des féroces vainqueurs des Gaules, qui a rapproché les peuples, qui a versé dans les âmes un baume consolateur, en attendant l'époque où maîtresse des cœurs, dirigeant toutes les volontés, elle briserait les fers de l'esclavage et éteindrait peu à peu les feux de la discorde.

C'est ainsi que les dévastations de 1793 rappelleront à nos neveux la chute des anciens châteaux, la suppression des établissemens religieux, et tout le bouleversement qu'entraîna après elle cette terrible catastrophe. Ces routes de communication que l'on établit aujourd'hui de toutes parts à travers les campagnes; ces communes autrefois si agrestes, qui se transforment en belles bourgades, par l'élégante reconstruction des maisons, sont autant de jalons, à l'aide desquels nos descendans se dirigeront dans l'étude de nos temps modernes.

PIÈCES JUSTIFICATIVES.

FONDATION DE L'ABBAYE DE PONTIGNY.

ANSIUS, FONDATEUR.

Cum divina misericordia, suâ gratuitâ bonitate, novum monasterium in Burgundiâ constructum (nempe Cistercium) et regulari disciplinâ ditaret et copiosâ monachorum multitudine adaugeret, quidam sacerdos verâ religione non mediocriter adornatus, *Ansius nomine*, in Autisiodorensi territorio degens, rogavit donnum Stephanum novi monasterii abbatem et monachos ejusdem loci, ut in loco suo, qui Pontiniacus dicebatur, monachis et abbate ibidem collocatis, abbatiam ordinarent. Qui spe regularis disciplinæ propagandæ incitati, voto supradicti sacerdotis se satisfacturos promiserunt, si antistes in cujus diœcesi locus ille situs erat, hoc amplecteretur. Dehinc donnus Stephanus abbas et Ansius sacerdos Autisiodorum venientes, causam ordinandæ in prædicto loco Abbatiæ, beatæ memoriæ Humbaldo episcopo aperiunt. Quorum studium laudabile pontifex audiens, lætissimus redditur; magnum se sibique commissos spiritualis boni emolumentum nacturos fore confidens, si, suo tempore, gratia divina sanctæ regulæ amatores in suo multiplicaret episcopatu. Eo tempore, assensu ac dono auctoritateque donni Humbaldi episcopi et totius capituli ecclesiæ suæ, ac venerabilis sacerdotis Ansii, suscepit donnus Stephanus Pontiniacensem ecclesiam ad abbatiam inibi ordinandam. Cartam vero caritatis et unanimitatis inter novum monasterium et abbatias ab eo propagatas compositam et corroboratam, idem pontifex et canonicorum conventus ratam per omnia habuerunt. Videns autem abbas angustiam Pontiniacensis loci in campis et silvis aliisque monachorum profiniis futurorum, bonæ famæ illius Willermum regionis comitem obsecrat ut suâ largitate locum eundem adaugeat. Qui vir Deo devotus et precem supplicantis alacriter suscepit et efficaciâ beneficentiæ adimplevit, concedens in eodem loco Deo servientibus, usuarium in omnibus suis campis, silvis, aquis piscationi commodis, nemoribus et fructiferis ad usum porcorum illorum : quod donum et uxor ejus posteà laudavit. Domina autem Gilla vidua, rogatu antedicti abbatis et comitis Willermi, donavit monachis in eodem loco futuris, partem certis signis determinatam de terrâ quam ultrà aquam, quæ Saina vocatur, habebat; et de reliquâ parte quam sibi retinuit, hoc diffinivit ut si aliquis rusticus terram illam quam sub eâ tenet, monachis illis dare aut vendere aliquo tempore vellet, ipsi per omnia hoc placet : illud idem et de pratis quæ rustici ejus tenent, laudavit. Concessit nihilominus monachis illis usuarium in silvâ quæ est ultrà aquam Sainam, omni tempore, et ad usum porcorum et tempore fructuum ; et aquam eandem ad omnes usus eorum, ab illo loco quo tunc molendinum eorum habebatur usque ad molendinum S. Porchariæ, ità scilicet liberam ut nullus, sine licentiâ eorum, aut molendinum construere, aut piscationem in eâ auderet exercere. In reliquâ verò parte ipsius dominæ, concessit eis piscationem absque laqueis filis connexis. Hæc dona laudaverunt et concesserunt filiæ prædictæ dominæ, Istiberta scilicet et Beata, ad quarum jus ista omnia præcipuè pertinebant. Hi sunt testes : Willermus comes, Milo presbyter, Arvinus de Tusci, Gobertus capellanus, Bartholomæus, Joannes molendinarius, Stephanus de forni, Rainaldus, Milo filius Hugonis judicis, Walterus de Glisolà,

Alaldus, qui illius loci erat procurator. Illis temporibus, donnus Joannes de Molendino et conjux ejus Osila et filius eorum Gofridus, rogatu antedicti abbatis et comitis Willermi, dederunt monachis illam terram, quæ est inter viam quâ itur de Vendosâ ad S. Porchariam et ecclesiam eorumdem monachorum, et inter magnum nemus et rivulum quemdam : hanc terram concesserunt eis ab omnimodâ exactione liberam. Post hæc dederunt eis usuarium in omni terrâ quam possidebant in vicinitate monachorum, addentes insuper et laudantes ut quicquid monachi, per se vel per alios, de omni silvâ eorum, extirpando, planare potuissent, si carrucam non admisissent, ipsorum esset; et si carrucâ eamdem terram coluissent, Joannes vel sui decimas indè sumpsissent. Simili modo donaverunt monachis de campis suis, quicquid carrucâ non coluerint. De viâ autem quâ de Pontiniaco pergitur ad Vendosam in dextrâ parte, in omni silvâ quæ juris eorum erat, dederunt usuarium ad usus porcorum monachorum, et hoc cunctis diebus. In alias autem silvas Joannis vel suorum, non mittant monachi porcos suos donec ipsi suos vel aliorum miserint. Si verò ipsi porcos suos vel aliorum usque ad octavam Domini mittere distulerint in silvas, abhinc porci monachorum per omnes silvas illas mittantur. Hi sunt testes : Milo capellanus Laniaci Castri et alter Milo presbyter, Willermus comes Nivernensis, Theodoricus, Helias, Stephanus, Achardus, Hugo, et multi procerum ejusdem comitis.

BULLES DES PAPES.

BULLES D'INNOCENT II.

INNOCENTIUS episcopus servus servorum Dei, dilecto filio Wikardo Pontiniacensi abbati ejusque successoribus regulariter substituendis in perpetuum. Omnipotenti Domino, cujus melior est misericordia super vitas, gratiarum actiones referimus, qui tantâ religione et honestatis nitore Pontiniacense monasterium decoravit, ut non solùm vicina loca sed etiam remota de vestræ conversationis exemplo laudabiliter illustrentur et ad meliora quæque sectanda pariter informentur. Quamobrem, dilecte in Domino fili Wicarde abbas, personam tuam arctioris caritatis brachiis amplectentes, tuis desideriis debitâ benignitate annuimus, et Pontiniacense monasterium cui, Deo auctore, præesse dinosceris, Apostolicæ Sedis privilegio communimus : statuentes ut quascumque possessiones, quæcumque bona, *idem venerabilis et Deo amabilis locus* impræsentiarum canonicé possidet, aut in futurum, concessione pontificum, largitione regum vel principum, oblatione fidelium, seu aliis justis modis, Deo propitio, poterit adipisci, firma tibi tuisque successoribus et illibata permaneant. In quibus hæc propriis duximus exprimenda vocabulis : terras videlicet Dochiaci et Creciaci, quas utique canonici S. Florentini, per manum atque scriptum fratris nostri Henrici Senonensis archiepiscopi, Pontiniacensi monasterio jure perpetuo concesserunt; quod et ipsum abbas S. Germani Autisiodorensis cum suo capitulo collaudavit et scripto firmavit : concambium quoque terræ S. Martini Cableiacensis, quæ in parrochiâ Laginiaci sita est, pro terrâ Hugonis de Merliniaco et Humbaldi præpositi, quæ sita est in territorio Cableiacensi : grangiam insuper Challiaci, cum omnibus terris ad eam pertinentibus, et quicquid in silvâ Othæ eidem ecclesiæ donatum, vel ab eâ legitimé emptum est ; vobis nihilominùs confirmamus. Nulli ergò omninò hominum fas sit præfatum monasterium temeré perturbare aut ejus possessiones auferre vel ablatas retinere, minuere, seu quibuslibet molestiis fatigare ; sed omnia integra conserventur, eorum pro quorum gubernatione et sustentatione concessa sunt, usibus omnimodis profutura. Si qua sané in posterum ecclesiastica sæcularisve persona hanc nostræ constitutionis paginam, sciens, contrà eam temeré venire tentaverit, secundò tertiòve commonitus, nisi reatum suum congruâ satisfactione correxerit, potestatis honorisque sui periculum patiatur, et à sacratissimo corpore ac sanguine Dei et Domini Redemptoris nostri Jesu Christi aliena fiat conservantes autem eidem loco quæ sua sunt, omnipotentis Dei et beatorum Petri ac Pauli apostolorum ejus gratiam consequantur. Amen, amen, amen. Ego Innocentius Catholicæ Ecclesiæ episcopus. — Ego Theodewinus Silvæ candidæ episcopus. — Ego Anselmus presbyter cardinalis tit. sancti Laurentii in Lucinâ. — Ego Lucas presbyter card. tit. SS. Johannis et Pauli. — Ego Guido S. rom. ecclesiæ indignus sacerdos. — Ego Ivo presb. card. S. Laurentii tit. Damasi. — Ego Martinus presb. card. tit. S. Stephani in Cœlio Monte. — Ego Azo presb. card. tit. S. Anastasiæ. — Ego Grisogonus presb. card. tit. sanctæ Praxedis. — Ego Gregorius diac. card. SS. Sergii et Bacchi. — Ego Otto diac. card. sancti Georgii ad velum aureum. — Ego Guido diac. card. SS. Cosmæ et Damiani. Datum Laterani per manum Aimerici S. rom. ecclesiæ diac. card. et cancellarii, 9 Kal. aprilis indict. II, incarnationis dominicæ anno 1138, pontificatûs verò donni Innocentii Papæ II, anno X. (Autour du médaillon qui précède la souscription du pape se lisent ces mots : Adjuva nos Deus Salutaris noster.)

INNOCENTIUS episcopus servus servorum Dei, Guichardo dilecto filio Pontiniacensi abbati, ejusque successoribus regulariter substituendis in perpetuum. Habitantes in domo Dei, in sinceritate caritatis unanimes, conservant unitatem spiritûs in vinculo pacis : puræ namque mentis religio indissolubili divini amoris glutino confirmata, vultum clementissimum creatoris ut terrena cœlestibus conjungantur et ima superis societur, mundis orationibus incessanter profusis, inclinat. Quia igitur, fratres Pontiniacensis monasterii à curâ seculari liberos et divinis obsequiis mancipatos, pié vivere ac religiosé cognovimus, idcircò, in Domino dilecte fili Guicharde abbas, tuis justis petitionibus duximus annuendum. Statuimus itaque ut quascumque possessiones aut bona ad eundem locum inpræsentiarum justé et canonicé pertinere noscuntur, aut in futurum concessione Pontificum, liberalitate regum vel principum, oblatione fidelium, seu aliis justis modis, auxiliante Domino, ei conferri contigerit, firma tibi tuisque successoribus et illibata permaneant. Confirmamus etiam vobis usuariam per totam silvam quæ dicitur Otta, quemadmodum animalibus, domibus, omnibusque necessariis vestris ab Henrico Senonensi archiepiscopo, et Attone Trecensi episcopo, vobis rationabiliter concessa est et eorum scriptis confirmata : et cùm ubi spiritus Domini, ibi libertas, ut liberiùs divinis famulatibus valeatis insistere et, purgatâ mentis acie, contemplationi vacare, prohibemus ne aliquis archiepiscopus aut episcopus te vel successores tuos, seu aliquem abbatem *Pontiniacensis ordinis*, indebitis vexationibus fatigare, *vel circà Regulam inquietare præsumat*. Porrò conversos vestros, qui monachi non sunt, post professionem factam in vestris cœnobiis, nullus archiepiscoporum, episcoporum, vel abbatum, sine vestrâ gratâ licentiâ, suscipere aut susceptum retinere præsumat. Verùm quoniam, sicut B. Gregorio Augustinum Anglorum episcopum instituente, didicimus communi vitâ viventibus, jam de faciendis portionibus vel exibendâ hospitalitate et adimplendâ misericordiâ, nobis quid erit dicendum, cùm omne quod superest in causis piis ac religiosis erogandum est, Domino magistro omnium dicente : quod superest date in eleemosynam, et ecce omnia munda sunt vobis ; statuimus ut de laboribus, quos vos et totius vestræ congregationis fratres propriis manibus et sumptibus colitis, et de animalibus vestris à vobis decimas expetere vel recipere nemo præsumat. Nulli ergò hominum liceat vestrum monasterium temeré perturbare, aut ejus possessiones auferre, vel ablatas retinere, minuere, vel aliquibus molestiis fatigare ; sed omnia integré conserventur, vestris et aliorum pauperum Christi usibus profutura. Si qua igitur in posterum ecclesiastica sæcularisve persona hanc nostræ constitutionis paginam sciens, contrà eam temeré venire tentaverit, secundò tertiòve commonita, si non satisfactione congruâ emendaverit, potestatis honorisve periculum patiatur et à sanctissimo corpore et sanguine Domini nostri Jesu Christi aliena fiat, atque in extremo examine districtæ ultioni subjaceat ; conservantibus verò eidem loco quæ sua sunt, sit pax Domini nostri J. C. quatinùs et hic bonæ actionis fructum percipiant et apud districtum Judicem præmia æternæ pacis inveniant. Amen, amen, amen. — Ego

Innocentius catholicæ ecclesiæ episcopus. — Ego Conradus Sabinensis episcopus. — Ego Albericus Hostiensis episcopus. — Ego Stephanus Prænest. episcopus. — Ego Igmarus Tusculanus episcopus. — Ego Guido s. rom. ecclesiæ indignus sacerdos. — Ego Guido presb. card. tit. S. Grisogoni. — Ego Gregorius diac. card. SS. Sergii et Bacchi. — Ego Otto diac. card. S. Georgii apud velum aureum. Dat. Laterani per manum Gerardi s. rom. ecclesiæ presb. card. 10 kal. jan., indictione VI, incarnationis dominicæ anno 1142, pontificatûs verò domni Innocentii Papæ II, anno XIII.

ADRIEN IV.

Adrianus episcopus servus servorum Dei, dilecto filio Guizardo Pontiniacensi abbati, salutem et apostolicam benedictionem. Quæ rationabili causâ, locis vel personis ecclesiasticis conferuntur, perpetuis temporibus in suâ volumus stabilitate persistant; et ne temeritate aliquâ ipsa donatio valeat immutari, Apostolicæ Sedis debet patrocinio communiri. Eapropter, dilecte in Domino fili, donationem ab Alpaciâ et filio ejus Guermundo, laudante Sevino de Sancto Florentino, cognomento furans canem, bonæ memoriæ V. (Hugoni) prædecessori tuo collatam, et, mediante venerabili fratre nostro Hu. (Hugone) Senonensi archiepiscopo, a Seguino in manu tuâ laudatam, et ejusdem fratris nostri scripto rationabiliter confirmatam, nos auctoritate apostolicâ communimus, et ipsam donationem quemadmodùm in eodem scripto legitimè continetur, decernimus perpetuis temporibus inviolabiliter permanere. Nulli ergò hominum liceat etc. Dat. Later. 2 nonas junii.

Adrianus episcopus servus servorum Dei, dilecto filio Guizardo abbati monasterii S. Mariæ de Pontiniaco, ejusque fratribus tam præsentibus quàm futuris regularem vitam professis in perpetuum. Religiosis desideriis dignum est facilem præbere consensum, ut fidelis devotio celerem sortiatur effectum. Eapropter, dilecti in Domino filii, vestris justis postulationibus clementer annuimus, et præfatum monasterium, in quo divino mancipati estis obsequio, sub B. Petri et nostrâ protectione suscipimus, et præsentis scripti privilegio communimus : statuentes ut quascumque possessiones, quæcumque bona idem monasterium impræsentiarum justé et canonicé possidet, et in futurum, parante Domino, poterit adipisci rationabiliter, firma vobis vestrisque successoribus et illibata permaneant; in quibus hæc propriis duximus exprimenda vocabulis : abbatiam de Pontiniaco cum omnibus pertinentiis suis; grangiam S. Porchariam, Bunionem, Creceium, Challiacum, Burs, Vilers, Agremontem, Campum Inventum, Fulcherias, Aiglisoles, cum omnibus pertinentiis earum, in nemoribus, in planis, pratis, aquis, usaria quoque in universâ Ottâ et in nemoribus quæ ad Senonensem archiepiscopum et Trecensem episcopum pertinent, sicut ab eis piâ vobis devotione concessum et scripti sui paginâ noscitur confirmatum. Addicimus præptereà ut infrà spatium dimidiæ leucæ circà grangias vestras et præcipué circà grangiam Seveiæ, domum aliquam de novo ad habitandum, nulla penitùs ecclesiastica sæcularisve persona, sine conscientiâ et permissione vestrâ, facultatem habeat construendi. Si quis autem id attentare præsumpserit, canonicâ sententiâ percellatur. Sane novalium vestrorum, quæ propriis manibus aut sumptibus colitis, sive de nutrimentis vestrorum animalium, nullus à vobis decimas præsumat exigere. Decernimus ergò ut nulli omninò hominum liceat præfatum monasterium temeré perturbare, aut ejus possessiones auferre, vel ablatas retinere, minuere, seu quibuslibet vexationibus fatigare, sed illibata omnia et integra conserventur eorum pro quorum gubernatione et sustentatione concessa sunt, usibus omnimodis profutura, salvâ Sedis Apostolicæ auctoritate. Si qua igitur in futurum ecclesiastica sæcularisve persona, hanc nostræ confirmationis paginam sciens, contrà eam venire, etc. Dat. Lat. per manum Rolandi s. rom. ecclesiæ presb. card. et cancellarii 15 kal. junii indict. V, incarnat. Dominicæ anno 1156 : pontificatûs verò domni Adriani Papæ IV, anno 3. (Autour du médaillon se trouvent ces mots : Oculi mei semper ad Dominum.)

ADRIANUS episcopus servus servorum Dei, dilecto filio Guicardo Pontiniacensi abbati salutem et apostolicam benedictionem. Quæ rationabiliter ab aliquibus personis ecclesiasticis et pro ecclesiarum utilitate facta esse noscuntur, ne in posterum temeritate aliquâ immutentur, Apostolicæ Sedis debent munimine confirmari. Eapropter, dilecte in Domino fili, commutationem grangiæ de S. Polcaro, quam cum nobili viro G. comite Nivern. fecisse dinosceris, auctoritate apostolicâ confirmamus et confirmationem ipsam ratam futuris temporibus decernimus permanere. Nulli ergò hominum liceat etc. Datum Romæ apud S. Petrum 2 idus januarii.

ALEXANDRE III.

ALEXANDER episcopus servus servorum Dei, dilectis filiis Wiscardo Pontiniacensi abbati ejusque fratribus tam præsentibus quam futuris monasticam vitam professis in perpetuum. Quotiès illud à nobis petitur, quod religioni et honestati noscitur convenire, animo nos decet libenti concedere et petentium desideriis congruum suffragium impertiri. Eapropter, dilecti in domino filii, vestris justis postulationibus clementer annuimus, et monasterium Pontiniacense, in quo divino mancipati estis obsequio, sub B. Petri et nostrâ protectione suscipimus et præsentis scripti privilegio communimus. Inprimis siquidem statuentes ut ordo monasticus, qui secundùm Dei timorem et B. Benedicti regulam in ipso monasterio institutus esse dinoscitur, perpetuis ibidem temporibus inviolabiliter observetur : prætereà quascumque possessiones, quæcumque bona idem monasterium inpræsentiarum justé et canonicé possidet, aut in futurum concessione pontificum, largitione regum vel principum, oblatione fidelium, seu aliis justis modis, præstante Domino, poterit adipisci, firma vobis vestrisque successoribus et illibata permaneant; in quibus haec propriis duximus exprimenda vocabulis : grangiam de Bunione cum omnibus pertinentiis suis; grangiam de S. Porcariâ cum omnibus pertinentiis suis ; quicquid habetis in terrâ quæ communia dicitur; grangiam Acrimontis cum omnibus pertinentiis suis; grangiam Villaris Sicci cum omnibus pertinentiis suis ; grangiam Creciaci cum omnibus pertinentiis suis ; grangiam Challiaci cum omnibus pertinentiis suis; grangiam de Burs cum omnibus pertinentiis suis; quicquid habetis in toto nemore Otæ; domum de Saveiâ cum omnibus pertinentiis suis; domum de Campo Reperto cum omnibus pertinentiis suis ; domum de Revisiaco cum omnibus pertinentiis suis; domum de Fulgeriis cum omnibus pertinentiis suis; domum de Cableiâ cum omnibus pertinentiis suis; domum de Agliscolis cum omnibus pertinentiis suis; domum Antisiodori cum omnibus pertinentiis suis. Sané novalium vestrorum, quæ propriis manibus aut sumptibus colitis, sive de nutrimentis vestrorum animalium decimas à vobis nullus præsumat exigere. Prohibemus quoque ut nulli fratrum vestrorum, post factam in eodem loco professionem, aliquâ levitate, sine prioris vel abbatis sui licentiâ, fas sit de claustro discedere, discedentem verò absque communium litterarum cautione, nullus audeat retinere. Decernimus ergò ut nulli omninò hominum liceat præfatum monasterium temeré perturbare, etc. Datum Anagniæ per manum Hermanni s. rom. ecclesiæ subdiaconi et domni Papæ notarii, 11 kal. martii, indict. VIII, anno incarnat. dominicæ 1159, pontificatûs verò domui Alexandri Papæ III, anno primo. (On lit autour du médaillon : Vias tuas Domine demonstra mihi.)

ALEXANDER episcopus servus servorum Dei, dilectis filiis Guarino abbati et fratribus pontiniacensibus, salutem et apostolicam benedictionem. Justis petentium desideriis dignum est nos facilem præbere consensum; et vota quæ a rationis tramite non discordant, effectu sunt prosequente complenda. Eapropter, dilecti in Domino filii, vestris justis postulationibus grato concurrentes assensu, ecclesiam Dalonensem cum ecclesiis sibi adhærentibus, sicut abbas et fratres prædicti loci cum reliquis fratribus ejusdem congregationis, liberâ et spontaneâ voluntate, vobis, assentiente pariter et favente Lemovicensi episcopo, communiter concesserunt, vobis et per vos ecclesiæ vestræ, auctoritate apostolicâ, confirmamus et præsentis scripti patrocinio communimus. Statuentes ut nulli omninò hominum liceat hanc paginam nostræ confirmationis infringere, vel ei aliquatenùs contraire : si quis autem id attentare præsumpserit, indignationem omnipotentis Dei et beatorum Petri et Pauli apostolorum ejus se noverit incursurum. Datum Romæ apud S. Mariam novam, 6 idus julii.

ALEXANDER episcopus servus servorum Dei, dilectis filiis abbati et fratribus Pontiniacensis monasterii, salutem et apostolicam benedictionem.

Fidei et devotionis vestræ fervorem quem circa nos et ecclesiam romanam multipliciter geritis, in eo quòd venerabilem fratrem nostrum, Cantuariensem archiepiscopum, tam benignè, tam humanè et honestè tractatis, nec ad alicujus minas aut blanditias in hoc respicere voluistis, exhibitione operis abundè demonstrastis. Quòd utiquè gratum nobis omnimodis et acceptum, tanquam si personæ nostræ fuisset exhibitum, reputantes, quantas possumus charitati vestræ super hoc gratiarum referimus actiones, et affectionem vestram innumeris exindè laudibus in domino commendamus. Verum quoniam boni operis finis magis quam principium solet attendi, discretionem vestram per apostolica scripta rogamus, monemus et hortamur in Domino, quatenùs jam dicto archiepiscopo, sicut hactenùs laudabiliter fecisse noscemini, fraternæ libertatis subsidia ità honestè, ità honorificè ministretis, ut fraternam in vobis charitatem ferventiorem semper inveniat, neque eam unquam minis aut terroribus tepuisse cognoscat.

ALEXANDER episcopus servus servorum Dei, dilectis filiis Garino Pontiniacensi abbati ejusque fratribus tam præsentibus quàm futuris, regularem vitam professis in perpetuum. Religiosam vitam eligentibus apostolicum convenit adesse præsidium, ne cujuslibet temeritatis incursus eos à proposito revocet, aut robur, quod absit, sacræ religionis infringat. Eapropter, dilecti in Domino filii, vestris justis postulationibus clementer annuimus, et præfatum monasterium in quo divino estis obsequio mancipati, *ad exemplar patris et prædecessoris nostri sanctæ recordationis Eugenii papæ*, sub beati Petri et nostrâ protectione suscipimus, et præsentis scripti privilegio communimus. Inprimis siquidem statuentes ut ordo monasticus, qui secundùm Deum et B. Benedicti regulam et institutionem Cisterciensium fratrum, in eodem monasterio institutus esse dinoscitur, perpetuis ibidem temporibus inviolabiliter observetur. Prætereà quascumque possessiones, quæcumque bona idem monasterium inpræsentiarum justé et canonicé possidet, aut in futurum concessione pontificum, largitione regum vel principum, oblatione fidelium, seu aliis justis modis, parante Domino, poterit adipisci, firma vobis vestrisque successoribus et illibata permaneant; in quibus hæc propriis duximus exprimenda vocabulis: terram Runcinaci, nemus, planum, aquam, et alias terras, prata et silvas, et quicquid juris habetis in territorio Pontiniacensi; grangiam de Bunnione cum pertinentiis suis; vineas de Fulceriis cum terris et nemoribus; et quicquid juris habetis apud S. Porcariam in terris, nemoribus, aquis et pratis; quicquid juris habetis in allodio de Revisy et in nemore de Contest; vineas, terras et prata de Sableià (Chableià); insulam quæ est juxtà molendinum de Novis; terras de Bretonarià cum nemore; terras et nemora de Burs veteri, quæ habetis pro quinque solidis de censu à monachis Molinni; usuariam quam dedit vobis Atto episcopus Trecensis in suis nemoribus de Hortà; usuariam de nemore sancti Lupi; usuariam nemorum et terrarum Venatorum de Castro Witonis; quicquid juris habetis apud Seveias; usuariam quam dedit vobis Henricus archiepiscopus in nemoribus suis de Ortà; grangiam de Creceio cum terris, pratis, nemoribus et aquis; cambium quod fecistis cum abbate S. Germani, de terrà quam habetis cum eo apud Creceium et Dulceium; cambium quod fecistis cum canonicis Senonensibus in territorio Creceii; insulas Salonis, vineas, terras et prata quæ habetis apud S. Florentinum; terras et silvas quas dedit vobis Milo Collum Gelatum; terram S. Martini de Cableià; terras

Calliaci; terras de valle Jourdis et de Maveriis; terras, prata et nemora de Campo Troveto; silvas sancti Petri ad omnes usus præter dandum et vendendum; terram Villaris Sicci cum omnibus pertinentiis suis et usibus nemorum et pascuorum; terram et nemus quæ erant in controversiâ cum monachis S. Germani, quæ posteà censu 3 solidorum pacificata possidetis; terram Loronii cum nemore et plano; terram Carielli cum nemore et plano; silvam Cannielli; terram de Nusi cum nemore et plano; prata Insularum quæ consistunt super Ichaonam fluvium, et alia prata, vineas quas habetis apud Autisiodorum; quicquid juris habetis in silvâ quæ dicitur Otta, sive in proprietatibus sive in usuariis. Prohibemus etiam ut nulli fratrum vestrorum, post factam in monasterio vestro professionem, absque licentiâ abbatis liceat de claustro discedere, discedentem verò nullus audeat retinere. Paci quoque et tranquillitati vestræ paternâ consideratione providere volentes, auctoritate apostolicâ prohibemus ut infrà clausuras locorum seu grangiarum vestrarum nullus violentiam vel rapinam, sive furtum committere, ignem apponere, seu hominem capere vel interficere audeat. Sanè laborum vestrorum, quos propriis manibus aut sumptibus colitis, sive de nutrimentis vestrorum animalium, nullus à vobis decimas exigere præsumat. Decernimus ergò ut nulli omninò hominum liceat præfatum monasterium temerè perturbare, etc. Datum Lat. per manum Gerardi s. rom. ecclesiæ scriptoris, 3 idus novembris, indict. XIV. anno incarn. dominicæ 1166. Pontificatûs verò domni Alexandri Papæ III, anno octavo.

CÉLESTIN III.

Celestinus episcopus servus servorum Dei, dilectis filiis abbati et fratribus Pontiniacensibus, salutem et apost. benedictionem. Viros religiosos diligere et illorum quieti sollicité providere, commissa nobis auctoritas persuadet, et caritas exigit ordinata. Eapropter, dilecti in Domino filii, vestris justis postulationibus grato concurrentes assensu, donationem cujusdam domûs à Theobaldo Trecensi, divinitatis intuitu rationabiliter vobis factam et per venerabilem fratrem nostrum W. Remensem archiepiscopum, S. Sabinæ cardinalem, apostolicæ sedis legatum, tunc verò Senonensem archiepiscopum, confirmatam, sicut eam pacificé possidetis et in ipsius archiepiscopi scripto autentico plenius continetur, vobis et ecclesiæ vestræ auctoritate apostolicâ confirmamus, et præsentis scripti patrocinio communimus. Nulli ergò omninò hominum liceat hanc paginam, etc. Datum Lat. nonis maii, pontificatûs nostri anno tertio (7 mai 1193).

INNOCENT III.

INNOCENTIUS episcopus servus servorum Dei, venerabilibus fratribus archiepiscopis, episcopis, et dilectis filiis abbatibus, prioribus, decanis, archidiaconis et aliis ecclesiarum prælatis, ad quos litteræ istæ pervenerint, salutem et apostolicam benedictionem. Non absque dolore cordis et plurimâ perturbatione didicimus quòd ità in plerisque partibus ecclesiastica censura dissolvitur, et canonicæ sententiæ severitas enervatur, ut viri religiosi et hi maximé qui per Sedis Apostolicæ privilegia majori donati sunt libertate, passim à malefactoribus suis injurias sustinent et rapinas, dùm vix invenitur qui congruâ illis protectione subveniat, et pro fovendâ pauperum inopiâ se murum defensionis opponat. Specialiter autem dilecti filii nostri fratres de Pontiniaco, Cist. ord. tam de frequentibus injuriis quàm de ipso quotidiano defectu justitiæ conquerentes, universitatem vestram litteris petierunt apostolicis excitari, ut ità videlicet eis in tribulationibus suis contrà malefactores eorum promptâ debeatis magnanimitate consurgere, quòd ab angustiis quas sustinent et pressuris, vestro possint præsidio respirare. Ideòque universitati vestræ per apostolica scripta mandamus, et in virtute obedientiæ districté præcipimus quatinùs qui in aliquem de fratribus ipsis manus violentas injecerint, vel res seu domos eorum vel hominum suorum irreverenter invaserint, aut ea quæ prædictis fratribus ex testamento decedentium relinquuntur contra justitiam retinuerunt, vel decimas laborum seu nutrimentorum suorum, spretis privilegiis Apostolicæ Sedis, extorserunt, aut res eorum à fugitivis ablatas illicité retinere præsumpserunt, si laïci fuerint, eos et principales fautores eorum publicé, candelis accensis, excommunicationis sententiâ percellatis; clericos autem, canonicos sive monachos, appellatione remotâ, ab officio et beneficio suspendatis, neutram relaxaturi sententiam, donec prædictis fratribus plenarié, satisfaciant, et hi præcipué qui, pro violentâ manuum injectione, vinculo fuerint anathematis innodati, cum diœcesani episcopi litteris ad Sedem Apostolicam venientes, ab eodem vinculo mereantur absolvi. Villas autem, in quibus bona prædictorum fratrum, seu hominum suorum, per violentiam detenta fuerint, aut ipsi prædones permanserint, seu etiam fratres fugitivi, monachi vel conversi, contrà voluntatem eorum extiterint, nisi habitatores ipsarum, diligenter admoniti, eos à se curaverint amoveri, quandiù ibi fuerint, interdicti sententiæ, appellatione postpositâ, supponatis. Datum Lat. 14 kal. junii, pontificatûs nostri anno tertio (19 mai 1200).

INNOCENTIUS episcopus servus servorum Dei, dilectis filiis abbati et conventui Pontiniacen. salutem et apostol. benedictionem. Solet annuere Sedes Apostolica piis votis, et honestis petentium precibus favorem benevolum impertiri. Eapropter, dilecti in Domino filii, vestris justis postulationibus grato concurrentes assensu, usuarium quod venerabilis frater noster Hatto Trecensis episcopus in bosco suo, quod apud Aquigranum villam suam juxtà castrum Villæmauri sitam, tam ad pastum pecorum quam ad ædificia Domuum vestrarum piâ liberalitate concessit, sicut ipsum justé ac pacificé possidetis et in ejusdem episcopi autentico continetur, vobis et per vos domui vestræ auctoritate apostolicâ confirmamus, et præsentis scripti patrocinio communimus. Nulli ergò omninò hominum liceat, etc. Datum Later. 4 kal. novembris, pontificatûs nostri anno quinto (29 oct. 1202).

*Bref d'*Innocent *III, adressé à l'abbé de Cîteaux et aux quatre premiers Pères, en* 1202.

Quia qui ambulat simpliciter, graditur confidenter, Cisterciensem ordinem credimus hactenus usque adeò profecisse, ut à mari usque ad mare propagines suæ religionis extenderit et in omnem terram forma honestatis ejus exierit, quia rectè, purè, ac simpliciter hactenùs ambulavit. Neque enim qui erant superiores in eo, visi sunt tanquam dominantes in clero, sed forma facti gregis ex animo, noluerunt de prælatione contendere aut sibi primos accubitus aut primas cathedras vindicare, vel suos excessus sub occasione defendere prælaturæ. Legerant enim quod principes gentium dominantur eorum et qui potestatem habent super eos benefici appellantur. Verùm discipuli domini non sic, sed qui major est inter eos, servus omnium reputatur, et qui præcessor est, tanquam ministrator existit : indè præesse et subesse quasi paria reputantes, fratres se non dominos reputabant, nec præesse, nec subesse credebant cum sibi subjectis et spirituales epulas et corporales cibos cogebantur ex injunctæ sibi dispensationis debito ministrare. Nuper autem ad nos rumores pervenere sinistri, quòd mutatus sit aliquantulùm color optimus et nativus, et aurum in scoriam sit conversum ; cùm aliqui jam de prælatione contendant et ea quæ sua sunt non quæ Jesu-Christi quærentes, à suæ rectitudinis tramite ac propriæ simplicitatis consuetudine recedere videantur. Ne igitur temporibus nostris qui sincerè zelamus Cisterciensis ordinis honestatem, alicujus dissentionis scrupulus oriatur per quem, quod absit, fama vestri nominis obfuscetur, discretionem vestram monemus et exhortamur attentiùs et per apostolica scripta mandamus, ut in simplicitatis ac puritatis vestræ proposito persistentes, non retrahatis manum ab aratro sed ad anteriora vos jugiter extendatis, occasionem scandali et dissentionis materiam præcipuè fugientes, ne forte sicut Grandimontenses, in derisum et fabulam incidatis. Sanè cùm parati sumus cum apostolo inobedientiam omnem ulcisci, si quis usurpando prælationem indebitam, vel subjectionem debitam substrahendo, quietem vestri ordinis turbare præsumeret, tantæ presumptionis excessum taliter puniremus in eo, quòd ipse illud evangelicum verbum quo dicitur : *væ illi per quem scandalum venit*, in se frustrà quæreretur impletum : eligeremus enim potiùs paucos offendi, quàm totum ordinem aboleri.

INNOCENTIUS episcopus servus servorum Dei, carissimæ in Christo filiæ illustri reginæ Francorum, salutem et apostolicam benedictionem. Consuevit annuere Sedes Apostolica piis votis, et honestis petentium precibus favorem benevolum impertiri. Eapropter, carissima in Christo filia, devotionem quam ergà monasterium Pontiniaci et fratres qui jugiter Domino famulantur ibidem, habere dinosceris, attendentes, tuis piis postulationibus clementer annuimus, auctoritate præsentium inhibentes ne quis, post obitum tuum, fratribus ipsis impedimentum aliquid inferre præsumat quin corpus tuum in eorum monasterio, juxtà tuam dispositionem, liberam habeat sepulturam. Nulli ergò omninò hominum liceat, etc. Datum Later. 8 kal. maii, pontificatûs nostri anno septimo (24 avril 1204).

INNOCENTIUS episcopus servus servorum Dei, dilectis filiis abbati et conventui Pontiniacen. salutem et apostol. benedictionem. Cùm monasterium S. Martini de Monte indigeret provisione apostolicà reformari, utpote quia jam ad tantam devenerat paupertatem cùm propter possessionum alienationem tum pro defectu etiam personarum, quòd ibidem ordo servari secundùm B. Benedicti regulam et Cisterc. ordinis instituta, et per dilectos filios abbatem et conventum S. Sulpitii, ad quos idem monasterium pertinebat, restaurari non posset, jurisdictionem ejus ipsi monasterio adimentes, monasterio vestro contulimus, à quo ad locum ipsum evocatis personis idoneis tam monachis quam conversis, per eos ibidem observantur vestri ordinis instituta. Ne igitur id possit in posterum temeritate cujuslibet infirmari, præsentium vobis auctoritate concedimus ut in eodem monasterio liceat vobis et successoribus vestris de cætero tam in capite quàm in membris, secundùm ordinis vestri statuta, corrigere quæ fuerint corrigenda, et statuere quæ statuenda videritis expedire. Decernimus ergò ut nulli omninò hominum liceat, etc. Datum Later. 2 nonas martii, pontificatûs nostri anno tertio decimo (6 mars 1210).

INNOCENTIUS episcopus servus servorum Dei, dilectis filiis abbati et conventui Pontiniacen. Cist. ord. salutem et apostol. benedictionem. Justis petentium desideriis dignum est nos facilem præbere assensum, et vota quæ à rationis tramite non discordant, effectu prosequente complere. Eapropter, dilecti in Domino filii, vestris justis postulationibus grato concurrentes assensu, vineas quas bonæ memoriæ archiepiscopus Bituricensis et Petrus Atrebatensis episcopus vestro monasterio concesserunt; cellarium de Fornellis cum appendiciis suis; nemus de Barris, sicut continetur in autenticis Petri Autisiodorensis et Hervei Nivernensis comitum, et A. et M. uxorum eorum; eleemosynas nobilium virorum Johannis Lagniaci et Johannis S. Florentini vicecomitum, et Daimberti domini de Sollempniaco (Seiliniaco); quitationem quam abbas S. Martini Trecensis fecit ecclesiæ Pontiniacensi de nemore Francuil, sicut in autentico continetur ipsius; eleemosynam molendini et sexaginta solidos censualium, quam Milo dominus de Herviaco fratribus Pontiniac. dedit; sicut ea omnia justé ac pacificé possidetis, vobis et per vos monasterio vestro auctoritate apostolicà confirmamus et præsentis scripti patrocinio communimus. Nulli ergò omninò hominum liceat, etc. Datum Later. 8 idus maii, pontificatûs nostri anno tertio decimo (8 mai 1210).

INNOCENTIUS episcopus servus servorum Dei, dilectis filiis abbati et conventui Pontiniacen. salutem et apostol. benedictionem. Justis petentium desideriis dignum est nos facilem præbere consensum, et vota quæ à rationis tramite non discordant, effectu prosequente complere. Cùm igitur dilecti filii Helias S. Columbæ Senonensis abbas, Willermus Autisiodorensis decanus et magister Philippus officialis ecclesiæ Senonensis, in causà quæ inter vos ex parte unà, et venerabilem fratrem nostrum episcopum Trecensem ex alterà, super terris, nemoribus et rebus aliis vertebatur, judices à Sede Apostolicâ delegati, vos ab impetitione ipsius episcopi sententialiter duxerint absolvendos, eundem vobis in 60 libris Parisiensium et 80 Pruviniensium, expensarum nomine condemnantes; nos vestris justis postulationibus grato concurrentes assensu, sententiam ipsam prævià ratione prolatam, auctoritate apostolicâ confirmamus, et præsentis scripti patrocinio communimus. Ad rei quoque notitiam pleniorem autenticum judicum eorumdem præsenti paginæ de verbo ad verbum duximus inserendum : Helias S. Columbæ Senonensis abbas, etc. Nulli ergò omninò hominum liceat, etc. Datum Later. 8 idus februarii, pontificatûs nostri anno quintodecimo (6 février 1213).

INNOCENTIUS episcopus servus servorum Dei, dilectis filiis abbati et conventui de Pontiniaco, Cist. ord. salutem et apostolicam benedictionem. Cùm à nobis petitur quod justum est et honestum, tam vigor æquitatis quàm ordo exigit rationis, ut id per sollicitudinem officii nostri ad debitum perducatur effectum. Eapropter, dilecti in Domino filii, vestris justis postulationibus grato concurrentes assensu, compositionem inter vos ex parte unâ, et nobilem virum G. de Joviniaco, A. uxorem ejus, et E. de Brenâ filium ejusdem A. ex alterâ, super forestâ S. Stephani, Venatorum, Franqueil, Valgomer et aliis nemoribus de Ottâ, rationabiliter initam, sicut sine pravitate providé facta est et ab utrâque parte sponte recepta et in autentico indé confecto plenius continetur, auctoritate apostolicâ confirmamus et præsentis scripti patrocinio communimus. Nulli ergò omninò hominum liceat, etc. Datum Signiæ 6 non. julii, pontificatûs nostri anno quintodecimo (2 juillet 1212).

HONORÉ III.

Bref du pape HONORÉ III, *adressé à l'abbé de Cîteaux et aux quatre premiers Pères, en* 1616.

Sinceritatis affectus quo, adhuc in minori officio constituti, vestrum sumus semper ordinem amplexati, et sollicitudo officii pastoralis ad quod, licet immeriti, assumpti sumus, Domino disponente, potissimùm nos inducunt ut simus solliciti quomodò idem in simplicitate ac puritate primæ institutionis ipsius valeat conservari, ne inimico homine superseminante Zizaniâ, filius dissentionis in eo locum reperiat, qui lætatur cùm malefecerit, et in pessimis rebus exultat. Indè est quod devotionem vestram rogamus attentiùs et exhortamur in Domino, per apostolica scripta præcipientes, quatenùs ad illum habentes cum piâ devotione respectum, qui non est Dominus dissentionis sed pacis, faciens in domo unanimes habitare in unitate spiritûs in vinculo pacis, servantes et providentes bonum non solum coram Deo sed etiam coram omnibus hominibus, sicut dicit apostolus, caveatis omninò ne occasione verborum quæ quidam vestrûm bonæ memoriæ Innocentio papæ prædecessori nostro proposuerunt, tempore concilii generalis, aliquid in generali capitulo vel etiam alibi proponatis seu etiam ordinatis, per quod in ordine vestro scandalum valeat suboriri, quem in suâ puritate curetis, pro viribus, custodire, puras manus ad Dominum in oratione levantes, ut pax Dei quæ exsuperat omnem sensum, custodiat corda vestra et intelligentias vestras in Christo Jesu, qui ad exhibendum humilitatis exemplum non venit ministrari sed ministrare : precum nostrarum primitias taliter impleturi quòd gratiæ divinæ vos reddatis acceptos et nostrum possitis favorem et Sedis Apostolicæ promereri.

Honorius episcopus servus servorum Dei, dilectis filiis abbati et conventui Pontiniacen. Cist. ord. salutem et apostolicam benedictionem. Ea quæ pro bono pacis providè ordinantur, apostolico decet munimine roborari, ne negotia concordiâ vel judicio terminata in recidivæ quæstionis scrupulum relabantur. Hinc est quòd vestris justis precibus inclinati, compositionem inter vos ex parte unâ et J. presbyterum de Séant Senonensis diœcesis, ex alterâ, super usuario nemoris de Ottâ amicabiliter initam, sicut sine pravitate providè facta est et ab utrâque parte sponte recepta et in scriptis inde confectis pleniùs continetur, auctoritate apostolicâ confirmamus et præsentis scripti patrocinio communimus. Nulli ergò omninò hominum liceat, etc. Datum Viterbii 4 kal. maii, pontificatûs nostri anno quarto (28 avril 1220).

Honorius episcopus servus servorum Dei, dilectis filiis abbati et conventui monasterii Pontin. ord. Cist. salutem et apostol. benedictionem. Cùm à nobis petitur quod justum est, etc. Eapropter, dilecti in Domino filii, vestris justis postulationibus grato concurrentes assensu, compositionem quæ inter vos ex parte unâ, et nobilem mulierem comitissam Campaniæ ex alterâ, super quibusdam nemoribus in Ottâ amicabiliter intervenit, sicut sine pravitate providé facta est et ab utrâque parte sponte recepta et hactenùs pacificé observata et in litteris confectis exindé dicitur pleniùs contineri, auctoritate apostolicâ confirmamus et præsentis scripti patrocinio communimus. Nulli ergò omninò hominum liceat, etc. Datum Anagniæ nonis martii, pontificatûs nostri anno sexto (7 mars 1222).

Honorius episcopus servus servorum Dei, dilectis filiis abbati et conventui Pontiniacen. Cist. ord. salutem et apostolicam benedictionem. Justis petentium desideriis dignum est nos facilem præbere consensum, et vota quæ à rationis tramite non discordant, effectu prosequente complere. Eapropter, dilecti in Domino filii, vestris justis postulationibus grato concurrentes assensu, annuum redditum 50 marcarum sterlingorum à venerabili fratre nostro S. archiepiscopo Cantuar. capituli sui accedente consensu, piâ vobis liberalitate collatum, sicut eum justé, canonicé, et pacificé possidetis, et in autentico ejusdem archiepiscopi exindé confecto pleniùs continetur, vobis et per vos monasterio vestro, auctoritate apostolicâ confirmamus et præsentis scripti patrocinio communimus. Ad majorem autem rei evidentiam, tenorem ipsius autentici de verbo ad verbum duximus inserendum, qui est talis : Universis s. matris Ecclesiæ filiis, etc. Nulli ergò omninò hominum liceat, etc. Datum Later. 3 nonas novembris, pontificatûs nostri anno septimo (3 novembre 1222).

Honorius episcopus servus servorum Dei, dilectis filiis abbati et conventui monasterii Pontiniacensis salutem et apostol.

benedictionem. Cùm à nobis petitur quod justum est, etc. Eapropter, dilecti in Domino filii, vestris justis postulationibus grato concurrentes assensu, domum apud Senonas sitam, à quodam Theobaldo cive Trecensi, monasterio vestro intuitu pietatis concessam, sicut eam justé, canonicé et pacificé possidetis, vobis et per vos monasterio vestro auctoritate apostolicâ confirmamus et præsentis scripti patrocinio communimus. Nulli ergò omninò hominum liceat, etc. Datum Later. 2 idus novembris, pontificatûs nostri anno nono (12 novembre 1224).

Honorius episcopus servus servorum Dei, dilectis filiis abbati monasterii Pontiniacensis ejusque fratribus tam præsentibus quàm futuris regularem vitam professis, in perpetuum. Religiosam vitam eligentibus apostolicum convenit adesse præsidium, ne forté cujuslibet temeritatis incursus aut eos à proposito revocet, aut robur, quod absit, sacræ religionis infringat. Eapropter, dilecti in Domino filii, vestris justis postulationibus annuimus et præfatum monasterium Pontiniacense, in quo divino estis obsequio mancipati, sub B. Petri et nostrâ protectione suscipimus et præsentis scripti privilegio communimus. Imprimis siquidem statuentes ut ordo monasticus, qui secundùm Deum et B. Benedicti regulam atque institutiones Cisterciensium fratrum in eodem monasterio institutus esse dinoscitur, perpetuis ibidem temporibus inviolabiliter observetur. Prætereà quascumque possessiones, quæcumque bona idem monasterium inpræsentiarum justé ac canonicé possidet, aut in futurum concessione pontificum, largitione regum vel principum, oblatione fidelium seu aliis justis modis, præstante Domino, poterit adipisci, firma vobis vestrisque successoribus et illibata permaneant; in quibus hæc propriis duximus vocabulis exprimenda: locum ipsum in quo præfatum monasterium situm est, cum omnibus pertinentiis suis; grangiam quæ dicitur S. Polcarius, cum omnibus pertinentiis suis; grangiam de Crecé, cum suis pertinentiis; grangiam de Chaillié, cum pertinentiis suis; grangiam de Burs cum suis pertinentiis; grangiam de Campo Invento cum suis pertinentiis; de Buinnone, de Fulcheriis, Acrimontis et de Villers; grangias cum omnibus pertinentiis earundem; grangiam de Salveiis cum pertinentiis suis; apud civitatem Senonensem grangiam unam; apud civitatem Trecensem unam grangiam; in tenimento Castri Florentini unam grangiam; in tenimento Tornodori grangiam unam, cum omnibus pertinentiis suis : grangiam de Chableiis ; de Saint Bret et de Fornais grangias, cum omnibus pertinentiis earumdem; petrariam quam habetis Chableias intùs et extrà ; et grangiam quam habetis apud Autisiodorum, cum pertinentiis suis, cum pratis, vineis, terris, nemoribus, usuagiis et pascuis in bosco et plano, in aquis et molendinis, in viis et semitis et omnibus aliis libertatibus et immunitatibus suis. Sané laborum vestrorum de possessionibus habitis ante concilium generale, ac etiam novalium quæ propriis manibus aut sumptibus colitis, sive de ortis et virgultis et piscationibus vestris, vel de nutrimentis animalium vestrorum, nullus à vobis decimas exigere vel extorquere præsumat. Liceat quoque vobis clericos vel laïcos liberos et absolutos, é seculo fugientes ad conversionem recipere et eos absque contradictione aliquâ retinere. Prohibemus insuper ut nulli fratrum vestrorum, post factam in monasterio vestro professionem, fas sit, sine abbatis sui licentiâ, de eodem loco discedere; discedentem verò absque communium litterarum vestrarum cautione, nullus audeat retinere : quòd si quis forté retinere præsumpserit, licitum vobis sit in ipsos monachos vel conversos regularem sententiam promulgare. Illud districtiùs inhibentes ne terras seu quodlibet beneficium Ecclesiæ vestræ collatum liceat alicui personaliter dari, sive alio modo alienari, absque consensu totius capituli vel majoris aut sanioris partis ipsius : si quæ verò donationes vel alienationes aliter quàm dictum est, factæ fuerint, eas irritas esse censemus. Ad hæc etiam prohibemus ne aliquis monachus sive conversus, sub professione vestræ domûs astrictus, sine consensu et licentiâ abbatis et majoris partis capituli vestri, pro aliquo fidejubeat vel ab aliquo pecuniam mutuò accipiat ultrà pretium capituli vestri providentiâ constitutum, nisi propter manifestam domûs vestræ utilitatem; quòd si facere forté præsumpserit, non teneatur conventus pro his aliquatenùs respondere. Licitum præfereà sit vobis in causis propriis, sive civilem sive criminalem contineant quæstionem, fratrum vestrorum testimoniis uti, ne pro defectu testium jus vestrum valeat in aliquo deperire. Insuper auctoritate apostolicâ prohibemus ne ullus episcopus vel quælibet alia persona ad synodos vel conventus forenses vos ire, vel judicio sæculari de vestrâ propriâ substantiâ vel possessionibus vestris subjacere compellat, nec ad domos vestras, causâ ordines celebrandi, causas tractandi vel aliquos conventus publicos convocandi, venire præsumat, nec regularem electionem abbatis vestri impediat, aut de instituendo vel removendo eo qui pro tempore fuerit, contrà statuta Cist. ordinis se aliquatenùs intromittat. Si verò episcopus in cujus parochiâ domus vestra fundata est, cum humilitate et devotione quâ convenit, requisitus, substitutum abbatem benedicere et alia quæ ad officium episcopale pertinent, vobis conferre renuerit, licitum sit eidem abbati, si tamen sacerdos fuerit, proprios novitios benedicere et alia quæ ad officium suum pertinent exercere, et vobis omnia ab alio episcopo percipere, quæ à vestro fuerint indebité denegata : illud adjicientes ut in recipiendis professionibus quæ à benedictis vel benedicendis abbatibus exhibentur, eâ sint episcopi formâ et expressione contenti, quæ ab origine ordinis noscitur instituta, ut scilicet abbates ipsi, salvo ordine suo, profiteri debeant et contra statuta ordinis sui nullam professionem facere compellantur. Pro consecrationibus altarium vel ecclesiarum, sive pro oleo sancto vel quolibet ecclesiastico sacramento, nullus à vobis sub obtentu consuetudinis vel alio modo quicquam audeat extorquere; sed hæc omnia gratis vobis episcopus diœcesanus impendat : alioquin liceat vobis quemcumque malueritis catholicum adire antistitem, gratiam et communionem Apostol. Sedis habentem, qui nostrâ fretus auctoritate, vobis quod postulatur impendat. Quòd si sedes diœcesani episcopi forté vacaverit, interim omnia ecclesiastica sacramenta à vicinis episcopis accipere liberé et absque contradictione possitis, sic tamen ut ex hoc in posterum propriis episcopis nullum præjudicium generetur. Quia verò interdum propriorum episcoporum copiam non habetis, si quem episcopum Romanæ Sedis, ut diximus, gratiam et communionem habentem et de quo plenam notitiam habeatis, per vos transire contigerit, ab eo benedictiones vasorum et vestium, consecrationes altarium, ordinationes monachorum, auctoritate Sedis Apostolicæ recipere valeatis. Porrò si episcopi vel alii ecclesiarum rectores in monasterium vestrum vel personas inibi constitutas, suspensionis, excommunicationis vel interdicti sententiam promulgaverint, sive etiam in mercenarios vestros pro eo quòd decimas, sicut dictum est, non persolvitis, sive aliquâ occasione eorum quæ ab apostolicâ benignitate vobis indulta sunt, seu benefactores vestros pro eo quòd aliqua vobis beneficia vel obsequia ex caritate præstiterint, vel ad laborandum adjuverint in illis diebus in quibus vos laboratis et alii feriantur, eandem sententiam protulerint, ipsam tanquàm contra Sedis Apostolicæ indulta prolatam duximus irritandam. Nec litteræ illæ firmitatem habeant, quas, tacito nomine Cisterciensis ordinis, et contrà tenorem apostolicorum privilegiorum constiterit impetrari. Præstereà cùm commune interdictum terræ fuerit, liceat vobis nihilominùs in vestro monasterio, exclusis excommunicatis et interdictis, divina officia celebrare. Paci quoque et tranquillitati vestræ, paternâ in posterum sollicitudine providere volentes, auctoritate apostol. prohibemus ut infrà clausuras locorum seu grangiarum vestrarum nullus rapinam seu furtum facere, ignem apponere, sanguinem fundere, hominem temeré capere vel interficere, seu violentiam audeat exercere. Præstereà omnes libertates et immunitates à prædecessoribus nostris romanis pontificibus ordini vestro concessas, nec non libertates et exemptiones sæcularium exactionum à regibus et principibus vel aliis fidelibus rationabiliter vobis indultas, auctoritate Apostolicâ confirmamus et præsentis scripti privilegio communimus. Decernimus ergò ut nulli omninò hominum liceat præfatum monasterium temeré perturbare aut ejus possessiones auferre vel ablatas retinere, minuere, seu quibuslibet vexationibus fatigare; sed omnia integra conserventur eorum pro quorum gubernatione ac sustentatione concessa sunt, usibus omnimodis profutura, salvâ Sedis Apostolicæ auctoritate. Si qua igitur in futurum ecclesiastica sæcularisve persona, etc. Datum Later. per manum magistri

Guidonis domni papæ notarii, 4 kal. decembris indict. XIII, incarnationis Dominicæ anno 1224, pontificatûs verò domni Honorii papæ III anno nono (29 novembre 1224). On lit autour du médaillon : Perfice gressus meos in semitis tuis.

Honorius episcopus servus servorum Dei, dilectis filiis abbati et conventui Pontigniacensibus, salutem et apostol. benedictionem. Cùm à nobis petitur etc. Eapropter, dilecti in Domino filii, vestris justis postulationibus grato concurrentes assensu, annuum redditum decem millium allectium, quem venerabilis frater noster Rothomagensis archiepiscopus, de sui assensu capituli, monasterio vestro piâ liberalitate concessit, sicut illum justé, canonicé ac pacificé possidetis, et in confectis super hoc ipsius archiepiscopi et capituli litteris dicitur pleniùs contineri, vobis et per vos monasterio vestro, auctoritate apostol. confirmamus, et præsentis scripti patrocinio communimus. Nulli ergò omninò hominum liceat, etc. Datum Tibur. 7 idus maii, pontificatûs nostri anno nono (9 mai 1225).

GRÉGOIRE IX.

Gregorius episcopus servus servorum Dei, dilectis filiis abbati Cisterciensi et universis co-abbatibus ejus et fratribus sub eodem ordine Deo servientibus, salutem et apostol. benedictionem. Cùm ea quæ vobis pietatis intuitu offeruntur, quasi totaliter pauperibus Christi cedunt, ità quòd potiùs exindé vobis dispensationis onus incumbat, quàm commoditatis usus accrescat; reputandum est non solùm impium sed etiam abusivum, aliquid de datis vobis eleemosynis aliorum avaritiâ vel invidiâ defalcari. Ex parte siquidem vestrâ fuit expositum coram nobis quòd si quandò Christi fideles aliqua de bonis suis mobilia vel immobilia, devotionis obtentu, in vitâ suâ monasteriis vestris donant, ecclesiarum prælati, quorum parochiani donatores existunt, super his se temeré opponunt, exigendo indé certam aliquam portionem.

volentes igitur super hoc quieti vestræ congruo remedio providere, auctoritate vobis præsentium indulgemus ut de his quæ monasteriis vestris taliter offeruntur, nullam cogamini cuiquam solvere portionem. Nulli ergò omninò hominum liceat, etc. Datum Later. 5 idus decembris, pontificatûs nostri anno primo (9 décembre 1227).

Gregorius episcopus servus servorum Dei, venerabilibus fratribus archiepiscopo Senonensi et suffraganeis suis, ac dilectis filiis abbatibus, prioribus, decanis, archidiaconis, præpositis et aliis ecclesiarum prælatis per Senon. provinciam constitutis, salutem et apostolicam benedictionem. Non absque dolore cordis etc. (Voir page 340, le commencement de la bulle d'Innocent III; le préambule de celle-ci est le même). Ideòque universitati vestræ per apostolica scripta mandamus atque præcipimus quatinùs illos qui possessiones vel res prædictorum fratrum invaserint, aut ea injustè detinuerint, quæ prædictis fratribus ex testamento decedentium relinquuntur, seu in ipsos fratres vel eorum aliquem, contrà indulta Sedis Apostolicæ, sententiam excommunicationis aut interdicti præsumpserint promulgare, vel decimas laborum de possessionibus habitis ante concilium generale, quas propriis manibus aut sumptibus excolunt, sive de nutrimentis animalium ipsorum, spretis Apostolicæ Sedis privilegiis, extorquere; monitione præmissâ, si laïci fuerint, publicè candelis accensis, singuli vestrûm in diœcesibus et ecclesiis vestris excommunicationis sententiâ percellatis; si verò clerici aut canonici, regulares seu monachi fuerint, eos, appellatione remotâ, ab officio et beneficio suspendatis, neutram relaxaturi sententiam donec prædictis fratribus plenariè satisfaciant, et tam laïci quam clerici sæculares, qui pro violentâ injectione manuum in fratres ipsos vel eorum aliquem, anathematis vinculo fuerint innodati, cùm diœcesani episcopi litteris, ad Sedem Apostolicam venientes ab eodem vinculo mereantur absolvi. Datum Spoleti 3 kalendas septembris, pontificatûs nostri anno octavo (30 août 1234).

Gregorius episcopus servus servorum Dei, dilectis filiis abbati et conventui monasterii de Pontiniaco, Cist. ord. Autisiod. diœc. salutem et apostolicam benedictionem. Si adhuc Amalech persequitur Israelem, dum cupidi et avari viros religiosos Deum videre per sanctæ contemplationis otium cupientes, non solum apertâ sævitiâ verùm etiam subdolâ calliditate multipliciter inquietant, nos qui veri Moysi vices, licet immeriti, gerimus, debemus et illorum refragari conatibus et versutiis obviare, ne virgam peccatorum super sortem justorum relinquere videamur. Ex parte siquidem vestrâ fuit expositum coram nobis quòd nonnulli clerici et laïci non tam justitiam prosequi quam vos persequi damnabiliter intendentes, vos ultrà duas pluresve diætas à monasterio vestro per litteras apostolicas faciunt malitiosé citari, ut fatigati laboribus et expensis, vel cedere litibus, vel damnosas subire compellamini pactiones. Ut igitur sapientia suâ vincat suavitate malitiam, cùm experimento sciamus quàm sit amarum sanctæ contemplationi vacantibus distrahi litibus odiosis, volentes quantùm cum Deo possumus, quieti vestræ consulere; ne de cætero ultrà duas diætas à monasterio proprio super bonis quæ infrà ipsas habetis, per litteras apostolicas trahi possitis in causam, auctoritate vobis præsentium indulgemus, nisi litteræ ipsæ de hâc fecerint indulgentiâ mentionem. Nulli ergò omninò hominum liceat, etc. Datum Perusii 12 kal. junii, pontificatûs nostri anno nono (21 mai 1235).

Gregorius episcopus servus servorum Dei, dilectis filiis abbati et conventui monasterii de Pontiniaco, Cist. ord. Autisiod. diœc. salutem et apostolicam benedictionem. Cùm Cisterciensis ordinis titulus, per Dei gratiam, adeò sit insignis quòd vix credatur ab his qui contra vos litteras impetrant, sine malitiâ subticeri, nos et illorum obviare fraudibus et innocentiam vestram favorabiliter confovere volentes, auctoritate vobis præsentium indulgemus ut nequeatis per litteras apostolicas conveniri, quæ de Cisterciensi ordine non fecerint mentionem. Nulli ergò omninò hominum liceat hanc paginam nostræ concessionis infringere vel ei ausu temerario contraire. Si quis autem hoc attentare præsumpserit, indignationem omnipotentis Dei et beatorum Petri et Pauli apostolorum ejus, se noverit incursurum. Datum Perusii 12 kal. junii, pontificatûs nostri anno nono (21 mai 1235).

GREGORIUS episcopus servus servorum Dei, dilectis filiis abbati et conventui monasterii de Pontiniaco, Cister. ord. Autisiod. diœc. salutem et apostolicam benedictionem. Animarum salutem desiderio ferventi quærentes, auctoritate vobis præsentium indulgemus ut hominum ad vestrum servitium commorantium, qui non possunt de facili habere suorum copiam sacerdotum, liceat sacerdotibus de conventu vestro, quos tu, fili abbas, ad hoc duxeris deputandos, confessiones audire, pœnitentiam salutarem eis injungere, ac sacramenta ecclesiastica exhibere, sine juris præjudicio alieni. Nulli ergò omninò hominum liceat, etc. Datum Perusii 12 kal. junii, pontificatûs nostri anno nono (21 mai 1235).

Bulle de même date que la précédente, semblable, mot pour mot, à celle ci-dessus, du 30 août 1234.

INNOCENT IV.

INNOCENTIUS episcopus servus servorum Dei, dilectis filiis abbati et conventui monasterii Pontiniaci, Cist. ord. Autisiod. diœc. salutem et apostolicam benedictionem. Solet annuere Sedes Apostolica piis votis, et justis petentium desideriis favorem benevolum impertiri. Cùm autem sitis per privilegia Sedis Apostolicæ à præstatione decimarum de animalium nutrimentis, immunes, et, sicut, vobis referentibus, intelleximus quòd quidam ecclesiarum rectores, in quorum parochiis oves vestræ pascuntur, à vobis de lanâ, lacte et agnis earundem ovium decimas exigere moliantur, nos vestris justis precibus inclinati, auctoritate præsentium inhibemus ne quis, contrà eadem privilegia, de prædictis à vobis decimas exigere vel extorquere præsumat. Nulli ergò omninò hominum liceat, etc. Datum Later. 9 kal. maii, pontificatûs nostri anno primo (23 avril 1244).

INNOCENTIUS episcopus servus servorum Dei, dilectis filiis abbati et conventui monasterii Pontiniaci, Cisterc. ordinis, Autisiod. diœc. salutem et apostolicam benedictionem. Cùm à nobis petitur etc. Ex parte siquidem vestrâ fuit propositum coram nobis, quòd nonnulli ecclesiarum prælati vestris libertatibus invidentes, cùm eis non liceat, ex Apostolicæ Sedis indulto, in vos excommunicationis vel interdicti sententias promulgare, in familiares, servientes et benefactores ac illos qui molunt in molendinis vel coquunt in furnis vestris, quique vendendo seu emendo vel aliàs vobis communicant, sententias proferunt memoratas, sicque non vim et potestatem privilegiorum vestrorum sed sola verba servantes, vos quodammodó excommunicant dum vobis alios communicare non sinunt, et ex hoc judicari videmini judicio Judæorum, et qui vobis communicant in prædictis illud evenit inconveniens quòd majorem excommunicationem incurrant quàm excommunicatis communicando fuerant incursuri : quare nobis humiliter supplicastis ut providere quieti vestræ super hoc paternâ sollicitudine curaremus. Nos igitur vestris supplicationibus inclinati, ne quis prædictorum hujusmodi sententias in fraudem privilegiorum Apostolicæ Sedis de cætero promulgare præsumat, auctoritate præsentium inhibemus, decernentes eas, si per præsumptionem cujuspiam taliter promulgari contigerit, irritas et inanes. Nulli ergò omninò hominum liceat, etc. Datum Later. 9 kal. maii, pontificatûs nostri anno primo (23 avril 1244).

INNOCENTIUS episcopus servus servorum Dei, dilectis filiis abbati et conventui monasterii Pontiniaci, Cist. ord. Autisiod. diœc. salutem et apostolicam benedictionem. Annuere solet Sedes Apostolica piis votis, et honestis petentium precibus favorem benevolum impertiri. Eapropter, dilecti in Domino filii, vestris justis postulationibus grato concurrentes assensu, omnes libertates et immunitates à prædecessoribus nostris romanis pontificibus, sive per privilegia seu alias indulgentias ordini vestro, seu specialiter vobis concessas, nec non et libertates et exemptiones sæcularium exactionum à regibus et principibus vel aliis Christi fidelibus rationabiliter vobis indultas, auctoritate apostolicâ confirmamus et præsentis scripti patrocinio communimus. Nulli ergò omninò hominum liceat, etc. Datum Later. 8 kal. maii, pontificatûs nostri anno primo (24 avril 1244).

Innocentius episcopus servus servorum Dei, dilectis filiis abbati et conventui monasterii Pontin. ord. Cist. Autis. diœcesis, salutem et apostolicam benedictionem. Solet annuere Sedes Apostolica piis votis, et honestis petentium precibus favorem benevolum impertiri. Cùm igitur, sicut ex parte vestrâ fuit propositum coram nobis, ordini vestro et vobis à Sede Apostolicâ per privilegia et indulgentias sit indultum ut nullus à vobis de vestrorum animalium nutrimentis vel aliis, pro eo quòd animalia vestra in pasturâ vel custodiâ suâ habeat, decimas exigere vel quomodolibet extorquere præsumat, et si quis in benefactores vestros pro eo quòd aliqua vobis beneficia vel obsequia ex caritate præstiterint, excommunicationis, suspensionis vel interdicti sententias promulgarit, hujusmodi sententiæ tanquàm contrà Apostolicæ Sedis indulta prolatæ, decernuntur per easdem indulgentias irritæ ac inanes. Quia nonnulli ecclesiarum prælati ordinarii et rectores, spretis privilegiis et indulgentiis supradictis, vos et benefactores vestros super his multiplici vexatione fatigant, nobis humiliter supplicastis ut indemnitati vestræ providere in hâc parte, paternâ sollicitudine curaremus. Nos igitur et vestræ providere quieti et molestantium malitiis obviare volentes, ne quis, contrà indulta privilegiorum Apostolicæ Sedis, à vobis vel aliis, occasione præmissâ, hujusmodi decimas exigere, vel in vos seu alios ob hoc, et etiam benefactores vestros, sententias promulgare præsumat, auctoritate præsentium districtiùs inhibemus, quas, si forsan promulgari contigerit, eâdem auctoritate decernimus irritas et inanes. Nulli ergò omninò hominum liceat, etc. Datum Later. 5 kal. maii, pontificatûs nostri anno primo (27 avril 1244).

Innocentius episcopus servus servorum Dei, dilectis filiis decano et officiali Senonen. salutem et apostolicam benedictionem. Suâ nobis dilecti filii de Pontiniaco et de Quinciaco monasteriorum abbates, Cist. ordinis, executores testamenti bonæ memoriæ

Galteri episcopi Ossoriensis, petitione monstrarunt quòd abbas et conventus de Keynesham ordinis S. Augustini, R. Miles et quidam alii Saresbiriensis et Bathoniensis diœcesium, quamdam pecuniæ summam et res alias quas dictus episcopus spectantes ad se, per manus eorum in pios usus erogari mandavit, detinent, et eisdem executoribus exhibere indebitè contradicunt, propter quod ipsius testamenti executio impeditur. Ideòque discretioni vestræ per apostolica scripta mandamus quatenùs dictos abbatem et conventum, ac alios, quòd eisdem executoribus præfatam pecuniam et res alias exhibeant ut tenentur, ac eosdem liberè dictum permittant exequi testamentum, monitione præmissâ, per censuram ecclesiasticam, appellatione remotâ, cognitâ veritate, cogatis: nonobstante constitutione de duabus diætis editâ in concilio generali et indulgentiâ per quam concessum esse dicitur ne aliquis de Angliâ et Iberniâ, extrà ipsas, per apostolicas litteras trahantur in causam. Datum Later. nonis maii, pontificatûs nostri anno primo (7 mai 1244).

INNOCENTIUS episcopus servus servorum Dei, dilectis filiis abbati et conventui monasterii Pontin. Cist. ord. Autis. diœc. salutem et apostolicam benedictionem. Paci et tranquillitati vestræ paternâ volentes in posterum sollicitudine providere, auctoritate vobis præsentium indulgemus ut ad receptionem alicujus compelli non possitis inviti per litteras apostolicas vel legatorum ejus, quæ de hâc indulgentiâ et vestro monasterio expressam non fecerint mentionem. Nulli ergò omninò hominum liceat, etc. Datum Lugduni 15 kal. junii, pontificatûs nostri anno tertio (20 mai 1246).

INNOCENTIUS episcopus servus servorum Dei, venerabili fratri... episcopo, et dilecto filio officiali Wintoniensibus, salutem et apostolicam benedictionem. Dilecti filii abbas et conventus Pontiniacenses, Cist. ord. nobis conquerendo monstrarunt quòd venerabilis frater noster episcopus Cicestrensis, magister Willermus rector ecclesiæ Cantuar. Henricus Eldin, Walterus Bernardi, et quidam alii Winton. Cicestr. et Cantuar. civitatum et diœcesium, super terris, decimis, possessionibus, debitis, redditibus, pratis et rebus aliis...... eisdem. Ideòque discretioni vestræ per apostolica scripta mandamus quatinùs, partibus convocatis, audiatis causam et appellatione remotâ, fine debito decidatis, facientes quod decreveritis auctoritate nostrâ firmiter observandum : testes autem qui fuerint nominati, si se gratiâ, odio vel timore subtraxerint, per censuram ecclesiasticam, appellatione cessante, cogatis veritati testimonium perhibere. Datum Lugduni 12 kal. septembris, pontificatûs nostri anno septimo (21 août 1249).

INNOCENTIUS episcopus servus servorum Dei, dilectis filiis abbati et conventui monasterii Pontin. Cist. ord. Autis. diœc. salutem et apostolicam benedictionem. Ex parte vestrâ fuit propositum coram nobis quòd nonnulli clerici et laïci, asserentes se contrà vos aliquid quæstionis habere, aliquandò monachos, interdùm conversos, et nonnunquàm animalia et alia bona monasterii vestri, prætextu cujusdam pravæ consuetudinis, propriâ temeritate vadiare, invadere ac detinere præsumunt, donec sit eis de hujusmodi quæstionibus, juxtà ipsorum beneplacitum, satisfactum, quamvis jurisdictionem in vos delegatam vel ordinariam non habeant, quâ hoc possint. Cùm itaque judicialis vigor ideò sit in medio constitutus ut nemo sibi præsumere audeat ultionem, et ob hoc id tanquàm nullo jure subnixum, non sit aliquatenùs tolerandum, nos volentes quieti vestræ consulere ac prædictorum malitiis obviare, auctoritate præsentium inhibemus ne quis, occasione prædictæ consuetudinis, vobis memoratas irrogare molestias, aut quæcumque bona monasterii vestri, absque juris ordine occupare, vadiare, seu quolibet modo detinere præsumat. Nulli ergò omninò hominum liceat, etc. Datum Lugduni kalendis septembris, pontificatûs nostri anno septimo (1er sept. 1249).

INNOCENTIUS episcopus servus servorum Dei, dilectis filiis abbati et conventui monasterii Pontin. Cist. ord. Autis. diœc. salutem et apostolicam benedictionem. Intimantibus vobis accepimus quòd, cùm exhibeatis vos in hospitalitate omnibus liberales, diœcesano vestro et aliis ecclesiarum prælatis et eorum familiis, cùm, ad monasterium vestrum declinant, caritative necessaria ministrantes, nonnulli prælatorum ipsorum hujusmodi gratiam convertere molientes in debitum, et quod sic sponte ipsis impenditis deberi sibi ex antiquâ consuetudine asserentes, vos et præfatum monasterium propter hoc multipliciter aggravant et molestant. Nos igitur vestris supplicationibus inclinati, volentes vestræ in hâc parte quieti, paternâ sollicitudine providere, ne quisquam prælatus deinceps id à vobis exigere vel extorquere præsumat, auctoritate præsentium inhibemus. Nulli ergò omninò hominum liceat, etc. Datum Lugd. kalendis junii, pontificatûs nostri anno septimo (1er juin 1250).

Albericus Domini papæ notarius, Apostolicæ Sedis legatus, dilecto in Christo abbati monasterii de Pontigniaco Cist. ord. Autissiod. diœc. salutem in domino. Exposita nobis tua petitio continebat quòd nonnulli monasterii tui monachi et conversi, pro violentâ manuum injectione in se ipsos, et quidam pro detentione proprii, ac alii pro denegatâ tibi et prædecessoribus tuis obedientiâ, seu conspirationis offensâ, super quibus se correxerunt postmodùm, in excommunicationis laqueum inciderunt, quorum monachorum quidam susceperunt ordines et divina celebrarunt officia, sic ligati : quare super his ipsorum provideri saluti à nobis humiliter poposcisti. De tuâ itaque circumspectione plenam in Domino fiduciam obtinentes, præsentium tibi auctoritate concedimus ut eisdem excommunicatis hâc vice juxtà formam ecclesiæ beneficium absolutionis impendas, injungens eis quod de jure fuerit injungendum ; proviso quòd manuum injectores, quorum fuerit gravis et enormis excessus, mittas ad nos vel Sedem Apostolicam absolvendos : cum illis autem qui facti immemores vel juris ignari, absolutionis beneficio non obtento susceperunt sacros ordines et divina officia celebrarunt, injunctâ eis pro modo culpæ pœnitentiâ competenti, câque peractâ, liceat tibi de misericordiâ quæ superexaltat judicio, prout eorum saluti expedire videris, dispensare. Si verò præfati excommunicati scienter, non tamen in contemptum clavium, talia præsumpserunt, eis per biennium ab ordinum executione suspensis et impositâ eis pœnitentiâ salutari, eos, postmodùm si fuerint bonæ conversationis et vitæ, ad gratiam dispensationis admittas. Proprium autem si quod habent prædicti monachi et conversi, facias in tuis manibus resignari, in utilitatem ipsius monasterii convertendum. Dat. Parisiis 14 kal. maii, pontificatûs domni Innocentii papæ IV, anno undecimo (18 avril 1254).

ALEXANDRE IV.

ALEXANDER episcopus servus servorum Dei, dilectis filiis abbati Cisterciensi ejusque co-abbatibus Cist. ord. universis, salutem et apostolicam benedictionem. Præclaræ religionis vestræ favor exposcit, et sinceræ devotionis quam sedulò erga nos et romanam ecclesiam geritis, merita nos inducunt ut vos speciali prærogativâ gratiæ prosequentes, vestris precibus quantùm cum Domino possumus, favorabiliter annuamus. Cùm igitur felicis recordationis I. papa prædecessor noster, ut in ordine vestro sublatâ materiâ scandali, religionis conformitas et vitæ unitas in caritatis integritate serventur, vobis suis litteris concessisse dicatur ut juxtà ejusdem ordinis instituta nulli fratrum ipsius ordinis, seu alii ejusdem ordinis personæ, absque sui abbatis licentiâ liceat cuiquam alterius religionis vel sæculari presbytero confiteri, nec ei confessiones ipsorum audire vel eis absolutionis beneficium impertiri, vestris devotis supplicationibus inclinati, quod super hoc vobis est à dicto prædecessore concessum, gratum habentes et ratum, id auctoritate apostolicâ confirmamus et præsentis scripti patrocinio communimus. Nulli ergò omninò hominum liceat, etc. Dat. Neapoli 17 kal. aprilis, pontificatûs nostri anno primo (16 mars 1255).

Bulle pour l'ordre de Cîteaux en général, donnée à Naples le 5 des ides d'avril, l'an premier du pontificat d'Alexandre IV (9 avril 1255), pareille à celle ci-dessus, du 1er juin 1250, qui avait été accordée en particulier à l'abbaye de Pontigny.

ALEXANDER episcopus servus servorum Dei, dilectis filiis abbati et conventui monasterii Pontiniacen. Cist. ord. Autissiod. diœc. salutem et apostolicam benedictionem. Exposita coram nobis vestra petitio continebat quòd Jacobus monachus, tunc abbas monasterii vestri, præsciens se debere ab ipsius monasterii regimine, culpis suis exigentibus, amoveri, ac intendens per hoc ad rebellionis præsidium facere sibi de mammonà iniquitatis amicos, prædictum monasterium in decem millibus librarum turon. vel circà, diversis creditoribus, non de assensu vestro, filii conventus, sed aliquorum ex vobis iniquitatis suæ complicum, nec pro ipsius monasterii utilitatibus, sed pro alienis debitis obligavit, sigillum commune abbatis et vestri, quod apud ipsum residebat, sine vestrà conscientià litteris super obligatione confectis hujusmodi apponendo. Nos igitur volentes super hoc indemnitati ejusdem monasterii providere, ne detrimentum indè sustineat undè sibi emolumenti consolatio non provenit, auctoritate vobis præsentium indulgemus ut ad solutionem aliquorum debitorum per dictum Jacobum, etiam de aliquorum vestrûm assensu, contractorum, minimè teneamini, etiamsi hujusmodi contractus sub abbatis et conventûs nomine, sine ipsius conventûs conscientià, sint confecti et communi abbatis et conventûs sigillo etiam communiti, nisi aliàs quòd debita hujusmodi de vestro vel majoris partis vestrûm assensu contracta fuerint et in ipsius monasterii utilitatem conversa, legitimè probatum fuerit et ostensum, nec ad id possitis aliquatenùs coartari per aliquas litteras apostolicas impetratas vel etiam impetrandas, quantumcumque contineatur in eis, quòd creditoribus hujusmodi debitorum probandi præfata debita in utilitatem hujusmodi versa esse, necessitas non incumbat, nisi eædem litteræ impetrandæ de hâc indulgentià et de causis contractûs præfati plenam et expressam fecerint mentionem. Nulli ergò omninò hominum liceat, etc. Datum Anagniæ idib. junii, pontificatûs nostri anno sexto (13 juin 1260).

Alexander episcopus servus servorum Dei, dilecto filio abbati de Pontiniaco, Cist. ord. Autissiod. diœc. salutem et apostolicam benedictionem. Habentes ad tuum ordinem, suæ meritis sanctitatis, specialem affectum, non immeritò personas ipsius et maximè digniores, speciali gratiâ prosequimur et honore. Hinc est quòd nos tibi tuisque successoribus, ut personis ejusdem ordinis omnes minores ordines intrà monasteria ejusdem ordinis conferre, ac pallas altaris et alia ornamenta ecclesiastica benedicere valeatis, auctoritate præsentium indulgemus. Nulli ergò omninò hominum liceat, etc. Datum Anagniæ idibus junii, pontificatûs nostri anno sexto (13 juin 1260.

URBAIN IV.

Urbanus episcopus servus servorum Dei, dilectis filiis abbati et conventui monasterii Pontiniacens. Cist. ord. Autiss. diœc. salutem et apostolicam benedictionem. Devotionis vestræ precibus inclinati, præsentium vobis auctoritate concedimus ut possessiones et alia bona mobilia et immobilia, quæ liberas personas fratrum vestrorum, mundi relictâ vanitate, ad vestrum monasterium convolantium et professionem facientium in eodem jure successionis vel alio justo titulo, si remansissent in sæculo contigissent, et ipsi potuissent liberè aliis erogare, feudalibus duntaxat exceptis, valeatis petere, recipere ac etiam retinere. Nulli ergò omninò hominum liceat, etc. Datum apud Urbem Veterem kalendis decembris, pontificatûs nostri anno tertio (1er décembre 1263).

CLÉMENT IV.

Clemens episcopus servus servorum Dei, dilectis filiis abbati et conventui monasterii Pontin. Cist. ord. Autiss. diœc. salutem et apostolicam benedictionem. Indemnitati monasterii vestri paternâ volentes sollicitudine providere, auctoritate vobis præsentium indulgemus ut non teneamini ad solutionem aliquorum debitorum à prædecessoribus vestris ejusdem monasterii nomine contractorum, nisi ea in utilitatem ipsius monasterii conversa fuisse legitimè probaverint creditores; etiamsi super eisdem debitis quæstio mota sit vel processus aliquis citrà diffinitivam sententiam et conclusionem habitus in eisdem : non obstantibus renunciationibus, confessionibus, obligationibus, pœnarum adjectione, juramentis, instrumentis et litteris quibuscumque contractuum tempore interjectis. Nulli ergò omninò hominum liceat, etc. Datum Perusii 14 kal. aprilis, pontificatûs nostri anno primo (19 mars 1265).

CLEMENS episcopus servus servorum Dei, dilectis filiis abbati et conventui monasterii Pontin. Cist. ord. Autiss. diœc. salutem et apostolicam benedictionem. Cùm à nobis petitur, etc. Eapropter, dilecti in Domino filii, vestris justis postulationibus grato concurrentes assensu omnes libertates et immunitates à prædecessoribus nostris romanis pontificibus, sive per privilegia seu alias indulgentias monasterio vestro concessas, nec non libertates et exemptiones sæcularium exactionum à regibus et principibus vel aliis Christi fidelibus rationabiliter vobis indultas, sicut eas justè ac pacificè obtinetis, vobis et per vos eidem monasterio, auctoritate apostol. confirmamus et præsentis scripti patrocinio communimus. Nulli ergò omninò hominum liceat, etc. Datum Perusii 5 idus junii, pontificatûs nostri anno primo (9 juin 1265).

GRÉGOIRE X.

GREGORIUS episcopus, etc. Cùm à nobis petitur, etc. (Bulle de confirmation pareille à la précédente; la seule différence, c'est qu'après le mot *indultas*, il y est ajouté : terras quoque, possessiones et alia bona vestra, sicut ea omnia justè ac pacificè obtinetis. Tout le reste, avant ce passage et après, est rédigé dans les mêmes termes.) Datum apud Urbem Veterem 5 idus julii, pontificatûs nostri anno primo (11 juillet 1272).

GREGORIUS episcopus servus servorum Dei, dilectis filiis universis abbatibus ac abbatissis et conventibus ordinis Cisterciensis, tam præsentibus quàm futuris, in perpetuum. In vestitu deaurato ecclesiæ sponsæ Christi, quæ varietate circumdata, sponso suo, specioso formâ præ filiis hominum, invariabilis integritate fidei et soliditate spei à dextris assistit, Cisterciensis ordo divinis mancipatus obsequiis et inter religiones cæteras gloriosæ virgini singularitate devotionis ascriptus, ex institutione primariâ et professorum ipsius, quantùm ex alto conceditur, prosecutionis instantiâ rutilat, caritate gaudet, castimoniâ et pulchritudine conversationis elucet. Hujus ordinis candidi Nazarei dicti, videlicet professores ejusdem, sub arctæ observantiæ districtione viventes, in conspectu eorumdem regis regum et reginæ cælestis phyalas odoramentorum plenas in orationum assiduitate præsentant, beneplacitis illorum per opera pietatis inserviunt, et sic hospitalitatem observant quòd, sibi pauperes, pauperibus divites, illis munifici, sibi parci, laboribus non parcunt propriis, sed victu in sui vultûs sudore quæsito, se tenui exhibent, illis subveniunt abundanter. Hæc quidem vobis favorem omnium vindicant, hæc vos favorabiles recto cujuslibet pectoris pii judicio repræsentant. Solet enim regum et principum, aliorumque magnatum familiaribus, ipsorum contemplatione, deferri : quantò itaque ampliùs tam peculiaribus eorumdem summi regis et reginæ cælestis famulis, ipsorum obtentu, in suis est subveniendum necessitatibus, et opportunitatibus assistendum! Profectò immensa inter comparata disparitas mensuram comparationis hujusmodi non admittit. Hæc nos movent attentiùs, hæc nos et fratres nostros hortantur instantiùs, vobis et monasteriis vestris contrà incidentium decimarum et aliarum exactionum instantias opportuno remedio providere. Quid enim opus est ea decimare vel per partes exigere ad serviendum exindè Domino, quæ ipsius sunt servitiis totaliter deputata? Ideòque, de ipsorum fratrum nostrorum consilio, vos, monasteria, cæteraque loca et bona ejusdem ordinis, ac ipsum ordinem ab onere cujuslibet repentinæ et extraordinariæ decimæ, seu alterius exactionis, eximimus, districtiùs inhibentes vobis, dictisve monasteriis, locis aut bonis, de cætero hujusmodi decimam et exactionem, quocumque nominc censeantur, imponi, aut impouendas in posterum, quantumcumque generaliter, sub quâvis formâ vel expressione verborum, à vobis exigi, vel vos super illis aliquatenùs molestari : decernentes ex nunc omnem sententiam suspensionis, interdicti, seu excommunicationis in vos, monasteria, loca vel bona prædicta, propter hoc quâcumque auctoritate latam, irritam et inanem ac viribus omninò carere. Nulli ergò omninò hominum liceat, etc. Datum Lugduni per manum magistri ....afranci archidiaconi pergameni s. rom. ecclesiæ vicecancellarii, nonis aprilis, indictione III, incarnationis dominicæ anno 1275, pontificatûs verò donni Gregorii papæ X, anno quarto (5 avril 1275). Autour du médaillon du pape on lit : Perfice gressus meos in semitis tuis.

MARTIN IV.

Bulle de confirmation des priviléges, semblable en tout à celle de Clément IV, du 9 juin 1265. Datum apud Urbem Veterem, nonis februarii, pontificatûs nostri anno tertio (5 février 1284).

BONIFACE VIII.

Bulle pareille. Datum Later. 5 idus februarii, pontificatûs nostri anno primo (9 février 1295).

CLÉMENT V.

Bulle pareille. Datum Pictavis 8 idus octobris, pontificatûs nostri anno secundo (8 octobre 1306).

JEAN XXII.

Bulle pareille à celles qui précèdent. Datum Avinione 5 idus novembris, pontificatûs nostri anno quarto (9 novembre 1319).

BENOIT XII.

Bulle de confirmation des priviléges, pareille aux précédentes. Datum Avinione 7 kal. maii, pontificatûs nostri anno secundo (25 avril 1336).

MARTIN V.

Martinus episcopus servus servorum Dei, dilectis filiis Johanni abbati et conventui monasterii Pontiniacen. Cist. ord. Autissiod. dioec. salutem et apostolicam benedictionem. Exposcit vestræ devotionis sinceritas et religionis promeretur honestas ut tam vos, quos speciali dilectione prosequimur, quàm monasterium vestrum dignis honoribus attollamus. Hinc est quòd nos vestris in hâc parte supplicationibus inclinati, ut tu, fili abbas, et successores tui abbates vestri monasterii, qui pro tempore fuerint, mitrâ, annulo et aliis pontificalibus insigniis uti, nec non quòd in dicto monasterio et prioratibus eidem monasterio subjectis, ac parochialibus et aliis ecclesiis ad vos communiter vel divisim pertinentibus, quamvis vobis pleno jure non subsint, benedictionem solemnem post missarum, vesperarum et matutinarum solemnia, dummodò in benedictione hujusmodi aliquis antistes vel Sedis Apostolicæ legatus præsens non fuerit, elargiri possitis; felicis recordationis Alexandri papæ IV prædecessoris nostri, quæ incipit: abbates, et aliis quibuscumque constitutionibus apostolicis in contrarium editis, nequaquàm obstantibus vobis et eisdem successoribus, auctoritate apostolicâ, de speciali gratiâ, tenore præsentium indulgemus. Nulli ergò omninò hominum liceat, etc. Datum Gebennis 8 kal. julii, pontificatûs nostri anno primo (24 juin 1418).

INNOCENT VIII.

Innocentius episcopus servus servorum Dei, dilecto filio Johanni abbati monasterii Cistercii, Cabilonensis dioec. salutem et apostolicam benedictionem. Exposcit tuæ devotionis sinceritas et religionis promeretur honestas, ut tam te, quem speciali dilectione prosequimur, quàm tuum et alia quatuor principalia tui Cisterciensis ordinis monasteria, post et per dictum monasterium tuum fundata, primas quatuor illius filias nuncupata, condignis honoribus attollamus ac specialibus favoribus et gratiis prosequamur. Cùm itaque sicut exhibita nobis nuper pro parte tuâ petitio continebat, ex privilegiis et indultis apostolicis, tibi et aliorum quatuor monasteriorum abbatibus pro tempore existentibus, ut omnes ordines minores personis ordinis ejusdem intrà monasteria prædicta conferre, ac pallas altaris et omnia ornamenta ecclesiastica benedicere, ac mitrâ et annulo et aliis pontificalibus insigniis uti, nec non in ipsis et aliis monasteriis et prioratibus illis subjectis ac parochialibus et aliis ecclesiis ad ea communiter vel divisim pertinentibus, quamvis eis pleno jure non subessent, benedictionem solemnem post missarum, vesperarum et matutinarum solemnia, dummodò in benedictione hujusmodi aliquis antistes vel Apostolicæ Sedis legatus præsens non foret, elargiri, ac ecclesias et monasteria dicti ordinis quoties foret opportunum, dummodò ex homicidio illa polluta non fuerint, reconciliare, aquâ priùs per aliquem catholicum antistitem ut moris est benedictâ, obtenta valerent diversis vicibus ac partibus, quandoque sigillatim, quandoque simul, prout ipsa privilegia edocent, concessum fuerit, et ab aliquibus hæsitetur an tu et dicti abbates pallas et alia ornamenta hujusmodi extrà ipsius ordinis monasteria et etiam illa quæ ad monasteria et alia loca dicti ordinis non spectarent, et an possint in quibuslibet aliis monasteriis et locis dicti ordinis utriusque sexûs benedicere, licet abbates prædecessores et tanto tempore citrà cujus contrarii hominum memoria non extitit, præmissa omnia seu majorem partem facere consueverint. Nos qui ordinem ipsum præ cæteris in visceribus gerimus charitatis et illum intendimus non minoribus gratiis et privilegiis, quàm prædecessores nostri fecerunt, decorare, tuis in hac parte supplicationibus inclinati, tibi et successoribus tuis, et dictis abbatibus aliorum quatuor monasteriorum prædictorum, nunc et pro tempore existentibus, ut de cætero perpetuis futuris temporibus prædicta et quæcumque alia vestimenta ac ornamenta ecclesiastica, corporalibus vasculisque ad reponendum sacram eucharistiam ac imaginibus quibuslibet comprehensis, in locis et domibus dicti ordinis benedicere, et calices consecrare tam de dicto ordine quàm si ad vos aliundè nonnunquàm deferantur, altaria de novo constructa seu translata, restaurata aut mutata in quibuslibet locis dicti ordinis, chrismate sacro priùs ab aliquo catholico antistite recepto, consecrare, et etiam benedictionem solemnem post missarum, vesperarum et matutinarum solemnia, in quibuslibet monasteriis, domibus atque locis dicti ordinis utriusque sexûs, servatis gradibus superioritatis inter vos, elargiri : ac ne monachi dicti ordinis pro suscipiendis subdiaconatûs et diaconatûs ordinibus extrà claustrum hinc indè discurrere cogantur, tibi et successoribus tuis ut quibuscumque dicti ordinis monachis, aliis verò quatuor abbatibus præfatis ac eorum successoribus, ut suorum monasteriorum prædictorum religiosis, quos ad id idoneos repereritis, subdiaconatûs et diaconatûs ordines hujusmodi aliàs ritè conferre; ac cùm negotiorum qualitas pro tempore ingruentium id exegerit, anteàquam illucescat dies, circà tamen diurnam lucem, ità quòd id nec vobis nec sacerdoti taliter in præsentiâ vestrâ celebranti ad culpam valeat imputari, missam in vestrâ et cujuslibet vestrûm et familiarium vestrorum vobiscum præsentiâ per vosmet ipsos celebrare et per alium sacerdotem idoneum facere celebrari : et quia interdum propter munus benedictionis quod, per episcopos ab abbatibus et abbatissis dicti ordinis impenditur, contentiones ac privilegiorum ordinis vestri læsiones oriuntur sub eo prætextu quòd episcopi præfati ex impensione muneris hujusmodi prætendunt aliquam postmodum in eos et eorum monasteria jurisdictionem et superioritatem, contrà dicti ordinis vestri privilegia, habere, tibi et successoribus tuis prædictis duntaxat, ut munus benedictionis hujusmodi quibuscumque dicti ordinis abbatibus et abbatissis impendere ac abbatibus et abbatissis prædictis ut dictum munus à te et successoribus tuis recipere liberè ac licitè possitis et possint; apostolicâ et ex certâ scientiâ, tenore præsentium de speciali dono gratiæ indulgemus, nonobstantibus constitutionibus et ordinationibus apostolicis, nec non omnibus illis quæ in litteris privilegiorum et indultorum hujusmodi concessum est non obstare cæterisque contrariis quibuscumque; proviso quòd hujusmodi concessione ante diem celebrandi seu celebrari faciendi parcè utamini, quia cùm in altaris officio immoletur dominus noster Dei filius Jesus Christus, qui candor est lucis æternæ, congruit hoc non noctis tenebris fieri sed in luce. Verùm quia difficile foret præsentes litteras ad singula quæque loca in quibus expediens fuerit deferre, volumus et præfatâ auctoritate decernimus quòd illarum transsumptis manu publici notarii inde rogati subscriptis et sigillo tuo vel alicujus curiæ ecclesiasticæ seu personæ in ecclesiasticâ dignitate constitutæ munitis ea prorsùs fides indubia adhibeatur quæ præsentibus adhiberetur si essent exhibitæ vel ostensæ. Nulli ergò omninò hominum liceat, etc. Datum Romæ apud S. Petrum, anno incarnationis dominicæ 1481, 1 idus aprilis (12 avril), pontificatûs nostri anno quinto.

PIE IV.

Pius episcopus servus servorum Dei, dilectis filiis abbati et conventui monasterii S. Amedæi seu Emondi de Pontigneio, aliàs de Pontigny, Cist. ord. Autiss. diœc. salutem et apostolicam benedictionem. Cùm à nobis petitur, etc. Eapropter, dilecti in domino filii, vestris justis postulationibus grato concurrentes assensu, vobis auctoritate præsentium indulgemus ut in parochiis illis et aliis locis in quibus veteres decimæ vobis sunt auctoritate apostolicâ concessæ, novalium decimas de quibus aliquis hactenùs, nomine decimæ, aliquid non percepit, pro eâ portione quâ veteres vos contingunt, juxtà declarationem olim per felicis recordationis Alexandrum papam IV prædecessorem nostrum desuper factam percipere valeatis. Nulli ergò omninò hominum liceat, etc. Datum Romæ apud S. Petrum, anno incarnationis dominicæ 1561, 4 nonas junii (5 juin), pontificatûs nostri anno secundo.

Exemptions de droits accordées à l'abbaye de Pontigny par le roi Louis-le-Gros, *en* 1135.

In nomine sanctæ et individuæ Trinitatis, amen. Si precibus ecclesiasticis, quandò pro suis vel pauperum Christi molestiis vel indigentiis nos appetunt, diligenter obtemperamus, non solùm in hoc regium morem exercemus, verum etiàm ipsum matris ecclesiæ sponsum ad nostri misericordiam summoperè coartamus. Ego igitur Ludovicus, Dei gratiâ in regem Francorum sublimatus, notum fieri volo tam futuris quam et instantibus, quoniàm religiosis ecclesiis Cistellensi, videlicet, Pontiniacensi et Clarevallensi, cæterìsque omnibus ex eisdem prodeuntibus, annuente reginâ et carissimo filio nostro Ludovico jam in regem sublimato, donamus atque in perpetuum concedimus, ut nullus publicus judex, nullus præpositus, nullus insuper ministerialium nostrorum, exigat vel requirat sive ab ipsis, sive ab earumdem famulis, in propriis scilicet rebus, pedagium, rotaticum, Theloneum, vel aliquas alias consuetudines; sed liberi et quieti, tam per terram quam per aquam, ab omni consuetudine eant et redeant. Quod ne valeat oblivione deleri, scripto commendavimus, et ne possit à posteris infringi, sigilli nostri auctoritate et nominis nostri charactere subtùs firmavimus. Actum Parisiis publicè in palatio nostro, anno incarnati verbi 1135, regni nostri 27... Datum per manum Stephani Cancellarii. *Cart. de Pont., t. II, p.* 255.

Échange de biens entre Salo de Bouilly et l'abbaye de Pontigny, en 1139.

In nomine sanctæ et individuæ Trinitatis. Ego Hugo Autissiodorensis episcopus, notum fieri volo tam præsentibus quàm futuris, quòd monachi Pontiniacenses et Salo filius Garmundi de Bodoliaco, præsentibus Manasse Trecensi archidiacono, Nicolao Adremati monasterii monacho, Daimberto Silliniacensi, Ansello Merliniaci, Guiardo de Chaniaco, Rocelino de Manso, nostram adiere præsentiam, rogantes quatenùs quarumdam terrarum commutationes, quas inter se fecerant, scripto insereremus, idque sigilli nostri impressione muniremus. Quorum petitioni annuentes, qualiter eadem commutatio facta sit infrà subscripsimus, et ut in perpetuum rata permaneat, sigilli nostri impressione firmavimus. « Ego Salo de Silliniaco imprimis trado atque concedo Deo et B. M. Pontiniaci et fratribus ejusdem loci totam terram, nemus et planum quæ habeo in territorio Creciaci, à viâ quæ ducit à S. Florentino, per pontem Avrolæ, ad Bellam Calmam, usque ad rectum cursum Hermentionis, jure perpetuo possidenda : census autem et costumas cum meis propriis pratis excipio. In secundo loco nos monachi Pontiniacenses Guido scilicet, Gauterius cellarius atque Gauterius cognomento Bozsacrez, jussu donni Vichardi abbatis pro supra scriptæ terræ commutatione tradimus tibi, Salo, atque concedimus quicquid habemus in præsenti ab Ermentione usque ad Britoneriam et ipsam Britoneriam nemus et planum ad integrum, et quicquid habemus apud Altam Ripam et partem et Silliniacum ex parte Gauterii filii Bertranni, nocriæ quæ fuit Gauterii Bozsacrez, et prata de Insulis absque bosco. Concedimus quoque prata de subtus Roboretum, quæ Gauterius et pater ejus Bertrannus hæreditariè tenuerunt, et totum alodium quod in territorio Roboreti prædictus Bertrannus et Gauterius Bozsacrez similiter tenuerunt. Si quid autem de supradictis commutatis inter nos, alicui nostrûm ab aliquo calumniatum fuerit, ille qui tradidit et concessit, per jus ei cui concessum est acquietabit, aut si facere non potuerit, ad dictum Daimberti Silliniacensis, Guillelmi de Merliniaco, Guiardi clerici, competenti escambio terræ vel redditûs restaurabit : si verò restaurare noluerit, ad illud quod tradidit, de quanto damnum patietur accepti, se vertet. » Hæc commutatio facta est anno ab incarnatione domini 1139, Innocentio II Papâ, Ludovico Francorum rege et Aquitanorum duce. Ego Salo laudavi et Amelina uxor mea : laudavit etiam Donnus Avalo et Agnès uxor ejus. Hujus rei testes sunt, Daimbertus, Bochardus, Stephanus, Ansellus de Merliniaco et Iterius frater ejus, Guiardus clericus, Stephanus de S. Florentino. *Cart. de Pont.*, t. *III*, p. 47.

Confirmation d'un échange entre Salo de Bouilly et l'abbaye de Pontigny, en **1143**.

In nomine sanctæ et individuæ Trinitatis. Notum sit omnibus tàm præsentibus quàm futuris, quòd ego Salo de Boolli recognosco, confirmo et laudo commutationem factam inter me et monachos Pontiniacenses; scilicet, quòd ego Salo dono Deo et S. Mariæ et fratribus Pontiniaci quidquid habeo proprii juris in territorio toto Creciaci et Dochei, sicut via dividit quæ de S. Florentino ducit, per pontem Evrolæ, ad Bellam Chalmam; et ex aliâ parte, sicut filum Ermentionis portat, præter census et consuetudines meas : et propter hòc recipio in commutationem à Pontiniacensibus, quidquid habent Silliniaci et Ruvreii ex parte Walterii filii Bertranni et Walterii Botsacre, qui ambo fuerunt monachi Pontiniacenses, et prata Insularum quæ idem Walterius, filius Bertranni, tenuit in suo dumenio, sine censu suo et sine saliceto, et quidquid habent ex parte ejusdem Walterii ad Altam Ripam, præter campum Ulmi qui est inter duas vias, et quartum saliceti quod habent, ex parte Odelinæ ultra aquam versùs Booliacum; et quidquid habent ad Britoneriam. Hæc commutatio utrinquè tali pactione firmata est, ut si aliqua contrarietas evenerit alicui eorum, ex his rebus quas commutant, invicem se acquietabunt et manutenebunt jure. Sciant et omnes hujus cambionis alteram cartam factam fuisse, sed in die egressionis meæ de Silliniaco ad Jerusalem, in confirmatione præsentis cartæ, irritam mansisse... Hoc totum, ut suprà dictum est, laudat Emelina uxor mea et Hugo, frater meus, et Daimbertus de Silliniaco de cujus casamento tenui ista quæ monachis commuto, à quo et in casamento recipio quæ monachi mihi commutant. Laudant et hoc fratres Daimberti Buchardus et Stephanus. Hujus rei testes sunt : Guido, clericus, Iterius de Merliniaco, Willelmus de Pruneto, Helias de Genestâ Joviniaci, Stephanus Cuneus, Stephanus Buissun, Guido de Chanei, Roscelinus de Mees. Actum apud Silliniacum, anno ab incarnatione domini 1143. Ludovico Francorum rege et Aquitanorum duce. *Cart. de Pont.*, *t. III, p.* 49.

Accord entre l'abbaye de Pontigny et celle de Dilo, en 1146.

Notùm sit omnibus fidelibus tàm præsentibus quàm futuris, quòd ego Naurpaudus abbas de Vallelucenti et ego Landricus abbas Escarliensis, advocati, convenimus apud Bellum Cirrum, propter quamdam controversiam de pasturis et aliis querelis pacificandam, quæ erat inter monachos Pontiniaci et canonicos Deiloci : quæ quidem, Domino cooperante, et abbate de Deiloco, Guarnerio nomine concedente, concedentibus quoque, qui cum eo aderant Deiloci canonicis et conversis; canonicis quidem Stephano priore et Gauterio et Osberto et Gosberto, conversis verò Stephano et Engelberto et Johanne; ex Pontiniacensibus autem, Guidone de Seleniaco et Gauterio Buchacre monachis, et Gauterio Bergerio converso, ità terminata est : sicut vadit vallis de Cancicuriâ per Breteniacum in Vennam, et à ripâ ejusdem aquæ versùs Challiacum, usque ad rivulum venientem de Chilliriaco decurrentem in supradictam aquam, scilicet Vennam; ex aliâ parte à Cancicuriâ usque ad Ausum, ab Auso usque ad Cursiacum, et à Cursiaco usque ad Novi et à Novi usque ad Summentriacum et à Summentriaco usque ad Germiniacum et à Geminiaco, sicut vadit aqua quæ dicitur Hermentio, usque ad Brienniacum, et à Brienniaco, sicut vadit via publica per crucem ad pontem Euvrolæ, ab isto verò ponte, sicut rivus Crientenis ducit, usque ad rivum de Lonvas, indè sicut venit rivus usque ad fontem de Becherel : infra terminos fratres de Deiloco non ducent bestias suas ad pascendum, exceptis porcis, si glandes fuerint in nemore; nec grangiam fecerint. Prædicti tamen fratres Deiloci, si grangiam apud Puteolos, ubi terram habent, fecerint, bestiæ quæ in eâdem grangiâ fuerint, pasturas, quantùm ab eâdem grangiâ pascendo, ire potuerint, ità tamen ut ad eamdem grangiam quotidiè reverti et jacere possint, liberè possidebunt. Porrò apud S. Florentinum vitulos suos et pullos equarum suarum, à festo B. Martini usque ad Pascha habere licebit. Boves de Cresci et de Mersi pasturam habebunt communem. Jungetum quòd est inter Crientonem et agros de Chanlot, et à ponte Euvrolæ usque ad rivum de Louvas, commune erit bestiis utrorumque. Similiter fratribus Pontiniaci præfatos terminos, videlicet usque ad Joviniacum et usque ad Ermentionem, causâ pascendi bestias suas, transire non licebit, nisi porcos tantùm, et hoc cùm glandes fuerint in nemore. Item à Villemauro, extra præfatos terminos, usque ad Ausum et usque ad Sequanam, fratribus Pontiniaci in pasturas ire, nec grangias facere licebit. Pasturæ quæ sunt inter grangias, videlicet vallis Ederæ et Seviæ, communes erunt bestiis istarum utrarumque grangiarum, ità tamen ut, eodem die, ad easdem grangias redire et jacere possint.... Actum anno ab incarn. Domini 1146. *Cart. de Pont., t. II, p.* 145.

Guillaume, comte d'Auxerre, de Nevers et de Tonnerre, en échange d'une grange appelée Lorant, *donne à l'abbaye de Pontigny ses biens de Sainte-Porcaire, dont il emmène les habitans; il détourne aussi la route qui passait trop près de l'abbaye. En* 1156.

In nomine sanctæ et individuæ Trinitatis. Ego Guillelmus divinâ gratiâ comes Nivernensis notum fieri volo omnibus hominibus tàm præsentibus quàm futuris, quòd ego et Guichardus Pontiniaci abbas et fratres ejusdem ecclesiæ, ad nostrum commodum utrinquè respicientes fecimus commutationem de grangiâ quæ dicitur Lorant; pro quâ grangiâ donavi... Sed quoniàm fratribus Pontiniacensibus nimis durum videbatur ut, propter se, habitatores villæ illius (sanctæ Porcariæ) à suis possessionibus excluderentur, placitam illis hominibus feci recompensationem, ità ut sponte discederint, et in pace monachis locum dimitterint. Quia verò servientibus Domino pax et quies maximè necessaria sunt, ne fratres à transeuntibus molestiam aliquam aut inquietudinem patiantur, viam quæ Lanniacum ducebat per Revisiacum Vallemque paganam, feci transmutari ab inferiori plano, in nemus superius, firmavique Pontiniacensibus conventione incommutabili, ut quemadmodùm à me transponi jussa est eadem via, ità in posterùm perpetuâ diuturnitate remaneat. Illud quoque supradictâ conventione confirmationeque constitui ut inter subscriptos terminos planitiesque memorati territorii S. Porcariæ et grangiæ quæ dicitur Avaranda et ejus quam Bunionem appellant, et exindè sicut mortuum de Boi venit à matre aquâ, et indè sicut mater aqua venit usque ad caput fosseii, indè quoque sicut fosseium portat ad fontem Letardi, et indè sicut idem fosseium vadit usque ad Argillerias, et indè sicut tendit usque ad viam quæ ducit à Pontiniaco Autissiodorum : inter hos terminos firmavi atque constitui ut nulla aliorum hominum animalia ingrediantur, sed Pontiniacenses fratres liberè et quietè possideant. Item sciendum est quod ego comes dedi memoratis Pontiniacensibus terram et nemus, quæ terra his terminis continetur : scilicet sicut via vadit de Pontiniaco ad Suilliacum et in Venussiam versùs Pontiniacum, ità ut inter hos terminos, in terrâ quæ Communia dicitur, nemo aliorum hominum habitationem unquàm habeat aut agriculturam exerceat, sed fratres Pontiniacenses liberè semper et quietè possideant : propter quam terram ipsi Pontiniacenses concesserunt mihi terram quam habebant in finagio de Maire... Suivent d'autres terres situées à Noyers, à Sainte-Vertu, que l'abbaye donne en échange. *Cart. de Pont.*, *t. II*, *page* 347.

Donation de Guy, seigneur de Maligny, en 1209.

Ego Guido dominus de Merliniaco, notum fieri volo omnibus præsentem cartulam inspecturis, quòd ego et mater mea Ermengardis, dedimus nos domui Pontiniaci et in eâ nobis elegimus sepulturam. Ipsi autem concesserunt mihi et matri meæ, quòd in morte et in vitâ facient pro nobis quantùm pro uno ex monachis suis. Nos verò, solo Dei respectu, dedimus eis in puram eleemosynam, pro animabus nostris et antecessorum nostrorum, campum nostrum qui est juxta vadum de Chanlive... hoc laudavit uxor mea

Narbona et filius meus Jobertus qui vocatur Galcerius, cum filiâ meâ Ermengarde. Actum apud Salicetum, anno verbi incarnati 1209. *Cart. de Pont.*, *t. II, p.* 480.

Donation de Jean de Bouilly avant son départ pour une croisade, en 1219.

Ego Johannes miles de Boolliaco, notum facio præsentibus et futuris quòd dedi et concessi Deo et ecclesiæ B. Mariæ Pontiniacensis, medietatem censûs mei de Creciaco, liberam et immunem de cætero possidendam; et si fortè in transmarinis partibus decessero peregrinus, aliam medietatem eidem ecclesiæ concedo liberam et immunem. Hoc laudaverunt fratres mei; et ut dicta res firmior habeatur, præsentem paginam sigilli mei munimine roboravi, et, ad preces meas, M. frater meus, abbas Aeriæ, apposuit sigillum. Actum anno 1219, mense junio. *Cart. de Pont.*, *t. III, p.* 55.

Donation de Guillaume de Lignorelles à l'abbaye de Pontigny, en 1226.

Ego Symon, archidiaconus Tornodori, notum facio omnibus præsentem paginam inspecturis, quòd Willelmus, dictus Villanus, miles de Sommeso et uxor ejus Helyenors, in præsentiâ nostrâ constituti, dederunt et concesserunt ecclesiæ B. M. Pontiniaci in perpetuam eleemosynam, unum sextarium frumenti ad conficiendas hostias, pro remedio animarum suarum et antecessorum suorum, laudante pariter et concedente dominâ Johannâ vicecomitissâ de Legniaco : quem sextarium sacrista Pontiniaci percipiet, singulis annis, in terciis suis de Ligneroliis... Actum anno gratiæ 1226, mense februario (1227). *Cart. de Pont.*, *t. III, p.* 285.

Donation de Doët, seigneur de Flogny, en 1227.

Ego Guido, dominus de Melleigniaco, notum facio universis præsentibus et futuris quòd Doëtus dominus de Flonniaco, in præsentiâ meâ, in ultimâ voluntate legavit domui Pontiniaci, pro remedio animæ suæ, unum modium avenæ in costumis de Floniniaco, singulis annis percipiendum in festo S. Remigii, et centum solidos Pruviniensium in eodem festo S. Remigii annuatim percipiendos in redditibus suis de Floniniaco, pro anniversario suo faciendo : ità tamen quòd dominus de Floniniaco qui tenebit costumas illas, reddet domui Pontiniaci in dicto festo S. Remigii modium avenæ cum centum solidis. Et hoc laudaverunt et concesserunt Bura uxor ejus et Goduvinus filius ejus et Sedelina et Luqueta filiæ ejus; et isti omnes pariter, tàm uxor quàm filius et filiæ in manu meâ fiduciaverunt, quòd legatum istud bonâ fide tenebunt et observabunt. In cujus rei testimonium sigillum meum, ad petitionem partium, duxi præsentibus apponendum. Actum anno Domini 1227. *Cart. de Pont., t. III, p. 88.*

Donation de Gaucher, seigneur de Jaulges, en 1255.

Nos Theobaldus Dei gratiâ rex Navarræ, Campaniæ et Briæ comes palatinus, notum facimus universis præsentes litteras inspecturis, quòd dilectus et fidelis noster Gaucherus dominus Paciaci, filius Johannis quondàm vicecomitis de sancto Florentino, in nostrâ præsentiâ constitutus, recognovit se dedisse in perpetuam eleemosynam Deo et ecclesiæ Pontiniaci quidquid habebat in decimâ de Jauges, ob remedium animæ suæ et antecessorum suorum, et ad anniversarium patris et matris suæ singulis annis in dictâ ecclesiâ faciendum. Nos verò de cujus feodo dicta decima movebat, ad petitionem dicti Gaucheri, prædictam eleemosynam jam dictæ ecclesiæ factam volumus, concedimus et approbamus. In cujus rei testimonium præsentes litteras sigilli nostri munimine fecimus roborari. Actum anno Domini 1235, mense julio. *Cart. de Pont., t. III, p.* 80.

Testament de Haganon, seigneur d'Ervy, en 1240.

Noverint universi præsentes litteras inspecturi quòd dominus Hagano de Herviaco fecit testamentum suum in hunc modum : præcepit siquidem medietatem omnium mobilium suorum, pro animâ suâ, si decesserit, erogari. Domui Pontiniaci, in quâ sibi elegit sepulturam, palefridum suum pro decem libris Pruviniensium delegavit; præchereà dedit conventui centum solidos in procurationem ipsius; portario ejusdem domûs centum solidos pro faciendis tricenariis; eidem viginti solidos pro emendo pane ad distribuendum pauperibus; item viginti solidos infirmario monachorum pro pitanciis infirmorum : prædictis quoque monachis pro anniversario suo dedit Robertum et Benedictum de Chambelene et Guillermum de Denimoniâ et hæredes eorum et plenam justitiam in ipsos, qui singulis annis in anniversario prædicti Haganonis, debent reddere Pontiniacensibus triginta solidos Pruviniensium, unusquisque eorum decem : eisdem etiam dedit ad faciendum anniversarium, vineam quæ Merceria dicitur, totam quæ sita est apud Denemone. Decano S. Florentini dedit sexaginta solidos; domino Canono de Hervi culcitram sericam viridem et coopertorium de genotes et duo lintea cum uno auriculari et viginti solidis; capellano suo M. viginti solidos; et Odino clerico decem solidos; et leprosis de Hervi viginti solidos; S. Stephano Trecensi viginti solidos; S. Petro Trecensi viginti solidos; sanctimonialibus S. Mariæ Trecensis et de Fusse, singulis viginti solidos; Domui Dei quæ est comitis, viginti solidos; cæteris Domibus Dei quæ sunt Trecis, unicuique decem solidos; fratri Huberto Trecensi, decem solidos; et viginti presbyteris viginti solidos; dominæ Mahot viginti solidos; omnibus nepotibus suis quæ sunt sanctimoniales, unicuique decem solidos; duobus nepotibus suis de Cellâ et de

Molosmes, unicuique decem solidos ; Parrenot *de la Celle*, decem solidos ; viginti domibus leprosorum quæ sunt inter Trecas et Pontiniacum viginti solidos ; Presbytero Summævallis, cappam suam pluvialem ; Miloni de Hervi filiolo suo viginti solidos; decano Antissiodorensi S. Stephani, viginti solidos ; S. Germano et S. Stephano, unicuique quadraginta solidos ; quadraginta ecclesiis de castellaniâ Herviaci et S. Florentini, quæ magis vicinæ sunt, unicuique decem solidos ; ecclesiæ de Herviaco, singulis annis, pro anniversario suo, decem solidos ; item leprosis de Hervi decem solidos annuatim persolvendos in redditibus furni ; ecclesiæ de Summavalle, sextarium avenæ quod Clarinus debet pro anniversario suo ; domui de Chancieur tria quarteria prati quæ sunt contigua pratis prædictæ domûs ; ecclesiæ Denemone, quartam partem modii vini, pro anniversario suo ; ecclesiæ S. Stephani Trecensis, quadraginta solidos pro anniversario suo ; Domui Dei Trecensi, quæ est comitis, decem solidos pro anniversario suo quos Benedictus debet ; ecclesiæ S. Petri de Ausum arpentum prati quod sedet in noa de Agaret, et arpentum nemoris, si illud explanare voluerint, pro anniversario suo ; ecclesiæ de Liberis Vaullibus, sextarium avenæ et viginti septem denarios in consuetudinibus de Chameie, pro anniversario suo. Hoc testamentum quod in carta præsenti continetur, ego Hagano teneri præcipio et sigilli nostri auctoritate confirmo : præquamet rogo abbatem Pontiniaci et abbatem S. Michaelis et decanum S. Florentini, ut ipsi præsentem cartam sigillis suis corroborent, et hoc testamentum meum, sicut à me dispositum est, fideliter exsequantur. *Cart. de P.*, *t. III*, *p.* 114. Dom Robinet ajoute que l'écriture du titre original paraît être de l'an 1240 ou 1280 environ.

Donation de Gaucher de Saint-Florentin, seigneur de Chéu, en 1241.

Omnibus præsentes litteras inspecturis, Galcherus de S. Florentino dominus de Paci, salutem in Domino. Noveritis quòd ego dedi et concessi in puram et perpetuam eleemosynam, Deo et ecclesiæ B. Mariæ Pontiniaci, pro animâ meâ et animabus patris mei et matris meæ, et ipsorum anniversariis in dictâ ecclesiâ, annis singulis faciendis, omnem decimam quam habebam et percipere consueveram apud Jauges et apud Bondu, videlicet : in decimâ de Jaugis medietatem, et quartam partem in decimâ de Bondu, in blado, in scannabe, in lino et in omnibus quæ possunt et consueverunt ligari, in perpetuum quietè et pacificè possidendum. Dedi etiam et concessi eidem ecclesiæ viam quæ ducit de Châu apud Germeigniacum, volens et concedens ut ipsi Pontiniacenses vel eorum servientes per ipsam ire valeant et redire, et quadrigas vel currus ducere liberè et quietè prout sibi et ecclesiæ suæ viderint expedire. Item dedi et concessi unum arpentum terræ apud Jauges, ad domum vel grangiam sibi construendam et ædificandam. Et hæc omnia quæ superiùs sunt expressa, laudaverunt Margareta uxor mea et Johannes vicecomes de S. Florentino frater meus. Ego verò promitto me omnia dictis Pontiniacensibus quæ superiùs sunt expressa, legitimè garentire; et ut ratum et firmum habeatur, litteris præsentibus apposui sigillum meum. Actum anno domini 1241, mense junio. *Cart. de Pont., t. III, p.* 84.

Exemptions accordées par SAINT LOUIS *à l'abbaye de Pontigny, en* 1248.

Ludovicus Dei gratiâ Francorum rex, Ballivis, Præpositis, majoribus suis et omnibus ad quos litteræ præsentes pervenerint, salutem. Mandamus vobis quatenùs monasterium Pontiniacence, personasque ejusdem monasterii cum ejus pertinentiis in Balliviis et potestatibus vestris existentes, per jus manuteneatis et conservetis, nec eas gravari seu molestari indebitè permittatis. Ad hæc cùm inclitæ recordationis rex Philippus, avus noster, dicto monasterio concesserit, prout in ipsius regis privilegio continetur, ut nullus publicus judex, nullus præpositus, nullus insuper ministerialium nostrorum exigat vel requirat sive ab ipsis, sive ab eorum famulis, in propriis scilicet rebus, pedagium, roagium,

Theloneum, vel aliquas alias consuetudines, sed liberi et quieti, tàm per terram quàm per aquam nostram, ab omni consuetudine eant et redeant, nos istud idem dicto monasterio et monachis ejusdem monasterii concedimus, sicut usi sunt pacificè et quietè. Actum apud Rocam de Glui, anno Domini 1248, mense julio. *Cart. de Pont.*, t. *II*, p. 263.

Don de Renaud d'Ormoy avant son départ pour une croisade, en 1248.

Omnibus præsentes litteras inspecturis officialis curiæ Autissiodorensis, salutem in Domino. Noveritis quòd Renaudus de Ulmeto, miles, crucesignatus, volens ultra mare peregrè proficisci, coram nobis et domina Ermengardis uxor ejus coram mandato nostro jurato à nobis ad ipsam propter hoc specialiter destinato, dederunt in eleemosynam et in perpetuum quittaverunt ecclesiæ Pontiniaci et fratribus ibi Deo servientibus, nemus quod ipsi miles et ejus uxor habebant, scilicet nemus quod partitur cum nemore dictæ ecclesiæ quod dicitur nemus Comitissæ; fide mediâ promittentes quod contra dictas donationem et quittationem, per se vel per alium, non venient in futurum, nec in dicto nemore aliquid juris de cætero reclamabunt..... Recognoverunt insuper dicti miles et ejus uxor, quòd pro dictis donatione et quittatione decem libras Turonensium à dictis fratribus receperant et habuerant in pecuniâ numeratâ, se, quantùm ad hoc, jurisdictioni nostræ supponentes. Actum anno Domini 1248, mense julio. *Cart. de Pont.*, t. *III*, p. 62.

Jean, seigneur de Seignelay, s'oblige à payer la rente promise par son père pour faire célébrer son anniversaire dans l'église de Pontigny, en 1261.

Ego Johannes dominus Selligniaci, notum facio omnibus præsentes litteras inspecturis, quòd cum bonæ memoriæ Stephanus pater meus, quondàm dominus Selligniaci dederit et concesserit viris religiosis abbati et conventui Pontiniacensibus in perpetuam eleemosynam, pro anniversario suo faciendo, viginti solidos Turonensium annui reditûs, reddendos eisdem, annis singulis in festo S. Remigii, illam donationem ratam et gratam habeo et confirmo : pro remedio verò animæ meæ, ego prædictos viginti solidos eisdem religiosis assedi et assedeo super furnum de Selleigniaco, reddendos et solvendos dictis religiosis, annis singulis in dicto festo S. Remigii ab eo, qui dictum furnum tenuerit, pacificè et quietè : promittens pro me et hæredibus sive successoribus meis, quòd contra istam assignationem per me vel per alium non veniam in futurum. Si verò ipsi religiosi per alium quemcumque, vel per alios quoscumque, in receptione dictorum viginti solidorum impedirentur; ego teneor et promitto dictis religiosis, dictos viginti solidos garentizare erga omnes, et ad hoc obligo me et successores meos. In cujus rei testimonium, præsentes litteras dedi dictis religiosis, sigilli mei munimine roboratas. Huic autem assignationi, ego nobilis mulier Margareta, domina Selleguiaci, consentio spontaneâ voluntate, non coacta, nec in aliquo super hoc circumventa, et quia sigillum non habeo, sigillum venerabilis viri R. decani S. Florentini, unà cum sigillo domini mei, præsentibus litteris feci poni. Actum anno Domini 1261, mense augusto. *Cart. de Pont., t. III, p. 34.*

Charte d'amortissement de Jean, seigneur de Seignelay, en faveur de l'abbaye de Pontigny, en 1276.

Ge Jehanz sires de Seillenay chevaliers, fais a savoir à touz ceaus qui ces présentes leittres verront, que pour vint soz de tournois de rente, lesques li abbés et li couvenz de Ponteigni soleint panrre et avoir chascun an sus le four de Seillenay, et pour quinze livres de tornois que je devoie aus devant dit abbé et au convent, des arrérages de lor rentes de Melleigny de temps trépassé, que il ont quité à moi et à mes hoirs, ge diz sires de Seillenay lor ai confermé et amorti quatre bichauz de blé, mitié froment et mitié orge, lesques messires Miles de Boolli, chevaliers, avait laissié au devant dit abbé et au convent an aumone pardurablement, liquel moveint de mon fié, à panrre chacun an ès molins de Friquambaut, dou dit abbé et le convent ; et lor ai doné et otraié douze deniers de cens portanz los et ventes lesques ge avoie et recevoie chacun an de hoirs Guillaume de Armes, qui fut borjois de Ligni-le-Chatiau, assis sus huit setiers de blé, mitié froment et mitié orge, que il prannet chacun an ès molins de Ponteigni que an apeile Friquambaut, lesques douze deniers ge devant diz Jehanz, sires de Seillenay, sin tenuz et promet à garentir audit abbé et au convent ver toutes genz, aveuc tous le droit qui peut avenir por raison des douze deniers, et por ce faire ge Jehanz, sires de Seillenay, ai obligié, moi et mes hoirs et mes successors, que se il avenait que ge ou mi successor défaussissiens à garantir ces devans diz douze deniers, ou venisseins contre cette convenance, li abbés et li convenz de Ponteigni, devant dit, porroient retorner à panrre chacun an les diz vint soz et les quinze livres par desus dites, sans meflaire et sans contradicion de autrui, et ge Jehanz, sires de Seillenay, porroie retorner aus douze deniers de cens par desus diz, sans contradicion et sans meflaire à autrui. En tesmoins de la quel chose, ge Jehanz, devanz diz, ai mis mon seau an ces présentes leittres. Ce fu fait en l'an de la Incarnacion Nostre Seigneur, mil deus cenz sexante sauze, ou mois de novembre. *Cart. de Pont., t. III, p. 58.*

Maladerie de Ligny-le-Châtel, en 1284.

En non de N. S. Amen. An l'an de l'incarnacyon d'icelui 1284, ou mois de janvyer, gie mestres Nycholas de Ligny lou Chastel, Mestres et porvoierres de la maison au malades de ce chastel, et nos li frere de cele dite maison, fazons à savoir à touz cels qui verront et orront ces présentes leittres, que cum contanz fut entre nos, par nos et par notre maison de une part, et religieux homes l'abbé et lou couant de Ponteigny d'autre part ; sur ce que nos disoyens, en non de nos et de nostre dite maison, lou pré de Boy contigue de çay et de lay, au terres, au foussez et au plaissiez au diz religieux, estre dou propre héritaige de nostre dite maison; et il, en affermant lou contraire, deissient ce pré espartenir au droit et à la proprieté de leur monastère, à la quelle chose prouer il montroient et présantoient leittres autantiques, qui sunt feites sur ce : an la fin ces leittres vehues et regardées diligenmant et approuées de nos en ce feit, nos confessons d'un assautimant senz force et senz decevemant, que nos ne avons droit ne raison ou dit pré, par cause de nostre maison dessusdite, ne par autre raison queis que elle soit; einçois espartient de droit au diz religieux et à leur monastère, par que nos en non de nos et de nostre dite maison, renonçons de tout en tout expressemant au plait et à la chose et à quant qui porrait nos ou noz successeurs aidyer en ce feit et nuire au diz religieux ; et voulons estre contraint à garder et à tenir ceste ordenance aussi comme de chose ajuigié par la cort de Tornuerre à très noble Roy de Jherusalem et de Sézile, a cui juridicion et de ses successeurs seigneurs de Tornuerre, quant à ce, nos nos sometons et touz noz successeurs. An tesmoin de la quelle chose nos avons requis, supplié et optenu que li seaux de la dite cort soit mis en ces présentes leittres, sauf lou droit dou Roy en toutes choses. C'est feit en la présence Pierre dit de Maligno noteor juré de la dite cort, mestre Janhan, dit dou Mex, et Adam de Charny, tesmoinz à ce apelez et demandez en l'an et ou mois dessus diz, lou leudi apreis la convertion seint Pol. *Cart. de Pont., t. II, p.* 177. En 1287, une pareille charte fut aussi dressée en latin.

Donation d'Étienne de Pierrepertuis, seigneur de Bassou, en 1289.

Ego Stephanus (dominus de Bassoto), filius Stephani de Petrâ Pertusâ notum esse volo omnibus communiter, qui hoc scriptum lecturi vel audituri sunt, quòd anno ab incarnatione Domini 1289, quandò profecturus eram Jerusalem, beneficium quod subtèr annotatum est contuli monasterio Pontiniacensi. Debebam quidem prædicti loci fratribus quadraginta libras de eleemosynâ quam eis proposueram pro animâ patris mei ; volens quoque ut tàm pro meâ, quàm pro patris mei æternâ salute, in prædictâ ecclesiâ nostri apud Deum semper haberetur memoria, dedi Deo ad commodum fratrum qui ibidem divino servitio scipsos devoverunt, costumas meas de Basso, tam in blado quàm in denariis, quæ post natale Domini reddi solent, ut ipsas jure perpetuo possideat monasterium præfatum. Feci autem hoc donum eleemosynæ meæ coram conventu fratrum Pontiniacensium, in eorum capitulo, assistentibus mihi servientibus meis, qui prædictarum costumarum rationem noverunt, in feriis Pentecostes, cum conscientiâ domini Clarembaudi cognati mei. Ad doni quoque mei ampliorem firmitatem, præsentem paginam sigillo meo signavi, obtestans, sub divino nomine, omnes qui mihi vel consanguinitatis vel amicitiæ fœdere conjuncti sunt, ut hanc eleemosynam meam firmam conservent et ratam in perpetuum religioso loco cui collata est. *Cart. de Pont.*, t. *III*, p. 46.

Achat de la terre de Venousse, en 1296.

A tous ceix qui ces présentes letres verront, nous Jehanz sires de Vergy, seneschauz de Bourgoingne, chevaliers, et Marguerite de Noiers sa fame, salut : nous faisons savoir à touz que nous pour nos besoignes faire et despéchier, par bonne délibération que nous havons heue, de nos bonnes volentés et senz contrainte, havons vendu à perpétuité et en nom de pure rençon, otroyé et quité à touz jors, à religieux homs l'abbé et le convent de Pontigny, de l'ordre de Cystiaux, de la dyocese d'Auccurre, toute nostre terre et toutes nos rentes, que nous, de l'éritaige de moy Marguerite, haviens, et que noble homs mes sires Miles, sires de Noiers, chevaliers, nieps de moi Marguerite, avait quant il les nous bailla à Venousse, et ou finaige et és appartenances de Venousse, soit en terres, soit en préz, en vignes, en maisons, en places, en bois, en eyaues, en homs taillables et esploitables, en hostes, en tailles, en masures, en cens, en coustumes, en tierces, en los, en ventes, en amendes, en fiez, en rierefiez, en quinz deniers, en seignorie, en justice grant et petite, soit en autres profiz et emolumenz quelque il soient, senz rien retenir à nous, ne à nos hoirs ; les dites choses vendues en mainmorte, franches et quites de toutes charges, de toutes servitudes, de fiez, de rierefiez et de toutes exactions queles que eles soient, pour le pris de mil et cinq cenz livres tornois.... en tesmoing de la quele chose, nous havons scellées de nos seaux ces présentes letres, données l'an de grâce 1295, ou mois de janvier (1296). *Cart. de Pont., t. II, p. 437.*

Testament de Marguerite de Saint-Florentin, en 1300.

En nom dou Père et dou Fil et dou S. Esperit. Gie Margerite dite de S. Florentin, fille jadis feu Guy dou Mex, gisanz au lit deshaitiée, et toutesvoies aienz mon entendement adrecié a raison et ordonnée de ma pensée, attendenz nulle chose estre plus certaine de mort, ne nulle chose estre moins certaine de l'eure d'iceli, doutanz que ycelle heure ne me trovast despourvehue, establie pour ce especialment en la présence maistre Raoul de Sorvanne tabellion commun, juré de la court dou contées de Tourneurre establi à oir et recevoir ottroiz, convenances et obligations, de par baron très-noble monseigneur Guillaume de Chalon, conte d'Auceurre et de Tourneurre, afferme et fais mon testament ou darreniere volenté et ordonne de mes biens en la menière qui s'aussuit : premierement je veil et commant que tuit mi debt que je devoie, tuit mi forsfait et mal acquest, se aucuns en ay feiz ou acquis, soient rendu et restabli à quelxcunques personnes, et que tuit li complaignent de moi soit oy et recehu a bonnes preuves, si come mi exequteur dessouz nommé verront que il soit prophitable chose à la salut de m'ame. Derechief je lais aus Religieux de Ponteigny où je ay eslu ma sépulture, pour pitance feite à aus le jour mon obit, cent solz de tournois; derechief je laisse à yceux Religieux vint solz de rente annuelle et perpétuelle, chascun an pour mon anniversaire feire en leur eglise, seur ma maison de Laigny, seant devant le puis, toichant à la maison Guillaume de Perreuse d'une part, et à la maison Odin Jeubert d'autre part. Derechief ausdiz Religieux ung bian lit de plume garni de quatre draps et d'un coverteur.... Ou tesmoing de ce j'ay requis et obtenu le scel de la dite court estre mis en ces présentes letres, sauf le droit monseigneur le conte desusdit. Ce est feit en la présence sire Pierre dou Meix, baillif de Tourneurre, Jehan de la Broce, son clerc, Bonet de Villy, clerc, et Perrinet de Merry, tesmoinz à ce appelez et demandez.... Donné en l'an et ou jour dessus diz, en l'an de grace 1299, le semedi devant la feste de la chière S. Pere en fevrier (1300). *Cart. de Pont., t. III, p.* 278.

Affranchissement des habitans de Montigny-le-Roy, en 1545.

A tous ceulx qui ces présentes lettres verront, Jehan Tribole le jeune, licencié en loys, et Guillaume Marçote, gardes du scel du Roy notre sire en la prevosté d'Aucerre, salut. Savoir faisons que l'an de grace 1421, le lundi après la Penthecoste, douzième jour du mois de may, Pierre Villenier, clerc, tabellion commun juré du Roy nostre dit seigneur en la court de la dite prévosté, nous a rapporté et tesmoingné en sa loyauté et par son serrement, que il a veu, tenu, leu et diligemment cy après mot à mot fait transcripre unes lettres saines et entières, scellées de trois seaulx, c'est assavoir des religieux abbé, et convent de Pontigny, et du scel de très réverend père en Dieu monseigneur l'abbé de Citeaux, si comme les dites lettres le tesmoinguent, desquelles il est apparu au dit juré, et d'icelles la teneur s'ensuit et est telle:

« A tous ceulx qui verront ces présentes lettres, frères Jehan, abbez de Pontigny et tous li convent de ce mesme lieu, de l'ordre de Cîteaux et de la diocèse d'Aucerre, salut en N. S. Saichent tuit que nous donnons, establissons, ottroyons et volons que nostre terre de Montigny et nostre bourgois demorant et habitant en celle dite terre de Montigny, leurs hoirs de touz costelz et tuit leurs successeurs soient perdurablement ès frans us et ès franches coutumes d'Aucerre, si comme il est contenu en ceste présente lettre; et franchison nos bourgois et bourgoises de Montigny, leurs hoirs et touz leurs successeurs, si comme il est contenu en ceste présente lettre cy dessoubz. Li plus riches de nos bourgois et bourgoises de Montigny nous devra chacun an dix solz tant seulement pour franche bourgoisie, à paier à la S. Remi, de la monnoye corant à Aucerre, et li autre nostre bourgois ou bourgoises, selon l'estimacion de six preudhomes jurez et esleuz du commun assent de nos bourgois de Montigny, si comme il est contenu cy dessoubz en ceste lettre; et doit cette bourgoisie estre faite et estimée par les six preudhomes jurez à Viaul, nostre prévost du lieu, se il l'y plaist à estre, par quinze jours devant la S. Remi. Nulz de nos bourgois dou lieu n'est tenuz à nostre requeste de aler en host ne en chevauchiée à pié ne à cheval, si loing que il ne puisse revenir en son hostel ce jour mesmes que il yra, se il ly plaist à revenir, et que nous seiont présent ou notre commandement; et y doivent aler et revenir à leurs propres depens, ce jour tant seulement. Quiconques haura possessions ou tenehures en nostre terre de Montigny, il n'en perdra riens par quelque forfait que il face, se il ne faisoit envers nous ou envers nos hostes, ce n'est pas cas de quoy il doive perdre le corps. Ly forfait de nos bourgois ou bourgoises de Montigny, et des bourgois et bourgoises de très hault et noble baron li conte d'Aucerre, habitans en la ville de Montigny, en quelconques lieu que de eulx soit fait, de soixante solz, soit en bois, soit en pleins, soit en vignes, soit en rivière ou en autres lieux où nous avons justice et seignorie, seront quitte pour cinq solz. Li forfait de cinq solz fait par les diz bourgois ou bourgoises, sont quitte pour douze deniers. La clamors au prévost sera quitte pour douze deniers. Li défault sera quitte pour douze deniers. Nulz de nos bourgois ou bourgoises de ce lieu n'est tenuz d'aler plaidoier pardevant nous, ne pardevant nostre commandement, fors de la ville de Montigny. Nous, ne nostre commandement, ne autres pour nous, ne pouons, ne devons faire taille, ne cense, ne exacion à nos bourgois et bourgoises de Montigny, fors tant seulement la bourgoisie dessus dite, se n'est de leurs volentés. Nous avons et devons havoir créance, quant nous serons présent en la dite ville de Montigny, ès viandes que nostre bourgois ou bourgoises hauront, jusques à quinze jours; et se ce que l'en auront pris et auchu par nous, n'estait paié au chief de la quinzeine, nostre bourgois ou bourgoises de Montigny ne seront tenu des iqui en avant de riens croire à nous, ne à nostre commandement, jusques à tant que la dite créance soit paiée enterinement. Se aucuns de nos bourgois ou bourgoises de Montigny, ou aucuns des bourgois ou bourgoises du dit comte d'Aucerre, habitans à Montigny, ou leurs choses sont pris ne arrestez par nostre debte ou par nous, ou par achoison de nous, nous sommes tenuz d'aulx et de leurs choses délivrer à nos coulx ; ou se non, li six juré de la ville recevront les deniers de la dite bourgoisie de vers aulx, jusques à tant que cil qui sont pris et ses choses fehussient délivrées, et les en feroient délivrer et avoir les domaiges au regart des six jurez raisonnablement. Se aucuns de nos bourgois ou bourgoises du dit lieu tient nos gaiges ou les autruy pour créance, ou pour debte, ou pour chose jugée, il ne les tenra ne gardera mais que huit jours, se il ne ly plaist, ou se convenance n'y a ; et des iqui en avant, il les pourra vendre et esploiter sans acoison en la dite ville. Se aucuns de nos diz bourgois ou bourgoises de Montigny, ou des diz bourgois ou bourgoises du dit comte habitans au dit lieu de Montigny, fait injure à autruy, et il facent paiz ensemble, et clamour n'en soit faite au prévost ou à son commandement, il n'est tenuz de riens amender à la justice, se ce n'est de brischure de la dite ville de Montigny, ou de la justice, ou de forfait dont il doive perdre le corps ; et se clamours en est faite au prévost ou à son commandement, il leur laist de accorder ensemble, sauve l'amende. Se aucuns de nos diz bourgois ou

bourgoises, ou des diz bourgois ou bourgoises du dit conte habitans au dit lieu de Montigny, se clame d'un autre, et li ungs ne face point d'amende à l'autre, il n'en devra point pour ce d'amende à nous ne à nostre commandement, se n'est pas fait dont il doive perdre le corps ou membre. Se aucuns de nos bourgois ou bourgoises de Montigny, ou aucuns des bourgois ou bourgoises du dit conte habitans au dit lieu de Montigny
à faire sairement li ungs envers l'autre, ils puent concorder ensemble sans amende, ce n'est pas cas de quoy ils doivent perdre le corps ou membre. Se nostre bourgoy ou bourgoises de Montigny, ou bourgois ou bourgoises du dit conte habitans ou dit lieu, doivent gaiges de bataille li ungs envers l'autre, et ils puissent accorder entre aux avant que ploiges en soient données, ungs chascuns d'aux paiera deux solz six deniers au prevost; et se ploiges en sont donnez et il accorde après, ungs chascun d'aux paiera sept solz et six deniers; et se bataille est faite, et outre le ploige à celui qui soit ou sera vaincu, paieront à nous ou à notre commandement, cent douze solz, se li appiaux n'eust faiz de tel cause dont il doivent perdre le corps ou membre. Nulz de nos bourgois ou bourgoises de Montigny, ou des bourgois ou bourgoises du dit conte habitans au dit lieu de Montigny, ne puet estre détenuz, pris, se il puet donner ploige de estre à droit, se il n'est détenuz par tel cas ou ploige n'afiere pas. Chascuns de nos bourgois ou bourgoises du dit lieu puet vendre ses choses quant il lui plaira et à qui il lui plaira, et s'en puet aler hors dessus nous, et revenir arriers, frans et quittes, sauve la bourgoisie et sans amende se il ne l'avait fait en la dite ville de Montigny forfait mainfait, c'est assavoir, murtre, rat ou larrecin, ou autre cas de délit. Quiconques aura demoré en la dite bourgoisie du dit Montigny par ung an et par ung jour, sanz reclam et sanz suite d'autrui,
pardevant nous ou pardevant nostre commandement, d'iqui en avant il demourra quittes et délivrez en la franchise de la dite ville. Quiconques de nos bourgois ou bourgoises de Montigny, ou des bourgois ou bourgoises du dit conte habitans du dit lieu, tenens en la paroiche du dit lieu, c'est assavoir en nostre dite terre

de Montigny, maisons, préz, terres, vignes, tenchures quelconques, elles soient par l'espasse d'ung an et ung jour paisiblement, il n'en respondra à   dès iqui en avant, se il qui demandoit droit en la chose ne estoit avoez
           qui heut esté
           ung an ou par plus. Se aucuns de nos bourgois ou bourgoises du devant dit lieu, ou des bourgois ou bourgoises du dit conte habitans ou dit lieu, ha beste qui soit prise en forfait, soit chevaux ou bœufs, ou vache, ou grosse beste, elle est quite pour cinq deniers; et se ce sont moutons ou brebis, ou autres menues bestes, chacune beste sera quite pour ung denier. Es   du dit lieu de Montigny ne puent avoir
           se il advenoit qu'en la ville de Montigny heust foire ou marchié, et aucuns des bourgois ou bourgoises dessuz nommez, habitans au dit lieu de Montigny, eust vendu ou acheté aucune chose et se n'eust pas paié sa vente, il la puet paier dedens les huit jours après, sans amende, se il vianst jurer que il ne l'ait retenue à son escient, et tout   de nos autres terres et de nos autres marchiez. Se aucuns de nos diz bourgois ou bourgoises du dit lieu, avoit esté accusez d'aucune chose et il ne puisse estre prouvé par tesmoings, il s'en descorpera par son sairement, se ce est de chose ou il aliere amende d'argent. Nulz des bolchiers du dit lieu, des bourgois dessus nommez, ne paiera vente de char morte. Les escheoistes de nos bourgois et bourgoises de Montigny venront au plus prochains hoirs : se cilz qui morra meurt sans hoirs de son corps, ou se il n'avait pere ou mere, et se il avait l'escheoiste, venront airieres à la soiche. Se aucuns de nos bourgois ou bourgoises de Montigny meurent sauz hoirs, li autres bourgois dou lieu tanront l'escheoiste en leurs mains par ung an et ung jour; c'est assavoir cil qui sont juré et esleuz du commun de nos bourgois; et se aucuns vient dedans le terme qui entende à avoir droit en celle escheoiste, et il le puisse prouver par léaulx proves, l'escheoiste li sera délivrée, ou se non, après l'an et lou jour, l'escheoiste venra à nous entièrement, sauve les coulx que li jurés y hauront mis en bonne foy. Après, nous

ne pouons ne devons havoir bant de vin au dit lieu, ne garenne. Après, nous volons et promettons à nos bourgois et bourgoises, et ès bourgois et bourgoises dou dit conte habitans au dit lieu, que toutes les fois que nous nommerons prévost ou sergenz, il jureront à tenir ces convenances dessus dites. Se il avenait que li prévost ou li sergenz feissent aucun grief à nos bourgois ou bourgoises, ou au bourgois ou bourgoises dou dit conte habitans au dit lieu, oultre les paines de la présente chartre ou des autres choses, nous volons et ottroyons que soit adrecié par six des preudhomes de nos bourgois du dit lieu, ou par la plus grant partie d'aux, li quel six preudhomes sont esleu chascun au le jour de S. Jehan Baptiste, dou commun de nos bourgois de Montigny, ou de la plus grant partie d'aux, et de ce que li six preudhomes, ou la plus grant partie d'aux feront ou ordonneront de ces choses par leur sairement, nous ne nostre commandement ne les en pouons acoisonner, ne leur choses, pour ce que il en seront quites et délivrez par leur sairement. Nulz de nos diz bourgois du dit lieu n'est tenuz de garder prisonniers, mais il sont tenuz aidier à nostre commandement qui li vouldroit faire force, et de aler au cry   Après nous volons et ottroyons que nous ne nostre successeur ne puissent mettre en autre main la dite terre; que nous ne nostre successeur ne la tiengnent en nostre domaine. Après, nous volons et ottroyons que cil qui vendront en bourgoisie,

soient franc et quite pour deux solz de bourgoisie, sauve les autres paines de la chartre. Après, nous volons et ottroyons que li sergenz jurés, ou li sergenz pour garder la ville et les biens aux bourgois, soit mis par la volentez des jurez esleuz du commun de la ville. Après, nous volons et ottroyons que li six ou li quatre de ceulx qui sont esleu, puissent mettre pour le commun de la ville, chascun an, sergent à garder les biens de   les diz sergenz, et mettre autres, toutefois qui vouldront et que li diz sergenz y soient de par nous. Se il advient que aucuns de nos bourgois ou bourgoises de Montigny, ou des bourgois et bourgoises dou dit conte habitans au dit lieu, messace, icelui seul qui messera paiera l'amende. Ces convenances, toutes ensemble et chascune par soy, et ces franchises dessus dites, nous frères Jehans et tous li convens dessus dit, jurons et promettons par nostre sairement, garder et tenir en bonne foy, sans corrompre, à nos diz bourgois et bourgoises et ès diz bourgois et bourgoises du dit conte habitans en la dite ville de Montigny et à leurs successeurs ; et volons et ottroyons que nostre successeur abbé et convent de la dite église de Pontigny soient tenuz à jurer et à garder fermement, sanz corrompre, les couvenances et franchises dessus dites : et se il advenoit par aucune achoison, la quelle chose, se dieu plaist, n'adviendra jà, que nous ou nostre successeur dessus diz ne voulsissient tenir et garder les convenances et les franchises dessus dites, nous volons et ottroyons que nostre devant diz bourgois et bourgoises, et li devant diz bourgois et bourgoises dou dit conte, sans aux meffaire, puissent convenir nous et nos successeurs pardevant nostre très chier seigneur le Roy de France, ou pardevant son commandement et avoir recours à aux de ceste chose, et que par le Roy, ou par son commandement, nous et nostre successeur dessus diz, puissiens estre contrains ès devant dites convenances et ès franchises garder et accomplir.

  Nous volons et ottroyons et commandons que toutes les foiz que nous
en nostre dite terre de Montigny, nostre bailli ou autre personne qui par dessus nostre prévost de ce lieu officiera et expletera jurisdicion, pour nous et en lieu de nous au dit lieu de Montigny, qui soit tenuz à jurer et à garder ces convenances et les franchises dessus dites. Et à ces choses faire et accomplir, nous obligons nous et noz successeurs dessus diz : et toutes ces choses dessus dites nous frères Jehans et convens dessus diz, volons, loons, et approuons, si comme elles sont contenues en ceste présente chartre ; et pour ce que ces choses dessus dites soient fermes et estables à tousjours mais, sans corrompre, nous avons scellé ceste présente chartre de nos propres seaux, desquels nous usons communement ; et pour ce plus fermement tenir et acomplir, nous avons pryé et requis nostre révérend père en Dieu monseigneur l'abbé de Citeaux, que ès choses dessus dites vueille consentir et les lui plaise

à confirmer. Ce fut fait et donné l'an de grâce 1345, ou mois d'aoust. » « Et nous frères Jehans, abbés de Citeaux, père et supérieur sans nul moyen, de la dite église de Pontigny, ès choses cy dessus escriptes et à une chacune par soy, nous sommes consentu et encore consentons, loons, satiffions, approuons, et par l'apposition de nostre seel les confermons. » En tesmoing de ce nous gardes dessus diz, à la relation du dit juré, avons seellé ce présent transcript ou vidimus, du dit seel de la dite prévosté d'Aucerre. Donné l'an et jour premiers et devant dit ; et furent présens et appellez à ce en tesmoingnaige à faire la collation des dites lettres dessus transcriptes, avec le dit juré, discrete personne messire Jaques Villenier, prestre curé de Mailli le Chastel, Tevenin Grassin et Jehan Brion clerc notaire de la cour de l'église d'Aucerre. Signé Villenier et scellé. Charte en parchemin. *Cart. de Pont.*, *t. II, p. 200.*

Affranchissement des habitans de Venousse, en 1346.

A touz ceux qui verront et orront ces présentes lettres, Nicolas Desportes, garde dou seel de la prévosté de Saint-Florentin, salut. Saichent tuit que pardevant Hugues de Maalay, clerc tabellion juré et establi à ce faire à Saint-Florentin et ès appartenances de par madame la rayne de France, vintrent en leurs propres personnes especialement pour ceste chose faire, tuit avisié de bon mémoire, par bon consoil et par très grant délibéracion sur ce elue, religieuse personne et honeste messire Estiennes Bears, jadix prieux de Venousse, Guillaumes Cottins, Estiennes Baudins, Estiennes Chanciz et Estienues Champaigne, comme procureurs, si comme ils disoient des habitans de la ville de Venousse, en tant comme il toiche et puest toicher aux diz habitans, et aussin en tant comme il leur puest toicher comme singulières et privées personnes : Symons..... (*Voyez plus haut page 309 les soixante-dix noms des habitans*) tuit anssamble et uns chascuns par soi, ont recogneu et confessié pardevant le dit juré de leurs bonnes volantez, sans force et sans contrainte nulle, et comme bien avisié, si comme ils disoient, que comme par le tems passé religieuses personnes saiges et honestes li abbés et li convans de Pontigny, de l'ordre de Citeaulx, de la diocèse d'Aucerre, en gardens et confirmant leur droit, aieint acoustumé de penre et lever en la dite ville sus les borgois et borgoises habitens au dit leu, chascun an une foiz, une meniere de redevance qui est appellée taillie, en yceux imposent haut et bas à volanté, selon la facurté d'un chascun, et de penre et lever dans la dite ville de Venousse les eschoestes à leurs borgois et borgoises, habitens, clercs et autres personnes habitens en la dite ville de Venousse, toutes foiz et quantes foiz que li uns d'aux aloit de vie a trespassement sans hoir de son corps conjoint à li, à cause et pour cause de mainmorte en quelque lieu et juridicion que li bien fussent assis; et li dit religieux à la grant instance, peticion et requeste des dessus diz habitans de la dite ville de Venousse haieint frainchi de ci en avant, perpetuelment, à touz jours mais, les dessus diz borgois et borgoises de Venousse, leurs hoirs de touz costez et de touz leurs successeurs, et aieint volu et conssanti que li plus riches et li plus puissant de leurs devans diz borgois et borgoises soit chascun an frans et quittes envers eux de sa censse, pour la somme de vint et cinc soulz tornois seulement payez une foiz l'an, telle monnoye comme il court au tems et au jour que li dit religieux feront leur censse en leur dite ville de Venousse, sans ce que ils les puissieint ni doieint à plus imposer ; et leur autres borgois et borgoises en desouz selon leur faculté et puissance et l'estimacion des diz religieux, appellez avec eux pour eux consoiller ou leur commandement, six ou huit prudhomes de la dite ville de Venousse, lesquelx que méaux leur plaira ; et il n'en peut avoir que un de vint et cinc soulz : et avec ce aieint volu et accordé li dit religieux que les eschoestes de leurs diz borgois et borgoises, clercs et autres habitans en la dite ville de Venousse, et de touz leurs successeurs, veignent et soient ou plus prochains hoirs don costel et de la ligne dont li heritaiges meuvront, meubles et acquest don plus prochein hoir de chair. se cilz qui morra y n'est sans hoir de son corps, ou se il n'avait ou père ou mère ; et se il avait ou père ou mère, li meuble et li

JUSTIFICATIVES. 597

acquert venront à eux ou à l'un d'eux comme à veraie soiche, et li héritaiges venront aux hoirs, comme dit est; et ou cas ou cil qui morront sans hoirs de leurs corps aurent aucuns héritaiges assis ou finaiges et justice de Rourai, des Bourdes, de Villi et de la Comaigne, des quelx ils fussent mort vestu et saisi, tout ainsin comme li dit religieux et leurs prédécesseurs en ont usé ou tems passé encontre les religieux de S.-Germain d'Aucerre, leurs diz borgois et borgoises, clercs et autres habitans en la dite ville de Venousse en usieint paisiblement, toutes foiz que
y vendra, en donnant, ottroyant, transportant au dessus diz borgois et borgoises, clers et autres habitans en la dite ville de Venousse, tout le droit, toute l'action réelle et personnelle, la segnorie, la saisine, la propriété et la possession que li dit religieux puent et devront avoir ès héritaiges assis ès lieux dessus nommez, à cause d'une composition faite jadix entre eux, ou autrement. Et se il advenait qu'aucun des devant diz habitans borgois et borgoises, clers et autres habitans de la dite ville de Venousse, alast de vie à trespassement sans hoirs apparens, li dit religieux tanroient l'eschoueste d'iceluy en leur main un an et un jour, sans ce que ils la puissent vendre ni mestre hors de leurs mains; et se aucuns vicint dedens le temps dessus dit, qui atande à avoir droit à l'eschoeste, et il se puissent alignaiger et prouver son intencion pardevant eux ou leur commandement, par loiaux preuves, l'eschoeste li sera délivrée, ou se ce non, elle venra entérinelment en leur main après l'an et le jour : parmi ce que li dit borgois et borgoises, clercs et autres habitans de la dite ville de Venousse, leur hoir, leur successeur, et tuit cil qui d'aux auront cause, sont et seront tenu de paier aux diz religieux et à leur dite eglise, chascun an, perpetuelment pour touz jours mais, la somme de quinze livres tornois dedens le jour de la feste S. Andrier, appostre, mis et renduz en la borserie de la dite eglise de Pontigny, aux propres coulz et aux propres despens des dessus diz borgois et borgoises, clers et autres habitans de la dite ville de Venousse, telle monoie comme il corra au tems et au jour de la dite feste S. Andrier; les quelles dites quinze livres seront chacun an gitiées et imposées sus touz les dessus diz borgois et borgoises, clers et

autres habitans de la dite ville, au regart et selon l'estimacion de six des borgois et habitans dessus diz, qui chacun an, pour ce faire, seront eleu dou commun de la dite ville, le jour de feste S. Jehan Baptiste; liquelx six eleu jureront sur Saintes Evangiles corporrellement en la présence dou commun ou d'aucun d'aux, que bien et loïaulement feront geit et imposicion tant seur eux, comme sus touz les autres habitans de la dite ville de Venousse, clers, et autres, de la somme des dites quinze livres ou environ, au moins de coulz qu'il pourront, sans ne l'un charger pour autres descharger, et en rendront compte aux diz habitans se ils en sont requis; et li dessus dit borgois et borgoises, clers et autres habitans de la dite ville de Venousse ehue sur ce bonne délibera-cion de consoil par lonc temps, aient considéré et regardé évi-demment de bon propos, se sont apperçu et avisié que les dites franchises einssin ottroyées à aux et à leur successeurs des diz religieux, comme dit est, sont et seront profitables à toute la communauté de la dite ville de Venousse, pour ce est il que li dessus diz borgois ou borgoises, clers et autres habitans pour le tems présent en la dite ville de Venousse, c'est assavoir li dessus dit nommé, constitué et establi pour ce spéciaulement en la présence dou dit juré, tuit assembléement et uns chascun pour soi, et li dit procureur en tant comme il toiche le commun, par la vertu de leur procuracion, et comme il leur toiche ou nom d'aux, ont confessé et recogneu eux avoir receues en eulx les dites franchises des diz religieux, pour eux et pour leur successeur à touz jours mais, perpétuelment, par la maniere que dessus est dit et divisié, et ont promis par leur sairement, que li plus riches de la dite ville de Venousse, qui est pour le temps présent et qui sera par le temps avenir de touz ceux qui ont esté taillables haut et bas à volanté, sera tenuz à lui mestre à censse et paiera chascun an une foiz, aux diz religieux ou à leur commandement, la somme de vint et cinq solz tornois, telle monoie, comme il corra au jour que li dit religieux feront ou feront faire leur censse en la dite ville de Venousse, se à ce est imposez, et uns chascuns des autres en desouz, selon sa faculté et puissance, selon l'estimacion des diz religieux, comme dit est.

sans faire contredit. Item que en recompensacion de la dite mainmorte, il, leur hoir, leur successeur et cil qui d'aux auront cause, paieront et rendront en la Borcerie de la dite eiglise de Pontigny dedens la feste de S. Andrier, chascun an, à touz jours mais, la somme de quinze livres tornois, monoie corante au dit terme, à leur propres coulz et despens, comme dit est, sans venir au contraire, avec touz les domaiges et intérest raisonnables que li dit religieux pourront avoir pour le deffaut de la dite somme non mie paiée au terme dessus dit; des quelx coulz et domaiges li portierres de ces lettres seroit creuz à son simple sairement, sans autres preuves faire; et quant aux choses et une chascune dessus dite, tenir et garder fermement, sans venir encontre, li dessus dit borgois... ont obligié... En tesmoing de la quelle chose, par le rapport dou dit juré, avec son saignet mis et pendent en ces présentes lettres, nous Nicolas Desportes dessus diz avons scellées ces présentes lettres dou seel et contre-seel de la dite prévosté de S. Florentin, sauf touz droiz. Ce fut fait présence Jehan Saudin clerc et Jehan Saudin tanneur... de S.-Florentin, le mercredi après la feste S. Martin d'iver en l'an de l'incarnation 1346. *Cart. de Pont., t. II, p. 210.*

Acte de réception de Jeanne de Châlons comme gardienne de l'abbaye de Pontigny, en 1421.

Jehanne de Chalon, comtesse en partie de Tonnerre, dame de Bon Repoux et de Ligny-le-Châtel, à tous ceux qui ces présentes lettres verront et orront: nous Jehanne de Chalon, dame de Bon Repoux et de Ligny-le-Châtel, salut. Comme le dixneuvième jour du mois de novembre, l'an 1421, messeigneurs les religieux abbé et convent de l'église N. D. de Pontigny, ou diocèse d'Auxerre, de l'ordre de Cisteaux, c'est assavoir feu frère Jehan de Bulmeville, maistre en théologie, lors abbé et le convent d'icelui lieu, qui pour lors estoient, fussent venus au devant de nous en procession et nous eussent advohée et reçeue en la dite église, comme leur gardienne, souveraine protectresse, conservatresse de la dite église et des membres, droits et appartenances d'icelle, mouvant ressortissant et estant de nos châtellenie, ressort, souveraineté et baronnie du dit Ligny-le-Châtel ; après ce que leur eussions fait apparoir comment la dite terre et seigneurie du dit Ligny avoit esté ostée et séparée de la conté de Tonnerre, où elle souloit estre adjointe, et qu'elle nous avoit esté baillée, adjugée et délivrée par décret, par le moyen de certain arrest donné en la cour de parlement à notre prouffit à l'encontre de nosseigneurs et frères messires Louis, Jehan et Hugues de Chalon, et par le consentement des dits messires Louis et Hugues, et de dame Marguerite de Chalon, nos frères et sœur pour certaine somme d'argent, qui avoit esté levée et receue par icelui messire Louis, de notre droit, part et portion des fermes et revenus de la dite conté de Tonnerre, durant certain temps précédent le dit arrest, ainsi qu'il estoit et est déclaré plus applain ès lettres d'iceux arrest et consentement dessus dits, et eussent les dits feu frère Jehan abbé et le convent, qui pour lors estoit avec lui en la dite église, fait serment sur le grant autel d'icelle, de nous tenir et advoher pour leur souveraine protectresse, gardienne et conservatresse, ensemble nos successeurs et ayant cause à tousjours, sans jamais prendre ne advoher autre seigneur ès cas dessus dits ; et fut faite icelle réception ès présences de maistre Jehan Paillard, licencié ès lois, Jehan de Marsenay, Michel de Pacy, escuyers, Ithier Loctur, Antoine Symart et autres ; et semblablement ce jourd'hui soient venuz en procession au devant de nous, frère Estienne, à présent abbé, et tous les religieux du dit lieu, lesquelx après ce que apparu leur a esté deument, et qu'ils ont esté deument acertenés des choses dessus dites, nous ont pareillement advohée, receue et fait serment ainsi et pareillement que fait nous avoit esté par les dits feu abbé et convent dessus nommés, et sur ce nous aient fait et baillé leurs lettres seellées des seaux de la dite église, du jour et date de ces présentes, savoir faisons que nous au dit nom avons dès le dit dixneuvième jour de novembre 1421, juré et promis, et encore d'aboudant ce dit jourd'hui jurons et promettons aux dits religieux abbé et convent de Pontigny, de les maintenir, conserver et garder par nous et par nos successeurs seigneurs du dit Ligny à tousjours, en tous leurs bons droits, prérogatives, franchises, libertés et possessions, selon ce et par la manière qu'ils ont esté maintenus et gardés le temps passé par nos prédécesseurs, sanz leur mettre ou donner aucun destourbier ou empeschement, ne faire mettre ou donner au contraire. Et aux dits religieux et abbé et convent avons consenti et consentons que si aucunes choses avoient esté faites frauduleusement le temps passé par nos gens ou officiers à l'encontre d'eux, touchant le fait dessus dit, qu'il ne leur tourne à aucun préjudice, mais soient adnullées et remises en leur premier estat selon le contenu de leurs chartes anciennes, et se ainsi estoit que aucuns leur voulsissent mettre ou donner aucun trouble ou empeschement, ès choses dessus dites, qui sont de nos droits, seigneurie, à cause de notre dite terre et seigneurie de Ligny, comme dit est, nous serons tenus et promettons au dit cas de les faire garantir et défendre, ainsi que de raison sera... En tesmoing de ce nous avons scellées ces lettres de notre seel, faites et données au dit Pontigny, le *dix neuvième jour de novembre, l'an de grâce mil quatre cent vingt et un. Ainsi signées par nous Gaultier Bonnot du commandement de ma dite dame.* Signé *Bonnot* avec paraphe. Nota. Les mots écrits en lettres italiques sont d'une autre main et d'une autre encre que le corps de l'acte : c'est l'écriture de Bonnot (1). *Telle est la fin de la charte conservée au t. II, p. 595, des Cart. de Pontigny.*

Donation de Louis xi *à l'abbaye de Pontigny, en* 1482.

Loys par la grace de Dieu roi de France. Savoir faisons à tous présent et advenir, que nous considerans les très grans biens et préservations que Dieu notre créateur, ainsi que fermement croyons, nous a fais à la santé de notre personne, de nos enfans et à la protection et garde de nos royaumes, païs et seigneuries,

---

(1) Gaultier Bonnot était garde du scel de la prévôté de Ligny-le-Châtel.

à la prière, intercession et requeste de très glorieux Saint Monseigneur saint Esme de Pontigny, au quel avons très singulière confiance, et à ceste cause fusmes plusieurs fois alez en pélerinage ou lieu où son saint corps repose, afin que notre dit créateur de plus en plus, à son intercession nous conservast et conserve en santé le temps avenir : pour recougnoissance des quelles choses et autres grandes causes et considérations à ce nous mouvans, avons donné, cédé, légué, aulmosné, transporté et délaissé et par ces présentes, de notre grâce espéciale, propre mouvement, certaine science, pleine puissance et auctorité royale, donnons, ceddons, leguons, aulmosnons, transportons et délaissons à perpétuité, pour nous et nos successeurs, aux religieulx abbé et convent du dit monseigneur S. Esme de Pontigny et à la table et distribution conventuelle de la dite abbaye, toutes les vignes que nous avons et tenons à notre main, assis et situées ou terrouere et vignoble de Talen, pour les dites vignes, fons et fruits d'icelles, tant de ceste année présente que pour le temps avenir, avoir, tenir, posséder, exploicter et doresenavant tenir par les dits religieux abbé et convent et leurs successeurs en la dite abbaye, et les prandre, cueillir, lever et parcevoir par eulz et par leurs mains, ou leurs procureurs, commis et depputez perpétuellement et à tousjours et en ordonner et disposer à leur plaisir et voulanté, comme de leur propre chose doumaine et héritaige, à quelque valleur et estimation qu'elles se puissent monter, comme amorties et à Dieu et au dit Monseigneur saint Esme de Pontigny et à la dite abbaye, pour iceulx religieux abbé et convent dédiées ; et les quelles de notre plus ample grace, nous y avons dediées et amorties....et les quels religieux abbé et convent et leurs successeurs en icelle abbaye seront tenus prier Dieu, Notre Dame et mon dit seigneur saint Esme de Pontigny, pour notre Estat, prospérité et santé de notre très chier et très amé fils le Daulphin de Viennois et pour notre très chiere et très amée compaigne la Royne ; et mesmement pour la bonne disposition de notre estomac, que vin ni autres viandes ne nous y puissent nuyre et que l'ayons tousjours bien disposé ; et aussi prierons pour les âmes de nous, de nos dits fils et compaigne et de nos prédé-

cesseurs et successeurs ; et iceux religieux abbé et convent et
leurs successeurs et la dite abbaye nous y voulons estre tenus et
obligés et les y avons en ce faisant obligez et obligons par ces dites
présentes... fait sous le seel royal et quinttance ou recongnoissance
des dits religieux abbé et convent pour une fois tant seulement
voulons nos receveurs ordinaires ou autres, aqui ce pourra tou-
cher, en estre et demourer quictes et deschargez par nos dits gens
de comptes, car tel est notre plaisir... et afin que ce soit chose
ferme et estable à tousjours, nous avons fait mettre notre seel à
ces dites présentes ; sauf en autres choses notre droit et l'autrui
en toutes. Donné à Arban en Savoye, au mois de avril,
l'an de grace 1482, de notre règne le 21, après Pasques. Signé Louis.
(*Cart. de Pont.*, t. II, p. 303.)

Hommage rendu pour la terre de Vergigny, en 1527.

Loys, conte de Tonnerre, baron et seigneur de S.-Agnan et
de Celles en Berry, à tous ceulx qui ces présentes lettres verront,
salut. Savoir faisons que aujourd'huy nous estans dans l'abbaye
et monastère de N.-D. et monseigneur S. Edme de Pontigny,
qui est de nostre fondation, religieuses personnes frères Henri de
l'Isle, prieur de la dite abbaye, François Potot, Millot Carpe,
Millot Nain, soubz prieur, Edmond de S.-Florentin, grenetier, et
Jean Dongoix, procureur de la dite abbaye et religieulx, repré-
sentans la plus grande et saine partye des religieulx et convent
d'icelle abbaye, en vertu d'ugne procuration especiale et expresse
à faire ce qu'il s'ensuit, scellée du sel de leur convent en cire vert,
au quel y a imprimé une Notre-Dame, nous ont présenté révérend père en Dieu frère Jacques de Jaucourt, licentié ès droits,
leur abbé, pour nous faire les foy et hommaige et serment de
fidélité qui nous sont deubz à cause de la terre et seigneurie de
Vergigny, qui appartient aux dits religieulz abbé et convent tenue
et mouvant de nous en plain fief à cause de notre conté du dit
Tonnerre, et sont les dits religieulx abbé et convent tenus de
nous donner homme vivant et morant, disant par les dits reli-

gieulx que deffuncte religieuse personne frère Loys de Ferrière, derrenyer paisible abbé de la dite abbaye, qui avoit pourté la foy et hommaige de la dite terre, estoit décédé : à l'occasion de quoy, pour homme vivant et mourant, nous présentoient le dit de Jaucourt, leur abbé. Du quel de Jaucourt, abbé, en présence des dits religieulx, avons reçu le serment de fidélité qui nous estoit deu... et en ce faisant, l'avons reçu en foy et hommaige de la dite terre et seigneurie du dit Vergigny.... En tesmoing de ce nous avons fait sceller du scel de nos armes ces présentes et signer par notre commandement, qui furent données au dit S. Edme de Pontigny, le 14 Octobre 1527. (*Cart. de Pont., t. III, p.* 542.)

Lettre du duc de Mayenne, en 1628.

Sauvegarde et protection. Messieurs mes amys : j'ai désiré vous escrire ce mot pour vous faire entendre comme monsieur l'abbé de Pontigny (Charles de Boucherat) est des meilleurs amys de monsieur mon père, et me trouvant obligé pour cette considération de vous recommander l'exemption des lieux qui luy appartiennent dépendans de son abbaye, qui sont Pontigny, Venousse, Vergigny, Roveré ; je vous prie ne permettre qu'aucunne des troupes que vous commandez et conduisez en Italie, pour le service de son Altesse, n'ayent à loger, en leur passage, dans les dits lieux, ains les en exempter pour l'amour de moy ; et pour ce que je me promets que vous y apporterez le soing nécessaire, je ne vous ferai cette lettre plus longue, que pour vous assurer que je suis de tout mon cœur, à votre service.

Le duc DE MAYENNE.

De Paris ce 5e *May* 1628.

A messieurs les Maistres de camp, Cappitaines, Chefz et Conducteurs des compagnies d'infanterie et cavalerie, qui vont en Italie pour le service de son altesse de Mantoue. (*Cart. de Pont., t. III, p.* 269.)

FIN.

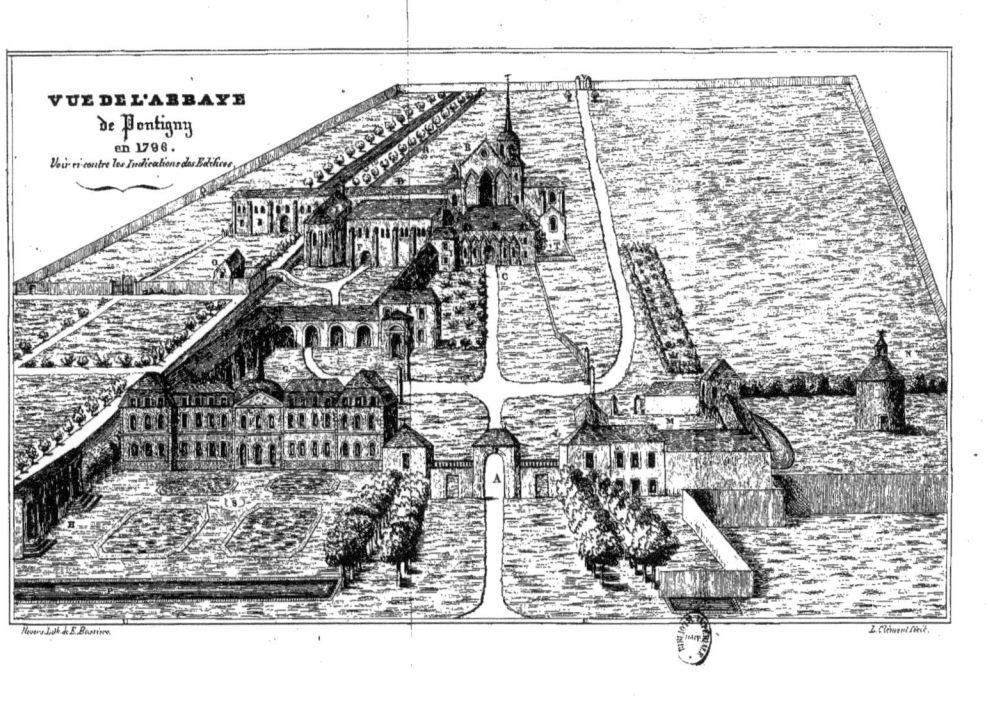

VUE ET PLAN

DE L'ABBAYE DE PONTIGNY.

En terminant cet ouvrage, je reçois de M. Quantin, archiviste du département, un dessin de l'abbaye de Pontigny et de ses dépendances, qu'il vient de découvrir à la préfecture. Ce dessin fut fait par ordre de la république, lorsqu'on démolit les bâtimens de l'abbaye. On lit sur un des côtés: « Approuvé conforme aux bâtimens composant la ci-devant abbaye de Pontigny, le 28 thermidor an 4 (15 août 1796). Signé Jacotin et Descine. » Par une coïncidence singulière, ce fut le jour de l'Assomption, fête patronale de l'église, qu'on leva ou qu'on approuva le tableau qui devait transmettre à la postérité le souvenir de tous ces édifices, élevés à la gloire de Dieu par les enfans de saint Etienne. Les parties A B C F H Q, qui subsistent encore, montrent que celui qui a dessiné ce plan a parfaitement saisi l'ensemble des bâtimens. La réduction des proportions ne lui a pas permis de nous faire voir cette somptueuse architecture qui décorait les diverses entrées, les entablemens, les cloîtres, et jusqu'aux paremens des murs qui étaient la plupart en pierres de taille.

Les cloîtres régnaient autour d'une vaste cour, entre les bâtimens B D E F; ceux qui s'étendaient le long de l'église ont été conservés, parce qu'ils forment des arcs-boutants de l'édifice.

Le bâtiment F renferme un vaste cellier, dont la voûte est portée par une rangée de colonnes : au-dessus se trouve un grenier voûté dans les mêmes proportions que le cellier.

Les édifices G H A L étaient couverts en ardoises; les autres étaient couverts en tuiles.

On trouve, sur un angle du dessin, les indications des diverses parties de l'abbaye dans l'ordre suivant :

A Entrée de la clôture de l'abbaye.
B L'église.

C Portique ou péristyle couvrant le portail de l'église.

D Vaste bâtiment qui renfermait le chapitre, le dortoir, et les salles nécessaires aux divers exercices de la communauté.

E Réfectoire et cuisine.

F Vaste cellier et grand grenier, l'un et l'autre voûtés; c'est entre ces derniers bâtimens que se trouvaient la cour et les cloîtres réservés aux religieux.

G Bâtiment abbatial, avec sa cour particulière et ses remises.

H Orangerie.

I Logement du prieur, aujourd'hui le presbytère.

K Logement du procureur.

L Habitation du chirurgien.

M Ferme de la basse-cour.

N Colombier.

O Bâtiment de la meute.

P Grand canal, avec un parapet aux deux côtés.

Q Muraille haute de dix pieds, formant la clôture de l'abbaye, et renfermant quarante-deux arpens.

R Bras du Serain; le lit de la rivière est en dehors, le long du mur Q.

S Jet d'eau; un autre se trouvait dans la cour de l'abbaye.

T Cimetière de Pontigny, établi en 1764 (1).

U Route de Saint-Florentin à Auxerre.

Le plan géométrique de l'abbaye de Pontigny fut dressé par les soins de l'abbé Grillot, en 1760; trente-six ans après on prit cette vue des bâtimens que nous offrons au public. On remarque quelques changemens opérés dans cet intervalle. Le plan a été réduit aux deux tiers de sa grandeur, et la vue des édifices à moitié, pour les ajouter plus facilement l'un et l'autre à cet ouvrage.

---

(1) Jusqu'à cette époque, les religieux et les abbés avaient été inhumés dans l'église et dans le chapitre : les serviteurs de la maison étaient enterrés, dit-on, sous le portique, à l'entrée de l'église.

TABLE

DES MATIÈRES.

EXPOSITION, *page* V.
Commencemens de l'abbaye de Pontigny, *page* 13.
HUGUES DE MACON Ier abbé, 15. — Bienfaiteurs, 16. — Hugues fonde dix monastères, 18. — Carte de charité, 20.
GUICHARD DE BEAUJEU, 24. — Bulles d'Innocent II, 25. — Donations de l'archevêque de Sens et du roi Louis-le-Gros, 27. — Etendue des pâturages de l'abbaye de Pontigny, 29. — Notice sur Sainte-Porcaire, 33. — Sur la forêt d'Othe, 35. — Fondation de douze établissemens, 39. — Construction de l'église et de l'abbaye, 45. — Saint Thomas persécuté se retire à Pontigny, 48.
GUILLAUME I, 51.
GUERIN. Saint Guillaume se retire à Pontigny, 52. — Bulle d'Alexandre III, 54. — Barbarie du siècle, *ibid.*
PIERRE I; il est élu évêque d'Arras, 59. — Nos rois visitent l'abbaye de Pontigny, 60. — Donations, 61. — Testament d'Haganon, 63.
GARMONT. Donations, 65. — Monastères fondés en Hongrie, 67.
MÉNARD. Donations et réconciliations des seigneurs voisins, 69.
JEAN I, 71.
GÉRARD. Ordres militaires soumis à la règle de Cîteaux, 72. — Barbarie du siècle, 73. — Capacité du muid ancien, 79. — Gérard est créé cardinal, 80.
JEAN II. Bulle d'Innocent III touchant la subordination, *ibid.* — Rapports de l'abbaye avec le Saint-Siége, 83. — La reine Adèle, le chancelier Algrin sont inhumés à Pontigny, 86. — De Langhton, archevêque de Cantorbéry, se réfugie à Pontigny, 88. — Sévérité de la discipline, 91.
GAULTIER. Bulle d'Honoré III, 94. — Donations, 96.
PIERRE II. Guillaume de Seignelay, évêque de Paris, Hervé, comte d'Auxerre, sont inhumés à Pontigny, 99. — Mœurs du pays, 103. — Plainte des moines à Philippe-Auguste, 106.— Donations, 107.
JEAN III. Saint Edme se retire à Pontigny, sa mort, 109. — Sa canonisation et sa translation en présence de toute la cour,

114. — Honneurs que lui rendent les rois d'Angleterre : donations, 116. — Grégoire IX prend la défense des moines, 122. — Singulière coutume. Condamnation des habitans de Villeneuve-sur-Buchin, 125.

JACQUES; ses dilapidations; il est déposé, 128.

JEAN IV. Donations des seigneurs voisins, 130.

RENAUD. Un archevêque d'Angleterre meurt à Pontigny, 134. — Inhumations remarquables, 135.

ROBERT. Grégoire X loue la vertu des religieux, 136. — Accord avec Marguerite, comtesse de Tonnerre, 137. — Lois singulières contre le bétail, 138.

ETIENNE DURAND ; il donne sa démission, 141.

SYMON; ses vertus, 142.

JACQUES DE JAUCOURT I, 143. — Bois des Contais, *ibid.*

THOMAS. Chartes de nos rois en faveur de l'abbaye, 145. — Procès avec le comte de Tonnerre, 147.

JEAN V, 149.

GUILLAUME II. Procès à l'occasion de la garde-gardienne, 150.

JEAN DE ROUGEMONT. Affranchissement de Montigny et de Venousse, 152.

RAYMONT, 158.

NICOLAS. Guerres civiles, 160. — Mort édifiante de Nicolas, 161.

JEAN VI, 162.

PIERRE III. Fondation d'une messe *à notes* et d'une messe basse, 164.

JEAN DE LA PAIX; sa prédication contre la fête des fous, *ibid.* — Fondation de Gaucher de Maligny, 165. — Inhumations remarquables à Pontigny, réflexions sur ce sujet, 166. — Quelques articles du règlement de l'Ordre de Citeaux, 168.

HENRI, 175.

JEAN DE BIENVILLE; le pape donne à cet abbé et à ses successeurs la permission de porter la mitre, l'anneau pastoral, etc. 176. — Il reçoit Jeanne de Châlons comme garde-gardienne, 177.

ETIENNE, 179. — Venousse presque détruit, 181.

GUY D'AUTUN, 183.

THOMAS DE LIGNON, *ibid.*

PIERRE DE LAFFIN; il rebâtit le logis abbatial, 185. — Notice sur le Serain, 186. — Le pape donne à cet abbé et à ses successeurs le pouvoir d'ordonner des sous-diacres et des diacres, 187. — Armoiries de l'abbaye, *ibid.* — Donations de Louis XI, *ibid.*

JACQUES DE VIRY, 188.

LOUIS DE FERRIÈRE; il découvre une fourberie exécutée sous son prédécesseur, 189.

JACQUES DE JAUCOURT II, 190. — Il permute l'abbaye de Pontigny, qui tombe en commende, 192. — Violences de Jean de la Baume, *ibid.*

JEAN DU BELLAY, premier abbé commendataire, 194.

HIPPOLYTE D'EST, second abbé commendataire, 196.

Louis d'Est, dernier abbé commendataire, 196. — Les Huguenots pillent et brûlent l'abbaye, 197. — Dépôt enlevé aux religieux, 201.
Jean de Victrian; autel privilégié, 204.
Claude de Boucherat; exemption de Henri IV, 206. — Notice sur l'abbaye des Isles, 207.
Charles de Boucherat; il restaure l'église, 209.
Mathieu de Mégrigny; il met l'abbaye de Quincy en commende, 210.
Louis Martel, 211.
Jacques le Bourgeois de la Varande. Réforme de l'Ordre de Cîteaux, 214. — Revenus de l'abbaye, 215. — Notice sur l'abbaye de Dilo, *ibid.* — On découvre le corps du bienheureux Guillaume de Ludan, 217.
Oronce Finé de Brianville; il embellit l'église, 220.
Joseph Carron, 221.
Pierre Calvairac; il fait mettre les archives en ordre; son esprit s'affaiblit, 223.
Jacques-Gabriel Grillot; il rebâtit le logis abbatial; translation de saint Edme, 224.
Nicolas Chanlatte; ses profusions, 226. — Il est déposé, 228. — Nouveaux statuts, 229.
Jean Depaguy. La révolution arrive, 234. — L'abbaye démolie, 235. — Invention de l'orgue simplifié, 240.

NOTICE SUR LA FILIATION DE L'ABBAYE DE PONTIGNY.

Bouras, 245. — Chalivois, Cadoüin, 246. — Gondom, Fontguillem, Bonnevaux, Saint-Marcel, La Rhode, massacre des religieux de cette maison, 248. — Clariane, Faize, Dalon, 250. — Bonlieu, Beuil, Saint-Léonard, Loc-Dieu, Aubignac, 251. — Prébenoît, Le Palais, Fontaine-Jean, fondé avec magnificence par Pierre de Courtenay, 252. — Jouy, sa riche bibliothèque, 253. — Pontaut; fureur des Huguenots contre cette maison, 254. — Le Rivet, La Noe, abbaye fondée par l'impératrice Mathilde, 255. — Carbon-Blanc, Scellières, fondée pour le repos de l'âme d'un comte de Champagne; Saint-Sulpice, où les comtes de Savoie ont leur sépulture, 256. — La Chassagne, Bons, 257. — Falère. San Sebastiano près de Rome, Quincy, qui doit sa fondation à la munificence de Louis-le-Gros, 258. — Châlis, 259. — La Merci-Dieu, ses mausolées; Les Roches, Cercamp, où reposent les comtes de

Saint-Pol, de Vendôme et de Luxembourg, 260. — L'Etoile, 261. — Le Pin, Trisay, détruit par les Huguenots, 262. — Notre-Dame de Ré, l'Estrée, Saint-Martin de Viterbe, 263. — Hégres en Hongrie, les rois choisissent cette maison pour le lieu de leur sépulture ; Sainte-Croix, Zam et Kerz également en Hongrie, 264.

NOTICE HISTORIQUE

SUR LES COMMUNES QUI ENVIRONNENT PONTIGNY.

Beine, 267. — Bleigny-le-Carreau, 268. — Chablis, 269. — Chéu, 272. — Flogny, 275. — Jaulges, 276. — Lignorelles, 279. — Ligny-le-Châtel, 280. — Maligny, 297. — Mérey, 303. — Neuvy-Sautour, 305. — Varennes, 307. — Venousse, 308. — Vergigny, 315. — Villeneuve-Saint-Salve, 319. — Villers-Vineux, 321. — Villy, 323.

PIÈCES JUSTIFICATIVES.

Ansius, fondateur, 327. — Bulles d'Innocent II, 329. — Bulles d'Adrien IV, 333. — D'Alexandre III, 335. — De Célestin III, 339. — D'Innocent III, 340. — D'Honoré III, 345. — De Grégoire IX, 352. — D'Innocent IV, 355. — D'Alexandre IV, 361. — D'Urbain IV et de Clément IV, 363. — De Grégoire X, 364. — De Martin IV, de Boniface VIII, de Clément V, de Jean XXII, 366. — De Benoît XII, de Martin V, d'Innocent VIII, 367. — De Pie IV, 370. — Exemptions de Louis-le-Gros, échange de biens, 371. — Confirmation d'un échange entre Salo de Bouilly et l'abbaye, 373. — Accord avec l'abbaye de Dilo, 374. — On emmène les habitans de Sainte-Porcaire, 375. — Donation de Guy de Maligny, 376. — Donations de Jean de Bouilly, de Guillaume de Lignorelles, 377. — Donations de Doët de Flogny, de Gaucher de Jaulges, 378. — Testament d'Haganon, seigneur d'Ervy, 379. — Don de Gaucher de Saint-Florentin, 380. — Exemptions de saint Louis, 381. — Don de Renaud d'Ormoy, obligation de Jean de Seignelay, 382. — Amortissement de Jean de Seignelay, 383. — Maladrerie de Ligny, 384. — Donation d'un seigneur de Basson, 385. — Achat de Venousse, 386. — Testament, 387. — Affranchissement de Montigny, 388. — Affranchissement de Venousse, 395. — Réception pour la garde-gardienne, 399. — Donation de Louis XI, 401. — Hommage pour la terre de Vergigny, 403. — Lettre du duc de Mayenne, 404. — Vue et plan de l'abbaye, 405.

FIN DE LA TABLE.

ERRATA.

Page 21, ligne 20, *conseil général*, lisez *chapitre général*.
Page 32, ligne 2, *remit aux habitans*, ajoutez *de cette ville*.
Page 40, ligne 21, *vingt-six*, lisez *vingt-huit*.
Page 43, ligne 25, supprimez *les cloîtres du midi sont détruits*.
Page 47, ligne 18, *de Agnès*, lisez *d'Agnès*.
Page 53, note, *sareina*, lisez *sarcina*.
Page 65, note, *Isula*, lisez *Insula*.
Page 83, ligne 12, *Adrien IV deux également*, lisez *trois*.
Page 117, ligne 19, *sont aussi une preuve*, lisez *sont une nouvelle preuve*; ibid. ligne 23 suppr. *aussi*.
Page 185, ligne 29, suppr. la parenthèse.
Page 207, *l'abbaye des Iles*, lisez *des Isles*.
Page 216, ligne 21, *attira*, lisez *réunirent*.
Page 236, ligne 10, *crut devoir substituer*, ajoutez *pour les reliques de saint Edme*.
Page 240, ligne 8, *la commune Pontigny*, lis. *de Pontigny*.
Page 243, ligne 14, *avec sûreté avec la France*, lisez *en sûreté avec la France*.
Page 264, ligne 25, *dont les fondations*, lisez *dont la fondation*, etc.
Page 280, ligne 21, *et une demi*, lisez *et à une demi*.
Page 282, ligne 8, *auprès de leur château*, lisez *auprès du château*; ibid. *Nulle part*, ajoutez *son église était dédiée à saint Symphorien*.
Page 283, ligne 26, *et gardien noble*, lisez *et de gardien noble*.
Page 314, ligne 29, *Souilly*, ajoutez *présentement de la commune de Montigny*.
Page 345, ligne 30, 1616, lisez 1216.
Page 372, ligne 18, *et partem* à reporter à la ligne suiv. *et partem noeriæ*.
Page vi, *Viol*, lis. *Viole*; p. 88, *Longhton*, lis. *Langhton*; p. 130 et 162, *Méry*, lis. *Mérey*; p. 139, *L'Ordonois*, lis. *Lordonois*; p. 211, *le Grand*, lis. *Legrand*; sur les manchettes *Lebœuf*, lis. *Lebeuf*; id. lis. *ibid.* Dans les chartes latines tous les accens aigus doivent être des accens graves; on doit aussi retrancher les accens qui se trouvent sur quelques prépositions.

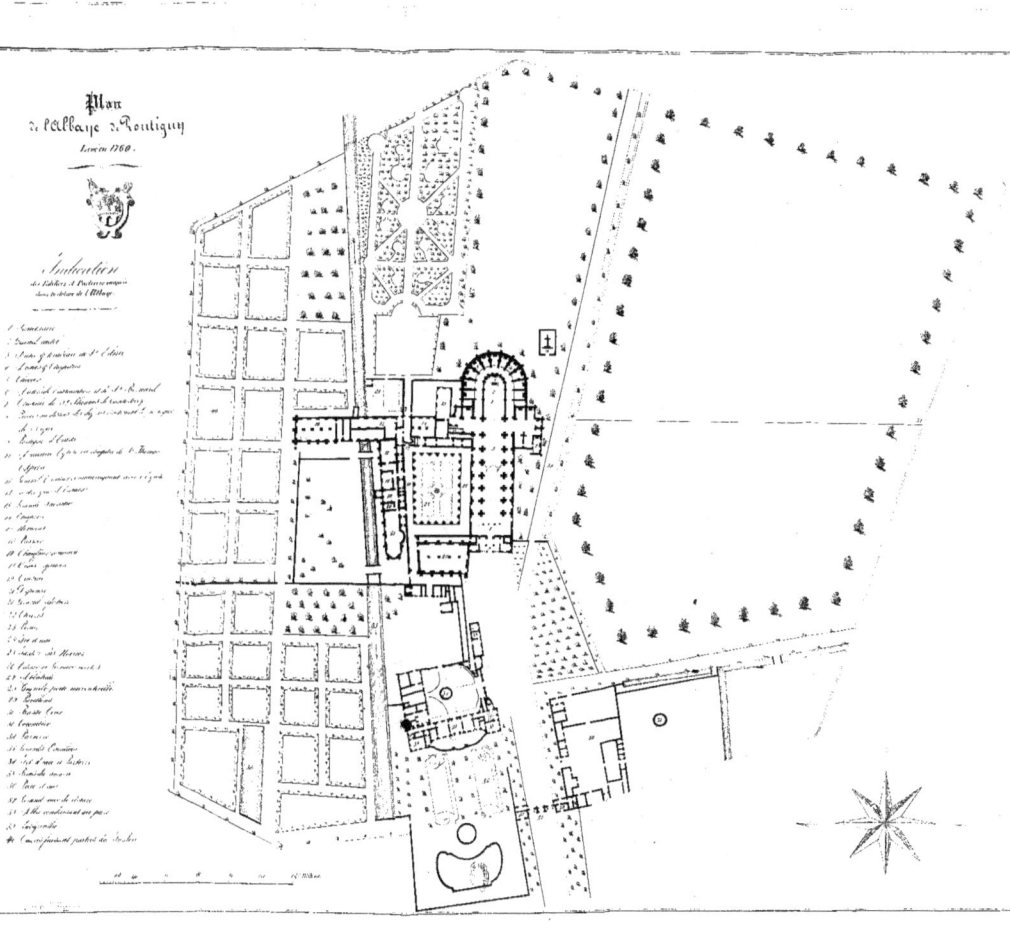

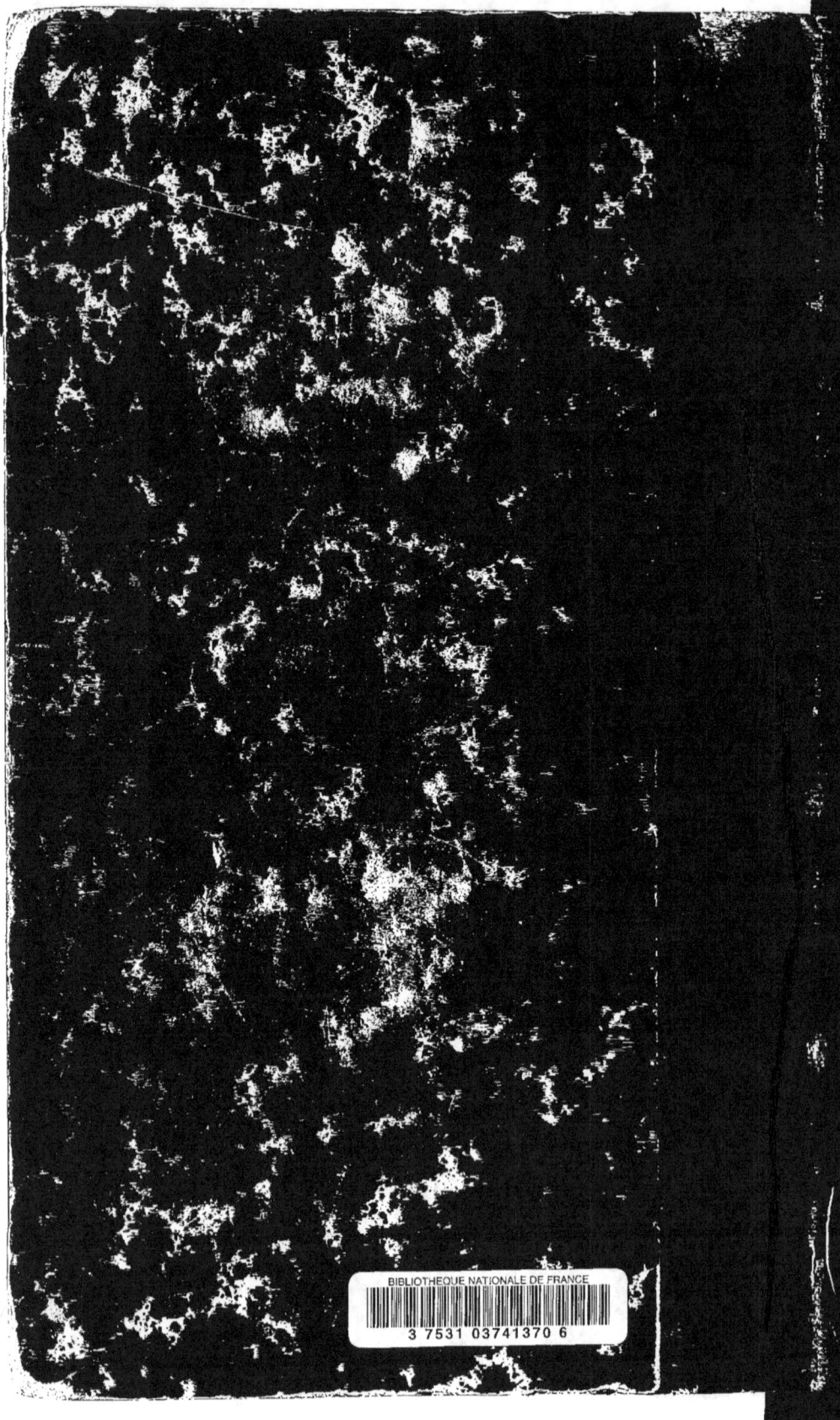

www.ingramcontent.com/pod-product-compliance
Lightning Source LLC
Chambersburg PA
CBHW060546230426
43670CB00011B/1703